卓越法律人才培养计划系列教材

暨南大学"十二五"规划教材

案例刑法学

主　编　胡陆生

副主编　梁　森　陈维荣

WUHAN UNIVERSITY PRESS

武汉大学出版社

图书在版编目(CIP)数据

案例刑法学/胡陆生主编.—武汉：武汉大学出版社,2022.9
卓越法律人才培养计划系列教材
ISBN 978-7-307-23115-3

Ⅰ.案…　Ⅱ.胡…　Ⅲ.刑法—案例—中国　Ⅳ.D924.05

中国版本图书馆 CIP 数据核字(2022)第 088601 号

责任编辑：胡　荣　　责任校对：李孟潇　　版式设计：马　佳

出版发行：**武汉大学出版社**　　(430072　武昌　珞珈山)
　　　　　(电子邮箱：cbs22@whu.edu.cn　网址：www.wdp.com.cn)
印刷：湖北恒泰印务有限公司
开本：787×1092　1/16　印张：21.25　字数：504 千字　插页：1
版次：2022 年 9 月第 1 版　　2022 年 9 月第 1 次印刷
ISBN 978-7-307-23115-3　　定价：49.00 元

编 写 说 明

"案例刑法学"由国务院侨务办公室立项，属于暨南大学外招生教材资助项目，由彭磷基外招生人才培养改革基金资助。本教材适用于外招、内招本科学生，对有兴趣学习刑法者、对喜欢通过案例研习内地刑法的港澳人士也会有所裨益。

刑法学是一门实践性非常强的部门法学，将刑法理论运用于案件是刑法学习者的自觉和法律实务工作者的需要，而通过刑事案例来关注刑法学则更多地来自于与案件有关的人，以及对社会问题进行刑事法治化思考的人。从形式上看，对刑法学的学习好像是两个反方向的活动。其实，就学习的过程而言，二者均是将案例与刑法学的知识点相结合。比较而言，从具体的案例再到抽象的刑法学理论更符合思维练习的要求。因此，学好刑法学离不开案例，通过刑法案例能更好地感悟刑法学。正是基于这样的考虑，自 2008 年春季以来，我称这门暨南大学本科通识选修课程为"案例刑法学"；2009 年，国内方有于志刚主编的《案例刑法学》，从此区别于国内大量的《刑法案例教程》。

为真正体现从案例到刑法学的教学思路，本教材在每一章均遵循由案例导出刑法学知识点的体例，偶尔出现的篇首部分只是一些概述性介绍。本书基本按照《刑法典》、刑法经典教材的顺序编写，但考虑到教学周期、时长，将刑法总论与分论分为 16 章通过案例演绎，尽量保证每章的课程满足 2 节课时的教学及课下学习。每章内容由案例及案例分析、知识点、相关法条、探讨案例组成，做到了案例、刑法学知识点、法条的结合，案例分析（或者法院刑事判决）与案例探讨相结合，基本保证了本科教学阶段基本知识与基本技能的要求达到预期目标。

为更好地完成这一立项项目，我邀请了法学院非常了解内、外招本科生的梁森老师和我指导的硕士、在读法学博士、兼职辅导员陈维荣同学承担副主编工作。同时，陈维荣和我指导的硕士王雅婷、陈俊浩、李书帆、欧克威、李坤烨以及热爱刑法的硕士张青云同学积极搜集案例、比较分析，从中整理出学生们感兴趣的案例。然后，我和梁森、陈维荣再修改、统稿。具体编写分工如下：胡陆生负责第一章、第三章、第九章，王雅婷负责第二章、第五章、第六章，陈维荣负责第四章、第七章，梁森负责第八章、第十章、第十二章，陈俊浩、欧克威、张青云、李坤烨、李书帆分别负责第十一章、第十三章、第十四章、第十五章和第十六章。

在编写本书的过程中，各位参编者始终保持了高度的热忱。也因此，我尽量尊重了各位参编者对具体案件的分析意见。能够想象的是,在本书之外,肯定有不同的观点。在此,我们欢迎各位读者提出批评。

胡陆生

2021 年 11 月 11 日

目　　录

第一章　刑法的基本原则

刑法的基本原则，是指刑法本身所具有的，贯穿于刑法始终，必须得到普遍遵循的具有全局性、根本性的准则。

刑法的基本原则与法治的基本原则、各个部门法都必须遵循的共同准则具有联系：刑法的基本原则是法治的基本原则在刑法中的具体表现，是各个部门法都必须遵循的共同准则在刑法中的特殊体现。但刑法的基本原则与法治的基本原则、共同准则又有明显区别。

首先，刑法基本原则应是刑法所特有的原则，而不是各个部门法所共有的原则。其次，刑法的基本原则必须是贯穿于刑法始终，具有全局性、根本性的准则。最后，刑法的基本原则是刑法的制定、解释与适用都必须遵循的准则。

国外刑法理论一般将罪刑法定原则概括为刑法的基本原则，刑法的性质、特点决定了罪刑法定原则是刑法的根本原则。也有将罪刑法定、法益保护与责任主义概括为刑法的基本原则的，这是因为刑法的适用存在三大危险。第一个危险是，一旦发生引起人心理冲动的案件，感情上要求的处罚强烈，而不顾刑法有无明确规定便予以处罚。第二个危险是，由于行为人的主观恶劣，而不管行为客观上是否侵犯了法益便予以处罚。第三个危险是，因为侵犯了法益，而不问行为人的主观内容便予以处罚。

我国刑法明确规定了刑法的三个基本原则，这就是罪刑法定原则、平等适用刑法原则、罪刑相适应原则。

第一节　罪刑法定原则

罪刑法定原则是当今世界上绝大多数国家刑法确认的基本原则。它的含义是指什么行为是犯罪，处以什么刑罚，都必须有法律明文规定，即"法无明文规定不为罪，法无明文规定不处罚"。一般认为，罪刑法定原则包括四个方面的内容：（1）定罪判刑只能依法律规定，不得适用习惯法；（2）法律没有明文规定的不能适用类推和扩张解释；（3）罪和刑要有明确规定，不能适用不定期刑；（4）刑法的效力不溯及既往。

【案例 1-1】

南京组织同性服务案

上诉人（原审被告人）李某，男，1970 年 10 月 17 日出生于江苏省南京市，汉族，中专文化，系南京"耀身公关礼仪服务中心"、南京"正麟"演艺吧业主，住南

1

京市桃叶渡××号，2003年8月18日因涉嫌组织卖淫罪被刑事拘留，同年9月25日被取保候审，同年10月24日被逮捕。

上诉人（原审被告人）李某自2003年1月以来，先后伙同刘某、冷某等人经过预谋，采取张贴广告、登报招聘"男公关"的手段，招募和组织多名男青年在其经营的三家酒吧，与男性消费者从事同性卖淫活动，从中牟取暴利12.47万元。

2003年8月18日，警方根据李某等人的口供，以及先期掌握的其他证据，以涉嫌犯有组织卖淫罪将李某等人刑事拘留。但秦淮区人民检察院认为《刑法》对组织同性卖淫行为没有明确界定难以定罪，按照"法无明文规定不为罪"的罪刑法定原则，犯罪嫌疑人应当无罪释放。

警方将犯罪嫌疑人释放后，向秦淮区人民检察院申请复议。秦淮区人民检察院仍然维持原来意见，但为了弥补这一法律空白，该院还是向上级部门作了汇报。后在江苏省政法委的关注下召开协调会议，决定由江苏省高院向最高人民法院请示。最高人民法院再向全国人大常委会汇报。《人民法院报》2月7日的报道称："人大常委会下属专业委员会听取案件汇报后，作出口头答复：组织男青年向同性卖淫，比照组织卖淫罪定罪量刑。"警方再次抓捕犯罪嫌疑人，李某再次落入法网。

以牟利为目的组织男性为其他男性提供性服务究竟是什么性质，是组织卖淫，还是其他违法行为或者仅是一般违反伦理道德的行为，成为本案的焦点，也是对本案进行正确定性的关键。理论上一般认为，组织卖淫罪中"卖淫"的含义是"指以营利为目的，与不特定的异性发生性交或从事其他淫乱活动，如口交、鸡奸、手淫等"。①

◎ 问题：

1. 李某的行为是否构成组织卖淫罪？
2. 将该案中的组织行为解释为组织卖淫是否属于类推解释？
3. 何为罪刑法定原则？
4. 罪刑法定原则是否禁止类推解释？

【相关法条】

《刑法》

第三条【罪刑法定】法律明文规定为犯罪行为的，依照法律定罪处刑；法律没有明文规定为犯罪行为的，不得定罪处刑。

第三百五十八条【组织卖淫罪】组织他人卖淫的，处五年以上十年以下有期徒刑，并处罚金；有下列情形之一的，处十年以上的有期徒刑或者无期徒刑，并处罚金或者没收财产。

---

① 参见《江苏省南京市中级人民法院〔2004〕宁刑终第122号刑事判决书》。

【知识要点】

1. 罪刑法定原则的思想渊源与基础

（1）思想渊源：三权分立学说与心理强制说

罪刑法定原则在沿革意义上的思想渊源，是自然法理论、三权分立思想与心理强制说。自然法理论主张用制定法来限制刑罚对个人权利的干预；三权分立思想要求由立法机关制定刑法，由司法机关适用刑法；心理强制说要求事先明文规定犯罪及其法律后果，从而促使人们作出趋利避害的选择，以免实施犯罪行为。

（2）思想基础：民主主义与尊重人权主义（预测可能性）

现在一般认为，罪刑法定原则的思想基础是民主主义与尊重人权主义，或者说是民主与自由。

①民主主义：诸如犯罪与刑罚这些关系到国民基本和重大事项的内容，必须由国民或者国民选举的代表以立法方式加以决定，即要求体现国民的意志。

②尊重人权主义：为了不限制国民的行为与创造欲望，事先规定犯罪与刑罚的内容，可以促使国民预测自己行为的法律效果，从而维护人权。

2. 罪刑法定原则的基本内容

（1）成文的罪刑法定：排斥习惯法等

即法律主义的立场，刑法渊源只能是最高立法机关依法制定的刑事成文实体法律规范，这是民主主义的当然要求（国民意志的体现）。其他法律性文件不能创设刑法罚则，例如，行政法规与规章、习惯法、判例都不能成为刑法的渊源，但可能成为理解构成要件的材料；国际条约与国际公约等也不能成为刑法的渊源，因为在刑事领域，实体法上判决的依据只能是本国的刑事实体法律规范。

（2）事前的罪刑法定：溯及既往的禁止

允许有利于行为人的溯及既往，溯及力问题中从旧兼从轻原则表达了这一思想。但下列做法违反禁止事后法的原则：

①对行为时并未禁止的行为科处刑罚；

②对行为时虽有法律禁止但并未以刑罚禁止（未规定法定刑）的行为科处刑罚；

③事后减少犯罪构成要件而增加犯罪可能性；

④事后提高法定刑；

⑤改变刑事证据规则，事后允许以较少或较简单的证据作为定罪根据。

（3）严格的罪刑法定：合理解释刑法，禁止类推解释

类推解释是指对于法律没有明文规定的行为，适用类似规定定罪处罚。这是一种司法恣意的做法，不被允许。但刑法理论允许有利于行为人的类推解释，例如《刑法》第六十七条第二款规定："被采取强制措施的犯罪嫌疑人、被告人和正在服刑的罪犯，如实供述司法机关还未掌握的本人其他罪行的，以自首论。"其中"被采取强制措施的犯罪嫌疑人"可以解释为包括被行政拘留的行为人。

（4）确定的罪刑法定：刑罚法规的适当

①明确性：刑法的规定必须清楚、明了，不得有歧义，不得含糊不清。刑法的明确性具有相对性，即借助刑事立法与刑法理论的合力共同实现，即二者结合在一起，使法律规

定明确的，刑法条文就具有明确性；只有当法律规定和理论都不能将刑法条文意义阐释清楚，刑法条文才可能欠缺明确性。明确性的实现与刑法条文字数的多少无关，与分则条文中罪状的规定模式无关，与司法解释确定的罪名是否准确或者科学也无关。

②禁止处罚不当罚的行为。犯罪构成要件的明确性，不意味着处罚范围的合理性。禁止处罚不当罚的行为，是指刑罚法规只能将具有处罚根据或者说值得科处刑罚的行为规定为犯罪。犯罪与刑罚确实是由立法机关规定，但是，这并不意味着立法机关可以随心所欲地确定犯罪的范围，而只能将具有科处刑罚根据的行为规定为犯罪。

③禁止不确定刑。法定刑必须有特定的刑种与刑度。如果刑法对某种行为没有规定刑罚，那么，根据"没有法定的刑罚就没有犯罪"的原则，该行为便不是犯罪。如果刑法只是规定对某种行为追究刑事责任，但没有规定特定的刑种与刑度，司法机关因为没有适用刑罚的标准，事实上也不可能追究刑事责任。

第二节 平等适用刑法原则

平等适用刑法，也即刑法面前人人平等，是指刑法规范在根据其内容应当得到适用的所有场合，都予以严格适用。《刑法》第四条明文规定了该原则。平等适用刑法，是维护合法权益的要求，是市场经济的要求，是预防犯罪的要求，是实现价值追求的要求，是作为规范的刑法本身的要求，是法治的要求。

【案例 1-2】

陈某同贪污、玩忽职守案

被告人陈某同任北京市市长、市委书记期间，自 1991 年 7 月至 1994 年 11 月，在对外交往中接受贵重礼物 22 件，总计价值人民币 555 956.2 元，不按照国家有关规定交公，由个人非法占有。被告人陈某同任北京市市长期间，于 1990 年和 1992 年指使、纵容王某森动用财政资金，在北京市八大处公园和怀柔县雁栖湖畔修建两座豪华别墅，违规建造别墅及购置设备款共计人民币 3 521 万元。

陈某同任北京市委书记后，自 1993 年 1 月至 1995 年 2 月，经常带情妇与王某森等人，到两座别墅吃住享乐，两座别墅成为陈某同、王某森享乐的场所。其间，耗用服务管理费人民币 240 万元，吃喝挥霍公款人民币 105 万元。一审法院依照《中华人民共和国刑法》第十二条第一款、第三百九十四条、第三百八十二条第一款、第三百八十三条第一款第（一）项、第六十九条第一款和 1979 年《中华人民共和国刑法》第一百八十七条的规定，认定陈某同犯贪污罪，判处有期徒刑十三年，犯玩忽职守罪，判处有期徒刑四年，决定执行有期徒刑十六年，赃物予以没收，上缴国库。

陈某同不服，以其没有占有对外交往中所收礼物的故意，未将礼物交公是为捐助给北京人民艺术剧院以及对于玩忽职守，已经以辞职承担了责任，不应再承担刑事责任为由提出上诉。陈某同的二审辩护人提出了陈某同占有在对外交往中所收礼物的主观故意不明显，要求二审对有关证人证言加以核实，对陈某同的玩忽职守行为，不应再追究刑事责任的辩护意见。①

【相关法条】

《刑法》

第四条【适用刑法人人平等】 对任何人犯罪，在适用法律上一律平等。不允许任何人有超越法律的特权。

第三百九十七条【滥用职权罪、玩忽职守罪】 国家机关工作人员滥用职权或者玩忽职守，致使公共财产、国家和人民利益遭受重大损失的，处三年以下有期徒刑或者拘役；情节特别严重的，处三年以上七年以下有期徒刑。本法另有规定的，依照规定。

国家机关工作人员徇私舞弊，犯前款罪的，处五年以下有期徒刑或者拘役；情节特别严重的，处五年以上十年以下有期徒刑。本法另有规定的，依照规定。

【知识要点】

平等适用刑法原则，也即刑法面前人人平等的原则，意味着刑法规范在根据其内容应当得到适用的所有场合，都予以严格适用。其基本内容包括平等保护法益、平等地认定犯罪、平等地裁量刑罚、平等地执行刑罚。

平等适用刑法是保障公民自由的要求。公民进行预测并非仅仅取决于行为前是否存在明文的法律规定，而且取决于行为前司法机关对相同或类似行为的处理结论。

平等适用刑法是保护法益的要求，是预防犯罪的要求，也是人们实现价值追求的要求。人类具有得到尊重的欲望，因而同时具有受到平等待遇的欲望，平等是人类的理想。

平等适用刑法是刑法本身的要求。刑法是罪刑规范的总和，刑法规范既是裁判规范，又是行为规范。作为裁判规范，它对一切执法者都提出了平等适用刑法的要求。作为行为规范，它对一切人都提出平等遵守刑法的要求。

平等适用刑法是法治的基本要求。哈耶克说道："要使法治生效，应当有一个常常毫无例外地适用的规则，这一点比这个规则的内容如何更为重要。只要同样的规则能够普遍实施，至于这个规则的内容如何倒还是次要的。……究竟我们大家沿着马路的左边还是右边开车是无所谓的，只要我们大家都做同样的事就行。重要的是，规则使我们能够正确地预测别人的行动，而这就需要它应当适用于一切情况，即使在某种特殊情况下，我们觉得它是没有道理的。"②

平等适用刑法原则主要有以下几个方面内容：

首先，平等地保护法益。任何法益，只要是受刑法保护的，不管法益主体是谁，都应

---

① 参见《最高人民法院公报》1998 年第 3 期（总第 55 期），载北大法宝：http：//www. pkulaw. cn/case/pfnl _ a25051f3312b07f3bc0c7da6795f68d0fa814852d4b58f61bdfb. html？keywords =% E9% 99% 88% E5%B8%8C%E5%90%8C&match=Exact，【法宝引证码】CLI. C. 6684.

② 克里斯托夫·蔡特勒，黄水源译：载《"自由和法治国家"知识自由与秩序——哈耶克思想论集》，中国社会科学出版社 2001 年版，第 158 页。

当平等地得到刑法的保护，而不能只保护部分主体的法益。地方保护主义的做法严重违反了平等适用刑法的原则。

其次，平等地认定犯罪。一方面，在定罪上必须平等。既不允许将有罪认定为无罪，也不允许将重罪认定为轻罪；反之亦然。另一方面，对于没有犯罪的任何人，也必须平等对待，不能随意动用刑法侵犯其法益。

再次，平等地裁量刑罚。一方面，在犯罪性质相同、危害程度相同、行为人的人身危险性相同的情况下，所处的刑罚必须相同；另一方面，该判重刑的不得判轻刑，该判轻刑的也不得免除刑罚；反之亦然。平等地量刑并不意味着对实施相同犯罪的人必须判处绝对相同的刑罚，即使不同的人实施了性质相同的犯罪，量刑也可能存在差别。

最后，平等地执行刑罚。对于判处刑罚的人，应当严格依照刑法规定平等地执行。特别是在减刑、假释等方面，应以犯罪人的悔改立功表现以及刑法规定为依据，而不能根据其他非相关因素决定减刑与假释。

第三节　罪刑相适应原则

罪刑相适应原则又被称为"罪刑均衡原则""罪刑等价原则"。刑自罪生，罪重刑重，罪轻刑轻，罪刑均衡。即犯罪是原因，刑罚是结果，刑罚由犯罪所引起，犯罪社会危害性重的，刑罚亦重，犯罪社会危害性轻的，刑罚亦轻，刑罚的轻重决定于犯罪社会危害性的大小，犯罪社会危害性的大小决定刑罚的轻重。

【案例 1-3】

药某鑫故意杀人案

2010 年 10 月 20 日 22 时 30 分许，被告人药某鑫驾驶红色雪佛兰小轿车从某大学长安校区由南向北行驶返回西安市区，当行至西北大学西围墙外翰林南路时，将前方在非机动车道上骑电动车同方向行驶的被害人张某撞倒。药某鑫下车查看，见张某倒地呻吟，因担心张某看到其车牌号后找麻烦，即拿出其背包中的一把尖刀，向张某胸、腹、背等处捅刺数刀，致张某主动脉、上腔静脉破裂大出血当场死亡。

杀人后，药某鑫驾车逃离，当行至翰林路郭南村口时，又将行人马某娜、石某鹏撞伤，西安市公安局长安分局交警大队郭杜中队接报警后，将肇事车辆扣留待处理。同月 22 日，长安分局交警大队郭杜中队和郭杜派出所分别对药某鑫进行了询问，药某鑫否认杀害张某之事。同月 23 日，药某鑫在其父母陪同下到公安机关投案，如实供述了杀人事实。

被告人药某鑫作案后虽有自首情节并当庭认罪，但纵观本案，药某鑫在开车将被害人张某撞伤后，不但不施救，反而因担心被害人看见其车牌号而杀人灭口，犯罪动机极其卑劣，主观恶性极深；被告人药某鑫持尖刀在被害人前胸、后背等部位连捅数刀，致被害人当场死亡，犯罪手段特别残忍，情节特别恶劣，罪行极其严重；被告人药某鑫仅因一般的交通事故就杀人灭口，丧失人性，人身危险性极大，依法应严惩，故药某鑫的辩护律师所提对药某鑫从轻处罚的辩护意见不予采纳。最终，药某鑫被判处死刑，剥夺政治权利终身。①

◎ 问题：对药某鑫的量刑是否过重？

【相关法条】

《刑法》

第五条 【罪责刑相适应】刑罚的轻重，应当与犯罪分子所犯罪行和承担的刑事责任相适应。

第四十八条 【死刑、死缓的适用对象及核准程序】死刑只适用于罪行极其严重的犯罪分子。对于应当判处死刑的犯罪分子，如果不是必须立即执行的，可以判处死刑同时宣告缓期二年执行。

死刑除依法由最高人民法院判决的以外，都应当报请最高人民法院核准。死刑缓期执行的，可以由高级人民法院判决或者核准。

第四十九条 【死刑适用对象的限制】犯罪的时候不满十八周岁的人和审判的时候怀孕的妇女，不适用死刑。

审判的时候已满七十五周岁的人，不适用死刑，但以特别残忍手段致人死亡的除外。

【知识要点】

罪刑相适应，也称罪刑相当、罪刑均衡，其基本含义是刑罚的轻重应与犯罪的轻重相适应。《刑法》第五条规定了罪刑相适应原则："刑罚的轻重，应当与犯罪分子所犯罪行和承担的刑事责任相适应。"

罪刑相适应，是源于因果报应观念，适应人们朴素的公平意识的一种法律思想。这种思想伴随罪与刑的出现而产生。无论在奴隶制社会或封建社会，也无论是成文法出现之前或之后，任何国家都从不对各种轻重不同的犯罪千篇一律地适用相同的刑罚，而总是有所区别。这种区别就是罪刑相适应思想的一种反映。

早期刑法思想家们接受早就存在的罪刑相适应的朴素思想，并赋予它以新的时代内容，且从理论上大力论证了它的必要性与合理性，将它作为罪刑法定原则的重要内容，奉为立法和司法的一项重要原则。其基本内容是，有罪才有刑，有罪必有刑，刑罚的质量同罪质和实害相均衡。到了 19 世纪末期，随着刑事实证学派理论的产生，传统的罪刑相适应原则受到了有力挑战，内容上得到了一些修正，但罪刑相适应仍不失为刑法的原则。从罪刑相适应原则的产生与发展可以看出，罪刑相适应原则源于公平正义观念，公平正义观念是罪刑相适应原则的重要思想基础；但公平正义观念的内容又是随着历史的变化而变化的，故罪刑相适应原则的内容也随着历史的变化而变化。

---

① 参见《陕西省西安市中级人民法院〔2011〕西刑一初字第 68 号刑事判决书》。

犯罪是刑罚的前提，刑罚是犯罪的后果，犯罪不仅决定了行为人应当受刑罚处罚，而且决定了刑罚的轻重必须与犯罪的危害程度以及犯罪人刑事责任的轻重相适应。离开犯罪本身与犯罪人本身决定刑罚轻重，是不允许的。因此，罪刑相适应原则也是犯罪与刑罚之间的基本关系决定的。《刑法》第五条关于罪刑相适应原则的规定，实际上是要求刑罚的轻重必须与罪行的轻重以及犯罪人的人身危险性相适应。

刑罚与罪行的轻重相适应，是报应刑的要求；刑罚与犯罪人的人身危险性相适应，是目的刑的要求。其实质内容在于坚持以客观行为的侵害性与主观意识的罪过性相结合的犯罪危害程度（罪行的轻重），以及犯罪主体本身对于社会的潜在威胁和再次犯罪的危险程度，作为量刑的尺度。其出发点和归宿，都在于最大限度发挥刑罚的积极功能，实现刑罚的正义和预防犯罪的目的。

该原则的优点：可以防止为了追求预防目的而出现畸轻畸重的刑罚，可以防止为了追求报应而科处不必要的刑罚。就具体内容而言，罪刑相适应原则，可以分解为下列三个方面：

1. 刑罚与罪质相适应

罪质，就是犯罪构成主客观要件统一表现的犯罪性质，它是犯罪的质的规定性。不同的罪质，标志着各个犯罪行为侵害、威胁法益的锋芒所向不同。这种不同，正是表明各种犯罪具有不同的危害程度，从而决定刑事责任大小的根本所在。

2. 刑罚与犯罪情节相适应

案件定性正确，只是解决了正确选定法定刑的问题，不等于量刑的结果必然完全正确。因为在罪质相同的犯罪中，不同案件的犯罪情节不尽相同，其危害程度也颇不一样。要使刑罚真实反映形形色色的具体案件的危害程度，量刑就理所当然地还必须注意刑罚与犯罪情节相适应。

3. 刑罚与犯罪人的人身危险性相适应

犯罪人的人身危险性，是指犯罪人具有的不直接反映罪行的轻重，却可以表明他对社会的潜在威胁程度及其消长的本身情况，包括罪前的和罪后的情况。

当今世界刑法思想，很注重刑罚对犯罪人未来再犯趋势的遏制作用。犯罪人罪前一贯品行较好或有劣迹、有无前科等，以及罪后自首或逃避罪责、积极退赔经济损失或隐藏赃款赃物等，虽然对他所实施的犯罪本身没有直接影响，却可预示其改造的难易程度和再犯罪的可能性大小。把这种人身危险情况作为决定刑罚轻重的根据之一，符合刑罚目的的需要。

探讨案例与知识点巩固

【探讨案例 1-1】

上海肖某灵案

2001 年 10 月，被告人肖某灵通过新闻得知炭疽杆菌是一种白色粉末病菌，国外发生因接触夹有炭疽杆菌的邮件而致人死亡事件并引起恐慌心理。同年 10 月 18 日，肖某灵将家中的粉末状食品干燥剂装入两信封，分别邮寄给上海市人民政府某领导和东方电视台新闻中心陈某。收信方收到白色粉末的信件后，造成精神上的高度紧张。

一审法院认定肖某灵构成以危险方法危害公共安全罪，判处有期徒刑四年。肖某灵未提起上诉。[①]

◎ **讨论**：法院对肖某灵的定罪量刑是否违背罪刑法定原则？

【探讨案例 1-2】

褚某贪污、巨额财产来源不明案

1997 年，褚某作为一烟草集团董事长因贪污被捕。在贪污中，褚某道出了犯意。另外，其对人民币 403 万元、港币 62 万元不能说明合法来源。庭审中，褚某辩护人提出，褚某对卷烟厂和全省的发展作出过重要贡献，应从宽处理。[②]

◎ **讨论**：能人犯罪问题、原罪问题、公职人员犯罪的处罚能否就其以往贡献而从宽？

【探讨案例 1-3】

公交司机郑某致人死亡案

2013 年 6 月 24 日晚 20 时 40 分许，被害人阮某在广州市越秀区欲乘坐 541 路公共汽车，因嫌该车司机停车离车站太远，上车过程中责骂该车司机被告人郑某，并动手推搡郑某，后两人互相打斗，后被乘客劝止。当晚 21 时 10 分许，当该车行驶至广州市天河区员村四横路路段时，被害人阮某再次走到公交车驾驶位旁边责骂被告人郑某，并掌掴被告人郑某的脸部，郑某遂将公交车停靠在路边，随后双方发生打斗。其间，被告人郑某持随身携带的弹簧刀朝被害人阮某全身多个部位进行捅刺，致其死亡（经法医鉴定，阮某系因锐器作用致全身多处创口、左肺及右心房破裂引起失血性休克死亡）。后被告人郑某向公安机关投案自首，其所属单位在案发后向被害人的家属赔偿了人民币 35 万元，被害人的家属对被告人郑某表示谅解。[③]

◎ **讨论**：双方打斗导致死亡，被害方获得赔偿并谅解的案件如何处理？

【探讨案例 1-4】

福建赵某案

李某与邹某（女，27 岁）相识但不是太熟。2018 年 12 月 26 日 23 时许，二人一

---

① 参见《肖某灵投寄虚假炭疽杆菌邮件受法律制裁》，载光明新闻网：https：//www.gmw.cn/01gmrb/2001-12/20/01-4FAA3446C329449A48256B270081B957.htm 。

② 参见；《云南省高级人民法院〔1998〕云高刑初字第 1 号刑事判决书》。

③ 参见《公交司机捅死挑衅乘客获刑五年》，载人民法院报网：http://rmfyb.chinacourt.org/paper/html/2014-06/18/content_83446.htm。

同吃饭后，一起乘出租车到达邹某的暂住处福州市晋安区某公寓楼，二人在室内发生争吵，随后李某被邹某关在门外。李某强行踹门而入，殴打谩骂邹某，引来邻居围观。暂住在楼上的被不起诉人赵某闻声下楼察看，见李某把邹某摁在墙上并殴打其头部，即上前制止并从背后拉拽李某，致李某倒地。李某起身后欲殴打赵某，威胁要叫人"弄死你们"，赵某随即将李某推倒在地，朝李某腹部踩一脚，又拿起凳子欲砸李某，被邹某劝阻住，后赵某离开现场。经法医鉴定，李某腹部横结肠破裂，伤情属重伤二级；邹某面部软组织挫伤，属轻微伤。

赵某一案系由福州市公安局晋安分局于 2018 年 12 月 27 日立案侦查。12 月 29 日，福州市公安局晋安分局以涉嫌故意伤害罪对赵某刑事拘留。2019 年 1 月 4 日，福州市公安局晋安分局以涉嫌故意伤害罪向福州市晋安区人民检察院提请批准逮捕。2019 年 1 月 10 日，福州市晋安区人民检察院因案件"被害人"李某正在医院手术治疗，伤情不确定，以事实不清、证据不足作出不批准逮捕决定，同日公安机关对赵某取保候审。2 月 20 日，公安机关以赵某涉嫌过失致人重伤罪向福州市晋安区人民检察院移送审查起诉。晋安区人民检察院于 2 月 21 日以防卫过当对赵某作出相对不起诉决定，引起社会舆论高度关注。在最高人民检察院指导下，福建省人民检察院指令福州市人民检察院对该案进行了审查。福州市人民检察院经审查认为，原不起诉决定存在适用法律错误，遂指令晋安人民检察院撤销原不起诉决定，于 3 月 1 日以正当防卫对赵某作出无罪的不起诉决定。①

◎ **讨论**：赵某的行为是否属于刑法中的正当防卫行为？

---

① 参见《福建省莆田市中级人民法院〔2018〕闽 03 刑更 809 号刑事裁定书》。

第二章　刑法的效力范围

刑法的效力范围，也称刑法的适用范围，指刑法在什么时间、什么地方、对什么人具有法律约束力。

刑法的空间效力是指刑法效力所及的地域，即刑法对地和对人的效力。

1. 空间效力原则

（1）属地原则：凡在本国领域内犯罪，不论是本国人还是外国人，均适用本国刑法。

（2）属人原则：本国国民，不论在何地犯罪，一律适用本国刑法。

（3）保护原则：对于侵害本国国家及国民利益的犯罪，不论犯罪人是谁，也不论发生在何地，一律适用本国刑法。

（4）普遍原则：凡发生国际条约所规定的侵害国际社会共同利益的犯罪行为，不论犯罪人是本国人还是外国人，也不论犯罪地在本国领域内还是本国领域外，均可适用本国刑法。

2. 我国刑法的空间效力原则

以属地管辖为主，属人管辖为辅，保护管辖和普遍管辖为补充。

第一节　属 地 管 辖

属地原则以地域为标准，凡是在本国领域内犯罪，无论是本国人还是外国人，都适用本国刑法；反之，在本国领域外犯罪，都不适用本国刑法。

【案例 2-1】

阮某云等人拐卖妇女、儿童案

阮某云、熊某新、阮某军和被害人黄氏某某（音译）四名越南籍人先后偷渡到中国，黄氏某某和熊某新曾同在东莞市樟木头一工厂务工。2015 年 7 月中旬，熊某新向阮某云提议要将被害人拐卖给他人做老婆，阮某云同意后联系了广东省普宁市里湖一名男子，熊某新随后找到阮某军帮忙。2015 年 7 月 23 日 20 时许，上诉人熊某新找到面包车载客司机陈某，要陈某送其去普宁市。21 时许，熊某新和阮某军在东莞市樟木头第三工业区永宁路一无名小店门前上了陈某的面包车，叫陈某开车到观音山公园大门附近等候，熊某新下车打电话叫黄氏某某出来并要其上车，黄氏某某不肯上车，阮某军就卡住其脖子，熊某新强行将其推上车。黄氏某某大声呼叫并挣扎，被熊某新和阮某军捂嘴并殴打（经法医鉴定属轻微伤），熊某新还拿出一把水果刀威胁黄氏某某。熊某新叫司机陈某将车开到樟木头新车站接上阮某云后上潮莞高速往潮汕方向行驶。22 时许，陈某因上诉人说不清具体地址而在潮莞高速公路惠州市惠东县大岭出口下了高速。阮某云用阮某军手机与普宁男子联系到地址后告诉了司机陈某，陈某驾车准备重新上高速，在潮莞高速公路大岭入口处被卡哨执勤民警拦停盘查，黄氏某某趁机大声呼救，民警将三名上诉人当场抓获并解救出被害人。①

◎ **问题：此案是否可以适用中国刑法？**

【案例 2-1 分析】

虽然本案犯罪行为人和被害人都不是中国公民，但此案的犯罪行为地和犯罪结果地都在中国，根据属地管辖原则，当然可以适用中国刑法。

【案例 2-2】

韩国驻智利外交官朴某学被指利用职务之便，性骚扰一名 14 岁的韩裔智利籍少女。他在教女孩韩语时，存在猥亵行为并发送内容露骨的短信。其随后被韩国外交部传唤回国，而后被解职。最终，韩国光州地方法院宣布判决其有期徒刑三年。②

◎ **问题：若案件发生在中国，能否将行为人直接交中国法院审判？**

【案例 2-2 分析】

外交官属于法律特别规定的享有外交特权和豁免权的外国人，一般不适用中国刑法。因为其享有外交豁免权，所以不能直接由中国管辖，不能将其交付中国法院审判。

【案例 2-3】

张某刚等运送他人偷越国境案

1998 年 1 月 29 日 17 时，被告人张某刚、崔某炎因贪图钱财，接受了组织偷渡人员房某等人（均另案处理）支付的好处费人民币 4.5 万元后，将偷渡人员陈某官、王某南由天津港码头带上二被告工作的"鹏飞"号货轮，藏匿于船头前尖仓库内。同年 1 月 30 日，"鹏飞"号货轮起航开往日本。在航行期间，二被告多次向陈某官、王某南提供食物、水及棉衣等用品。2 月 2 日 7 时许，二被告发现王某南死亡。经商议后，将王某南的尸体藏匿于前尖仓库一隐蔽处。后又将陈某官转移他处藏匿。2 月 3 日，"鹏飞"号货轮停靠在日本国兵库县尼崎港。在日本警方检查时，发现了偷渡

---

① 参见《广东省惠州市中级人民法院〔2016〕惠终字第 333 号刑事判决书》。

② 参见《韩国外交官被爆性侵智利少女》，载参考网：https://www.fx361.cc/page/2016/1220/403618.shtml。

人员。后将张某刚、崔某炎查获扣留。经日本警方鉴定，王某南系被冻死。1998 年 6 月 1 日和 6 月 13 日，被告人崔某炎、张某刚分别被遣返回国。①

◎ 问题：中国能否基于属地原则对该案进行管辖？

【案例 2-3 分析】

按照国际法惯例，凡属国家所有的或者其他的悬挂中国国旗的船舶，无论是在公海上还是在外国领水内，都视为该国管辖的领土，即属于拟制领土的范畴。天津中益海运公司所属的"鹏飞"号货轮，系中国船舶，被告人张某刚、崔某炎在中国船舶上实施的犯罪行为，中国当然可以基于属地原则对该案进行管辖，应适用中国刑法。

【相关法条】

《刑法》

第六条【属地管辖】凡在中国领域内犯罪的，除法律有特别规定的以外，都适用本法。

凡在中华人民共和国船舶或者航空器内犯罪的，也适用本法。

犯罪的行为或者结果有一项发生在中华人民共和国领域内的，就认为是在中华人民共和国领域内犯罪。

【知识要点】

1. 领域

（1）领陆、领水、领空。

（2）在中国登记注册，悬挂中国国旗、国徽、军旗、军徽等标志的船舶、航空器，都属于中国领土的延伸，或称为中国的浮动领土、拟制领土。凡在中国船舶或者航空器内犯罪的，中国均有刑事管辖权。

（3）按照国际惯例，中国驻外使、领馆视同中国领域。

2. 在中国领域内犯罪

中国采遍在地说。犯罪行为或结果有一项发生在中国领域内即可。

（1）行为包括预备行为和实行行为。

（2）结果包括未遂时，行为希望、放任发生结果之地和可能发生结果之地（危险地）。

3. 法律特别规定

（1）享有外交特权和豁免权的外国人不适用中国刑法。

（2）民族区域自治地方所制定的变通或补充规定。

《刑法》第九十条规定："民族自治地方不能全部适用本法规定的，可以由自治区或

---

① 参见《天津市塘沽区人民法院〔2000〕塘刑初字第 49 号刑事判决书》。

者省的人民代表大会根据当地民族的政治、经济、文化的特点和本法规定的基本原则，制定变通或者补充的规定，报请全国人民代表大会常务委员会批准施行。"

（3）刑法施行后，特别刑法作出特别规定的。

（4）香港、澳门和台湾地区不适用包括刑法典、单行刑事法规和附属刑事规范在内的全国性刑法。

第二节　属人管辖

属人管辖一般是指国家对于具有本国国籍的人的管辖，不论有关的行为发生在何处。这种管辖还扩大到国家对于具有本国国籍的法人、航空器、船舶和外太空发射物及其所载人员的管辖。属人管辖原则，即本国公民在国外犯罪的，也适用本国刑法。根据《刑法》第七条的规定，中华人民共和国国家工作人员和军人在中华人民共和国领域外犯我国刑法规定之罪的，适用我国刑法；中华人民共和国公民在中华人民共和国领域外犯我国刑法规定之罪的，原则上适用我国刑法，但是按照我国刑法规定的最高刑为三年以下有期徒刑的，可以不予追究。

【案例 2-4】

留日女生遇害案

本案当事人均为中国留日学生。被告人陈某峰在行凶前一天来到前女友打工的地方，要求复合，被前女友坚定拒绝，并告知他有喜欢的人。此后，被告对前女友发信息说，"如果你和他交往，我会不顾一切"。几个小时后，被告携带刀具和替换衣服来到被害人江某和前女友所住公寓的外部楼梯，事先埋伏，伺机行凶。而前女友与被害人江某一起回家，一个人先行跑进房间并锁上了门。被告因见不到前女友，其后，在走廊对被害人江某犯下第二杀人行为，用刀刺其颈部，造成致命伤，深度 6.5 ~ 8cm，全身多达 11 ~ 12 处伤口。①

◎ 问题：中国能否就此案行使管辖权？

【案例 2-4 分析】

依照属人管辖原则，虽然本案犯罪地在日本，但犯罪嫌疑人陈某峰系中国公民，犯故意杀人罪，按照中国刑法规定的最高刑是死刑，原则上能够适用中国刑法。但是在现实中，属人管辖一般要让位于属地管辖，所以日本依其属地管辖权对本案进行了审判。本案虽经过日本审判，如果将来陈某峰回到中国，仍然可以依照我国刑法追究其罪行；但是因其在日本已经受过刑罚处罚，可以免除或者减轻处罚。

---

① 参见《中国留学生江某被害案》，载搜狐网：https：//www.sohu.com/a/204177218_700638。

【相关法条】

《刑法》

第七条 **【属人管辖】**中华人民共和国公民在中华人民共和国领域外犯本法规定之罪的，适用本法，但是按本法规定的最高刑为三年以下有期徒刑的，可以不予追究。

中华人民共和国国家工作人员和军人在中华人民共和国领域外犯本法规定之罪的，适用本法。

【知识要点】

国家工作人员和军人以外的其他中国公民在中国领域外犯中国刑法规定之罪的，原则上适用中国刑法；但是按照中国刑法规定的最高刑为三年以下有期徒刑的，可以不予追究。即我国公民在我国领域外犯我国刑法规定之罪的，不论按照当地法律是否认为是犯罪，也不论其所犯罪行侵犯的是何国或何国公民的利益，原则上都适用我国刑法。只是按照我国刑法的规定，该中国公民所犯之罪的法定最高刑为三年以下有期徒刑的，才可以不予追究。

国家工作人员和军人在中国领域外犯我国刑法规定之罪的，适用中国刑法。

根据《刑法》第十条的规定，若中国公民在我国领域外犯罪，依照我国刑法应当负刑事责任的，虽然经过外国审判，仍然可以依照我国刑法予以追究。但是，在外国已经受过刑罚处罚的，可以免除或者减轻处罚。

第三节　保护管辖

保护管辖原则的基本含义是不论本国人还是外国人，其在国外的犯罪行为，只要侵犯了本国国家利益或者本国公民的权益，就适用本国刑法。根据我国刑法的规定，以保护管辖原则为根据适用我国刑法的，必须具备以下三个条件：所犯之罪必须侵犯了中华人民共和国国家或者公民的利益，所犯之罪按我国刑法法定的最低刑为三年以上有期徒刑，所犯之罪按照犯罪地的法律也受处罚。

【案例 2-5】

2019 年 4 月 23 日上午，在巴厘岛旅行的小阳和母亲游玩水上项目。按照规定，水上摩托艇每人配备一名教练，教练带着游客进行摩托艇体验，可是小阳的教练却没有按照规定，而是直接将摩托艇开往一个偏僻的荒岛，并且在岛上对小阳实行了性侵行为。受害人家属随即向中国驻登巴萨总领事馆报告了案件，我国领保官员立即约见登巴萨市警察局有关部门，促请其立刻开展调查，公正执法，切实维护了我国公民的合法权益。警方在 24 小时内将犯罪嫌疑人抓获，案件则按司法程序移交当地检察院、法院进行起诉审判。[①]

---

① 参见《巴厘岛中国游客遭性侵案》，载澎湃新闻：https://m.thepaper.cn/newsDetail_forward_3390457。

◎ 问题：若印尼不行使属地管辖权，中国可否行使管辖权？

【案例 2-5 分析】

虽然该案的犯罪地在印尼，犯罪嫌疑人也非中国公民，但被害人属中国公民。该案属外国人在我国领域外对我国国家或者公民犯罪，按照我国刑法的规定最低刑为三年以上有期徒刑，依印尼法律也应受刑事处罚，所以我国可行使保护管辖权，可以根据我国刑法的规定进行追究。当然，保护管辖也要让位于印尼的属地管辖权，只有其不行使属地管辖权，中国才可行使保护管辖权。

【相关法条】

《刑法》

第八条 【保护管辖权】外国人在中华人民共和国领域外对中华人民共和国国家或者公民犯罪，而按本法规定的最低刑为三年以上有期徒刑的，可以适用本法，但是按照犯罪地的法律不受处罚的除外。

【知识要点】

对外国人在我国领域外对我国国家或公民犯罪适用我国刑法，必须满足如下条件：

（1）外国人在我国领域外对我国国家或者公民犯罪，按照我国刑法的规定最低刑为三年以上有期徒刑的，因其犯罪行为比较严重，可以根据我国刑法的规定进行追究。

（2）由于犯罪行为人是外国人并且是在外国领域内对我国国家或者公民犯罪，因此，在决定是否按照我国刑法追究其刑事责任时，需要对犯罪地法律是否认为该行为是犯罪并科以刑罚进行考察。只有按照犯罪地法律应受刑事处罚的，才可以适用我国刑法。按照犯罪地的法律不受处罚的，则不能适用我国刑法进行追诉。

（3）根据《刑法》第十条的规定，若外国人在我国领域外犯罪，依照我国刑法应当负刑事责任的，虽然经过外国审判，仍然可以依照我国刑法追究。但是，在外国已经受过刑罚处罚的，可以免除或者减轻处罚。

注：外国人是指不具有中华人民共和国国籍的人，包括外国籍人和无国籍人。

第四节 普 遍 管 辖

普遍管辖权是现代国际社会有效惩治与防范国际犯罪的重要法律措施，我国《刑法》第九条对此也作了明确规定："对于中华人民共和国缔结或者参加的国际条约所规定的罪行，中华人民共和国在所承担条约义务的范围内行使刑事管辖权的，适用本法。"根据该规定，凡是我国缔结或者参加的国际条约中规定的罪行，不论罪犯是中国人还是外国人，也不论其罪行发生在我国领域内还是领域外，也不论其具体侵犯的是哪一个国家或者公民的利益，只要犯罪分子在我国境内被发现，我国在所承担条约义务的范围内，如不引渡给有关国家，我国就应当行使刑事管辖权，按照我国的刑法对罪犯予以惩处。在我国刑法中，普遍管辖权有其适用范围和条件的限制，只能是刑法空间效力的辅助性原则。

【案例 2-6】

2005 年 8 月，被告人韩某万将其购买的毒品海洛因安排被告人韩某繁（缅甸籍）交给缅甸佤联军 2518 团团长鲍某板，让鲍某板将毒品海洛因从缅甸邦康运输至缅甸勐阮进行贩卖。2005 年 9 月 10 日，中国警方与缅甸警方联合在缅甸掸邦东部勐沙县栋达镇铙乔（又译为"那琼"）村附近查获了鲍某板运输毒品的车辆，共查缴毒品海洛因毛重 383.35 千克。

经公安机关开展侦查工作，2005 年 9 月 22 日，被告人韩某万、韩某繁在老挝川圹被抓获，同年 10 月 2 日移交中国警方。2005 年 9 月 23 日，被告人段某武在云南省德宏州潞西市海关门口被公安民警抓获。①

◎ **问题**：对于被告人韩某繁能否适用我国刑法？

【案例 2-6 分析】

虽然被告人韩某繁非中国公民，犯罪行为地也不在中国境内，但被告人韩某繁实施的是我国所加入的国际条约中所明确规定的要进行普遍管辖的贩卖、运输毒品的行为，所以我国可行使普遍管辖权，对被告人韩某繁适用我国刑法。

【相关法条】

《刑法》

第九条 【普遍管辖】 对于中华人民共和国缔结或者参加的国际条约所规定的罪行，中华人民共和国在所承担条约义务的范围内行使刑事管辖权的，适用本法。

【知识要点】

凡是我国缔结或者参加的国际条约所规定的罪行，不论犯罪分子是中国人还是外国人，也不论其罪行发生在我国领域内还是我国领域外，只要犯罪分子在我国境内被发现，我国就应当在所承担条约义务的范围内，行使刑事管辖权。涉及罪名有海盗罪、劫持航空器罪、违反人道主义犯罪、恐怖主义犯罪、战争罪、灭种罪、毒品犯罪等。

但由于许多国家都可以对国际犯罪行使普遍管辖权，我国对于在我国发现的实施国际犯罪的犯罪人，既有权直接行使普遍管辖权，对犯罪人予以惩处；也可以根据其他有关国家的请求将罪犯引渡给有关国家，由有关国家对犯罪人予以惩处。

---

① 参见《云南省昆明市中级人民法院〔2007〕昆刑三初字第 8 号刑事判决书》。

第五节 从旧兼从轻

刑法的溯及力，即刑法溯及既往的效力，是指刑法生效后，对它生效前未经审判或者判决尚未确定的行为是否适用的问题。如果适用即为有溯及力，反之则为无溯及力。各国关于刑法溯及力问题的规定，主要采用以下四种原则：

（1）从旧原则。即新刑法只能适用于其生效以后的行为，不能适用于其生效之前发生的行为。

（2）从新原则。即对于新刑法生效以前发生的未经审判或者判决尚未确定的行为，一律适用新刑法。

（3）从旧兼从轻原则。即对于新刑法生效以前发生的未经审判或者判决尚未确定的行为，原则上适用旧刑法。但新刑法不认为是犯罪或者处刑较轻的，则适用新刑法。

（4）从新兼从轻原则。即对于新刑法生效以前发生的未经审判或者判决尚未确定的行为，原则上适用新刑法，但旧刑法不认为是犯罪或者处刑较轻的，则适用旧刑法。

我国刑法在溯及力问题上规定了从旧兼从轻原则。

【案例 2-7】

陈某吉敲诈勒索案

2009年4—5月份，被告人陈某吉与武某法（已判决）、郑某民（已另案处理）商定以阻挠工程施工为由，要挟象山县东陈乡卫生院迁建工程施工单位的实际施工经营者吕某运将部分工程分包给他们。后被告人陈某吉及武某法、郑某民等人向吕某运要求承包象山县东陈乡卫生院迁建工程的部分工程，但遭到吕某运拒绝。2009年7月，陈某吉及武某法、郑某民等人至象山县东陈乡卫生院迁建工程施工现场，采用拦阻车辆、切断电源等方式阻挠施工。吕某运为使工程得以顺利进行，提出给陈某吉等人一定的经济补偿，并要求陈某吉等人不再阻挠施工，陈某吉等人表示同意。经商议，双方约定由吕某运给陈某吉等人人民币6万元，款项至工程顺利施工后支付。后陈某吉等人未去施工现场阻挠施工，该工程得以顺利施工。2009年8月，吕某运至象山县丹城东海堂茶馆，按照事先约定将人民币6万元交给陈某吉及武某法、郑某民。被告人陈某吉等人收取该款项后，为逃避责任要求吕某运出具了吕某运向武某法借款人民币6万元的借条1张。案发后，被告人陈某吉向被害人吕某运退赔了人民币2万元，并取得了被害人吕某运的谅解。[1]

◎ 问题：该案件应当如何定罪量刑？

---

[1] 参见《浙江省宁波市中级人民法院〔2014〕浙甬刑二终字第345号刑事判决书》。

【案例 2-7 分析】

本案敲诈勒索行为发生在《刑法修正案（八）》施行之前，审判则在其颁布施行之后，涉及新旧法如何适用的问题。本案发生在 2009 年 8 月，原审被告人陈某吉伙同他人敲诈勒索共同犯罪数额 6 万元。案发时，根据 1997 年《刑法》及相关司法解释，陈某吉犯敲诈勒索罪属数额巨大，将被判处三年以上有期徒刑，但不能判处罚金。现陈某吉于 2014 年 1 月 3 日到案，根据《刑法修正案（八）》及相关司法解释，陈某吉与他人共同敲诈勒索 6 万元，犯罪数额在 8 万元以下，属数额较大，应当判处三年以下有期徒刑，并处罚金。显然，主刑法定量刑幅度已由三年以上降为三年以下，本案应当适用《刑法修正案（八）》《最高人民法院、最高人民检察院关于办理敲诈勒索刑事案件适用法律若干问题的解释》的相关规定，认定原审被告人陈某吉结伙敲诈勒索他人财物 6 万元，属数额较大，应当并处罚金，更符合刑法的从轻原则。

【相关法条】

《刑法》

第十二条 【溯及力】 中华人民共和国成立以后本法施行以前的行为，如果当时的法律不认为是犯罪的，适用当时的法律；如果当时的法律认为是犯罪的，依照本法总则第四章第八节的规定应当追诉的，按照当时的法律追究刑事责任，但是如果本法不认为是犯罪或者处刑较轻的，适用本法。

本法施行以前，依照当时的法律已经作出的生效判决，继续有效。

【知识要点】

我国刑法在溯及力问题上规定了从旧兼从轻原则。具体表现为以下四种情形：

（1）行为时的法律不认为是犯罪，现在的法律认为是犯罪的，适用行为时的法律，不能根据新的法律的规定追究行为人的刑罪责任。

（2）行为时的法律认为是犯罪，新的法律也认为是犯罪，并且在追诉期内的，适用行为时的法律，但是新的法律对该行为规定的法定刑与旧的法律对该行为规定的法定刑相比较轻时，则适用新的法律的规定。

所谓"处罚较轻"，是指法定刑较低。法定刑较低指法定最高刑较低；如果法定最高刑相同，则指法定最低刑较低。如果某种犯罪只有一个法定刑幅度，法定最高刑、法定最低刑指该幅度的最高刑、最低刑；如果有两个以上的法定刑幅度，法定最高刑、法定最低刑指对具体犯罪行为应当适用的法定刑幅度的最高刑、最低刑。

（3）行为时的法律认为是犯罪，新的法律不认为是犯罪的，适用新的法律，不能根据行为时的法律的规定追究行为人的刑事责任。

（4）新的法律生效以前，依照当时的法律已经作出的生效判决，继续有效。也就是说，从旧兼从轻原则不适用于以前已经作出的生效判决。

探讨案例与知识点巩固

【探讨案例 2-1】

　　2016 年 4 月的某天，邓某昌从范某处得知广东有人想购买小男孩收养的信息后，向黎某兰及岳某新、李某林提议并商量偷小孩贩卖一事，同时确定以藤县埌南镇傅某的小儿子傅某某（年龄 13 个月）作为目标，明确各人分工，由岳某新、黎某兰负责将傅某某的父亲傅某引开，邓某昌、李某林负责将傅某某抱走，邓某昌负责联系买家。2016 年 6 月 18 日 22 时许，邓某昌、李某林、岳某新和黎某兰四人按照商量好的计划，先由岳某新驾驶摩托车搭载黎某兰到傅某家，以"付钱带路"的方法将傅某引离家中，后由李某林望风，邓某昌进入傅某家中，趁傅某的 80 多岁的母亲潘某视力不佳，悄悄将傅某某从潘某手中抱走，得手后李某林开车搭载邓某昌和傅某某离开，当晚与岳某新、黎某兰会合，由黎某兰照顾傅某某。2016 年 6 月 19 日 11 时许，邓某昌和黎某兰带着傅某某到广东省封开县彭某家中准备将傅某某出售，因买家要求确认傅某某是健康的才愿意付款而没有达成交易。2016 年 6 月 20 日凌晨，公安人员在广东省封开县将被害人傅某某解救，并当场抓获邓某昌、黎某兰等人。当日，黎某兰因有非法入境嫌疑被公安机关拘留审查。另查明，因越南驻南宁总领事馆对黎某兰（LETHILAN）身份核查无答复，黎某兰（LETHILAN）越南国籍身份未能确认。①

◎ **问题**：中国能否对国籍不明的黎某兰定罪量刑？

【探讨案例 2-2】

　　加拿大时间 2010 年年底，伍某伟（中国籍）与加拿大籍华裔韩某国密谋绑架费某军（中国籍），为掩饰绑架事实，二人商定在实施绑架时将韩某国一并绑架。之后，伍某伟先假冒路易斯·陈并假装来自中国的房地产买主与费某军商谈房屋买卖。2011 年 1 月 10 日，伍某伟租用加拿大万锦市爱德华、杰弗里斯大道 163 号准备用于关押被害人，又雇佣塞某桑、尚某马、马某克、陶某夫、黄某新等人准备实施绑架，并告知绑架目标为费某军，韩某国是"线人"。

　　2011 年 1 月 18 日中午，韩某国以介绍伍某伟向费某军购买房屋为由，相约费某军在安大略省米西索加市费瑟斯顿大道 1801 号的待售房屋见面。同时，伍某伟指使塞某桑租赁一辆枣红色的克莱斯勒商务车搭载其余同伙、黄某新驾驶伍某伟的一辆银色捷达小汽车搭载伍某伟到达上述约定地点。伍某伟先入屋假装商谈房屋买卖，塞某桑、尚某马等人在屋外的车上等候，当伍某伟按事先约定按动汽车遥控器后，塞某桑、尚某马、马某克、陶某夫等人即冲入屋内对费某军实施殴打并捆绑，并将费某军、韩某国带到万锦市爱德华、杰弗里斯大道 163 号地下室关押。伍某伟要求费某军

---

　　① 参见《广西省防城港市港口区人民法院〔2017〕桂 0403 刑初 67 号刑事判决书》。

支付赎金，其间，塞某桑、尚某马、马某克、陶某夫等人对费某军进行殴打，韩某国假意先支付赎金并通过电话联系其在国内的亲属筹措资金，并让其国内的亲属联系费某军的亲属筹措赎金。

2011 年 1 月 21 日、22 日，伍某伟亦通过电话联系韩某国、费某军二人在国内的亲属支付赎金。后伍某伟先后收取了费某军亲属支付的赎金约加币 10 万元，收取韩某国亲属支付的赎金加币 15 万元。同年 1 月 26 日，韩某国因心脏病发死亡，伍某伟即将被害人费某军释放，又与塞某桑、尚某马、陶某夫等人一起将韩某国的尸体掩埋在爱德华、杰弗里斯大道 163 号地下室。伍某伟随即逃离加拿大，并偷渡回广东省开平市藏匿。①

◎ 问题：此案涉及哪些管辖权原则？

【探讨案例 2-3】

糯康犯罪集团长期盘踞在湄公河流域"散布岛"一带实施犯罪活动。2011 年 9 月底 10 月初，为报复中国船只被缅甸军队征用清剿该集团，被告人糯康先后与被告人桑康·乍萨、依莱及翁蔑、弄罗预谋策划劫持中国船只、杀害中国船员，并在船上放置毒品栽赃陷害。按照糯康安排，依莱在湄公河沿岸布置眼线、选定停船杀人地点，并和弄罗与泰国不法军人具体策划栽赃查船等事宜。2011 年 10 月 5 日清晨，根据糯康授意，在桑康·乍萨指挥下，翁蔑带领温那、碗香、岩湍、岩梭等人，携带枪支驾乘快艇，在湄公河"梭崩"与"散布岛"之间的"弄要"附近劫持中国船只"玉兴 8 号""华平号"，捆绑控制船员，并将事先准备的毒品分别放置在两艘船上。被告人扎西卡与扎波、扎拖波接到翁蔑等人通知后赶到"弄要"参与武装劫船。两船被劫至泰国清莱府清盛县央区清盛－湄赛路 1 组湄公河岸边一棵鸡素果树处停靠，翁蔑、扎西卡、扎波等人在船上向中国船员开枪射击后驾乘快艇逃离。按照与依莱、弄罗约定，在岸边等候的泰国不法军人随即向两艘中国船只开枪射击，尔后登船继续射击，并将中国船员尸体抛入湄公河。②

◎ 问题：中国基于哪些原则对此案行使管辖权？

【探讨案例 2-4】

2000 年至 2013 年，被告人白某培先后利用担任青海省委书记、云南省委书记、全国人大环境与资源保护委员会副主任委员等职务上的便利以及职权和地位形成的便利条件，为他人在房地产开发、获取矿权、职务晋升等事项上谋取利益，直接或者通过其妻非法收受他人财物，共计折合人民币 2 亿多元。白某培还有巨额财产明显超过

---

① 参见《广东省珠海市中级人民法院〔2017〕粤刑终 378 号刑事判决书》。
② 参见《云南省高级人民法院〔2012〕云高刑终字第 1765 号刑事判决书》。

合法收入，不能说明来源。①

　　2016年10月9日，河南省安阳市中级人民法院公开宣判，被告人白某培身为国家工作人员，利用职务上的便利，为他人谋取利益，利用职权和地位形成的便利条件，通过其他国家工作人员职务上的行为，为他人谋取不正当利益，非法收受他人财物，其行为构成受贿罪；白某培的财产、支出明显超过合法收入，差额特别巨大，不能说明来源，构成巨额财产来源不明罪，应数罪并罚。其中，白某培受贿数额特别巨大，犯罪情节特别严重，社会影响特别恶劣，给国家和人民利益造成特别重大损失，论罪应当判处死刑。鉴于其到案后，如实供述自己罪行，主动交代办案机关尚未掌握的大部分受贿犯罪事实；认罪悔罪，赃款赃物已全部追缴，具有法定、酌定从轻处罚情节，对其判处死刑，可不立即执行。同时，根据白某培的犯罪事实和情节，依据刑法的有关规定，决定在其死刑缓期执行二年期满依法减为无期徒刑后，终身监禁，不得减刑、假释。

◎ 问题：对白某培适用终身监禁是否有违从旧兼从轻原则？

【探讨案例2-5】

　　2009年底至2010年初，被告人郑某在了解到北京市各大医院有大量肾病患者急需实施肾脏移植手术的信息后，经与北京304医院泌尿外科主任叶某接洽，以能够帮助该医院提供进行肾脏移植手术的患者以及尸体肾源为由，取得对方同意，确定由304医院作为其所提供他人已摘除肾脏的移植手术实施地点。同年3月，被告人郑某通过他人结识被告人周某，并向周某提出通过有偿收购肾脏的方式招募肾脏供体，非法实施人体肾脏摘除手术，由其组织人员将上述肾脏转售给肾病患者，进而谋取经济利益的方案。被告人周某对郑某的上述提议予以应允，随后根据郑某的要求在徐州寻找实施人体肾脏手术的医疗机构和手术医师。同年4月至8月，被告人周某承租了江苏省徐州市泉山区火花社区卫生服务中心，在此非法实施人体肾脏摘除手术数十例，由被告人郑某将摘除后的肾脏送往北京304医院，经郑某组织人员向29名患者收取肾源费用后，联系安排该29名患者在304医院实施了肾脏移植手术。在此期间，被告人郑某、周某招募被告人赵某作为肾脏摘除手术的主刀医师，被告人赵某邀约被告人杨某忠参与实施肾脏摘除手术，被告人杨某忠召集单位同事赵某（江苏籍，另案处理）作为麻醉师，协助完成手术；被告人郑某招募被告人支某光负责供体的术后护理工作。②

　　经核实，被告人郑某等人共非法买卖人体肾脏51个，涉案金额达人民币1 034万余元。案发后，公安机关冻结涉案账户资金人民币160余万元，扣押现金人民币21 149.5元，扣押大众牌汽车1辆以及大量涉案物品。

◎ 问题：对上述被告人应当如何定罪量刑？

① 参见《白某培一审被判死缓》，载中国共产党新闻网：http://fanfu.people.com.cn/n1/2016/1010/c64371-28763948.html。

② 参见《北京市第一中级人民法院〔2014〕一中刑终字第2489号刑事裁定书》。

第三章　犯罪与犯罪构成

第一节　犯罪的特征与判断

一般而言，犯罪构成、犯罪成立抑或构成要件的符合性判断是犯罪是否成立的首要与关键的一步，现实中，绝大多数案件也结束于这一步。但是，因为存在阻止犯罪成立的情形，如是否真正的违法，是否应受刑罚处罚，一旦存在这些因素，该行为便会不被作为犯罪处理。由此可见，犯罪概念对犯罪成立的判断具有全局性、根本性的指导意义。

【案例 3-1】

马某海性派对案

2006 年夏天至 2009 年 8 月间，马某海等 22 名被告人通过被告人马某海创建的"夫妻情侣自助旅游"、被告人向某创建的"南京派对"、被告人苏某创建的"蓝玫瑰"等 QQ 群结识后，分别结伙先后在本市鼓楼区中山北路被告人马某海家、探花楼宾馆、城市名人酒店等处进行聚众淫乱活动。其中被告人马某海组织或参加聚众淫乱活动 18 起；被告人肖某组织或参加聚众淫乱活动 16 起。①

本案自案发后，一直颇受争议，国内刑法学界也对此展开了广泛的讨论。主要的分歧在于马某海等人的秘密派对行为是否为犯罪行为。

第一种观点认为，这种活动因为不具有社会危害性，而且给此种行为定罪，有绑架刑法违反罪刑法定原则的取向。

第二种观点认为，马某海等人的行为，已然构成聚众淫乱罪，应按此罪定罪处罚。

【案例 3-1 分析】

本案中，虽然马某海与他人的淫乱活动在相对封闭的场所进行，与传统的舞厅等大型、公开的场所不同，其他人不能随便参与进其淫乱现场，但因为其他人可以通过其 QQ 群得知其淫乱活动的场所，通过 QQ 群联系就可以赶赴其淫乱场所，从而实施淫乱活动，也就是说，其淫乱活动对群里的其他人是公开的，入群的人是可以随时参加的。因此，马某海聚集他人实施淫乱活动的行为不仅严重危害了良好的社会风尚，也已经符合刑法聚众

---

① 参见《江苏省南京市秦淮区人民法院〔2010〕秦刑初字第 66 号刑事判决书》。

淫乱罪的规定，具有明显的刑事违法性特征，应以聚众淫乱罪追究其刑事责任。

【案例 3-2】

宋某祥妻子自杀案

1994 年 6 月 30 日，河南省南阳市的宋某祥在外喝酒后回家，因琐事与其妻李某发生争吵和厮打。李说："三天两头吵，活着还不如死了。"宋说："那你就去死。"然后，李在寻找准备自缢用的凳子时，宋喊来邻居叶某对李进行规劝。叶某走后，二人又发生吵骂、厮打。在李寻找自缢用的绳索时，宋采取放任态度、不管不问不加劝阻。直到宋听到凳子响声时，才起身过去，但其仍未采取有效救助措施或呼喊近邻，而是离开现场到一里以外的父母家中去告知自己的父母，待其家人赶到时李已无法挽救，于当晚身亡。这就是曾经引起广泛讨论的"宋某祥案"。

该案发生后，河南省南阳市卧龙区人民检察院以"故意杀人罪"对宋某祥提起公诉。河南省南阳市人民法院经审理认为，被告人宋某祥目睹其妻李某寻找工具准备自缢，应当预见李某会发生自缢身亡的后果而放任这种后果的发生，在家中只有夫妻二人的特定环境中，被告人宋某祥负有特定的救助义务，其放任李某自缢身亡的行为，已构成故意杀人罪（不作为），但情节较轻。据此，河南省南阳市人民法院以〔1994〕南刑初字第 264 号刑事判决书，根据 1979 年《刑法》第一百三十二条，判决宋某祥犯故意杀人罪，处有期徒刑四年。

在该案的二审中，河南省南阳市中级人民法院认定的事实与一审法院之认定相同，并进而认为，被告人宋某祥与其妻李某关系不和，在争吵厮打中用语言刺激李某，致使其产生自缢轻生的决心。被告人宋某祥是负有特定救助义务的人，却对李某的自缢采取放任的态度，致使李某在家中这种特定环境下自缢身亡，其行为已构成故意杀人罪（不作为）。原一审法院的判决定罪正确、量刑适当、审判程序合法，被告人宋某祥的上诉理由不能成立，不予采纳。河南省南阳市中级人民法院以〔1995〕南刑终字第 002 号刑事裁定书作出"驳回上诉，维持原判"的裁定。[①]

【案例 3-2 分析】

本案中，宋某祥对妻子不救助的行为是否构成犯罪的关键在于：宋某祥是否存在救助妻子的义务？从不作为犯罪的义务来源看，主要有先行行为、法律规定、法律行为、职业要求等四种通说观点，围绕本案的不同观点就在于如何证明宋某祥救助妻子的义务，即义务来源为何？我们认为，虽然当时的《婚姻法》没有直接规定夫妻之间的救助义务，但从一方对另一方的扶养义务可以推定出夫妻在一方出现危险另一方必须救助的义务，这是一种举轻而明重的当然性解释结论。退而言之，婚姻缔结也属于双方的一种合同行为，在一方只能通过另一方才能避免危险的情况下，另一方就应履行解除对方危险的义务。因此，宋某祥负有救助妻子的义务。在其负有救助妻子义务的情况下，其能够直接救助而最

---

① 参见《河南省南阳市中级人民法院〔1995〕南刑终字第 002 号刑事裁定书》。

终没有实施救助。虽然其返回自己家中让家人一起来救助，但考虑其来回的距离以及自杀方式的特点，不能排除其放任妻子自杀从而死亡的结果。所以，本案两级法院对宋某祥的行为以故意杀人罪认定是合理的。

【相关法条】

《刑法》

第十三条【犯罪概念】一切危害国家主权、领土完整和安全，分裂国家、颠覆人民民主专政的政权和推翻社会主义制度，破坏社会秩序和经济秩序，侵犯国有财产或者劳动群众集体所有的财产，侵犯公民私人所有的财产，侵犯公民的人身权利、民主权利和其他权利，以及其他危害社会的行为，依照法律应当受刑罚处罚的，都是犯罪，但是情节显著轻微危害不大的，不认为是犯罪。

【知识要点】

1. 犯罪的本质特征——社会危害与法益侵害

一般而言，社会危害性的有无是区分违法行为与合法行为的重要标准，但据此无法将犯罪行为与一般违法行为区分开。犯罪行为是违法行为中最重要的部分，其社会危害性程度要重于一般违法行为。因此，犯罪是严重的危害社会的行为。在将社会危害性作为犯罪本质时，必须明确社会危害性是有质和量上的要求的，如盗窃财物在有些地区达到二千元才构成盗窃罪，这就是量的要求；而民事侵权中损失可能达到几百万元，但不构成犯罪，这便是质的要求。从我国刑法的规定来看，将严重的社会危害性作为犯罪的本质特征，也是有充足的根据的。

2. 犯罪的形式特征与判断——违反刑法规定与应受刑罚惩罚性

（1）犯罪的形式特征

在刑法上，犯罪的形式特征是指犯罪的法律属性。犯罪，首先是指行为违反了刑法规范。其次被刑法规定为犯罪的行为都应受到刑罚的惩罚。因此，犯罪的形式特征就是刑事违法性与应受刑罚惩罚性。

①刑事违法性

犯罪是触犯刑事法律的行为，即具有刑事违法性。刑事违法性，是指违反刑法条文中所包含的刑法规范。只有当危害社会的行为触犯刑法的时候才构成犯罪。刑事违法性这一特征是罪刑法定原则在犯罪概念上的体现。

②应受刑罚惩罚性

一般而言，犯罪的结果就是接受刑罚的惩罚，没有规定刑罚后果的行为就不会是犯罪行为。因此，应受刑罚惩罚性成为犯罪的一个明显法律特征。应受刑罚惩罚性，是指某种行为应当受到刑法的评价，即应当受到刑法的谴责。行为的严重社会危害性是刑事违法性的基础，统治阶级不可能以法律的形式把没有社会危害性的或者将危害性并不严重的行为，即不值得处罚的行为宣布为犯罪。因此，犯罪行为均是应受刑罚惩罚的行为。犯罪行为这种应受刑罚惩罚的特点在德、日等国的刑法中被称为"有责性"。

（2）犯罪成立的判断方法

犯罪构成，也就是德、日等国刑法中的构成要件符合，是认定犯罪的具体法律标准与条件，犯罪概念揭示犯罪的本质与基本特征；犯罪构成是犯罪概念的具体化，犯罪概念是犯罪构成的基础。因此，犯罪成立的判断活动就是适用各个具体犯罪成立的条件分析案件事实，从而得出具体犯罪是否成立的结论。

从形式逻辑上看，在具体的司法活动中，犯罪成立的判断就应该是以刑法上的罪刑规定作为大前提，以案件事实作为小前提，然后再得出结论。以宋某祥案为例，判断过程如下：

大前提：故意杀人的，处死刑、无期徒刑或者十年以上有期徒刑；情节较轻的，处三年以上十年以下有期徒刑；

小前提（案件事实）：宋某祥负有特定义务，在能够履行救助义务的情况下没有履行义务，对其妻李某自缢采取放任态度，致使李某自缢身亡；

结论：宋某祥的这一不作为行为，构成故意杀人罪（不作为），但情节较轻，处有期徒刑四年。

第二节　犯罪的客观构成要件

犯罪客观构成要件是刑法规定的，说明行为对刑法所保护的法益的侵犯性，而为成立犯罪所必须具备的各种客观要素，如危害行为、危害结果、行为的时间、地点、方法、对象。

【案例 3-3】

湖北"天价捞尸"案

荆州市人民政府于 2009 年 11 月 7 日召开新闻发布会，向社会通报打捞 3 名大学生英雄遗体全过程。结果显示，10 月 24 日在打捞 3 名大学生英雄遗体过程中，现场收取 3.6 万元费用的打捞公司业务负责人陈某，因额外向学校索要烟和矿泉水"构成了敲诈勒索"，公安机关已依法将其拘留 15 天，罚款 1 000 元。

11 月 7 日下午，湖北省荆州市政府召开新闻发布会，对"10·24"事件中长江大学学生救人事发现场调查情况进行通报。针对"船主见死不救""海事和消防部门存在不作为"等社会质疑，公布的调查结果显示：事发现场，两艘渔船参与了救援行动；接到报警后，公安海事部门及时作出反应；协调配合施救的渔船与打捞的渔船是不同的船只；打捞英雄遗体过程中船只人员的言行违反社会公德。

通报称，协助配合施救的两艘船与事后实施打捞的两艘船是不同的船只。调查组通过对 4 艘渔船比对，以及对现场照片（网上搜集）的研判，施救船船主分别是陈某德和陈某云，打捞船船主为王某海和圣某义。14 时 40 分左右，长江大学教师史某里接到电话，15 时 20 分左右，他赶到了事发现场。

根据史某里的陈述，他到达现场后发现，有两艘蓝色船舷的铁皮船停靠在岸边。

史某里上船请求船主马上打捞落水学生，并保证支付打捞费。船主称要先和老板联系，史某里问得电话号码后，与打捞公司陈某取得联系。

陈某称："捞一具尸体1.2万元，没捞上来6 000元，而且要先交押金。"直到长江大学文理学院汪书记等赶到现场凑齐4 000元现金后，打捞船才开始工作。10多分钟后，捞起第一具尸体，因未交足1.2万元打捞费，打捞船只停止打捞。后经文理学院领导汪书记等做工作，打捞船在20多分钟后，捞起第二具尸体。之后，打捞船再次停止打捞，中间中断1个小时左右，会计将筹来的2万元现金送到后，打捞船才继续打捞，约半个小时后，捞起第三具尸体。当日18时左右，打捞结束。

事后查明，两艘打捞船船主分别为王某海、圣某义，系荆州市八凌打捞有限责任公司安排到现场的渔船，8名打捞人员均来自公安县埠河镇三八村。

八凌打捞公司从向长江大学收取的打捞费用3.6万元中支付8名打捞人员劳务费5 200元。该公司2008年6月注册，注册资本3万元，主要从事沉船、沉物打捞（凭有效资质证经营），法定代表人为夏某，陈某系业务负责人。

调查通报称，长江大学与荆州市八凌打捞有限责任公司打捞尸体的协议系民事行为，但八凌公司打捞过程中的言行明显违背社会公德。虽然尸体打捞价格不在物价部门定价范围之列，但八凌公司明知溺水学生系见义勇为遇难而不及时打捞，特别是因打捞资金未筹集到位而数次中断打捞，明显违背社会公德。

"八凌打捞公司"业务负责人陈某是荆州市公安县埠河镇三八村村民，1990年5月曾因抢劫被劳教过三年，但回来后未发现有新的违法犯罪记录。

陈某除收取打捞费外，还乘人之危另外索要了价值300元的烟和矿泉水。该行为触犯了《中华人民共和国治安管理处罚条例》第四十九条，构成了敲诈勒索，公安机关已将其拘留15天，并处1 000元罚款。[①]

【案例3-3分析】

本案中，八凌打捞公司确实明知溺水学生系见义勇为遇难而不愿意及时打捞，特别是因打捞资金未筹集到位而数次中断打捞，八凌公司在打捞过程中的言行也违背了社会公德。但是，该公司的尸体打捞价格不在物价部门定价范围之列，其可以就打捞业务与需求方平等协商，不存在打捞尸体的义务，该公司因价格未达成一致而不打捞尸体的行为没有造成法益的侵害，并不违反刑法的具体规定，相关人员的行为不能被认定为敲诈勒索。因此，该公司的行为只能从公司、企业的社会责任角度去分析，也就是说该公司在对见义勇为的英雄的态度上有违社会公德。类似地，在见到他人落水，虽然路人能够施救而未施救，因为该路人没有救落水之人的法律义务，而只有道德义务，对于该道德义务的违反并不能等同于刑法的违反，没有犯罪成立的余地。

【知识要点】

刑法上的危害行为，是指基于人的意识和意志支配实施的客观上侵犯法益的身体活

---

① 参见《湖北天价捞尸案》，载搜狐网：http://news.sohu.com/20091108/n268037390.shtml。

动。进入刑法视野的危害行为一般具有以下三个特征：

（1）有体性：身体活动包括举动和静止，不包括犯意形成与流露。

（2）有意性：刑法只调整有意识和由意志支配和控制的行为，而不包括反射动作、睡梦中的举动等。

（3）有害性：刑法只禁止在客观上危害社会的行为，对社会无害的身体举止不会被规定在刑法中。

刑法中的危害行为，因为违反刑法规范的类型不同而被划分为作为与不作为两种形式。

作为：即积极的行为，指以积极的身体举止实施刑法所禁止的行为。体现为违反禁止规范，有多种表现形式，如利用他人、物质性工具、动物或者自然力等。

不作为：即消极的行为，指行为人在能够履行自己应尽义务的情况下不履行该义务，体现为违反命令规范。刑法之所以处罚不作为，是因为不作为造成了与作为一样的危害结果，在法益侵害上没有本质上的差异。不作为的义务来源主要有以下几个方面：

①法律、法规明文规定的义务。

②职务、业务要求的义务。如国家机关工作人有履行相应职责的义务，执勤的消防人员有消除火灾的义务。

③法律行为（合同行为、自愿接受行为）引起的义务。如保姆、乐于助人者的义务。

④先前行为引起的义务。行为人的某种行为使刑法所保护的法益处于危险状态时（创设危险），行为人负有排除危险或防止危害结果发生的特定积极义务。例如，成年人带儿童外出游泳，负有保护儿童生命的义务。

第三节　刑法上因果关系的判断

【案例 3-4】

唆使他人死于意外案

1. 甲意欲使乙在跑步时被车撞死，便劝乙清晨在马路上跑步，乙果真在马路上跑步时被车撞死。

2. 甲意欲使乙遭雷击死亡，便劝乙雨天到树林散步，因为下雨时在树林中行走容易遭雷击。乙果真雨天在树林中散步时遭雷击身亡。

【案例 3-4 分析】

上述二例中，虽然乙的死亡与甲的劝说存在因果关系，但事实上乙死于车祸或者雷击，车祸与雷击均不是甲所能控制的，即乙不是死于甲的行为。因此，甲的行为不是刑法中的危害行为，即其行为不具有刑法上的意义。从而，甲的劝说与乙的死亡不存在刑法上的因果关系，都不能被认定为犯罪。

【案例 3-5】

被诅咒之人死亡案

　　甲对乙有仇，意图致乙死亡。甲仿照乙的模样捏小面人，写上乙的姓名，在小面人身上扎针并诅咒 49 天。到第 50 天，乙因车祸身亡。

【案例 3-5 分析】

　　本案中，甲因为愚昧无知，即迷信而实施诅咒，但现代科学至今未能证明诅咒对一个人的危害，其无从被认定为刑法中的行为。乙的死亡由车祸引发，在无法认定诅咒导致乙于特定时间前往车祸地点，或诅咒引发车祸的情况下，甲的诅咒行为与乙的死亡结果之间在事实上的因果关系并不存在，更不存在刑法上的因果关系。

【案例 3-6】

沙漠旅行者死亡案

　　1. 丙出发去沙漠旅行之前，甲潜入丙的居所，在丙的水囊里面投放了致死量 100% 的毒药。随后乙也潜入丙的居所，在丙的水囊底部钻了一个孔。丙后来在沙漠旅行中渴死。

　　2. 假设丙出发去沙漠旅行之前，甲潜入丙的居所，在丙的水囊里面投放了致死量 100% 的毒药。随后甲担心投毒被发现，从而潜入丙的居所，在丙的水囊底部钻了一个孔。丙后来在沙漠旅行中渴死。

【案例 3-6 分析】

　　第 1 个例子属于替代性的因果关系，也即本来一个危害行为导致一个危害结果，但介入的另一危害行为导致最终结果的发生，使前面的因果关系中断或被替代了；第 2 个例子中，虽然行为人甲对于其前后实施的行为究竟如何引发死亡结果不确定，甚至可能发生错误认识，但因为其前后行为均可能导致丙的死亡，丙究竟是被毒死还是渴死，其不同只在于死亡的时间与具体的方式，因果关系不会因为其认识不准确或发生错误而改变，其犯罪故意的内容已然实现。

【知识要点】

　　危害后果是危害行为给刑法所保护的法益所造成的现实侵害事实与现实危险状态。危害后果不同于法益侵犯：后者是犯罪的本质，前者是本质表现出来的现象。只要危害行为侵犯了法益，一定有危害后果。所以，危害后果是所有犯罪都要具备的构成要件要素。

　　危害行为与危害结果之间的关系便是刑法上的因果关系，与危害结果存在因果关系的危害行为才是刑法上的危害行为。从危害结果中推断出危害行为的过程是刑法中的因果关系判断活动，也是德国刑法中的客观归责，即从客观的危害结果中寻找作为原因的危害行为。

联系中外各国的刑法理论与司法实践，因果关系的判断过程可以作如下的描述：

(1) 事实上因果关系的存在。

(2) 判断行为人的行为是否具有刑法上意义。

(3) 排除行为与危害结果之间介入的现象的作用。

(4) 其他行为或现象在导致结果发生中的原因力大小。

第四节　犯罪故意及其类型

【案例 3-7】

煤矿爆炸案

煤矿矿工王某、刘某在矿井下采煤期间，为了避免瓦斯超限致设备出现断电保护，从而达到多出煤多得工资的目的，人为将本采区采面上的两个瓦斯传感仪进气孔堵塞，使瓦斯传感仪不能测到瓦斯的浓度，导致矿井自动断电保护失效，长传数据失真。在上级安检部门带领技术人员下井检查时，该情况被及时发现并制止，经检测得知当时瓦斯的真实浓度已经超标。但是，矿工王某、刘某在过了一段时间后仍然实施上述行为，在之后的某一天发生煤矿瓦斯爆炸事故，导致一百多人死亡的惨案。

事发后，对王某、刘某二人的主观方面是故意还是过失存在两种分歧意见。第一种意见认为，王某、刘某二人的主观方面是为了个人多得工资，没有危害公共安全的故意，因而属于过于自信的过失。第二种意见认为，王某、刘某二人在实施堵塞瓦斯传感仪进气孔的行为过程中，主观上对其行为可能造成的严重危害后果持放任态度，属于间接故意。①

【案例 3-7 分析】

当前影响煤矿安全的两大自然杀手即瓦斯和水。因此，王某、刘某二人实施的堵塞瓦斯传感仪进气孔的行为危险性同《刑法》第一百一十四条危害公共安全罪中规定的"放火、决水、投毒、爆炸"等危险方法所造成的危险性相当，属于该条规定的"其他危险方法"的范围，本案中二人的行为涉嫌危害公共安全。因其主观上出于故意，并非过失，因此，应认定为以危险方法危害公共安全罪。关于主观方面的争议，其焦点不在于是否认识到危险，而是二行为人对危险的态度究竟是放任其发生还是足以自信其不可能发生。联系本案中技术人员的检查，以及二人并未采取任何可以阻止危险发生的措施或存在相应的能力，所谓的自信并无任何实际根据，二人对危害结果发生的心态便应认定为间接故意中的"放任"。司法实践中，诸多类似案件的被告人都会辩解"我根本不想发生这样的结果"或者"我从来没想到发生这样的结果"等，但是，在正常人或一般人都能认识到或想到这种结果时，他们就不是"没想到或不想"，而只能是想到了而不顾一切后果地去实

① 参见《煤矿爆炸案》，载知网阅读：https://mall.cnki.net/magazine/Article/JCSJ200910026.htm。

施某一行为。所以，本案中在主观方面应该是间接故意。

【相关法条】

《刑法》

第十四条【故意犯罪】明知自己的行为会发生危害社会的结果，并且希望或者放任这种结果发生，因而构成犯罪的，是故意犯罪。故意犯罪，应当负刑事责任。

第十五条【过失犯罪】应当预见自己的行为可能发生危害社会的结果，因为疏忽大意而没有预见，或者已经预见而轻信能够避免，以致发生这种结果的，是过失犯罪。过失犯罪，法律有规定的才负刑事责任。

第十六条【不可抗力和意外事件】行为在客观上虽然造成了损害结果，但是不是出于故意或者过失，而是由于不能抗拒或者不能预见的原因所引起的，不是犯罪。

【知识要点】

任何犯罪故意的认识内容都是特定的。这也是犯罪故意与作为一般心理活动的故意的根本区别。

犯罪故意的意志因素，是指行为人明知自己的行为会发生危害社会的结果仍然希望或者放任其发生的心理态度。

犯罪故意的认识因素：明知自己的行为会发生危害社会的结果。犯罪故意的认识因素要求行为人是希望或者放任危害结果发生。

根据意志因素的不同表现，可以将故意分为直接故意和间接故意。

（1）直接故意，是指行为人明知自己的行为会发生（必然发生或者可能发生）危害社会的结果，并且希望这种结果发生的心理态度。

（2）间接故意，是指明知自己的行为可能发生危害社会的结果，并且放任这种结果发生的心理态度。"放任"是对危害结果的一种听之任之的态度，即行为人明知自己的行为可能发生某种危害结果，既不希望危害结果发生，也不希望危害结果不发生，但仍然实施该行为，也不采取措施防止危害结果发生，而是听任危害结果发生——结果发生与否，都不违背行为人的意志。

第五节　过失及其类型

【案例 3-8】

错害李某案

黄某意图杀死张某，当其得知张某当晚在单位值班室值班时，即放火将值班室烧毁，其结果却是将顶替张某值班的李某烧死。案发后，黄某追悔莫及，反复说李某也是自己的好朋友，真的不是想害死他。

◎ **问题**：黄某是过失致人死亡还是故意杀人？是直接故意还是间接故意？

【案例3-8分析】

在本案中，黄某误把李某当作张某予以杀害，属于具体事实认识错误中的对象错误，无论根据法定符合说还是具体符合说，都不影响故意杀人罪（既遂）的判断。因为黄某实施杀人行为之际，明知自己的行为可能导致值班室里面的被害人死亡，并希望该结果发生；尽管值班室中的值班者不是张某，由于任何人的生命都受到法律同等程度的保护，黄某当时就是积极追求、希望里面的人死亡，所以，黄某的主观心理态度表现为直接故意。

【知识要点】

犯罪过失，是指行为人应当预见自己的行为可能发生危害社会的结果，因为疏忽大意而没有预见，或者已经预见而轻信能够避免，从而导致结果发生的心理态度。

（1）疏忽大意的过失，是指行为人应当预见自己的行为可能发生危害社会的结果，因为疏忽大意而没有预见，以致发生这种结果的心理态度。应当预见的前提是能够预见：需要考虑行为人的认知水平、行为本身的危险程度以及行为时的客观环境；应当预见的内容是法定的危害结果，即构成要件意义上的实害结果，而非任何结果。

（2）过于自信的过失，又被称为有认识的过失，是指行为人已经预见自己的行为可能发生危害社会的结果，但轻信能够避免，以致发生这种结果的心理态度。行为人在已经预见危害结果的同时还实施该行为，是因为行为人凭借一定的主客观条件，相信自己能够避免结果的发生，但所凭借的主客观条件并非真实可靠；过高估计自己的主观能力、不当地估计了现实存在的客观条件对避免危害结果的作用或者误以为结果发生的可能性很小，因而可以避免结果发生。这是过于自信的过失的认识因素。轻信能够避免又表明行为人既不希望也不放任危害结果的发生，这便是过于自信过失的意志因素。

第六节　刑事责任能力与刑事责任年龄

【案例3-9】

初二学生杀人、强奸案

某甲，男，生于1985年2月13日，某初中二年级学生。1999年2月11日，正值学校放寒假，某甲来到自己读书的中学，见本校初一学生某乙（女，13岁）独自一人在校值班室内，遂起歹念，将某乙骗至防空洞内进行猥亵，某乙进行反抗，并说要将此事告诉老师。某甲用石头将某乙砸昏后，又用随身携带的小刀在某乙的喉部、胸部和腹部连刺20余刀，并割掉某乙的舌头，剜出某乙的双眼，致某乙当场死亡。破案后，某甲对公安人员声称："我懂得法律，未满14岁的人不负法律责任。"

该案发生后，引起当地群众的极大愤慨，社会舆论强烈要求严惩凶手，为死者申冤。对于本案如何处理，司法机关有两种不同意见：一种意见认为，某甲未满14周岁，不应当负刑事责任，但是应当予以收容教养，并由其法定监护人承担民事赔偿责任。另一种意见认为，某甲还差 3 天即满 14 周岁，与刚满 14 周岁的人相比，其刑事责任能力已无本质的区别，而且某甲杀人的手段极为残酷，动机恶劣，不追究其刑事责任，不足以平民愤。①

【案例 3-9 分析】

本案中，虽然某甲针对某乙实施了刑法所禁止的故意杀人与强奸行为，但因为行为人行为时的年龄未满 14 周岁，没有达到刑法规定的应当承担刑事责任的年龄。没有达到刑事责任年龄的人在刑法上被认定为不具备刑事责任能力的人，这是立法上的推定，不容反驳。不具备刑事责任能力的人因欠缺应受刑罚处罚性，其行为不被认定为犯罪。

【相关法条】

《刑法》

第十七条【刑事责任年龄】② 已满十六周岁的人犯罪，应当负刑事责任。

已满十四周岁不满十六周岁的人，犯故意杀人、故意伤害致人重伤或者死亡、强奸、抢劫、贩卖毒品、放火、爆炸、投放危险物质罪的，应当负刑事责任。

已满十二周岁不满十四周岁的人，犯故意杀人、故意伤害罪，致人死亡或者以特别残忍手段致人重伤造成严重残疾，情节恶劣，经最高人民检察院核准追诉的，应当负刑事责任。

对依照前三款规定追究刑事责任的不满十八周岁的人，应当从轻或者减轻处罚。

因不满十六周岁不予刑事处罚的，责令其父母或者其他监护人加以管教；在必要的时候，依法进行专门矫治教育。

第十七条 之一【刑事责任年龄】已满七十五周岁的人故意犯罪的，可以从轻或者减轻处罚；过失犯罪的，应当从轻或者减轻处罚。

【知识要点】

刑事责任能力是指行为人辨认和控制自己行为的能力，即要求同时具备辨认能力（即对自己的行为在刑法意义上的性质、后果的分辨、认识能力）与控制能力（决定自己是否实施某种行为的能力）。

辨认能力与控制能力的具备意味着行为人有相对的意志自由，才有可能产生应受刑罚惩罚的可能性，从而符合刑法上的犯罪构成，存在适用刑法的基础。

刑事责任年龄是指法律所规定的对自己实施的刑法所禁止的危害社会行为负刑事责任的年龄（范围）。刑事责任年龄制度确立的目的在于从年龄上确定一个负刑事责任的开始年龄，以及负刑事责任大小的范围。

根据我国刑法的规定，刑事责任年龄可以根据 14 周岁和 16 周岁这两个界点分为三个

---

① 参见《初二学生强奸杀人案》，载搜狐网：https://www.sohu.com/a/34768242_198247。

② 根据《中华人民共和国刑法修正案（十一）》修订。

部分：

（1）完全不负刑事责任的年龄阶段，即不满 14 周岁的人，对其行为不负任何刑事责任。

（2）相对负责任年龄阶段，即 14 周岁以上不满 16 周岁的人，仅对刑法明确规定的八种严重故意犯罪行为负刑事责任。

（3）完全负责任年龄阶段，即 16 周岁以上者，对其触犯刑法的行为都要负刑事责任。

第七节　刑事责任能力与认知障碍

【案例 3-10】

精神病人报复案

原审被告人张某自 1998 年 5 月经上海市精神病防治院诊断，患有精神分裂症。1999 年 10 月间，张某认为同班组工人曹某反映了其偷带玻璃出厂的事，故对曹某怀恨在心。2000 年 1 月 30 日上午 10 时许，张某趁曹某在仓库工作无防备之机，用事先准备好的牛角刀向曹某的腹部、手部连戳三刀，致曹某受伤。鉴定结论显示：（1）鉴定诊断：精神分裂症；（2）法定能力评定意见：2000 年 1 月 30 日张某作案当时处于精神分裂症的发病期，对行为丧失辨认和控制能力，应评定为无责任能力，目前病情未愈，应继续监护。上海市中级人民法院据此判决张某不负刑事责任。

【案例 3-10 分析】

本案中被告人张某系精神分裂症患者，2000 年 1 月 30 日其在行凶作案时处于不能辨认和不能控制自己行为的状态，对其行为造成的危害结果，依法不负刑事责任。

【相关法条】

《刑法》

第十八条【特殊人员的刑事责任能力】精神病人在不能辨认或者不能控制自己行为的时候造成危害结果，经法定程序鉴定确认的，不负刑事责任，但是应当责令他的家属或者监护人严加看管和医疗；在必要的时候，由政府强制医疗。

间歇性的精神病人在精神正常的时候犯罪，应当负刑事责任。

尚未完全丧失辨认或者控制自己行为能力的精神病人犯罪的，应当负刑事责任，但是可以从轻或者减轻处罚。

醉酒的人犯罪，应当负刑事责任。

第十九条【又聋又哑的人或盲人犯罪的刑事责任】又聋又哑的人或者盲人犯罪，可以从轻、减轻或者免除处罚。

【知识要点】

1. 精神障碍，必须依法定程序鉴定

精神障碍的判断标准主要有医学（生物学）标准、心理学（法学）标准和将二者结合的标准，即混合的标准。我国刑法采取的是混合的标准。医学标准，是指行为人是基于精神病理的作用而实施特定危害社会行为的精神病人，即严重的精神障碍者。精神病人的确定要"经法定程序鉴定确认"，判断时要坚持医学标准与心理学标准，即先由精神病学专家鉴定，判断行为人是否患有精神病，再由司法工作人员判断行为人是否因为患有精神病而不能辨认或者不能控制自己的行为。间歇性精神病人的行为是否成立犯罪，应以其实施行为时是否精神正常、是否具有辨认控制能力为标准，而不是以侦查、起诉、审判时是否精神正常为标准。由此，一般的精神障碍如人格障碍、心理变态不被认为精神病。与行为同时存在的严重精神障碍才是刑法关注的精神病。心理学标准，是指由于精神病理的作用，行为人丧失了刑事责任能力。

2. 醉酒包括生理性醉酒和病理性醉酒

病理性醉酒是一种比较罕见的精神病状态，属于精神病范围。最常见的醉酒都指的是生理性醉酒、普通醉酒，《刑法》第十八条第四款规定的"醉酒的人犯罪，应负刑事责任"指的就是这种意义上的醉酒。醉酒者对其刑事责任没有任何影响。

明知自己有病理性醉酒经历而故意或过失醉酒，从而实施刑法所禁止的行为的，行为人仍应负刑事责任。其理论依据在于"原因（中的）自由行为"，即具有辨认和控制能力的行为人故意或者过失使自己一时陷入丧失或者减弱辨认和控制能力的状态，并在该状态下实施了符合犯罪构成的行为，由于行为人可以自由决定自己是否陷入昏迷状态，故称为原因自由行为。

3. 生理功能缺失

生理功能缺失，在一定程度上必然影响到自然人的刑事责任能力。在我国刑法中，生理功能缺失是指听说能力、视力的丧失，但这只是意味着刑事责任能力可能受到影响。因此，对于既聋又哑的人、盲人可以从轻、减轻或者免于处罚。

第八节　行为人身份与犯罪

【案例 3-11】

隐瞒事故不报案

2006 年 4 月 30 日，甲市乙镇的某煤矿发生瓦斯突出事故，导致 10 名工人被困井下，后死亡（经鉴定，均为当日死亡）。事故发生当天，煤矿投资者丙赶到现场，要求值班矿长等人隐瞒事故不报。5 月 2 日，丙通过朋友丁找到甲市主抓安全生产的副市长戊，三人商定将事故隐瞒不报，在接受省事故调查组询问期间，戊声称该煤矿未发生事故。同时，丙、丁二人组织人员将井下尸体转移外市并进行了火化。2008 年元月，丙、丁、戊的上述行为被告发。对该案行为的定性分歧如下：

第一种意见认为，对于丙、丁、戊的行为，均应按照《刑法修正案（六）》的规定，按照不报安全事故罪定罪处罚。

第二种意见认为，对于丙、丁的行为应当按照不报安全事故罪定罪处罚，对于戊的行为应当按照滥用职权罪定罪处罚。

第三种意见认为，对于丙的行为应当按照不报安全事故罪定罪处罚，对于丁的行为应当按照帮助毁灭证据罪定罪处罚，对于戊的行为应当按照滥用职权罪定罪处罚。①

【案例 3-11 分析】

本案中，围绕矿难的发生，三个行为人因身份不一，涉案罪名便不一致（除共同犯罪外），丙作为煤矿投资者，在事故发生时应该报告事故，以免拖延而扩大伤亡，其不报告而造成事故结果进一步严重的行为涉嫌不报安全事故罪；丁参与组织人员将井下尸体转移外市并进行了火化的行为涉嫌帮助毁灭证据罪，丙为掩盖罪行的行为属于事后的行为不处罚；戊的行为属于故意不履行职责，应当按照滥用职权罪定罪处罚。

【知识要点】

1. 行为人身份与犯罪

身份，是指人的出身、地位和资格，作为犯罪主体要件的身份是指影响行为人刑事责任能力的特定的资格、地位或状态。依据刑法对身份是否作出规定，可以将犯罪分为身份犯和非身份犯，其中身份犯又可以因影响定罪和影响量刑分为真正身份犯和不真正身份犯。身份影响定罪是指只有特定身份者才能实施某种犯罪、或者才能使危害行为严重到构成犯罪的程度；身份影响量刑是指特殊身份成为加重处罚的条件。

2. 身份的分类

特定职务者如国家机关工作人员，特定从业者如特定行业的职工，特定义务者如纳税义务人，具有特定法律地位者如证人，罪犯，特定患病者如性病患者等。

第九节 单 位 犯 罪

【案例 3-12】

三鹿集团案

2008 年 8 月 1 日，河北出入境检验检疫局检验检疫技术中心出具检测报告，确认三鹿集团送检的奶粉样品中含有三聚氰胺。同日，被告人田某华等召开集团经营班子扩大会进行商议，在明知三鹿牌婴幼儿系列奶粉中含有三聚氰胺的情况下，虽然作出了暂时封存产品、对库存产品的三聚氰胺含量进行检测以及以返货形式换回市场上

---

① 参见《隐瞒事故不报案》，载庭立方刑事图书馆：https：//www.scxsls.com/knowledge/detail? id=39329。

含有三聚氰胺的三鹿牌婴幼儿奶粉等决定，但仍准许库存产品三聚氰胺含量 10 毫克/公斤以下的出厂销售，直到被政府勒令停止生产和销售为止。

经检测和审计，2008 年 8 月 2 日至 9 月 12 日，三鹿集团共生产含有三聚氰胺的婴幼儿奶粉 904 吨多；销售含有三聚氰胺的婴幼儿奶粉 813 吨多，销售金额 47 560 800 元。

此外，三鹿集团还将因含有三聚氰胺而被拒收的原奶转往相关下属企业生产液态奶，生产、销售的液态奶共计 269 吨多，销售金额合计 1 814 022.98 元。

根据石家庄市中级人民法院作出的判决：被告单位石家庄三鹿集团股份有限公司犯生产、销售伪劣产品罪，判处罚金人民币 4 937.4 822 万元；被告人田某华犯生产、销售伪劣产品罪，判处无期徒刑，剥夺政治权利终身，并处罚金人民币 2 468.7 411 万元。①

【案例 3-12 分析】

本案中，三鹿集团作为单位，在明知其生产的三鹿牌婴幼儿系列奶粉中含有三聚氰胺的情况下，仍准许库存产品三聚氰胺含量 10 毫克/公斤以下的出厂销售，构成犯生产、销售伪劣产品罪。

【知识要点】

单位犯罪，一般是指公司、企业、事业单位、机关、团体为本单位或者本单位全体成员谋取非法利益，由单位的决策机构按照单位的决策程序决定，由直接责任人员具体实施的犯罪。

单位犯罪是公司、企业、事业单位、机关、团体犯罪，即是单位本身犯罪，而不是单位的各个成员的犯罪之集合，也不是单位和单位成员之间的共同犯罪。

单位犯罪是由单位的决策机构按照单位的决策程序决定，由直接责任人员实施的，并且与其经营、管理活动具有密切关系的犯罪。

单位犯罪是为本单位谋取非法利益或者以单位名义（不是绝对的）为本单位全体成员或者多数成员谋取非法利益的行为。

单位犯罪行为具有法定性。

探讨案例与知识点巩固

【探讨案例 3-1】

2016 年 4 月，因与妻子有矛盾，东莞一男子陈理（化名）挟持儿子，要求妻子到指定地点。在民警已到场的情况下，陈理仍限制儿子人身自由约 2 小时，并造成儿子脖子划伤，后经法医鉴定系轻微伤。一审判决显示，陈理犯绑架罪，判处有期徒刑五年，并处罚金 2 000 元。陈理及其家属不服，提出上诉。后经东莞市中级人民法院

---

① 参见《最高人民检察院公报》2009 年第 4 号（总第 111 号）。

审理判决，撤销一审刑事判决，陈理犯非法拘禁罪，判处有期徒刑二年六个月。

东莞市第一人民法院一审判决认定，陈理和老婆付晶（化名）出现感情问题，怀疑付晶和弟弟付亮（化名）有不正当关系，2016 年 4 月 1 日 20 时许，陈理抱着儿子陈华（化名）来到东莞市东城区下桥新苑××巷×号一楼仓库，并打电话给付晶，要求付晶、付亮立即到仓库解决相关问题，且不准付晶报警，否则就杀了儿子陈华。之后，付晶报警，民警到达现场后发现，仓库的卷闸门被拉下来距离地面约 50 厘米，陈理坐在仓库内，左手抱着陈华，右手拿着一把水果刀架在陈华脖子上，情绪比较激动，不允许别人进入仓库和把卷闸门拉高。于是，民警一边对陈理劝解，稳定其情绪，叫其不要作出过激行为，一边通知陈理的家属、朋友到场进行劝解。次日 2 时 30 分许，陈理将儿子陈华释放，陈华的脖子受伤，后经法医鉴定为轻微伤。①

◎ 问题：如何评价两级法院的不同判决？

【探讨案例 3-2】

2004 年 3 月，胡某前往白云区探望妻子张某，得知其已与陈某同居，遂进行规劝，妻子拒绝。3 月 15 日 11 时，胡某找到陈某交涉，进而发生争执。在陈某将离开时，胡某抓住陈某的胳膊用力将之甩入河中，胡某看见他沉入河中并呼救，因怀恨而未施救，也未喊叫其他人施救。过了一会，胡某因不放心返回，未发现陈某，后于 12 时 30 分自首。3 月 28 日，陈某尸体被发现。

◎ 问题：胡某的行为是不作为犯罪吗？胡某的行为是故意杀人罪还是过失致人死亡罪？

【探讨案例 3-3】

2007 年 4 月 6 日 19 时，有群众举报"有人在红星饭店后面发现徐某在房间吸食毒品"。出警后，涉嫌吸毒的徐某、沈某、李某、杨某被抓获，并当场从沈某身上搜获可卡因 15 克，从杨某身上搜获冰毒可疑物 3 粒，另外从房间搜获冰毒可疑物 403 粒，鸦片可疑物 2 袋，吸毒工具若干。嫌疑人不说明毒品来源和目的。

◎ 问题：持有并吸食毒品是否会构成犯罪？

【探讨案例 3-4】

2007 年 8 月 8 日晚 21 时左右，冯某在一弄堂口站街卖淫，黄某（系冯的丈夫）与他人在出租房里看电视。朱某酒后与冯某因嫖资发生纠纷，之后，黄某的表侄告知黄某，其妻被人打了。黄某急忙赶出去，发现朱某满身酒气，走路东倒西歪，遂双手抓住朱某的肩膀，用膝盖在朱某的腹部顶了一下。朱某被顶击后转身离开，摇摇晃晃

---

① 参见《男子怀疑妻子出轨挟持儿子被判绑架罪，二审改判非法拘禁罪》，载搜狐新闻：https：//www.sohu.com/a/253242161_260616。

地走了十几米后倒下，送医院抢救无效死亡。尸检报告证实，朱某生前患有较严重的动脉粥样硬化症，并伴有腹主动脉瘤形成；死亡原因是腹主动脉瘤破裂致大失血而死，腹部外伤是造成腹主动脉瘤破裂的诱发因素。在本案审理过程中，产生了三种观点：

第一种观点认为，黄某的行为构成故意伤害罪；

第二种观点认为，黄某的行为构成过失致人死亡罪；

第三种观点认为，本案属于意外事件，黄某的行为不构成犯罪。

◎ 问题：黄某对朱某的死亡是否存在罪过？

【探讨案例 3-5】

张某与李某经营一休闲场所，两人强迫新来的服务员小王卖淫，但小王不肯。一日，嫖客周某到该场所嫖娼，张某收取了周某嫖资 200 元后，让小王接客。在包厢中，小王向周某言明自己不卖淫，是被老板强迫的，拒绝与周某发生性行为。周某即离开包间找张某和李某，说小姐不同意，要求退回嫖资。张、李二人一听大怒，遂进入包厢对小王拳打脚踢，并将其衣服扒掉，然后出来对周某说"已经同意了"。周某便进入包厢对小王说"这不能怪我噢"，遂与小王发生了性行为。事后，小王向公安机关报案。

本案在处理中，对于张某与李某构成强迫卖淫罪没有异议，但对周某是否构成犯罪，却产生了较大的分歧。一种意见认为周某行为构成强奸罪。理由是：周某明知小王不是卖淫女，且不同意与其发生性行为，又明知小王是被他人强迫，仍与小王发生性行为，故其违背了妇女意志，侵害了妇女性的不可侵犯的权利，应按强奸罪处理。另一种意见认为周某的行为仍是嫖娼行为，仅违反了《治安管理处罚条例》，应受到行政处罚，其行为不构成犯罪。

◎ 问题：本案中的周某存在强奸的故意吗？

【探讨案例 3-6】

被告人某甲，男，33 岁，某市个体屠夫。被告人某甲有间歇性躁狂症。一日，因与妻子发生口角，用刀将其妻子刺伤，后急送其妻到医院抢救，因抢救无效，其妻死亡。经法医鉴定，某甲刺伤妻子时，精神完全正常，其间歇性躁狂症并未发作。

◎ 问题：某甲的行为是否成立犯罪？

【探讨案例 3-7】

被告人某乙，男，23 岁，某市无业人员。被告人某乙多次在公众场合，当着妇女的面将其生殖器故意外露，并故意顶擦妇女身体。一次，某乙在汽车上一边用一把小水果刀威胁一少女，一边拉开裤子的拉链，露出其生殖器，并使劲顶擦该少女的身体，致使该少女又惊又怕，当场昏厥，车上乘客将某乙扭送到派出所后，经医学鉴定，某乙患有轻微的"露阴癖"。

◎ 问题：某乙的行为是否成立犯罪？

【探讨案例 3-8】

镇长黄某负责某重点工程项目占地前期的拆迁和评估工作。黄某和村民李某勾结，由李某出面向某村租赁可能被占用的荒山 20 亩植树，以骗取补偿款。

◎ 问题：对黄某、李某取得补偿款的行为，应如何定性？

【探讨案例 3-9】

胡某利用担任某村委会主任协助人民政府从事土坯房改造工作的职务便利，主动填写相关虚假材料，弄虚作假，为当地 11 户村民非法套取土坯房改造补贴款共计人民币 16 万元。关于对胡某的行为定罪，存在两种不同意见：

第一种意见认为，应定滥用职权罪。胡某在履行国家工作人员职责期间，主观上明知对方不符合条件，依然利用职权，非法套取改造款，致使公共财产、国家和人民利益遭受重大损失。

第二种意见认为，应定贪污罪。胡某利用协助政府从事危旧土坯房改造的工作便利，在明知对方不符合条件情况下，仍相互勾结，主动填写相关虚假土坯房改造资料，共同以非法占有为目的，帮助骗取国家土坯房改造补助款。胡某主观上具有让公共财产被他人非法占有的目的，刑法规定贪污犯罪中的"非法占有"不仅是指非法占为己有，也包括非法占为他有；客观上，其行为不仅侵害了国家工作人员职务的廉洁性，而且侵害了公共财物的所有权，造成了公共财产的损失，数额较大，其行为构成贪污罪。

◎ 问题：对本案中胡某的行为究竟应该如何认定？

第四章 正当化事由

正当化事由规定在《刑法》总则第二章，它是指虽然在客观上造成了一定的损害后果，在形式上符合某种犯罪的客观构成要件，但在实质上是不具备社会危害性与刑事违法性，诸如正当防卫、紧急避险等。本章条文涉及为《刑法》第二十条至二十一条。本书选取3个案例进行分析。

第一节 正当防卫

表4-1

成立条件	具体内容	一般正当防卫	特殊正当防卫
起因条件	面临的侵害具有不法性、客观性和现实性	✓	✓
时间条件	不法侵害的急迫性和防卫的适时性	✓	✓
意思条件	防卫者具有正对不正的防卫意识	✓	✓
对象条件	防卫手段针对不法侵害人本人	✓	✓
限度条件	防卫手段具有必要性和相当性	✓	✕

【案例4-1】

昆山龙哥案

于某明，男，1977年3月18日出生，某酒店业务经理。2018年8月27日21时30分许，于某明骑自行车在江苏省昆山市震川路正常行驶，刘某醉酒驾驶小轿车（经检测，血液酒精含量87mg/100ml），向右强行闯入非机动车道，于某明险些被碰擦。刘某的一名同车人员下车与于某明争执，经同行人员劝解返回时，刘某突然下车，上前推搡、踢打于某明。虽经劝解，刘某仍持续追打，并从轿车内取出一把砍刀（系管制刀具），连续用刀面击打于某明颈部、腰部、腿部。刘某在击打过程中将砍刀甩脱，于某明抢到砍刀，刘某上前争夺，在争夺中于某明捅刺刘某的腹部、臀部，砍击其右胸、左肩、左肘。刘某受伤后跑向轿车，于某明继续追砍2刀均未砍中，其中1刀砍中轿车。刘某跑离轿车，于某明返回轿车，将车内刘某的手机取出放入自己口袋。民警到达现场后，于某明将手机和砍刀交给处警民警（于某明称，拿走刘某的手机是为了防止对方打电话召集人员报复）。刘某逃离后，倒在附近绿化带内，后经送医抢救无效，因腹部大静脉等破裂致失血性休克于当日死亡。于某明经人身检查，见左颈部条形挫伤 1 处、左胸季肋部条形挫伤 1 处。

8 月 27 日当晚公安机关以"于某明故意伤害案"立案侦查，8 月 31 日公安机关查明了本案的全部事实。9 月 1 日，江苏省昆山市公安局根据侦查查明的事实，依据《中华人民共和国刑法》第二十条第三款的规定，认定于某明的行为属于正当防卫，不负刑事责任，决定依法撤销于某明故意伤害案。其间，公安机关依据相关规定，听取了检察机关的意见，昆山市人民检察院同意公安机关的撤销案件决定。①

【案例 4-1 分析】

1. 于某明的行为成立正当防卫

在本案中，被害人刘某醉酒驾驶小轿车强行在非机动车道行驶，与于某明险些发生碰撞。随之与其同车的人员下车与于某明争执，经其余同行人员劝阻后返回时，本案被害人刘某突然下车，对于某明进行追打，而后从其驾驶的小轿车内取出一把砍刀（管制刀具），连续用刀面对于某明的颈部、腰部、腿部进行击打，刘某在击打过程中将砍刀甩脱，于某明抢到砍刀，刘某上前争夺，在争夺中于某明捅刺刘某的腹部、臀部，砍击其右胸、左肩、左肘。刘某受伤后跑向轿车，于某明继续追砍 2 刀均未砍中，其中 1 刀砍中轿车。被害人刘某在客观上实施不法侵害。在此情况之下，本案被告人于某明在被砍伤后，抢到刘某的砍刀，对刘某的不法侵害行为进行反击。实施法律赋予公民的正当防卫的权利。至此，于某明的行为完全符合正当防卫的五个要件。

2. 于某明的行为成立特殊防卫

根据我国《刑法》第二十条第二款规定，特殊防卫的成立必须满足以下三个条件：（1）必须是针对正在进行的不法侵害；（2）必须是严重危及人身安全的犯罪；（3）严重危及人身的暴力犯罪包括但不限于刑法条文列举的"行凶、杀人、抢劫、强奸、绑架"这五种犯罪，也不限于直接对人的身体行使有形力的暴力犯罪。从本案被害人刘某的行为上看，其以砍刀对于某明进行击打，明显看出其行为在客观上对于于某明是具有严重的危害性，属于严重危及人身的暴力性犯罪；在整个案发过程中，被害人刘某始终没有停止过不法侵害行为，被告人于某明始终处于被动、防御的地位，使得被告人于某明的人身安全处于现实的、紧迫的、严重的危险之下。此时，应当认定被害人刘某实施的行为符合《刑法》第二十条第三款中关于"行凶"的规定。在此情况之下，被告人于某明使用从被害人刘某手上抢回来的砍刀对被害人刘某进行反击，符合特殊防卫的条件，虽然其行为致刘某死亡，但依法不需要负刑事责任。

【相关法条】

1. 《刑法》

第二十条【正当防卫】为了使国家、公共利益、本人或者他人的人身、财产和其他权利免受正在进行的不法侵害，而采取的制止不法侵害的行为，对不法侵害人造成损害

---

① 参见《最高人民检察院关于印发最高人民检察院第十二批指导性案例——检例第 47 号》。

的，属于正当防卫，不负刑事责任。

正当防卫明显超过必要限度造成重大损害的，应当负刑事责任，但是应当减轻或者免除处罚。

对正在进行行凶、杀人、抢劫、强奸、绑架以及其他严重危及人身安全的暴力犯罪，采取防卫行为，造成不法侵害人伤亡的，不属于防卫过当，不负刑事责任。

2. 《最高人民法院、最高人民检察院、公安部、司法部关于依法办理家庭暴力犯罪案件的意见》

第十九条　准确认定对家庭暴力的正当防卫。为了使本人或者他人的人身权利免受不法侵害，对正在进行的家庭暴力采取制止行为，只要符合刑法规定的条件，就应当依法认定为正当防卫，不负刑事责任。防卫行为造成施暴人重伤、死亡，且明显超过必要限度，属于防卫过当，应当负刑事责任，但是应当减轻或者免除处罚。

认定防卫行为是否"明显超过必要限度"，应当以足以制止并使防卫人免受家庭暴力不法侵害的需要为标准，根据施暴人正在实施家庭暴力的严重程度、手段的残忍程度、防卫人所处的环境、面临的危险程度、采取的制止暴力的手段、造成施暴人重大损害的程度，以及既往家庭暴力的严重程度等进行综合判断。

【知识要点】

我国《刑法》第二十条规定，构成正当防卫需具备如下 5 个要件：（1）前提条件：客观上必须存在现实的不法侵害；（2）时间条件：不法侵害必须正在进行；（3）主观条件：具备正当防卫的意识；（4）对象条件：必须针对不法侵害者本人；（5）限度条件：没有超过必要限度造成重大伤害的。

《刑法》第二十条第二款规定："正当防卫明显超过必要限度造成重大损害的，应当负刑事责任，但是应当减轻或者免除处罚。"这在理论上称之为防卫过当。

正当防卫与防卫过当既有联系又有区别：（1）两者均具有防卫性，要想成立防卫过当，防卫人的防卫行为也必须是针对正在进行的不法侵害，目的是制止不法侵害、保护合法权益，针对的对象是不法侵害者本人，因此，防卫过当不同于一般的犯罪行为，在危害社会的同时又具有有益于社会的一面。（2）防卫过当与正当防卫的区别之处在于，防卫过当具有客观危险性与主观罪过性。客观上，防卫过当在行为强度和后果上，明显超过防卫的必要限度，使防卫由正当变为过当，具有社会危害性。主观上，防卫过当人在实施防卫的同时，对防卫结果要么持过失心态，要么持放任心态。因此，在防卫过当的场合行为人具有罪责，理当对其追究刑事责任。

一般认为，防卫过当与正当防卫的成立条件仅在于防卫限度不同，其他条件并无二致。防卫过当的成立条件应包括：（1）必须有不法侵害存在；（2）必须是不法侵害正在进行；（3）必须是针对不法侵害人实施防卫行为；（4）必须出于防卫的认识与防卫的目的；（5）防卫行为必须明显超过必要限度，造成重大损害。[1]

---

[1]　彭卫东：《论防卫过当》，载《法学评论》1998 年第 4 期。

正当防卫的成立要求不法侵害的存在必须具有现实性，即不法侵害必须客观、真实地存在，而不是行为人臆想或推测的。如果行为人反击了主观臆测的"正在进行不法侵害"的人，那便成立假想防卫。假想防卫具有三个基本特征：（1）行为人主观上存在防卫意图，以为自己是对不法侵害人实施正当防卫，这是假象防卫的前提条件。（2）假想防卫客观上损害了未实施不法侵害的或未在实施不法侵害的人的人身权利，具有社会危害性，这是假想防卫的本质特征。（3）行为人的防卫认识产生了错误，使正当防卫意图造成了危害社会的结果，这便是假想防卫的表现形式。①

根据防卫的时间条件，可以区分为事先防卫与事后防卫，前者是指不法侵害尚处于预备阶段或犯意表示阶段，对合法权益的威胁并未达到现实危险的状态，就对其采取某种损害权益的行为。后者是指在不法侵害已经结束的情况之下，对侵害人的某种权益进行打击的行为。

特殊正当防卫的成立也必须符合一般正当防卫的条件。诸如在时间上的适时性、手段上的必要性和相当性等。其特殊性仅体现在，当面临不法侵害的是严重危及人身安全的暴力犯罪，防卫的程度级别相应提高，而一般正当防卫中的限度条件不能适用时，造成伤亡也是必要的。由此得出以下两个结论：（1）《刑法》第二十条第三款并不是赋予防卫人无限防卫权，而是一种提示性的注意规定，提醒有关司法人员，由于防卫人面临的是严重危及人身安全的暴力犯罪，所以造成伤亡不属于过当；（2）除了第二十条第三款规定的严重危及人身安全的暴力犯罪，面对其他犯罪，只要满足防卫手段的必要性和相当性即可成立正当防卫。

对于犯罪故意的具体内容虽不确定，但足以严重危及人身安全的暴力侵害行为，应当认定为《刑法》第二十条第三款规定的"行凶"。行凶已经造成严重危及人身安全的紧迫危险，即使没有发生严重的实害后果，也不影响正当防卫的成立。

第二节　紧急避险

紧急避险是指为了使个人和公共利益免受正在发生的危险，不得已而采取的紧急避险行为，如果造成损害的，不负刑事责任。但是紧急避险超过必要限度造成不应有的伤害的，应当负刑事责任，但是应当减轻或者免除处罚。在刑法上对于紧急避险的对象要除开那些具有特殊职位的人或者是那些具有特殊责任的人，例如，公安人员、消防官兵等具有特殊职责的人。

【案例 4-2】

王某兴破坏交通设施案

位于江北区五宝镇段长江红花碛水域的"红花碛 2 号"航标船，标示出该处的水下深度和暗碛的概貌及船只航行的侧面界限，系国家交通部门为保障过往船只的航

---

① 高铭暄、马克昌：《刑法学》（第 7 版），北京大学出版社 2016 年版，第 132 页。

行安全而设置的交通设施。2003 年 7 月 28 日 16 时许，被告人王某兴驾驶机动渔船至该航标船附近时，见本村渔民王某等人从渔船上撒网致使"网爬子"（浮于水面的网上浮标）挂住了固定该航标船的钢缆绳，即驾船前往帮助摘取。当王某兴驾驶的渔船靠近航标船时，其渔船的螺旋桨被该航标船的钢缆绳缠住。王某兴为使渔船及本人摆脱困境，持刀砍钢缆绳未果，又登上该航标船将钢缆绳解开后驾船驶离现场，致使脱离钢缆绳的"红花碛 2 号"航标船顺江漂流至下游两公里的锦滩回水沱。17 时许，重庆航道局木洞航标站接到群众报案后，巡查到漂流的航标船，并于当日 18 时许将航标船复位，造成直接经济损失人民币 1 555.50 元。同年 8 月 19 日，公安机关将王某兴捉获归案。

江北区人民法院认为，被告人王某兴为自身利益，竟不顾公共航行安全，故意破坏交通设施航标船，致其漂离原定位置，其行为已构成破坏交通设施罪。公诉机关指控的罪名成立，鉴于被告人认罪态度较好，未造成严重后果，可从轻处罚。依照《中华人民共和国刑法》第一百一十七条的规定，判决：被告人王某兴犯破坏交通设施罪，判处有期徒刑三年。

一审宣判后，王某兴不服，以其行为属紧急避险，不负刑事责任为由，提出上诉。其辩护人亦提出相同的辩护意见。

重庆市第一中级人民法院经审理查明：上诉人王某兴驾驶的机动渔船上除王外还有王的妻子胡某及帮工王某书，王某兴是在渔船存在翻沉危险的情况下，才解开航标船的钢缆绳。上诉人王某兴在其渔船存在翻沉的现实危险下，不得已解开航标船钢缆绳来保护其与他人人身及渔船财产的行为，虽系紧急避险，但在危险消除后，明知航标船漂离会造成船舶发生倾覆、毁坏危险，应负有采取相应积极救济措施消除危险状态的义务，王某兴能够履行该义务而未履行，属不作为，其行为构成了破坏交通设施罪，应负刑事责任。原判认定事实清楚，审判程序合法。鉴于本案未发生严重后果，上诉人王某兴认罪态度较好，对其适用缓刑不致再危害社会，可适用缓刑。依照《中华人民共和国刑事诉讼法》第一百八十九条第（一）项和《中华人民共和国刑法》第一百一十七条、第七十二条、第七十三条的规定，于 2004 年 4 月 1 日判决如下：上诉人王某兴犯破坏交通设施罪，判处有期徒刑三年，宣告缓刑三年。①

【案例 4-2 分析】

对王某兴行为性质的认定存在两种分歧：（1）王某兴在解开航标船钢缆绳的先前行为属于紧急避险，但王某兴在解除危险后，明知航标船漂离会对其他船舶在通过该航标船流域时发生危险。因此，其负有立即向巷道管理部门报告以防止危害发生的义务，王某兴未履行该义务，其不作为的行为构成破坏交通设施罪，应负刑事责任。（2）破坏交通设施罪的危险犯是行为人采取了某种破坏手段的犯罪行为而造成的一种危险状态，被告人王某兴所实施的"破坏"行为即解开航标船钢缆绳的行为，已被确认为紧急避险的行为，其本身是合法行为而非犯罪行为，本案的危险状态是由其合法行为引起的，而不是不作为

---

① 参见《重庆市第一中级人民法院〔2004〕渝一中刑终字第 183 号刑事裁定书》。

引起的。因此，王某兴的行为不构成不作为犯罪。

笔者赞同第一种观点，当王某兴驾驶的渔船靠近航标船时，其渔船的螺旋桨被该航标船的钢缆绳缠住，为了使其渔船不致翻沉，王某兴不得已解开航标船钢缆绳来保护自己与他人人身安全及渔船财产的行为，成立紧急避险。然后，先前行为能否成为不作为义务的来源，其关键不在于行为是合法还是违法，而是在于其所产生的结果是否超出了合理范围而增加了行为之外的危险，因而要求行为人对其加以防止。如前所述，王某兴的先前行为确实成立紧急避险，不具有违法性，但在消除后，王某兴明知航标船漂离会造成船舶发生倾覆、毁坏的危险，此时其就负有作为的义务，即负有采取相应积极的救济措施消除危险状态的义务，王某兴能为而不为，属于不作为犯。

【相关法条】

《刑法》

第二十一条【紧急避险】为了使国家、公共利益、本人或者他人的人身、财产和其他权利免受正在发生的危险，不得已采取的紧急避险行为，造成损害的，不负刑事责任。

紧急避险超过必要限度造成不应有的损害的，应当负刑事责任，但是应当减轻或者免除处罚。

第一款中关于避免本人危险的规定，不适用于职务上、业务上负有特定责任的人。

探讨案例与知识点巩固

【探讨案例 4-1】

被告人杨某属之翁父王某友（本案被害人，与被告人同住）曾于20世纪80年代趁儿媳杨某属因超生孩子被计生部门追查，到其卧室内躲避时强行对其实施了奸淫。此后，王某友多次纠缠杨某属，欲与其发生性关系，并在儿子外出打工期间偶有奸淫得逞。为此，杨某属的丈夫曾多次请村干部到家调解。2000年7月6日21时许，被告人杨某属提水到灶房后面的猪圈屋洗澡，刚把裙子脱下，王某友趁机窜进猪圈屋，欲与其发生性关系。杨不从，双方遂发生推拉抓扯。二人从猪圈屋拉扯到灶房屋去堂屋的过门石梯处，王某友不慎摔倒在地。在没有灯光的情形下，杨某属摸着抱起狗槽向王某友砸去，一连数下均砸在王某友的头部，致王某友死亡。经法医尸检鉴定，死者王某友系钝物打击头部致颅脑损伤死亡。次日早晨，杨某属在夫嫂的陪同下到泸县公安局石桥派出所投案自首。[①]

◎ **问题：**本案被告人行为是否成立正当防卫？

---

① 参见《四川省泸州市中级人民法院〔2000〕泸刑终字第150号刑事裁定书》。

【探讨案例 4-2】

　　侯某秋，男，1981 年 5 月 18 日出生，务工人员。侯某秋系葛某经营的养生会所员工。2015 年 6 月 4 日 22 时 40 分许，某足浴店股东沈某因怀疑葛某等人举报其店内有人卖淫嫖娼，遂纠集本店员工雷某、柴某等 4 人持棒球棍、匕首赶至葛某的养生会所。沈某先行进入会所，无故推翻大堂盆栽挑衅，与葛某等人扭打。雷某、柴某等人随后持棒球棍、匕首冲入会所，殴打店内人员，其中雷某持匕首两次刺中侯某秋右大腿。其间，柴某所持棒球棍掉落，侯某秋捡起棒球棍挥打，击中雷某头部致其当场倒地。该会所员工报警，公安人员赶至现场，将沈某等人抓获，并将侯某秋、雷某送医救治。雷某经抢救无效，因严重颅脑损伤于 6 月 24 日死亡。侯某秋的损伤程度构成轻微伤，该会所另有 2 人被打致轻微伤。①

◎ **问题**：侯某秋的行为是否属于正当防卫？

---

① 参见《最高人民检察院关于印发最高人民检察院第十二批指导性案例——检例第 48 号》。

第五章　犯罪停止形态

故意犯罪的停止形态，是指故意犯罪在其发生、发展和完成犯罪的过程及阶段中，因主客观原因而停止下来的各种犯罪状态。故意犯罪的停止形态，按其行为停止下来时犯罪是否已经完成为标准，可以分为犯罪的完成形态（犯罪既遂）与犯罪的未完成形态（犯罪预备、犯罪未遂、犯罪中止）。

第一节　犯 罪 既 遂

犯罪既遂即故意犯罪的完成形态，是指行为人所实施的犯罪行为已经具备了刑法分则所规定的某一犯罪的全部构成要件。犯罪既遂的类型包括四种，即行为犯、举动犯、结果犯和危险犯。

【案例 5-1】

2017 年 1 月，被告人骆某使用化名，通过 QQ 软件将 13 岁女童小羽加为好友。从聊天中得知小羽系初二学生后，骆某仍通过言语恐吓，向其索要裸照。在被害人拒绝并在 QQ 好友中将其删除后，骆某又通过小羽的校友周某对其施加压力，再次将小羽加为好友。同时骆某还虚构"李某"的身份，注册另一 QQ 号并添加小羽为好友。之后，骆某利用"李某"的身份在 QQ 聊天中对小羽进行威胁恐吓，同时利用周某继续施压。小羽被迫按照要求自拍裸照十张，通过 QQ 软件传送给骆某观看。后骆某又以在网络上公布小羽裸照相威胁，要求与其见面并在宾馆开房，企图实施猥亵行为。因小羽向公安机关报案，骆某在依约前往宾馆途中被抓获。①

◎ 问题：骆某构成何种犯罪？犯罪形态如何？

【案例 5-1 分析】

猥亵儿童罪是指以淫秽下流的手段猥亵不满 14 周岁儿童的行为。刑法没有对猥亵儿童的具体方式作出列举，需要根据实际情况进行判断和认定。实践中，只要行为人主观上以满足性刺激为目的，客观上实施了猥亵儿童的行为，侵害了特定儿童人格尊严和身心健康的，应当认定构成猥亵儿童罪。

网络环境下，以满足性刺激为目的，虽未直接与被害儿童进行身体接触，但是通过

---

① 参见《最高人民检察院公报》2019 年第 1 号（总第 168 号），第 17~19 页。

QQ、微信等网络软件，以诱骗、强迫或者其他方法要求儿童拍摄、传送暴露身体的不雅照片、视频，行为人通过画面看到被害儿童裸体、敏感部位的，是对儿童人格尊严和心理健康的严重侵害，与实际接触儿童身体的猥亵行为具有相同的社会危害性，应当认定构成猥亵儿童罪。本案中骆某获得并观看了儿童裸照，该行为虽未直接接触被害人，但实质上已使儿童人格尊严和心理健康受到严重侵害，猥亵行为已经实施终了，应认定为犯罪既遂。

【知识要点】

1. 犯罪既遂的标准

犯罪构成要件具备说（通说）：所谓犯罪既遂，是指行为人所故意实施的行为已经具备了某种犯罪构成的全部要件。

2. 犯罪既遂的类型

（1）结果犯：以法定实害结果的出现作为既遂标准。例如，故意杀人罪、故意伤害罪、抢劫罪、盗窃罪、诈骗罪等。

（2）行为犯：以法定犯罪行为完成作为既遂标准。但这种行为并不是一着手即告完成，按照法律的要求，这种行为要有一个实行过程，达到一定的程度，才能视为行为的完成。在着手实行犯罪的情况下，如果达到法律要求的程度，完成了犯罪行为，即构成犯罪既遂。例如，强奸罪，脱逃罪，诬告陷害罪，非法拘禁罪，绑架罪，拐卖妇女、儿童罪，偷越国边境罪等。

（3）举动犯：一着手犯罪实行行为即告犯罪完成和完全符合构成要件，从而构成既遂。这大致包括两种情况：一是法律将预备性质的行为提升为实行行为的犯罪，例如，组织、领导、参加黑社会性质组织罪；二是教唆、煽动型犯罪，例如煽动民族仇恨、民族歧视罪、传授犯罪方法罪等。

（4）危险犯：以行为人实施的危害行为造成法律规定的发生某种危害结果的危险状态作为既遂标准。例如，放火罪、决水罪、爆炸罪、投放危险物质罪、以危险方法危害公共安全罪等。

3. 对既遂犯的处罚原则

刑法分则具体条文的构成及法定刑均是以犯罪的完成形态为标准来设置的。因此，对于故意犯罪的既遂犯，在考虑《刑法》总则一般量刑原则的指导与约束的基础上，直接按照《刑法》分则具体犯罪条文规定的法定刑幅度处罚。

第二节 犯罪预备

犯罪预备，是指做实施犯罪前的准备工作。如预备犯罪工具、创造犯罪条件等。犯罪预备是故意犯罪全部活动的一个重要组成部分。犯罪预备有两种类型：一是为犯罪准备工具，二是为犯罪创造条件。

【案例 5-2】

<h3 style="text-align:center">张某权抢劫案</h3>

2006 年 11 月初，被告人张某权、张某普因经济紧张，预谋到偏僻地段对单身女性行人实施抢劫，并购买了尖刀、透明胶带等作案工具。11 月 6 日至 9 日，张某权、张某普每天晚上携带尖刀和透明胶带窜至安吉县递铺镇阳光工业园区附近，寻找作案目标，均因未找到合适的作案对象而未果。11 月 9 日晚，张某权、张某普在伺机作案时提出如果遇到漂亮女性，就先抢劫后强奸，并采用手机游戏定输赢的方式确定由张某权先实施强奸行为。11 月 11 日晚，张某权、张某普纠集被告人徐某五参与抢劫作案，提出劫得的钱财三人平分，徐某五同意参与抢劫作案，但表示不参与之后的强奸犯罪。张某权即交给徐某五一把单刃尖刀。三人商定：发现作案目标后，由张某普、徐某五各持一把尖刀将被害人逼至路边，张某权用胶带将其捆绑后实施抢劫。当晚，三人寻找作案目标未果。11 月 12 日晚，张某权、张某普、徐某五在递铺镇铜山桥附近寻找作案目标时被公安巡逻队员抓获。①

◎ **问题**：被告人是否构成抢劫罪预备和强奸罪预备？

【案例 5-2 分析】

被告人张某权、张某普、徐某五以非法占有为目的，经事先预谋并准备工具、制造条件，预备采用持刀威胁、捆绑的暴力手段劫取他人钱财，三被告人的行为均已构成抢劫罪的犯罪预备。而被告人张某权、张某普虽在抢劫犯罪预备时产生在可能的条件下实施强奸犯罪的主观故意，但仅是强奸的犯意表示；徐某五明确表示不参与强奸行为，无强奸的主观故意，三人没有针对强奸的具体行为，故不能成立强奸罪的犯罪预备。

【相关法条】

《刑法》

第二十二条 **【犯罪预备】** 为了犯罪，准备工具、制造条件的，是犯罪预备。对于预备犯，可以比照既遂犯从轻、减轻处罚或者免除处罚。

【知识要点】

犯罪预备，是指为了犯罪，准备工具、制造条件，但由于行为人意志以外的原因而未能着手实行行为的停止形态。犯罪预备的特征如下：

（1）客观上，行为人已经开始实施犯罪的预备行为，但尚未着手某种犯罪的实行行为。具体包括：

①准备犯罪工具。犯罪工具是指行为人进行犯罪活动所用的一切器械物品。准备犯罪

---

① 参见《刑事审判参考》2008 年第 1 集（总第 60 集）。

工具的行为包括：准备杀伤受害人的工具；准备破坏和分离一定物体的工具；准备犯罪的交通工具；准备接近犯罪对象的工具；准备湮灭罪证和掩护犯罪的工具等。

②制造犯罪条件。制造犯罪条件，是指准备犯罪工具以外的有利于犯罪实行的准备活动，包括：调查犯罪场所；跟踪犯罪对象；确定犯罪时机；准备犯罪手段；排除犯罪障碍；追踪受害人、接近受害对象；前往犯罪地点或诱骗受害人前往犯罪地点；守候犯罪对象；邀约共同犯罪人，进行犯罪预谋，等等。

③仅有犯意表示，无预备行为，不构成犯罪。犯意表示是指以口头、文字或其他方式对犯罪意图的单纯表露，而犯罪预备行为是为着手实施和完成犯罪制造条件的行为，具有社会危害性，也具备特定的犯罪构成。犯罪预备和犯意表示的区别在于：表示行为人犯罪意图的某种活动是否能产生客观的社会危害性。例如，表现出犯罪意图的语言，可能产生客观的社会危害，如邀约共同犯罪人，就属于犯罪预备；也可能不产生客观的社会危害，如仅仅扬言"我要杀了你"，但未实施其他行为，则属于犯意表示。

（2）主观上，行为人进行预备活动的目的是实行犯罪。

（3）未能着手实行行为是由于行为人意志以外的原因。即行为人本欲继续实施预备行为，着手实行犯罪，但由于违背行为人意志的原因，使得行为人客观上不可能继续实施预备行为，或者客观上不可能着手实行犯罪，或者使得行为人认识到自己客观上已经不可能继续实施预备行为与着手实行犯罪。

第三节　犯罪未遂

关于犯罪未遂形态的概念，主要有两种主张：一是以《法国刑法典》为模式的未遂概念。即犯罪未遂是指已经着手实行犯罪，但由于意志以外的原因或障碍，而使犯罪未达到既遂形态的情况。这种主张把因行为人在犯罪过程中自动中止犯罪或自动有效地防止了法定结果发生而未达既遂的情况作为犯罪中止形态，以区别于犯罪未遂。二是以《德国刑法典》为模式的未遂概念。即犯罪未遂是指行为人已经开始实行犯罪而未达既遂形态的情况。这种主张把犯罪中止形态也包括在犯罪未遂形态中，认为只要犯罪行为已经实施，无论出于何种原因而致使犯罪未达到既遂形态的，都是犯罪未遂。只是根据导致犯罪未达到既遂的原因，将犯罪未遂分为两类：行为人因意志以外原因或障碍而未达到既遂的，是障碍未遂；行为人因自动放弃犯罪或自动有效地防止了犯罪结果发生而未达到既遂的，是中止未遂。我国现行刑法与旧刑法均以同样的文字，采用法国模式对犯罪未遂作了规定："已经着手实行犯罪，由于犯罪分子意志以外的原因而未得逞的，是犯罪未遂。"

【案例 5-3】

陈某国"劫持"案

2005 年 6 月 2 日下午，被告人陈某国接到原已相识的被害人何某耀（香港居民）的电话，得知何从香港来沪，并约其去酒店见面。当晚 8 时许，陈某国携带装有事先购置的刀、绳、胶带、注射针筒、纸张等作案工具的"BOSS"牌皮包，来到何某耀入住的上海市某酒店 702 房间。双方见面闲聊片刻后，陈某国突然从皮包内拿出砍刀，向何某耀索要 15 万元港币。在对方威逼下，何某耀称身边未带巨款，包内只有少量港币和人民币现金，陈某国如果要可以拿去。陈某国遂用绳子捆住何某耀的手脚，持注有红色液体的针筒，佯装要给何某耀注射艾滋病毒，并佯装打电话对外联络，谎称楼下有同伴协助，以此向何某耀施加压力，继续索要钱款。何某耀提出可以打电话给香港的朋友，让朋友帮助筹钱后带到上海。在得到陈某国应允后，何某耀即打电话与香港朋友联系，并借此机会用陈某国听不懂的方言向朋友暗示自己已遭到劫持，要求朋友为其报警。在等待警方解救期间，何某耀告诉陈某国，钱款要在 6 月 4 日方能到手。陈某国进而将索要钱款的数额增加为港币 20 万元（折合人民币 21.3 万元），逼迫何某耀按其所述先写下一张草稿，再照草稿誊写了一张“何某耀 2005 年 4 月 8 日借陈某国港币 20 万元”的借条，同时将何某耀放在包内的港币 3 340 元（折合人民币 3 557.1 元）和人民币 600 元劫走。

2005 年 6 月 3 日下午 4 时许，上海警方接到香港警方转来的报案后，冲入酒店 702 房内，解救了被捆绑的被害人何某耀，抓住了被告人陈某国，并从陈某国身上缴获了港币 3340 元和人民币 600 元。作案工具砍刀、尖刀、红墨水、针筒等亦在该客房内一并被缴获。①

◎ **问题：** 陈某国的行为属于何种犯罪形态？

【案例 5-3 分析】

被告人陈某国以暴力、胁迫的方法将被害人何某耀控制在酒店客房内，不仅当场将何某耀身边的数千元现金劫为己有，还逼迫何某耀在最短时间内交付巨款。陈某国实施不法行为的目的只有一个，就是要非法占有何某耀的财产，而不是以何某耀为人质向何某耀以外的第三人勒索财物。由于何某耀未身带巨款，陈某国不得不同意何某耀给香港朋友打电话筹款，也不得不与何某耀在酒店客房内等待巨款的到来，这一情节并没有改变陈某国当场劫取他人财物的行为性质。陈某国的主观故意以及客观行为，符合“使用暴力、胁迫方法当场强行劫取财物”的抢劫罪特征，构成抢劫罪。陈某国在着手实行犯罪后，由于其意志以外的原因而没有达到获得巨款的犯罪目的，是犯罪未遂。

【相关法条】

《刑法》

第二十三条【犯罪未遂】 已经着手实行犯罪，由于犯罪分子意志以外的原因而未得逞的，是犯罪未遂。

对于未遂犯，可以比照既遂犯从轻或者减轻处罚。

---

① 参见《最高人民法院公报》2007 年第 1 期（总第 123 期）。

【知识要点】

犯罪未遂，是指行为人已经着手实行犯罪，由于意志以外的原因未得逞的一种犯罪停止形态。犯罪未遂的特征如下：

（1）行为人已经着手实行犯罪。通说认为开始产生法益侵害的紧迫危险的行为即为着手。所谓着手实行犯罪，是指行为人以直接犯罪为目的，开始实施对于犯罪客体构成的危险是直接性、紧迫性的，依其性质可能促成危害结果发生且为《刑法》分则规定的犯罪构成客观方面所要求的行为。

（2）犯罪未完成而停止——未得逞犯罪未完成的不同表现形式：法定危害结果没有发生；法定的犯罪行为未完成；法定的危险状态尚未具备。犯罪未完成即具体犯罪构成所包含的作为犯罪完成标志的客观要件尚不完备，不等于没有发生任何损害结果。如果实际发生的损害结果，不是行为人意图达到的法律规定的损害结果，则不能按照实际损害结果确定罪责，而应认定为犯罪未遂。

（3）犯罪停止是由于意志以外的原因导致的。意志以外的原因，是指违背犯罪人意志的，客观上使犯罪不可能既遂，或者使犯罪人认为不可能既遂从而被迫停止犯罪的原因。

第四节　犯　罪　中　止

作为故意犯罪的未完成形态的犯罪中止，是指行为人已经开始实施犯罪而又中止了犯罪的形态。犯罪中止形态与犯罪中止行为本身具有密切关系：没有中止行为就不可能有犯罪中止的形态，中止行为是犯罪中止形态的决定性原因。犯罪中止形态与中止行为本身又具有区别：中止行为本身不是犯罪，而是刑法所鼓励的行为；犯罪中止形态则是犯罪的状态，应当负刑事责任。换言之，中止行为之前的行为属于犯罪行为，是行为人应当负刑事责任的事实根据，中止行为本身属于刑法所鼓励的行为，是应当免除或者减轻处罚的根据。

【案例 5-4】

王校长虚开发票案

王某系某医学高等专科学校校长，全面主持行政工作，分管学校办公室、财务、后勤保障等工作。2013 年 1 月 8 日，王某与该校党委书记李某等人在重庆出差后，到海南省临高县了解房产信息。次日，王某以其妻陈某的名义，预付定金 10 000 元，订购临高县某小区房屋一套。之后，王某、李某等人从海南赴北京，与该校办公室主任方某会合，协调本学校专升本事宜。1 月 10 日，王某以使用出差经费为由，安排学校财务人员转款 150 000 元到方某个人账户，方某取出 100 000 元交给王某。按王某安排，李某于 1 月 13 日通过某超市虚开 108 900 元发票，经王某签字同意后，在学校财务报账冲抵给王某的 100 000 元和方某的其他借款。同年 1 月 23 日，学校部分教职工到省信访局上访，反映学校领导腐败等相关问题。王某担心事情暴露，于 1

月 25 日将 100 000 元退回方某。方某当日将该 100 000 元存入学校账户，冲抵方某其他借款。①

◎ **问题：**王某退回 100 000 元的行为是否成立犯罪中止？

【案例 5-4 分析】

王某以"使用出差经费"为由，通过方某领取公款 100 000 元，后又指使他人虚开发票冲抵 100 000 元公款，其犯罪行为已经实施完毕。当学校财务报账以虚开的发票冲抵王某领取的 100 000 元公款时，王某领取的 100 000 元就已经归王某所有，王某贪污的犯罪结果已经发生。所以，王某的贪污行为属于犯罪既遂。其不再具备犯罪中止的时空性条件，所以其退回 100 000 元的行为不成立犯罪中止。

【相关法条】

《刑法》

第二十四条【犯罪中止】在犯罪过程中，自动放弃犯罪或者自动有效地防止犯罪结果发生的，是犯罪中止。

对于中止犯，没有造成损害的，应当免除处罚；造成损害的，应当减轻处罚。

【知识要点】

犯罪中止，是指在犯罪过程中，行为人自动放弃犯罪或自动有效防止犯罪结果发生的停止状态。

1. 自动放弃型

在预备阶段或者实行阶段，行为人自动放弃犯罪，即为自动放弃型的犯罪中止，其构成要件包括：

（1）时空性：在犯罪过程中尚未形成任何停止状态的情况下放弃犯罪。

（2）自动性：在自认为可以继续实施和完成犯罪的情况下，出于本人的主观意志放弃犯罪，不论动机为何，可能是真诚悔过、害怕制裁、同情怜悯等。行为人自认为当时可以继续实施与完成犯罪，这可以说是成立自动性的前提条件。当然，行为人的这种确信，应当以当时一定的主客观条件为根据，而不能是没有任何根据的臆想。只要行为人自认为当时有条件将犯罪进行到底，即使在他人看来不可能继续进行和完成犯罪，或者犯罪虽在客观上能实施或完成但实际已不能再继续实施或完成，只要行为人确实不了解这种客观情况，就不影响行为人停止犯罪自动性的成立。另外，虽然犯罪在客观上尚可继续实施与完成，但行为人却误认为犯罪已不可能进行，这种情况下则不可能成立停止犯罪的自动性，行为人此时基于错误认识停止犯罪是被迫的而不是自动的。

---

① 参见《主动退回已侵占公款，是不是犯罪既遂？》，载中共监利市纪律检查委员会网站：http：//www.jllz.gov.cn/lzjy/yasj/2269.html。

（3）彻底性：行为人在主观上彻底打消了原来的犯罪意图，在客观上彻底放弃了自认为本可能继续进行的犯罪行为，而不是等候时机再犯。当然，所谓彻底停止犯罪，是相对而言的，而不具有绝对的意思。这是指行为人必须彻底放弃正在进行的某个具体的犯罪，而不是指行为人在以后任何时候都不再犯同种犯罪，更不能理解为行为人在以后的任何时候都不再犯任何罪。

2. 有效防止型

在犯罪行为实行终了之后，行为人自动有效防止结果的发生，即为有效防止型的犯罪中止。

探讨案例与知识点巩固

【探讨案例 5-1】

1. 2013 年 5 月，白某江从他人处获知妻子谭某蓓在与其恋爱期间还曾与多名男子发生两性关系。白某江为此很生气，经常打骂谭某蓓，谭某蓓遂产生寻找少女供白某江奸淫，使白某江达到心理平衡之念。同年 6 月 25 日 18 时许，白某江之女白某甲将同学苏某某带回位于黑龙江省桦南县××大院×单元×××室的住处留宿。当日 21 时许，白某江、谭某蓓将以前购买的数片氯硝安定片剂碾碎后放入两盒酸奶，谭某蓓将酸奶给苏某某、白某甲喝下，致苏某某、白某甲昏迷。白某江欲奸淫苏某某，后自动放弃。次日，苏某某、白某甲参加中考时在考场中分别出现昏睡、呕吐等症状，不能正常考试。

2. 2013 年 7 月，被告人白某江又购买了一瓶氯硝安定，并与谭某蓓将数片氯硝安定片剂碾碎后掺入一盒酸奶，伺机作案。同月 24 日 15 时许，怀孕八个多月的谭某蓓在桦南县文林街遇到胡某甲，即以腹痛需要帮助为由，将胡某甲骗至桦南县××大院×号楼×单元×××室，即谭某蓓、白某江租住处。白某江假装感谢胡某甲，让胡某甲喝下掺入氯硝安定的酸奶，致胡某甲昏迷，并用此前购买的手铐将胡某甲铐在床头栏杆上。白某江欲对胡某甲实施奸淫，因胡某甲正值经期及白某江的生理原因而未得逞。白某江、谭某蓓因恐罪行败露决定杀人灭口，共同采用枕头捂压口鼻、按压手脚的方法致胡某甲窒息死亡，并将胡某甲的尸体装入旅行箱，驾车运至桦南县福山村西南勃利铁路林场松林掩埋。

3. 白某江、谭某蓓见白某江的同学康某某佩戴一条黄金项链、一条黄金手链、一枚铂金戒指、一枚白金钻戒，遂产生抢劫之念。白某江、谭某蓓预谋将康某某骗至住处抢劫后杀害，并购买了编织袋、胶带、手机卡等物，将数片氯硝安定片剂碾碎后用注射器注入一罐易拉罐啤酒和一瓶饮料。2013 年 7 月 19 日 16 时许，白某江、谭某蓓以请吃饭为名邀请康某某及妻子董某某到桦南县××大院×号楼×单元×××室二人租住处。席间，因白某江不断问及康某某、董某某的经济状况，引起康某某反感，白某江、谭某蓓尚未将注入氯硝安定的啤酒让康某某饮用，康某某即带着董某某离开。后白某江、谭某蓓为继续实施抢劫，还多次分别邀约康某某、董某某，康某某、董某某均未前往。①

◎ 问题：白某江、谭某蓓实施的三起犯罪分别属于何种犯罪形态？

【探讨案例 5-2】

2008 年，被告人胡某东为让父母担保借钱，与家人产生矛盾。被告人为此事与母亲发生争吵，将液化气罐（内有 9 公斤液化气）从厨房搬至客厅，又取来用雪碧瓶装的汽油撒在地面上。被告人扬言要炸掉房子，与父母同归于尽，但并未开筏点火。后被告人被警方控制。被告人的房子坐落村中，前后均有民宅，案发时被告人身上有一只铁壳充气可用的打火机。

◎ 问题：被告人的行为是犯罪预备还是犯罪未遂？是否成立犯罪中止？

【探讨案例 5-3】

2008 年 8 月至案发，被告人周某先后担任常州市城市建设（集团）有限公司总工程师、副总经理，2011 年 10 月起分管公司融资工作，其主要职责是负责资金计划的制订、融资项目的洽谈。在融资项目推进过程中，钟某多次向周某请托，希望促成城建集团与其单独签订协议，并表示事成后有好处。后周某积极促成融资项目并使城建集团与钟某指定的中介机构单独签订了协议。钟某为感谢周某的帮助，一次贿送了 2 万元现金卡，并提出贿送人民币 200 万元。在周某推辞的情况下，双方约定此款先存放钟某处，在征得周某同意后方能以周某的名义投资。至案发的近两年时间，周某未向钟某提取人民币 200 万元，亦未以自己名义投资。②

◎ 问题：周某的行为是否构成犯罪？若构成犯罪，属于何种犯罪形态？

【探讨案例 5-4】

2017 年 8 月期间，被告人严某某在阳江市阳东区某地某店内与被害人陈某 1 等人打麻将，严某某输钱后怀疑被害人陈某 1 利用麻将机作弊赢钱，于 2017 年 8 月 31 日晚与被告人陈某某、谭某某、黄某某等人商量，由严某某与被害人陈某 1 等人在某店内打麻将，被告人陈某某在旁等候严某某指令开门让被告人谭某某、黄某某等人进入店内，以被害人陈某 1 利用麻将机作弊为借口，向被害人陈某 1 索要钱财。2017 年 9 月 1 日凌晨 1 时许，被告人陈某某受被告人严某某指令开门让在外面等候的被告人谭某某、黄某某等人进入店内，被告人严某某、黄某某、陈某某、谭某某等人称陈某 1 作弊赢钱，要求陈某 1 赔钱给严某某，在陈某 1 不同意赔钱的情况下黄某某使用刀具、陈某某使用刀具和胶凳对被害人陈某 1 和陈某 2 等人殴打、威胁，向被害人陈

---

① 参见《黑龙江省高级人民法院〔2014〕黑刑一终字第 152 号刑事判决书》。
② 参见《江苏省常州市中级人民法院〔2017〕苏 04 刑终 9 号刑事判决书》。

某1索要10万元，强迫被害人陈某1向被告人严某某出具一张30 000元借据、一张40 000元借据，陈某2向被告人严某某出具一张30 000元借据。被告人严某某等人要挟被害人陈某1当日下午要给付30 000元，然后每月月底给付一张借据上的款项，扬言不给钱就令其无生意做。当天14时许，被害人陈某1筹集30 000元委托其朋友陈某2、林某1到阳江市江城区某小区处交给了被告人严某某，被告人严某某将一张3万元的借据还给陈某2。在陈某2的要求下，严某某同意余下的两张借款不用付款，之后，被告人严某某将余下的一张3万元借据、一张4万元借据交给被告人谭某某撕毁。案发后严某某赔偿40 000元给陈某1，取得陈某1的谅解。①

◎ **问题**：如何评价严某某的行为？

【探讨案例5-5】

甲欲杀乙，将乙打倒在地，并掐住乙的脖子使其深度昏迷。30分钟后，甲发现乙未死，便举刀刺乙，第一刀刺中乙腹，第二刀扎在乙的皮带上，刺第三刀时刀柄折断。甲长叹"你命太大，整不死你，我服气了"，遂将乙送医，乙得以保命。经查，第一刀已致乙重伤。

◎ **问题**：甲的行为是犯罪中止还是犯罪未遂？

【探讨案例5-6】

一个长期受丈夫虐待的妻子想通过打开自家天然气的方式把丈夫杀死。某天，她趁着房间里只有丈夫一个人睡觉，就打开了厨房的天然气，带着自己的儿子出了门。过了一段时间后，等她带着儿子回到了房间，就以为躺在床上的丈夫已经被天然气给熏死了。但儿子马上打开了房间的窗户，并哀求自己的母亲去救父亲。这位妻子念及多年夫妻情分，最后还是拨打了120急救电话将自己的丈夫送到了医院。事后，司法部门鉴定的结果是，这位丈夫没有因此受到任何伤害，当时屋内的天然气含量根本无法致人死亡或者伤害，但是如果继续漏气的话，可能达到一定的浓度而引起爆炸。

◎ **问题**：妻子的行为是犯罪中止还是犯罪未遂？抑或是不能犯？

---

① 参见《广东省阳江市阳东区人民法院〔2018〕粤1704刑初39号刑事判决书》。

第六章 共同犯罪

共同犯罪是指两人以上共同故意犯罪。共同犯罪分为一般共犯和特殊共犯即犯罪集团两种。一般共犯是指二人以上共同故意犯罪，而三人以上为共同实施犯罪而组成的较为固定的犯罪组织，是犯罪集团。组织、领导犯罪集团进行犯罪活动的，或者在共同犯罪中起主要作用的，是主犯。对组织、领导犯罪集团的首要分子，按照集团所犯的全部罪行处罚。在此之外的主犯，应当按照其所参加的或者组织、指挥的全部犯罪处罚。共同犯罪人主要分为主犯、从犯、胁从犯。

第一节 共同犯罪

【案例 6-1】

杨某虎、任某珍故意杀人案

被告人杨某虎与有夫之妇任某珍有不正当两性关系，为能长期共同生活，二人预谋杀害任某珍的丈夫郝某甲。2011 年 5 月，杨某虎购得 2 瓶灭鼠药交给任某珍，任将灭鼠药掺入郝某甲的饭中给郝食用，但未能致郝死亡。同年 6 月，杨某虎又购得 4 瓶灭鼠药交给任某珍。同月 19 日晚，任某珍再次将灭鼠药掺入郝某甲的饭中，郝某甲食用后产生中毒反应，但未死亡。次日 22 时许，杨某虎携带木棒到任某珍家中，持木棒击打郝某甲头部，致郝因严重颅脑损伤合并氟乙酰胺类鼠药中毒死亡。后杨某虎将郝某甲的尸体运至朔州市朔城区南榆林乡大某村一处坟地内掩埋，并将郝某甲的衣物、手机等物品分别抛弃。①

◎ 问题：何为共同犯罪？以上行为是否属于共同犯罪？

【案例 6-1 分析】

共同犯罪即两人以上共同故意犯罪，主观上有共同的犯罪故意，客观上有共同的犯罪行为。杨某虎与任某珍二人预谋杀害任某珍的丈夫郝某甲，有共同犯罪故意，两人的行为相互配合，杨某虎买毒药，任某珍投毒药，投毒后见其未死亡，杨某虎又持木棒击打郝某甲头部，但这一行为并未超出二人故意杀人罪的犯罪故意，仍属共同犯罪。

---

① 参见《山西省朔州市中级人民法院〔2012〕朔刑初字第 23 号刑事判决书》。

【相关法条】

《刑法》

第二十五条【共同犯罪概念】共同犯罪是指二人以上共同故意犯罪。

二人以上共同过失犯罪，不以共同犯罪论处；应当负刑事责任的，按照他们所犯的罪分别处罚。

第二节　共同犯罪的形式

【案例 6-2】

杨某勇等绑架勒索案

1998 年 8 月间，被告人杨某勇提议并与被告人李某训、王某造合谋绑架小孩以勒索钱财。同年 10 月间，杨某勇向被告人郑某锋了解郑某良的经济家庭情况，郑某锋明知杨某勇将实施犯罪行为，仍告知其郑某良非常富有及家庭成员等情况，并带杨某勇指认了郑某良的住处。由此，杨某勇、李某训、王某造确定绑架郑某良的儿子。此后，杨某勇、李某训、王某造多次到郑某良家附近观察其子郑某永的上学规律。同年 11 月 25 日早上 5 时 30 分许，杨某勇、李某训、王某造携带胶带纸、编织袋等作案工具，驾驶借来的红色桑塔纳轿车到苍南县龙港镇新渡街×××号郑某良家附近，由杨某勇负责开车，李某训、王某造守候在郑某良家门前。6 时许，郑某良之子郑某永开门欲去上学，李某训、王某造趁机进入其家中，李某训用手捂住郑某永的嘴，王某造用胶带纸封贴郑某永的嘴巴、眼睛，捆绑其手、脚，二人把郑某永装入编织袋，抬出并塞进由杨某勇开至门口等候的桑塔纳轿车后座，把郑某永绑架至龙港镇花园小区第×幢×单元 402 室。因怕来往人员发现，又将其转移到龙港镇西三街×号杨某勇家的 5 楼后间，并叫来庄某全（在逃）负责看管。随后，杨某勇通过用捡来的金某霞的身份证登记购买的号码为 135687××××的手机联络郑某良，向其勒索人民币 200 万元。当天中午，三被告人又将郑某永转移至龙港镇西三街×号 6 楼一卫生间内。自 11 月 25 日至 28 日晚，三被告人多次用同一手机与郑某良联系，提供多处交易场所，但均不敢露面。11 月 29 日上午，杨某勇、李某训、王某造认为郑某良已经报警，便决定杀死人质灭口。当日下午 1 时许，三被告人在龙港镇西三街 6 楼卫生间内，由杨某勇按头捂嘴鼻，李某训按身体，王某造按脚，将被害人郑某永闷死。之后，三被告人将尸体装入一空调器包装箱内，把包装箱放入事先借来的红色桑塔纳轿车的行李箱内。当晚 6 时许，王某造驾驶该辆桑塔纳，杨某勇、李某训驾驶借来的柳州产小货车，分别到达龙港镇新美洲垃圾场，将尸体掩埋在垃圾场一角，并把装尸体的空调器包装箱丢弃一旁后逃离现场。①

---

① 参见《浙江省温州市中级人民法院〔1999〕温刑初字第 157 号刑事判决书》。

◎ **问题**：该案属于何种共同犯罪形式？

【案例 6-2 分析】

本案是经过预谋分工后实施的共同犯罪行为，被告人以勒索财物为目的，绑架他人并予以杀害。被告人杨某勇负责开车接应后又参与了杀害人质的行为，被告人李某训、王某造直接实施了控制并杀害人质的行为；该案中被告人郑某锋虽未直接实施绑架行为，但其明知他人要实施犯罪而提供帮助，四被告人的行为均已构成绑架罪。在共同犯罪形式上，属于任意的共同犯罪、事前通谋的共同犯罪、复杂的共同犯罪、一般的共同犯罪。

【知识要点】

共同犯罪的形式，是指两人以上共同犯罪的内部结构或者各共同犯罪人之间的结合方式。以不同的标准可以将共同犯罪分为不同的形式。

1. 按共同犯罪能否任意形成的分类

（1）任意共同犯罪：刑法规定的一人能够单独实施的犯罪，当二人以上共同实施时构成共同犯罪的情形。对于此种共同犯罪，应当根据《刑法》总则规定的共同犯罪条款和《刑法》分则规定的有关犯罪的条文定罪量刑。

（2）必要共同犯罪：刑法规定只能由二人以上的共同行为才能构成犯罪的共同犯罪。对必要共同犯罪，直接根据《刑法》分则规定的有关犯罪的条文处理。具体分为以下三种：

①对向性共同犯罪，是指基于二人以上的互相对向行为构成的犯罪。在这种犯罪中，缺少另一方的行为，该种犯罪就不能成立。这种共同犯罪的特点包括：第一，触犯的罪名可能不同（如行贿罪、受贿罪），也可能相同（如重婚罪）。第二，各自实施自己的犯罪行为，如一个送，一个收。第三，双方的对向行为互相依存而成立，如受贿行为以存在行贿行为为条件始能发生。第四，一方构成犯罪，一方可能不构成犯罪。如甲、乙、丙每人向丁行贿 3 000 元，丁共受贿 9 000 元。甲、乙、丙均不构成行贿罪，但丁构成受贿罪。这种情况虽然仍称为必要的共同犯罪，但用语确实值得研究。

②聚众性共同犯罪，是指以向着同一目标的多数人的共同行为为犯罪构成要件的犯罪。主要集中在危害社会管理秩序一节中，如武装叛乱、暴乱罪，聚众扰乱社会秩序罪，聚众持械劫狱罪等。注意：聚众犯罪未必都是共同犯罪，如果聚众犯罪仅处罚首要分子且首要分子只有一人时，不成立共同犯罪。

③集团性共同犯罪，是指三人以上有组织地实施的共同犯罪。例如，组织、领导、参加黑社会性质组织罪；组织、领导、参加恐怖活动罪等。

2. 按共同犯罪故意形成的时间的分类

（1）事前通谋的共同犯罪：各共同犯罪人在着手实行犯罪前就已经形成共同故意。

（2）事前无通谋的共同犯罪：共同故意在着手实行犯罪时或者在实行犯罪过程中才形成。

3. 按共同犯罪人之间有无分工的分类

（1）简单共同犯罪：各共同犯罪人都直接实行某一具体犯罪构成要件行为的共同犯罪，又称共同正犯。

（2）复杂共同犯罪：各共同犯罪人之间存在分工的共同犯罪。

4. 按共同犯罪人之间结合的紧密程度和有无组织形式的分类

（1）一般共同犯罪：二人以上没有组织形式的共同犯罪。一般是为了实施某一具体犯罪而事前或临时结合在一起，具体犯罪实行完毕，该犯罪共同体就不存在了。

（2）特殊共同犯罪：有组织形式的共同犯罪，即集团共同犯罪。

犯罪集团，具体又可分为一般的犯罪集团和特殊的犯罪集团。特殊的犯罪集团是指《刑法》分则条文明文规定的犯罪集团，具体有三种：恐怖活动组织、黑社会性质组织、邪教组织。一般的犯罪集团是指《刑法》分则条文没有作特殊规定，但是按照《刑法》总则规定加以认定的犯罪集团。

第三节　共同犯罪人的分类及其刑事责任

【案例 6-3】

胡某娟死亡案

2017 年 11 月 18 日至 11 月 27 日，陈某龙带着妻子胡某娟每天都去赵某江家为胡某娟看"虚病"。赵某江声称胡某娟有"蛇仙"附体，"蛇仙"折磨胡某娟及其两个孩子。赵某江看病时用手捏住胡某娟的脖子后面，并用斧子拍打胡某娟的双腿和背部。11 月 24 日，陈某龙将其弟弟陈某来从北京叫回。11 月 27 日凌晨，陈某龙用腰带将胡某娟的胳膊绑在前面，用手抓着胡某娟的头发，陈某来手拿三角带，一起从盐山县明杰宾馆驾车来到赵某江家中。陈某龙按照赵某江的要求，在赵某江家用三角带和木棍自制了皮鞭，后用皮鞭多次抽打胡某娟后背、腿部为其"治病"，抽打期间，陈某来抱住胡某娟防止其挣扎。当天 16 时左右，胡某娟死亡。[①]

◎ 问题：按分工分类，本案中有哪些共同犯罪人？

【案例 6-3 分析】

在无法证明杀人故意的情况下，本案属故意伤害致人死亡。陈某龙、陈某来、赵某江构成共同犯罪。陈某龙、陈某来是实行犯，赵某江是教唆犯。

【案例 6-4】

诈骗团伙案

陈某金、余某觉、肖某、左某华、左某娥、范某华伙同易某梁、汤某耕、谢某屋

---

① 参见《胡某娟死亡案》，载上游新闻：https：//baijiahao. baidu. com/s？ id = 1682337715555758175 &wfr = spider&for = pc。

等人，经事先预谋，形成诈骗犯罪团伙，于2009年3月至6月间，在由易某梁、汤某耕等人开设的位于某市北海宁路×号×楼华夏联合基因健康检测技术服务中心内，以"治病"为名，由陈某金全面负责该中心的日常管理并安排角色分工，范某华等人负责将各被害人从上海市复旦大学附属妇产科医院、上海交通大学医学院附属仁济医院、上海市第一人民医院等正规医院骗至该中心"治病"，左某娥负责在该中心1楼假扮导医，将多名被害人引至2楼门诊室，肖某负责挂号收费，余某觉负责冒充"余教授"为被害人看病开处方，左某华等人负责配送药物至该中心，先后骗取被害人程某、张某瑛、沈某男等200余人的高额医药费。①

◎ 问题：该案中哪些人是主犯，哪些人是从犯？

【案例6-4分析】

被告人陈某金、余某觉、肖某、左某华、左某娥、范某华等人结伙，以非法占有为目的，采用虚构事实、隐瞒真相的方法，骗取他人钱财。在共同犯罪中，陈某金负责安排角色分工，起组织、领导作用；余某觉扮演"教授"，在诈骗过程中起决定性作用；范某华负责寻找被害人，并将其骗至该中心；三人在共同犯罪中起主要作用，系主犯。被告人肖某、左某华、左某娥各负责诈骗流程中的一个环节，易某梁、汤某耕为诈骗提供场所，起次要、辅助作用，系从犯。

【案例6-5】

刘某案

2003年12月18日，最高人民法院对刘某案进行了再审。公诉人在起诉书中指控刘某犯有31项犯罪事实，涉嫌组织、领导、参加黑社会性质组织罪，故意伤害罪，故意毁坏财物罪，非法经营罪，非法持有枪支罪，妨碍公务罪和行贿罪共七项罪名。根据刑事再审案件开庭程序的有关规定，此次开庭审理主要围绕原二审判决中，对刘某的判决有争议的部分进行法庭调查和辩论。

最有争议的一项事实是，1999年10月15日，沈阳市××区某香烟批发市场的个体商贩王某学因为销售"云雾山"牌香烟，与刘某的公司抢了生意而被刘某的手下宋某飞、吴某明等人殴打致死。刘某及其辩护人认为刘某并没有指使程某去市场查看并收拾卖"云雾牌"香烟的业户。除程某本人以外，这起事实的各被告人，均没有指证刘某参与指使他们去殴打被害人。而公诉方认为此起犯罪是刘某指使。吴某明在宋某飞、程某、刘某尚未被抓获时，第一个供述了案情详情，即提到刘某指使殴打王某永。2000年7月3日，在公安机关侦查期供述时，宋某飞对吴某明说，当时二哥让他们把程某的事办一下，于是就和宋某飞开始准备了。2000年7月11日供述时，吴某明说："刘某曾对我和宋某飞说过，沈阳市黄山牌香烟和云雾山牌香烟总代

---

① 参见《上海市第二中级人民法院〔2010〕沪二中刑终字第289号刑事裁定书》。

理是他本人，这是社会上认可的，如果有人敢抢他的生意，就收拾他。"①

◎ 问题：刘某是否要对该起事实负责？

【案例 6-5 分析】

刘某的手下宋某飞、吴某明等人殴打卖"云雾牌"香烟的个体商贩王某学是为了抢夺这种非法经营权，是为了集团的利益而并非个人行为。只要没有超出集团意志，即使不能证明刘某曾明确指使过其手下实施殴打致死的行为，其依然属于集团所犯罪行。刘某作为组织、领导犯罪集团的首要分子，要按照集团所犯的全部罪行处罚，所以理应对该起事实负责。

【案例 6-6】

夏某被迫杀人案

2008 年 10 月 14 日晚 20 时左右，李某某、陈某某等人驾驶其之前所盗窃的汽车，到某市一宾馆后院，将石某某锁定的作案对象——检察院工作人员夏某劫持至汽车上，带到事先准备好的租赁屋内，将其用绳索捆绑并带上面罩后交由郭某某看守。当日晚 23 时左右，陈某某等三人又在石某某的指使下，驾驶车辆到该市另一市区将王某（女，25 岁）挟持至关押夏某的租赁屋内。为达成向夏某勒索巨额钱财的目的，陈某某和郭某某等四人殴打夏某，并逼迫夏某用绳子勒死王某，被夏某拒绝。计划落空后，此四人将夏某摁坐在房屋内的沙发上，将王某拉至夏某身前背靠夏某而坐，在王某的颈部强行绑上一根尼龙绳，并将绳子两端系到夏某的两臂，其后又在夏某的颈部套上另一根绳子。陈某某等人拉动夏某颈部的绳子，威胁其勒死王某，否则，他们就会用力勒死夏某。夏某为了活命，用力拉紧了勒在王某脖子上的绳子，将王某勒死。事发经过被绑匪们用相机拍下，以便向夏某勒索巨额钱财。之后，夏某被释放回家筹集赎金。②

◎ 问题：对夏某的行为如何定性？

【案例 6-6 分析】

夏某并非完全丧失意志自由，其为了活命被迫实施故意杀人行为，而生命法益都是平等的，其行为不成立紧急避险，构成故意杀人罪，但属胁从犯，应当按照其犯罪情节减轻或者免除处罚。

---

① 参见《中华人民共和国最高人民法院〔2003〕刑提字第 5 号刑事判决书》。
② 参见毛江玉：《紧急避险与胁从犯的界限辨析——以夏某被迫杀人案为例》，西南政法大学 2016 年硕士学位论文。

【相关法条】

《刑法》

第二十六条【主犯】组织、领导犯罪集团进行犯罪活动的或者在共同犯罪中起主要作用的，是主犯。

三人以上为共同实施犯罪而组成的较为固定的犯罪组织，是犯罪集团。

对组织、领导犯罪集团的首要分子，按照集团所犯的全部罪行处罚。

对于第三款规定以外的主犯，应当按照其所参与的或者组织、指挥的全部犯罪处罚。

第二十七条【从犯】在共同犯罪中起次要或者辅助作用的，是从犯。

对于从犯，应当从轻、减轻处罚或者免除处罚。

第二十八条【胁从犯】对于被胁迫参加犯罪的，应当按照他的犯罪情节减轻处罚或者免除处罚。

第二十九条【教唆犯】教唆他人犯罪的，应当按照他在共同犯罪中所起的作用处罚。教唆不满十八周岁的人犯罪的，应当从重处罚。

如果被教唆的人没有犯被教唆的罪，对于教唆犯，可以从轻或者减轻处罚。

【知识要点】

1. 共同犯罪人的分类

（1）按分工分类：实行犯、帮助犯、教唆犯、组织犯。

（2）按作用分类：主犯、从犯、胁从犯。

我国刑法以共同犯罪人在共同犯罪活动中所起的作用为主，以共同犯罪人在共同犯罪中的分工为辅，将共同犯罪人分为主犯、从犯、胁从犯和教唆犯四种。

2. 共同犯罪人的刑事责任

（1）主犯

①含义：组织、领导犯罪集团进行犯罪活动或在共同犯罪中起主要作用的犯罪分子。

②首要分子与主犯的关系：

首要分子：在犯罪集团或者聚众犯罪中起组织、策划、指挥作用的犯罪分子。

A. 主犯不一定是首要分子：在犯罪集团中其他起主要作用的，如犯罪集团中的骨干分子及积极参与者，也是主犯。

B. 首要分子不一定是主犯：在聚众犯罪仅处罚首要分子且首要分子仅为一人时，不构成共同犯罪，如聚众扰乱公共场所秩序、交通秩序罪等，首要分子不是主犯。

③对主犯的处罚原则：

A. 对组织领导犯罪集团的首要分子，按照集团所犯的全部罪行处罚。所谓集团所犯罪行，是指在集团组织、策划、安排下所犯的罪行，不等于集团成员所犯的罪行。对于其他成员超出集团的预谋以外实施的犯罪，由其他成员自己负责。

B. 对其他主犯，按照其所参与或组织、指挥的全部犯罪处罚。

（2）从犯

①从犯是在共同犯罪中起次要或辅助作用的犯罪分子。

②从犯的处罚原则：应当从轻、减轻或者免除处罚。

（3）胁从犯

胁从犯是被胁迫参加犯罪的犯罪分子。所谓被胁迫参加犯罪，是指受到暴力威胁或精神威胁、被迫参加犯罪活动。

①胁从犯并非完全丧失意志自由，仅是不完全自愿、尚有选择的自由。

②共同犯罪人最初被胁迫参加犯罪，后来自愿或积极从事犯罪活动，甚至成为共同犯罪中的骨干分子。对这种人不能再以胁从犯论处，而应按照他在共同犯罪中所起的实际作用是主要作用或者次要或辅助作用，分别以主犯或者从犯论处。

（4）教唆犯

①教唆犯是故意唆使他人犯罪的犯罪分子。

②教唆犯的处罚原则：

按照其在共同犯罪中的作用处罚。如果教唆犯在共同犯罪中起主要作用，就以主犯论处，如果起次要作用，就以从犯论处。实际上，教唆犯是犯意的发起者，没有教唆犯的教唆，实行犯就没有犯罪故意，也就不会有该种犯罪发生。因而教唆犯在共同犯罪中通常起主要作用，特别是用命令、威胁、强迫等方法教唆的，教唆后又提供重要帮助的，更是如此。所以审判实践对教唆犯一般都作为主犯处罚。但在少数情况下，教唆犯在共同犯罪中起的作用也可能是次要的，如从犯的教唆即教唆他人帮助别人犯罪，这种情况就应当作为从犯处罚。如果是因为受胁迫而教唆他人犯罪，符合胁从犯条件的，按胁从犯处罚。

教唆不满 18 周岁的人犯罪的，应当从重处罚。"不满 18 周岁的人"既包括达到刑事责任年龄的人，也包括未达到刑事责任年龄的人。

如果被教唆的人没有犯被教唆的罪，对于教唆犯，可以从轻或者减轻处罚。

第四节 共同犯罪的停止形态

【案例 6-7】

莫某兵等保险诈骗案

2013 年 4 月 1 日，被告人杨某党在扬州市宏达工具厂（系被告人莫某兵的叔叔莫四红开办）上班时发生工伤事故，因宏达工具厂没有给被告人杨某党缴纳工伤保险，被告人莫某兵遂与被告人杨某党合谋，欲编造虚假的交通事故骗取保险公司的保险金，以支付被告人杨某党的医疗费等费用。2013 年 4 月 2 日，被告人莫某兵向朋友李某美借来苏 kpc××× 号轿车，指使被告人王某向扬州市江都区交巡警大队和太平洋江都支公司报警，谎称被告人王某驾驶苏 kpc××× 号轿车，于 2013 年 4 月 1 日在扬州市江都区仙女镇长江路某大酒店门前，与骑电动车的被告人杨某党发生交通事故，致被告人杨某党受伤，并制造轿车与电动车碰撞的痕迹。2013 年 4 月 4 日，扬州市江都区交巡警大队出具交通事故认定书，认定被告人王某负事故的全部责任。2013 年 11 月 27 日，经扬州市江都区人民医院司法鉴定所鉴定，被告人杨某党左手中、环、小指严重碾挫伤，致双手功能丧失 10% 以上，构成九级伤残。

2013 年 11 月 28 日，经被告人杨某党、莫某兵共同商定，被告人王某打电话给太平洋保险江都支公司，称双方当事人已达成协议，不再需要保险公司赔偿；被告人王某随即向莫某兵表示拒绝参与以后的任何事宜。几天后，被告人莫某兵又找到被告人杨某党，承诺给其人民币 50 000 元，让被告人杨某党起诉太平洋江都支公司索赔保险金，被告人杨某党当即同意，后反悔。2014 年 2 月 18 日，被告人莫某兵在未经被告人杨某党同意的情况下，伪造被告人杨某党的签名，以被告人杨某党的名义向扬州市江都区人民法院提起诉讼，要求太平洋江都支公司赔偿人民币 164 600 元。2013 年 12 月 16 日，被告人杨某党的弟弟打电话给太平洋江都支公司，称该案是假案。2014 年 3 月 10 日，太平洋江都支公司向扬州市江都区公安局报案。次日，被告人莫某兵主动到扬州市江都区人民法院申请撤诉。2014 年 3 月 13 日，公安机关进行立案侦查。被告人莫某兵和王某分别于 2014 年 3 月 13 日、17 日主动向公安机关投案，并如实供述了犯罪事实。①

◎ **问题：**该案被告人属于何种犯罪形态？

【案例 6-7 分析】

被告人莫某兵采用编造未曾发生的保险事故，骗取公安机关事故责任认定书，并伪造被告人杨某党的签名起诉太平洋江都支公司要求赔付保险金的方式骗取保险金，数额巨大，其行为已构成保险诈骗罪。被告人杨某党、王某受被告人莫某兵指使与莫某兵共同编造未曾发生的交通事故，为被告人莫某兵诈骗提供条件，其行为均已构成保险诈骗罪。被告人莫某兵、杨某党、王某事先共同预谋，编造未曾发生的保险事故，共同实施保险诈骗行为，系共同犯罪。

被告人莫某兵已经着手实施犯罪，由于意志以外的原因而未得逞，系犯罪未遂。被告人杨某党在与他人共同实施保险诈骗犯罪的过程中，拒绝以受害人名义起诉索赔保险金，主动放弃犯罪，系犯罪中止。被告人王某与他人共同实施保险诈骗犯罪的过程中，主动打电话至被害单位要求销案、不再索赔，并拒绝配合被告人莫某兵实施后续保险诈骗行为，系犯罪中止。

【知识要点】

1. 步调一致的情况

（1）简单共同犯罪：取共同实行最高进程形态，即只要有一个人实行既遂，全体既遂。

（2）复杂共同犯罪：教唆犯或帮助犯的犯罪形态依从于实行犯的进程形态，即实行犯达到什么犯罪形态，教唆犯或帮助犯就达到什么犯罪形态。

2. 步调不一致的情况

中途退出及单独成立中止的条件：共犯人必须自动消除了自己的行为与结果之间的因

---

① 参见《江苏省扬州市中级人民法院〔2014〕扬刑二终字第 0084 号刑事裁定书》。

果性，才能成立犯罪中止。

（1）在共同实行的情况下，行为人自动停止犯罪，并阻止其他实行人实行犯罪或者防止犯罪结果发生，才能成立犯罪中止。

（2）教唆犯想要成立犯罪中止，必须阻止实行犯的行为及其结果。

（3）帮助犯想要成立犯罪中止，必须自动消除帮助行为与结果之间的心理的因果性和物理的因果性。

（4）如果实行犯没跟帮助犯和教唆犯商量即中止犯罪，帮助犯和教唆犯属于犯罪未遂，而实行犯属于犯罪中止。

探讨案例与知识点巩固

【探讨案例 6-1】

雷某与孔某相约在一阳台上，选中离阳台 8.5 米左右处一个树干上的废瓷瓶为目标比赛枪法（共用一支 JW—20 型半自动步枪）。两人轮流各射击三发子弹，均未中的，其中一发子弹穿过树林，将行人龙某打死，不能查明击中被害人的子弹由谁所发。重庆市九龙区人民法院及重庆市中级人民法院均认定两被告人构成过失犯罪，分别判处四年有期徒刑，但没有适用刑法总则关于共同犯罪的规定。①

◎ 问题：法院的判决是否合理？

【探讨案例 6-2】

甲看见乙在追杀自己的仇人丙，心想：总算是有人收拾丙了。但丙跑得太快，乙根本追不上他，甲着急了，于是暗中在丙的必经之路上设置了一个障碍，丙果然被绊倒，乙从而追上了丙并将之杀害。

◎ 问题：甲乙两人是否成立共同犯罪？

【探讨案例 6-3】

被告人等系保安公司保安员，服务于北京市朝阳区崔各庄乡政府巡防队。何某南系二中队队长，负责日常管理工作，其余 9 人受何某南领导、管理。2015 年 3 月 13 日傍晚，何某南因怀疑新入职的薛某文（男，殁年 23 岁）系其他保安公司派来挖人的"托儿"，遂在巡防队其办公室内纠集闫某飞、武某飞、张海、张某、刘某鹏等人对薛某文进行殴打。其间，何某南用镐把、金属管、砍刀背面、拖鞋等物打击薛某文头、面、躯干、腿等多处，闫某飞、武某飞、张某、张海、刘某鹏等人也参与殴打薛某文。后在何某南指使下，薛某文先后被带至巡防队七班、四班宿舍继续被殴打，其

---

① 参见《共同过失犯罪：以中国的立法与司法为视角》，载华律网：https://www.66law.cn/laws/59270.aspx。

间，闫某飞、武某飞、张海、沈某肖、周某辉均对薛某文进行殴打。当晚，在何某南的指使下，薛某文被没收随身手机并被拘禁于巡防队六班宿舍内，由闫某飞、武某飞、胡某年（未成年人，另案处理）看管监视。薛某文被拘禁于巡防队六班期间，闫小飞、武某飞、胡某年、周某、邱某军等人分别使用木棍、钢管、臂力器等物品殴打、拳打脚踢等暴力手段对薛某文实施不同程度的伤害行为。其中，闫某飞、胡某年还用铁丝缠绑薛某文生殖器对被害人进行加害。

同年3月29日，薛某文因被长期殴打、虐待致身体状况不佳，何某南让武某飞将薛带离巡防队，因薛某文无法行动，未果。后何某南指使周某辉将薛某文背回巡防队南院仓库内，继续由闫某飞、武某飞、胡某年看管，薛某文于3月30日凌晨死亡。

◎ **问题**：对于自始参与的被告人、中途退出的被告人以及中途加入的被告人分别应当如何定罪？[1]

【探讨案例 6-4】

2016年10月2日凌晨2时许，被告人罗某成和罗某鹏分别驾驶小车搭载梁某5、罗某伟、梁某1和梁某华、梁某3、梁某4、罗某4等人途经高州市金山"九龙湖"小区路段时，梁某华觉得被害人黎某1驾驶并搭载被害人林某1的摩托车车尾闪灯好耀眼，就在车内大叫黎某1等人停车，黎某1等人不予理睬，并加速离开。梁某华在小车内起哄说对方嚣张，并建议拦停对方殴打。罗某鹏马上驾驶加速追赶拦截黎某1等人。此时，梁某华致电罗某伟，要求一起拦截黎某1等人。罗某成遂停车在金山"假日旅馆"路段，不再追逐被害人，而罗某伟、"阿某1"持水管、雨伞等拦截黎某1等人未果。后两车人员又继续追赶拦截黎某1等人。在高州市金山开发区加油站路段时，罗某鹏高速追上黎某1等并驾车逼迫黎某1，同时梁某华在副驾驶打开车窗，一边大叫对方停车，一边向事主狂挥手，致使黎某1在茂名市金塘路口路段时撞向路边障碍物翻车，造成黎某1、林某1当场死亡。[2]

◎ **问题**：请分析各被告人的犯罪停止形态。

【探讨案例 6-5】

张某和同寝室女生有矛盾，怀恨在心。张某在网上认识了一个流氓甲，汇给对方1万元，指使甲晚上潜入其寝室强奸该女生，并把该女生的照片发给了对方。结果半夜的时候，该女生肚子痛去了校园诊所。甲半夜爬进寝室后，发现屋内就张某一个女生，也没有看清脸，于是对张某实施了强奸。[3]

---

① 参见《北京市高级人民法院〔2017〕京刑终116号刑事判决书》。
② 参见《广东省茂名市中级人民法院〔2018〕粤09刑终467号刑事裁定书》。
③ 参见百度法学吧：https：//tieba. baidu. com/p/6058290875? red_tag＝0710874015。

◎ 问题：如何评价张某和甲的行为？

【探讨案例 6-6】

　　甲想要杀掉竞争对手丙，于是就雇了杀手乙。杀手乙潜入丙家，在等待丙回家的途中，看到了书桌上的照片，才知原来丙是其多年前的救命恩人。于是乙等到丙回来，告诉了丙甲想杀他的事情，让其多加防范，然后羞愧地走了。

◎ 问题：甲乙两人是否构成共同犯罪？甲乙二人的行为处于何种犯罪停止形态？

【探讨案例 6-7】

　　甲乙在 KTV 唱歌时发生了冲突，当时，乙有三个朋友在场，甲孤身一人不敢轻举妄动。甲从 KTV 出来以后，叫上 A、B、C 三人返回 KTV 包房找乙寻仇。A 先去停车，就将自己带来的一把刀交给了甲。甲和 B、C 三人一进 KTV 包房，就马上和乙打斗了起来。甲并没有使用 A 的刀具打乙，而是随手用一个啤酒瓶打了乙的头部。虽然乙没有被啤酒瓶砸伤，但啤酒瓶碎片溅到了躺在一旁沙发上的乙的一名朋友身上，导致乙的朋友受了轻伤。B 拿起 A 给的刀具将乙捅成重伤。但 C 一直站在包房角落，既没有动手也没有说话。等到 A 停好车到达现场以后，打斗已经结束。

◎ 问题：请具体分析甲、A、B、C 的行为。

【探讨案例 6-8】

　　甲乙约定，甲负责扒窃，乙负责掩护。甲在扒窃时被被害人发现，被害人嘲笑甲扒窃技术低劣还出来扒窃，甲被嘲笑之后，非常恼火，殴打了被害人。甲将被害人打伤之后，乙发现被害人的钱包在殴打过程中掉到了地面，乙就将被害人的钱包捡起来拿走了。被害人看着自己的钱包被乙拿去，也不敢反抗。在甲殴打被害人的整个过程中，乙只是站在一边，一言不发，也没有动手。①

◎ 问题：在这个案件中，该如何对甲乙定罪量刑？

---

① 参见《刑法私塾—每日选编一道案例题》，载个人图书馆：http://www.360doc.com/content/16/0118/10/30257152_528948860.shtml。

第七章　罪数形态

罪数形态，指表现为一罪或数罪的各种类型化的犯罪形态。就罪数形态的判断标准而言，有以下四种不同学说：行为标准说、法益标准说、犯意标准说、构成要件标准说。构成要件是主客观的统一，克服了其他观点的片面性。构成要件为我国《刑法》分则所规定的各种具体犯罪的犯罪构成，行为具备一个犯罪构成一罪，具备数个犯罪构成数罪。我国传统刑法理论采用"犯罪构成说"，即区分一罪与数罪的标准是犯罪构成的个数。凡是一次充足（充分地满足）犯罪构成的，构成一罪；多次地充足犯罪构成的，构成数罪。

按照构成要件标准说的观点，将一罪划分为"实质的一罪""法定的一罪""处断的一罪"。其中，"实质的一罪"包括继续犯、想象竞合犯、结果加重犯；"法定的一罪"包括结合犯、集合犯、包容犯；"处断的一罪"包括连续犯、牵连犯、吸收犯。

第一节　实质的一罪

实质的一罪是指在外观上具有数罪的某些特征，但实质上构成一罪的犯罪形态，或称为形式上的数罪、实质上的一罪。它包括继续犯、想象竞合犯、结果加重犯。

【案例 7-1】

黄某歌、张某乔等看管他人案

2011 年 2 月 18 日下午，被害人李某某被其堂叔李某利（另案处理）以介绍工作的名义，骗至南阳市宛城区枣林街道办事处常庄村一传销窝点，由主任李某峰（另案处理）安排被告人黄某歌、张某乔担任李某某的师傅，主要负责看守、跟随李某某，防止其逃跑。其间，黄某歌、张某乔先后将李某某转移至不同传销窝点。2011年 2 月 26 日，李某某被带至南阳市宛城区枣林街道办事处常庄村传销窝点与 2010 年2 月中旬已在此窝点的被害人黄某被继续看管。此传销窝点由李某峰安排被告人张某华负责房门钥匙保管，每天晚上由张某华将李某某、黄某住宿的房门从外面反锁，防止其逃跑。2011 年 3 月 2 日 14 时许，李某某、黄某被南阳市公安局新华分局民警解救。①

◎ 问题：黄某歌、张某乔多次更换窝点看管被害人的行为该如何认定？

---

① 参见《河南省南阳市宛城区人民法院〔2011〕南刑一终字第 110 号刑事判决书》。

【案例 7-1 分析】

被告人黄某歌、张某乔非法剥夺公民个人人身自由的行为，已符合刑法关于非法拘禁罪的规定，构成非法拘禁罪，且系共同犯罪。黄某歌、张某乔等人几次转移窝点看管被害人，限制其人身自由的行为有不可分离的关系，而不是彼此相互独立的数个行为。其数个自然意义上的行为是法律意义上犯非法拘禁罪的一个行为。本案中，黄某歌等人的行为应被认定为非法拘禁罪，是一种典型的继续犯。

【相关法条】

《刑法》

第八十九条【追诉期限的计算与中断】 追诉期限从犯罪之日起计算；犯罪行为有连续或者继续状态的，从犯罪行为终了之日起计算。在追诉期限以内又犯罪的，前罪追诉的期限从犯后罪之日起计算。

【知识要点】

继续犯，又称持续犯，是指行为人的某种犯罪行为达到既遂状态后，在一定时间内其犯罪行为处在一种不间断的持续状态。

例 1：李某在境外参加间谍组织并接受了间谍组织交代的任务。至此，该行为人的行为已经具备了间谍罪的全部构成要件，李某所犯间谍罪已达到既遂状态。此后，行为人受派遣潜入我国境内从事间谍活动，在持续数年里，为境外间谍组织搜集我国军事、政治、经济、社情情报，向境外非法提供我国内部绝密、机密文件若干件。该行为人入境后为境外间谍组织搜集我国情报的行为，是行为人间谍犯罪行为的继续，其在境外参加间谍组织并接受了间谍组织交代任务的先行为与受派遣潜入我国境内从事间谍活动的后行为有不可分离的关系，而不是彼此相互独立的数个行为。其数个自然意义上的行为是法律意义上间谍罪的一个行为。

1. 继续犯的特征

（1）继续犯必须是基于一个犯罪故意实施一个危害行为的犯罪。所谓一个危害行为，是指主观上出于一个犯罪故意，为了完成同一犯罪意图所实施的一个犯罪行为。如果行为人实施了数个危害行为，则不构成继续犯。

（2）继续犯是持续地侵犯同一或相同直接客体的犯罪。所谓持续地侵犯同一直接客体，是就特定犯罪的直接客体为简单客体而言。所谓持续地侵犯相同直接客体，是就特定犯罪的直接客体为复杂客体而言的。若行为人持续实施的行为侵犯了作为某一犯罪必备要件之外的他种犯罪的直接客体，则不仅成立以继续犯为特征的具体犯罪，而且同时构成了另一犯罪，构成想象竞合犯。若行为人在持续犯罪的过程中，又以其他危害行为侵犯了其他的直接客体，则构成数罪，应当并罚。

（3）继续犯是犯罪行为及其引起的不法状态同时处于持续过程中的犯罪。首先，继续犯的犯罪行为必须具有持续性；其次，继续犯的犯罪行为及其所引起的不法状态必须同时处于持续状态；再次，继续犯的犯罪行为及其所引起的不法状态必须同时处于持续过程之中，即在时间上不能有间断性。

（4）继续犯必须以持续一定时间或一定时间的持续性为成立条件。继续犯的时间持续性，可分解为作为成立继续犯必要要件的时间持续性和作为继续犯经常性特征的时间持续性。二者的性质和作用截然不同。同时，继续犯的时间持续性，又表现为基本构成时间和经常伴发其存在的从重处罚或加重过程时间的不间断性，这是继续犯的犯罪行为及其引起的不法状态同时处于持续状态的重要时间条件。

2. 继续犯的处断

《刑法》分则对属于继续犯的犯罪本来就作为一罪加以规定，并配置相应的法定刑。因此对继续犯应直接依照刑法规定以一罪论处，不实行数罪并罚，在刑罚裁量时对继续时间的长短可以作为量刑情节加以考虑。

【案例 7-2】

魏某鲁保管持有假币案

2013 年 2 月 16 日，王某某从张某某（均另案处理）处购得总面额 60 万元的假人民币。次日凌晨，王某某赶至常州市武进区南夏墅街道某商业街被告人魏某鲁住处，将其中总面额 20 万元的假人民币交由被告人魏某鲁保管。被告人魏某鲁明知是假人民币仍将其藏匿于住处。3 月某日，被告人魏某鲁得知王某某因假币被公安机关查处，其为逃避法律制裁，将保管的假币焚毁。①

◎ 问题：分析本案的罪数形态？

【案例 7-2 分析】

被告人魏某鲁明知王某某交与其保管的是假币，仍为王某某进行保管，其行为触犯了包庇罪和持有假币罪两个罪名，属想象竞合犯。根据想象竞合犯从一重处断的原则，被告人魏某鲁构成持有假币罪。

【知识要点】

1. 想象竞合犯的概念

想象竞合犯，也称想象的数罪、观念的竞合，是指一个行为触犯数个罪名的犯罪形态。例如，为了贪财而盗割军事通信电缆（价值达到"数额较大"），该行为同时触犯盗窃罪和破坏军事通信罪两个罪名，或者为了杀害某甲而向其院内扔自制炸弹，结果炸死某甲的同时炸伤了在某甲家聊天的两个邻居，还炸坏了某甲的房屋和电视机。

2. 想象竞合犯的特征

（1）行为人实施了一个危害行为

---

① 参见《江苏省常州市武进区（市）人民法院〔2013〕武刑初字第 900 号刑事判决书》。

所谓一个行为，指基于一个犯意所实施的行为，无论是单一的犯罪故意，还是概括的犯罪故意都可以成立。此外，想象竞合犯并不限于故意的犯罪行为，即使是过失的犯罪行为也不影响想象竞合犯的成立。例如，某甲疏忽大意从楼上扔两个啤酒瓶，砸死一人，重伤一人；也可能实施一个行为但主观上既出于故意同时存在过失。行为通常是作为，但也可能是不作为。

（2）一个行为触犯了数个不同的罪名

一个行为触犯数个罪名，是指一个行为在形式上或外观上同时符合刑法规定的数个犯罪构成，且数个罪名必须是不同的数个罪名，触犯数个同种罪名，不能构成想象竞合犯。

（3）一个行为所触犯的数个罪名之间不存在逻辑上的从属或者交叉关系。这是想象竞合犯与法条竞合的区别。例如，盗窃数额较大的通信设备的行为，同时触犯破坏通信设备罪和盗窃罪，而且这两种犯罪之间不存在逻辑上的从属或者交叉关系。破坏与盗窃是两种完全不同的表现形式：破坏意在毁灭某种物质或者设施的价值；而盗窃则意在非法占有，使所有权发生非法转移。这两种犯罪在法条上没有任何瓜葛，而是由于犯罪人实施的一个行为，同时触犯了这两个罪名，从而使两者发生关联。

3. 想象竞合犯的处断原则

对想象竞合犯，通说主张按"从一重罪处断"的原则处理，即依照行为触犯的数个罪名中法定刑较重的犯罪定罪处刑，而不实行数罪并罚。

4. 想象竞合与法条竞合的区别

法条竞合，指一个犯罪行为同时触犯数个具有包容关系的具体犯罪条文，依法只适用其中一个法条定罪量刑的情况。例如，以非法占有为目的，在签订、履行合同过程中以虚假的产权证明作担保骗取对方财物的，同时触犯《刑法》第二百六十六条的诈骗罪和第二百二十四条的合同诈骗罪。合同诈骗罪中"在签订、履行合同过程中以虚假的产权证明作担保"不过是诈骗罪中虚构事实的一种具体表现而已。因而，对上述合同诈骗行为只适用一种刑法规范，即《刑法》第二百二十四条即可。

5. 法条竞合时适用法律的原则

（1）特殊法（条）优先于一般法

特殊法（条）优先于一般法（条），这是法条竞合适用的一般原则。单行刑法中的刑法规范是特别法，刑法典中的刑法规范是普通法；在同一部法律文件中，包容者是普通法，被包容的刑法规范是特别法。在前述情形中，第二百二十四条是特别法，第二百六十六条是普通法。

（2）重法优先于轻法

重法优先于轻法，这是法条竞合适用原则的例外。"重法优先于轻法"的原则只限于两种情形：一是法律明文规定的情形（如第一百四十九条第二款的规定）；二是法律虽然没有明文规定按照普通法条规定定罪量刑，但对此也没有作出禁止性规定，而按照特殊法定罪却难以做到罪刑相适应时或者难以选择何者为特殊法条时，即可以按照重法优于轻法原则处理（如第二百六十六条的诈骗罪与第二百七十九条的招摇撞骗罪、第一百九十三条的贷款诈骗罪与第一百九十四条第二款的金融凭证诈骗罪等）。

【案例 7-3】

刘某臣交通肇事案

2018 年 6 月 3 日 22 时许，被告人刘某臣酒后驾驶豫 A×××××号奥迪牌轿车沿周口市文昌大道南侧机动车道由西向东行驶，发现前方有警察设卡检查，为逃避检查调头沿文昌大道南侧机动车道逆行由东向西行驶至韩庄小学路口时，与由南向北横过文昌大道的行人赵某良相撞，被告人刘某臣驾驶豫 A×××××号轿车逃离事故现场，造成赵某良死亡的交通事故。

经周口市公安局交通管理支队六大队道路交通事故认定书认定，被告人刘某臣承担此事故的全部责任。①

【案例 7-3 分析】

本案中，刘某臣酒后驾驶、发生交通事故致使被害赵某良某死亡，且刘某臣负事故的全部责任，故此刘某臣已经构成《刑法》第一百三十三条的交通肇事罪。交通肇事后，对被害人当然有积极救助的义务，但李某对被害人的死亡放任不管，并导致其死亡的严重后果，符合《刑法》第一百三十三条所规定的"逃逸致人死亡"之加重情形，属于结果加重犯，而非数罪，应当以交通肇事罪一罪论处，而无须在交通肇事罪之外，再另成立不作为的故意杀人罪或过失致人死亡罪。

【知识要点】

1. 结果加重犯的概念

结果加重犯，也称加重结果犯，是指实施基本犯罪构成要件的行为，发生了基本犯罪构成要件以外的重结果，刑法因而规定加重刑罚的犯罪形态。

2. 结果加重犯的构成要件

（1）实施了基本犯罪构成要件的行为

基本犯罪构成是结果加重犯存在的前提，没有基本犯罪构成就没有结果加重犯。

（2）引起了基本犯罪构成以外的重结果

行为人实施基本犯罪构成要件的行为引起了基本犯罪构成要件以外的重结果，即重结果与基本犯罪行为之间必须具有因果关系，否则不构成结果加重犯。结果加重犯的内部构造用公式表示就是：基本犯罪+加重结果=基本犯罪的结果加重犯。

关于行为人对重结果是否以过失为必要，我们认为，重结果的罪过形式通常是过失，但不排除故意，即重结果出于故意，同样可能构成结果加重犯，比如《刑法》第一百一十五条、第一百一十九条的规定。有的结果加重犯，重结果只能出于过失，不可能出于故意。例如，伤害致人死亡，致人死亡就只能出于过失，如果出于故意，那就成为故意杀人罪，而不可能是伤害致人死亡的结果加重犯了。

（3）刑法针对重结果规定了比基本犯罪更重的刑罚

---

① 参见《河南省周口市川汇区人民法院〔2018〕豫 1602 刑初 429 号刑事判决书》。

刑法就发生的加重结果加重了法定刑，也就是说只有法律对具体的加重结果和加重的法定刑均有明文规定时，才成立结果加重犯。如果刑法没有规定针对加重结果的加重法定刑，那么结果再严重也不是结果加重犯，所以说结果加重犯必须具有法定性。

3. 结果加重犯的处断原则

由于刑法对结果加重犯规定了比基本犯罪较重的法定刑，所以对结果加重犯只能依照刑法的规定，在较重的法定刑幅度内量刑，而不实行数罪并罚。

第二节　法定的一罪

法定的一罪，是指行为人基于多个罪过，实施了多个危害行为，侵犯多种法益，立法者本来可以将其规定为数个犯罪构成或者已经将其规定为数个犯罪构成，因为某种特定的理由，法律上将其规定为一罪的情形，包括结合犯和集合犯。

【案例 7-4】

王某玲非法行医案

自 2008 年 5 月以来，被告人王某玲在未取得医疗机构执业许可证的情况下，擅自在郑州市管城回族区南十里铺西头健康门诊进行内科诊疗活动，郑州市管城回族区卫生局分别于 2008 年 10 月 14 日、2009 年 7 月 27 日两次对王某玲下发了行政处罚决定书，其在收到处罚决定书后仍继续非法行医。

2009 年 10 月 15 日，被告人王某玲正在从事非法行医活动时被公安人员当场抓获。[1]

◎ 问题：本案中王某玲构成何种犯罪？

【案例 7-4 分析】

本案中王某玲的行为构成非法行医罪。非法行医罪是典型的集合犯。其主观方面要求具有行为故意，而不是犯罪直接故意，即明知自己不具备行医资格，仍然从事医疗活动。该罪的主体是特殊主体，即未取得医生执业资格的人，包括中国人、外国人和无国籍人，单位不构成该罪。非法行医罪的客观特征要求必须有擅自从事医疗活动的行为，须达到"情节严重"的程度。王某玲在没有行医资格的情况下，多次行医，构成非法行医罪。

【相关法条】

《刑法》

第三百三十六条【非法行医罪】未取得医生执业资格的人非法行医，情节严重的，

---

[1]　参见《河南省郑州市中级人民法院〔2010〕郑刑一终字第 65 号刑事判决书》。

处三年以下有期徒刑、拘役或者管制，并处或者单处罚金；严重损害就诊人身体健康的，处三年以上十年以下有期徒刑，并处罚金；造成就诊人死亡的，处十年以上有期徒刑，并处罚金。未取得医生执业资格的人擅自为他人进行节育复通手术、假节育手术、终止妊娠手术或者摘取宫内节育器，情节严重的，处三年以下有期徒刑、拘役或者管制，并处或者单处罚金；严重损害就诊人身体健康的，处三年以上十年以下有期徒刑，并处罚金；造成就诊人死亡的，处十年以上有期徒刑，并处罚金。

【知识要点】

1. 结合犯的概念

结合犯是指原为刑法上数个独立的犯罪，依照法律的规定，结合成为一个犯罪的情况。例如，日本刑法分别规定了故意杀人罪和强奸罪，然后又规定一个强奸杀人罪，这是典型的结合犯。

2. 结合犯的构成

结合犯的成立必须具备以下条件：

（1）结合犯的数个犯罪行为原为刑法上数个独立的犯罪。也就是说，结合犯所必须具备的两个以上的行为是指充足犯罪构成意义上的行为。

（2）结合犯是将数个独立的犯罪结合成为一个犯罪，即结合成第三罪。

（3）数个独立的犯罪结合成为一个犯罪，是依照刑法的明文规定，这是结合犯的法律特征。如果是一种犯罪，虽然实际上可能包含数个独立的犯罪，但是刑法并未明文规定该数个独立犯罪结合而成为一个犯罪，那么，这种犯罪就不可能是结合犯。例如贿赂罪包括行贿、受贿、介绍贿赂三种犯罪，但法律没有明文规定将其结合为一罪，因此不是它结合犯，只是一个集合罪名。

3. 结合犯的处理

结合犯是法律上明文规定将两个犯罪行为结合成为一个独立的犯罪，因此法律上只认为是一罪而不是数罪，不适用数罪并罚的制度。

【案例 7-5】

刘某等人聚众赌博案

2009 年 6 月的一天，被告人刘某萌生赌博赚钱的想法，于是给王某某、冷某某打电话，委托被告人王某某、冷某某找赌博地点、放风，并许诺给付好处费。

同年 6 月至 7 月 16 日，被告人刘某多次组织社会闲散人员，在被告人王某某、冷某某所找的位于辽宁省建平县八家农场尧都地村、内蒙古喀喇沁旗乃林镇甘苏庙村老哈河沿岸，以及两省交叉地点的多处树林里，以"推牌九"的方式聚众赌博。

其间，被告人刘某给付王某某好处费人民币 1.5 万元、给付冷某某好处费人民币 1 万元，自己从中渔利人民币 4 万元。2009 年 8 月 4 日，被告人王某某到内蒙古自治区赤峰市元宝山区公安分局投案，如实供述了犯罪事实。①

【案例 7-5 分析】

被告人刘某、王某某、冷某某以营利为目的，聚众赌博，三被告人行为均构成赌博罪。赌博罪是指以营利为目的，聚众赌博或者以赌博为业的行为。本罪在客观方面表现为聚众赌博或者以赌博为业的行为，是典型的集合犯。所谓以赌博为业，是指嗜赌成性，一贯赌博，以赌博所得为其生活来源，这种人俗称"赌棍"，只要具备聚众赌博或以赌博为业的其中一种行为，即符合赌博罪的客观要件。如果偶尔赌博，不是以赌博为业的，则不构成犯罪；以赌博为业，数十次赌博，也只构成一罪。

【知识要点】

1. 集合犯的概念

集合犯，是指行为人以实施不定次数的同种犯罪行为为目的，虽然实施了数个同种犯罪行为，但刑法规定还是作为一罪论处的犯罪形态。

2. 集合犯的分类

在刑法理论中，可分为三种：

（1）营利犯，即以营利为目的，反复实施同种的犯罪行为，依法律的规定仅构成一个犯罪。

（2）常业犯，即无正当职业，而以犯罪所得作为维持生活的主要来源，准备或者已经反复实行同种类的犯罪行为。就中国刑法的规定而言，属于常业犯的集合犯是第三百零三条规定的赌博罪一种。详言之，其构成要件包括：

①行为人主观上出于营利目的，意图实施多次同种犯罪行为。"营利目的"，是指行为人实施该种行为主观上是为了获取钱财，但构成犯罪不以行为人实际获取钱财为条件，只要出于营利目的即可。这是其主观条件。

②法律规定以反复实施同种犯罪行为为构成犯罪的必要要件。换言之，对这种犯罪来说，只实施一次行为，犯罪还不能成立，只有反复实施同种犯罪行为，才能构成该罪。这是其客观要件。

（3）惯犯

惯犯，又称惯习犯或习惯犯。即具有实施同种犯罪行为习惯的分子，在一定时期内连续多次实施某一种犯罪行为。

3. 集合犯的处罚原则

集合犯是法定的一罪，刑法分则条文设有明文规定，对集合犯，不论行为人实施多少次行为，都只能根据刑法的规定以一罪论处，不实行数罪并罚。即只需要按照《刑法》分则条文规定的刑罚予以处罚即可。

---

① 参见《辽宁省建平县人民法院〔2011〕建刑初字第 00073 号刑事判决书》。

【案例 7-6】

江某多次受贿罪

2008 年至 2013 年，被告人江某任某分局局长期间违法违规将赣州市公路管理局安某分局从市局中标的安定线 A4 标工程等工程项目，以劳务合作（实际上是劳务分包）或者劳务与材料分离的模式（实际上是包工包料），分包给不具备相应资质的王某 1（另案处理）。王某 1 为感谢被告人江某在工程项目上对他的关照，两次到被告人江某在信丰县城的家里（南山西路某小区旁），共送给被告人江某现金 10 万元（每次 5 万元）。

2012 年 8 月，赣州市公路管理局安某分局从市局中标了安某境内 2012 年养护路面大中修工程 A4 标和 2012 年路面改造工程 A9 标。钟某 1（另案处理）知悉后，找到被告人江某要求承建该工程项目，被告人江某违法违规将 A4 标和 A9 标以包工包料的形式指定给不具备相应资质的钟某 1 承建。钟某 1 为感谢被告人江某对他的关照，到被告人江某在信丰县城的家里，送给被告人江某现金 6 万元。

2014 年 10 月，赣州市公路管理局定南分局从市局中标了大中修 A8 标段工程项目，被告人江某违法违规将该工程以包工包料（除沥青由分局提供外）的形式交给不具备相应资质的邓某 1 承建。邓某 1 为感谢被告人江某的关照，并希望继续得到被告人江某的关照，在信丰县城一酒店内送给被告人江某现金 5 万元。[1]

◎ 问题：江某多次受贿的行为是否构成集合犯？

【案例 7-6 分析】

本案中，被告人江某身为国家工作人员，利用职务便利，为他人谋取利益，非法收受他人财物共计 33.3 万元，其行为已触犯刑律，构成受贿罪。本案中，江某的三次受贿行为均可独立构成受贿罪，集合犯是刑法规定同种的数行为为一罪，是法定的一罪，因此，不属于集合犯。如果案中的江某每一次收受的财物都达不到受贿罪成立的数额较大的标准，即不能成立犯罪，但其多次收受财物数值之和达到较大或巨大的标准，那么，这种情形就属于集合犯。

第三节 处断的一罪

处断的一罪，又称为裁判的一罪，是指本来是符合数个犯罪构成的数罪，但因其固有的特征，在司法机关处理时将其规定为一罪。它包括连续犯、牵连犯和吸收犯。

---

[1] 参见《江西省宁都县人民法院〔2016〕赣 0730 刑初 175 号刑事判决书》。

【案例 7-7】

唐某多次盗窃案

2013 年 1 月 24 日晚上，被告人唐某来到深圳市宝安区龙华街道某超市停车场，将事主李某停放在该处的一辆自行车盗走，随即被抓获归案，并于同日被深圳市公安局宝安分局处以行政拘留十五日。

2014 年 12 月 23 日 21 时许，公安民警在对深圳市龙岗区布吉街道某花园 4 栋的一无名旅店进行检查时，在 501 房抓获被告人唐某，并在房内缴获疑似被盗自行车三辆（经鉴定合计价值人民币 1 100 元）和作案工具钳子一把，唐某承认缴获的三辆自行车是其于 2014 年 10 月至 12 月期间分三次盗窃得来的。①

◎ 问题：唐某多次盗窃公私财物的行为是否成立连续犯？

【案例 7-7 分析】

本案中唐某多次盗窃公私财物的行为构成盗窃罪。而连续犯是指行为人基于同一或概括的犯罪故意，连续实施数个性质相同的行为，触犯同一罪名的犯罪。唐某无视国家法律，多次采取秘密手段盗窃公民财物，数额巨大的，且数次行为性质相同，可以认定为一个概况的故意，刑法上普遍主张对连续犯按照一罪从重处罚。我国对于多次盗窃行为也基本上是依照连续犯的要求进行处理的。因此，对行为人应当以盗窃罪论处。

【知识要点】

1. 连续犯的概念

连续犯，是指基于同一或者概括的犯罪故意，连续实施数个性质相同但可以独立成罪的行为，触犯同一罪名的犯罪形态。

2. 连续犯的特征

（1）连续犯必须是行为人基于同一的或者概括的犯罪故意。同一的犯罪故意，是指行为人具有数次实施同一犯罪的故意。概括的犯罪故意，是指行为人主观上具有只要有条件就实施特定犯罪的故意。这两种心理状态没有本质区别。

（2）必须实施性质相同的数个行为。只实施一次行为的，不可能成立连续犯。数个行为是指二个以上的行为。通说认为，连续犯仅限于每次行为能独立构成犯罪的情形。

（3）数次行为具有连续性。是否具有连续性，应从主客观两个方面进行判断。既要看行为人有无连续实施某种犯罪行为的故意，又要通过分析客观行为的性质、对象、方式、环境、结果等来判断是否具有连续性。

（4）数次行为必须触犯同一罪名。触犯同一罪名，是指数次行为触犯同一具体罪名，而不包括触犯同类罪名的情况。一般来说，刑法分则的不同条文保护不同的法益，既然连续犯只触犯同一具体罪名，那么，必然只侵害同一法益。

---

① 参见《广东省深圳市罗湖区人民法院〔2015〕深龙法刑初字第 1781 号刑事判决书》。

3. 连续犯的处断原则

连续犯按照一罪处断，不实行数罪并罚。对连续犯的处理，应当按照不同情况，依据刑法的有关规定分别从重处罚或者加重处罚：

（1）刑法规定只有一个量刑档次，或者虽有两个量刑档次但无加重构成的量刑档次的，按照一个罪名从重处罚。

（2）刑法对多次实施某种犯罪明文规定重于基本构成的量刑档次的，符合这种情况的连续犯，依照该加重构成的量刑档次处罚。例如，《刑法》第二百六十三条对"多次抢劫"明文规定了远远重于抢劫罪基本构成的量刑档次，那么对于连续三次以上抢劫的，即应依照加重抢劫构成的量刑档次处罚。

（3）刑法对多次实施某种犯罪虽然没有明文规定，但对"情节严重"或"情节特别严重"分别规定了不同的加重刑罚的量刑档次的，对于符合某种情况的连续犯，应依照有关的量刑档次处罚。例如，《刑法》第二百六十七条对抢夺罪按照基本犯罪、情节严重和情节特别严重分为三个量刑档次加以规定，抢夺罪的连续犯，应根据连续实施抢夺次数的多少，依据刑法的规定，按照相应的量刑档次处罚。

4. 连续犯和继续犯的区别

（1）继续犯实际上只有一个行为，而连续犯则有多个行为。

（2）继续犯的行为虽然持续一定的时间，但不间断；而连续犯的数个行为之间持续一定的时间，但数行为之间是有间断性的。

【案例 7-8】

白某照玩忽职守、受贿案

事实一（玩忽职守）：2005 年 12 月 22 日，河南省人民政府下发豫政〔2005〕54 号通知，开始全面治理整顿粘土砖瓦窑厂，禁止生产实心粘土砖。被告人白某照在任襄城县丁营乡人民政府乡长期间，作为该乡治理整顿粘土砖瓦窑厂的第一责任人，不认真履行自己的工作职责，明知本乡马结实等七家新型砖瓦窑厂，在生产活动中存在使用粘土进行违规生产的情况，既不采取有效措施予以制止，也不向上级主管部门报告，致使本乡农用地被大量占用、破坏。此事经过《人民日报》以及中国网、人民网等 21 家国内网站报道后，造成了恶劣的社会影响。

事实二（受贿）：2007 年七八月至 2009 年 5 月份期间，被告人白某照利用担任襄城县丁营乡乡长的职务便利，先后 7 次非法收受丁营乡砖厂老板李某、李胜某、穆某、马某、崔某、马新某及丁营乡国土资源所所长姜某所送的人民币共计 75 000 元，为其谋取利益。

白某照的辩护律师认为，起诉书指控的两款罪名属牵连犯，应当择一重罪处罚，即以受贿罪定罪处罚。①

---

① 参见《襄城县人民法院〔2009〕襄刑初字第 206 号刑事判决书》。

◎ 问题：白某照的行为是否构成牵连犯？

【案例 7-8 分析】

被告人白某照作为丁营乡人民政府乡长，有义务执行上级文件精神，且作为该乡治理整顿粘土砖瓦窑厂的第一责任人，负有监督管理职责，其在工作中不认真履行自己的职责，致使国家和人民利益遭受重大损失，并造成了恶劣的社会影响，其行为符合玩忽职守罪的构成要件。

被告人白某照作为丁营乡人民政府乡长，非法收取其下级工作人员所送的数额较大的现金，为他人谋取利益的目的明确，应当以受贿罪定罪处罚。

关于辩护人辩称起诉书指控的两款罪名属牵连犯的问题：对于牵连犯，要从主客观两个方面进行认定，仅在客观上具有牵连关系而主观上不存在牵连关系的，不应认定为牵连犯。本案中，被告人的玩忽职守行为与受贿行为虽然存在客观上的牵连关系，但在主观上不存在牵连关系，不应成立牵连犯，而应数罪并罚。

【知识要点】

1. 牵连犯的概念

牵连犯，是指出于一个犯罪目的，实施数个犯罪行为，数个行为之间存在手段与目的或者原因与结果的牵连关系，分别触犯数个罪名的犯罪状态。

2. 牵连犯的构成条件

要构成牵连犯，必须具备以下条件：

（1）牵连犯必须有两个以上的危害行为，这是构成牵连犯的前提条件。行为人只有实施了数个行为才有可能构成牵连犯。如果只实施了一个行为，无法形成行为之间的牵连关系。

（2）牵连犯的数个行为之间必须具有牵连关系。所谓牵连关系，是指行为人实施的数个行为之间具有手段与目的或者原因与结果的关系。目的行为、原因行为均指本罪，当与方法行为相对应时，称为目的行为，当与结果行为相对应时，称为原因行为。需要注意，这里指的是方法行为，而不是方法；是结果行为，而不是结果。否则，就不是数行为，就不可能构成牵连犯。

（3）牵连犯的数个行为必须触犯不同的罪名。这里也存在着两种情况：一是实施一种犯罪，其犯罪所采用的方法行为又触犯了其他罪名。例如，为了骗取财物伪造了信用卡，然后利用伪造的信用卡进行诈骗，目的行为是信用卡诈骗罪，其方法行为则触犯了伪造金融票证罪。二是实施一种犯罪，其犯罪的结果行为又触犯了其他罪名。例如，前述的盗窃他人的提包，发现提包中是手枪和子弹后加以隐藏。原因行为是盗窃罪，其结果行为则触犯了非法持有枪支、弹药罪。

3. 牵连犯的处理原则

牵连犯在司法实践中经常涉及。构成牵连关系有很多种可能。《刑法》分则中对个别牵连犯规定的处罚原则，只是其中的一小部分。这些规定也不是适用统一的处罚原则，而是既有从一重处断又有数罪并罚。

【案例 7-9】

陈某非法制造枪支案

被告人陈某非法制造枪支三支，其中一支卖给本乡农民王某，自己持有两支。经鉴定，廉某和王某持有的枪支系单筒猎枪，枪机部件锈死，不能正常击发。被告人陈某非法制造并持有的两支自制枪支系单筒猎枪，机械性能均完好，能正常击发，具有杀伤力。①

◎ **问题**：陈某的行为是否构成数罪？

【案例 7-9 分析】

被告人陈某非法制造枪支，并卖与王某，其行为已经构成《刑法》第一百二十五条非法制造、买卖枪支罪。同时，陈某持有两支自己制造的枪支的行为作为轻行为能够被重行为非法制造枪支罪所吸收，属于吸收犯，应以非法制造枪支一罪来论罪。

【知识要点】

1. 吸收犯的概念

吸收犯是指一个犯罪行为为另外一个犯罪行为所吸收，而失去独立存在的意义，仅以吸收的那个行为来论罪，对被吸收的行为不再予以论罪的情况。两种行为之间之所以具有吸收关系，是因为它们通常属于实施某种犯罪的同一过程，彼此之间存在着密切的联系，前行为可能是后行为发展的必经阶段，后行为可能是前行为发展的自然结果。

2. 吸收犯的形式

根据我国刑法理论，吸收犯一般具有以下几种形式：

（1）重行为吸收轻行为

这里的重轻是根据行为的性质确定的，主要是指行为的社会危害性的大小。例如，一个人先非法制造枪支，后又将其所制造的枪支私藏起来，就应以非法制造枪支来论罪，而将私藏枪支的行为予以吸收。

（2）主行为吸收从行为

这里的主从是根据行为的作用区分的，在共同犯罪中起辅助或次要作用的是从行为，其余是主行为。

（3）实行行为吸收非实行行为

这里的实行行为与非实行行为是根据刑法的规定划分的，实行行为是由《刑法》分

---

① 参见《北京市通州区人民法院〔2013〕通刑初字第 161 号刑事判决书》。

则加以规定的行为，而非实行行为是《刑法》总则加以规定的，例如，预备行为、教唆行为与帮助行为等。例如，犯罪分子为杀人进行预备活动，然后将被害人杀死。在此，杀人的实行行为吸收杀人的预备行为。

3. 吸收犯的处理

在吸收犯的情况下，两个犯罪行为之间存在吸收与被吸收的关系。被吸收的犯罪行为失去独立存在的意义，因而只能以吸收的那个犯罪论处。因此，吸收犯在裁判上作为一罪处理。

探讨案例与知识点巩固

【探讨案例 7-1】

李某是毕业于某外国语大学的研究生。由于李某在上学期间各个方面表现都很优秀，其毕业后就直接被某电视台录用，担任某频道主持人。在某电视台工作两年后，李某被选为后备干部派往日本进修学习。在日本进修期间，李某经不住诱惑，加入了外国间谍组织并接受了该组织的培训。回国后，李某利用其工作机会及人脉，为该组织搜集我国军事、政治、经济、社情情报，并通过邮件等方式将获取的情报传送至境外间谍组织。3 年内，李某多次向境外非法提供我国内部绝密、机密文件若干件，给我国国家安全、社会稳定带来重大的危害。

◎ 问题：该如何认定李某 3 年内多次从事的间谍行为？

【探讨案例 7-2】

2002 年 8 月至 2003 年 6 月间，被告人康某某、陈某某、周某某分别或共同伙同他人，分别在北京铁路分局西长铁路线、京原铁路线，北京西工务段琉璃河养路工区大院内等地，盗窃备用钢轨、电焊机、砂轮机、无齿锯、再用鱼尾板、再用垫板螺纹钢和铁路线上正在使用的 43KG 型护轨鱼尾板等物品，均已达到法定数额，构成盗窃罪和破坏交通设施罪，依法分别被判处刑罚。一审于 2004 年 2 月 13 日宣判后，被告人康某某不服提出上诉。

◎ 问题：对康某某、陈某某、周某某的行为该如何定罪量刑？

【探讨案例 7-3】

2006 年 4 月 13 日晚，李某与几位多年未见的朋友相聚，喝了不少酒，但自持自己驾车技术高超、深夜路况较好，于是独自驾车回家，结果速度过快，将在马路上骑电动自行车正常行驶的向某撞倒。李某下车后看到向某已被轧断下肢，想报警但又担心自己喝酒被严惩，于是见四周无人，就驾车急速驶离现场，对重伤昏迷的被害人弃之不顾。不久，向某被人发现，但送至医院因失血过多、抢救无效死亡。①

◎ 问题：该如何评价李某的行为？

【探讨案例7-4】

事实一：2007年2月2日21时许，被告人孟某东伙同杨某（另案处理）经事先预谋，携带刀具窜至上海市嘉定区曹安公路、外环线路口西南侧，搭乘被害人张某超驾驶的大众公司出租车至青浦区徐泾镇民主村X号附近的水泥路处，采用持刀威胁的方法对被害人张某超实施抢劫，劫得人民币800余元及手机一部。

事实二：2007年2月4日23时许，被告人孟某东伙同杨某经事先预谋，携带刀具窜至上海市普陀区武宁路、杨柳青路真如西村车站附近，搭乘被害人唐某驾驶的锦江公司出租车至第一次实施抢劫的地点，采用相同手法对被害人唐某实施抢劫，劫得人民币400余元及价值人民币1.152元的黑色天时达TS816型滑盖手机一部。

事实三：2007年2月7日零时许，被告人孟某东伙同杨某经事先预谋，携带刀具窜至上海市普陀区武宁路、杨柳青路真如西村车站附近，搭乘被害人汪某如驾驶的海博公司出租车至青浦区徐泾镇民主村附近，采用相同手法对被害人汪某如实施抢劫，劫得人民币270元及价值人民币60元的米黄色爱立信T65型直板手机一部。后被告人孟某东以人民币20元的价格将该手机销赃给金某清，案发后，赃物手机被公安机关调取并已发还被害人。

被告人孟某东的辩护人提出抢劫行为均是为帮助其表哥购买车票而实施，犯罪手段、作案地点均相同，具有连续性，应认定是一次抢劫，故被告人在本案中抢劫次数为两次，不应认定是多次抢劫。②

◎ 问题：该如何处理孟某东的行为？

【探讨案例7-5】

事实一：角某，中共党员，某市所辖A县县长。2016年4月，角某为B房地产开发公司在土地出让及相关政策等方面给予关照，2017年春节、中秋、国庆和2018年元旦期间四次共收受该公司经理李某60万元。2018年4月，市纪委监委对角某涉嫌受贿犯罪问题立案审查调查。

事实二：范某，中共党员，某村委会主任。2017年6月，范某在向村民刘某索要10万元欠款时，刘某说，"你放高利贷（年利率40%），不还又能如何"。范某就

①　参见《酒后驾车交通事故案例分析》，载找法网：https://china.findlaw.cn/jiaotongshigu/jtsgal/jtsgalfx/8674.html。
②　参见《山东省青岛市城阳区人民法院〔2009〕青刑初字第184号刑事判决书》。

将刘某拘禁在自己家地下室三天。事后，刘某到公安机关举报。①

◎ 问题：请分析事实一与事实二的罪数形态？

【探讨案例 7-6】

甲、乙为毒贩，某日带着毒品来到某市欲贩卖毒品牟利，但该市近期展开对毒品犯罪的严打活动，甲、乙的毒品无法出手。此时，二人发现自己所住宾馆房间的隔壁住着一外地客商丙，为了向丙出售毒品，二人主动上门与丙攀老乡套近乎，拿出事先隐藏有毒品的香烟，谎称可以提神、缓解压力的"神烟"。丙试抽后感觉果然很爽，连抽几次之后，不知不觉染上毒瘾。但此时，甲、乙却不再向其提供所谓的神烟。当毒瘾发作后丙不得已主动上门要求购买，此时甲、乙即向其高价出售毒品。

◎ 问题：本案中甲和乙的行为是否构成牵连犯？

【探讨案例 7-7】

事实一：田某，某国有石油器械制造公司经理。2016 年 5 月，田某为了贪污公款，虚开 45 万元石油配件原材料发票（非增值税发票），在单位报销后，将该款非法占有。

事实二：张某，某国有公司生产部主任。李某，该公司经理。2016 年 3 月，李某让张某弄一张电力安装的发票，张某应允。张某伪造了一张 45 万元某电力安装公司普通发票，并在发票上伪造了该公司印章。李某用该发票在单位报销了 45 万元非法占为己有，对张某私刻印章伪造发票事宜并不知情（李某案件另案处理）。②

◎ 问题：试分析上述两个案例的罪数形态？

【探讨案例 7-8】

龙某在过街天桥摆地摊卖小工艺品时，与钱小姐相识。钱小姐给龙某留下了自己的电话号码。后龙某约钱小姐见面。见面时，龙某以钱小姐的举报使自己的地摊被警察抄了为由，对钱小姐进行殴打。钱小姐大声呼救，龙某拿出一把剪刀威胁她，将她强行带到了自己的暂住地。到暂住地后，龙某打晕钱小姐将其强奸。

次日，龙某挟持钱小姐给单位打电话请假。自此，钱小姐在龙某的控制下，白天与龙某一起到过街天桥上摆摊，晚上又被带回龙某的暂住地。龙某几乎每晚都与钱小姐发生性关系，并经常对她进行殴打。

---

① 案例来源于中共北京市通州区纪律检查委员会官网：http://quwei.bjtzh.gov.cn/jjw/c101659/201809/66772d09435648ad988e065a20d3c065.shtml。

② 案例来源于中国共产党新闻网：http://fanfu.people.com.cn/n1/2018/0919/c64371-30302622.html。

这样的生活持续了一个月。一天，钱小姐趁龙某不备逃跑，并到派出所报案。龙某被捕。①

◎ **问题**：该如何定性龙某的行为？

---

① 参见《为强奸拘禁她人 构成牵连犯》，载找法网：https://china.findlaw.cn/bianhu/xingshianli/ 32381.html。

第八章　刑罚概说与刑罚体系

一、刑罚的概念

刑罚，是刑法规定的，由国家审判机关依法对犯罪分子所适用的限制或剥夺其某种权益的、最严厉的强制性法律制裁方法。

二、刑罚的特征

1. 本质上的严厉性

刑罚的属性在于对犯罪人权益的限制或剥夺，这表明它是一种最严厉的法律制裁措施。因为刑罚中的自由刑可以限制或剥夺犯罪人的人身自由，生命刑还可以剥夺犯罪人的生命，资格刑、财产刑可以剥夺犯罪人的政治权利和财产权利。这种严厉性正是刑罚区别于其他法律制裁方法的本质特征。

2. 适用对象的特定性

适用刑罚是以行为人的行为构成犯罪为前提的，刑罚是因犯罪行为所产生的当然的法律后果，是对犯罪行为所作出的否定评价。因此，刑罚处罚的对象只能是实施了犯罪行为的自然人或法人。犯罪人既是犯罪行为的实施者，也是刑罚的物质承担者。刑罚既不能适用于动植物和其他非人的对象，也不能适用于违反了道德、法纪和仅有一般违法行为的人，更不能适用于与犯罪无关的无辜者。

3. 根据的法定性

按照罪刑法定原则的要求，不仅犯罪需由成文刑法事先作出明文规定，而且刑罚也必须由刑法明文载于法条。这就意味着，《刑法》总则要对刑罚的种类作出明文规定。对刑法没有明文规定的制裁方法，不能以刑罚之名适用于犯罪分子。

4. 适用主体的单一性

刑罚适用的主体只能是代表国家行使审判权的人民法院。任何其他国家机关、企业、事业单位、人民团体和个人，都无权对犯罪人适用刑罚。

三、我国刑法体系

刑罚体系是指国家以有利于发挥刑罚的功能、实现刑罚的目的为指导原则，通过刑法的规定而形成的、由一定刑罚种类按其轻重程度而组成的序列。依据我国《刑法》，我国刑罚体系由主刑和附加刑组成。

主刑只能独立适用，不能附加适用，包括管制、拘役、有期徒刑、无期徒刑与死刑。

附加刑是补充主刑适用的，既可以独立适用，也可以附加适用，可附加一个，也可附加多个；包括罚金、剥夺政治权利、没收财产及驱逐出境。

【相关法条】

《刑法》

第三十二条【主刑和附加刑】刑罚分为主刑和附加刑。

第三十三条【主刑种类】主刑的种类如下：（一）管制；（二）拘役；（三）有期徒刑；（四）无期徒刑；（五）死刑。

第三十四条【附加刑种类】附加刑的种类如下：（一）罚金；（二）剥夺政治权利；（三）没收财产。附加刑也可以独立适用。

第三十五条【驱逐出境】对于犯罪的外国人，可以独立适用或者附加适用驱逐出境。

第一节　主　刑

【案例 8-1】

邵某鑫故意伤害案

彭水苗族土家族自治县人民检察院指控：2016 年 7 月 27 日 15 时许，被告人邵某鑫在彭水苗族土家族自治县（以下简称彭水县）××街道××村×组被害人彭某 1 家院坝，因抄电表一事与彭某 1 发生口角，邵某鑫遂一拳打向彭某 1 脸部，至彭某 1 受伤。经彭水县公安局物证鉴定室鉴定，彭某 1 脸部的损伤程度属轻伤。2016 年 9 月 30 日，被告人邵某鑫接到彭水县公安局××派出所民警电话通知后主动到公安机关投案。法院认为，被告人邵某鑫故意伤害他人身体，致一人轻伤，其行为已构成故意伤害罪，公诉机关指控的事实及罪名成立，本院予以确认。

邵某鑫犯罪后主动投案，到案后如实供述其罪行，庭审中认罪态度较好，系自首，予以从轻处罚。邵某鑫与被害人就民事赔偿部分达成协议并兑现，取得被害人谅解，予以酌情从轻处罚。判决被告人邵某鑫犯故意伤害罪，判处管制一年①。

【案例 8-1 分析】

本案中，被告人邵某鑫故意伤害他人身体，致一人轻伤，其行为已触犯了《中华人民共和国刑法》第二百三十四条第一款之规定，犯罪事实清楚，证据确实、充分，应当以故意伤害罪追究其刑事责任。被告人邵某鑫犯罪后自动投案，并如实供述自己的罪行，根据《中华人民共和国刑法》第六十七条第一款之规定，系自首，可以从轻或者减轻处罚，依法判处其管制一年。

---

① 参见《重庆市彭水苗族土家族自治县人民法院〔2016〕渝 0243 刑初 270 号刑事判决书》。

【相关法条】

《刑法》

第三十八条【管制的期限与执行机关】管制的期限，为三个月以上二年以下。判处管制，可以根据犯罪情况，同时禁止犯罪分子在执行期间从事特定活动，进入特定区域、场所，接触特定的人。对判处管制的犯罪分子，依法实行社区矫正。违反第二款规定的禁止令的，由公安机关依照《中华人民共和国治安管理处罚法》的规定处罚。

第三十九条【被管制罪犯的义务与权利】被判处管制的犯罪分子，在执行期间，应当遵守下列规定：(一) 遵守法律、行政法规，服从监督；(二) 未经执行机关批准，不得行使言论、出版、集会、结社、游行、示威自由的权利；(三) 按照执行机关规定报告自己的活动情况；(四) 遵守执行机关关于会客的规定；(五) 离开所居住的市、县或者迁居，应当报经执行机关批准。对于被判处管制的犯罪分子，在劳动中应当同工同酬。

第四十条【管制期满解除】被判处管制的犯罪分子，管制期满，执行机关应即向本人和其所在单位或者居住地的群众宣布解除管制。

第四十一条【管制刑期的计算和折抵】管制的刑期，从判决执行之日起计算；判决执行以前先行羁押的，羁押一日折抵刑期二日。

【知识要点】

1. 管制的概念

管制，是刑法规定的五种主刑之一，由人民法院判决对犯罪分子不予关押改造，但限制其人身自由，交由户籍所在地公安机关监督改造的刑事处罚，是刑罚主刑中量刑最轻的一种。

2. 管制的特征

(1) 不剥夺犯罪分子的人身自由，但依法限制其人身自由。被判处管制的犯罪分子，仍生活在原先的社会环境中，如仍与家人同住、同吃、有工作单位的，仍在原工作单位工作，领取劳动报酬；没有工作单位的，仍可从事原先的工作，如经商、出卖劳动力等。其监督改造不是由监狱依法执行，而是由户籍所在地的公安机关监督改造。

(2) 设置一定的期限。管制的期限为三个月以上两年以下。数罪并罚不得超过三年。在被判处管制的期限内，犯罪分子可在限制的范围内行使政治权利，如没有被剥夺政治权利的，有选举权，但没有被选举权，不得担任国家机关、企业、事业单位和社会团体的领导。

管制执行期满，执行机关应当向本人和其所在单位或者居住地宣布解除管制，并发给其解除管制通知书，恢复其公民的一切权利。

管制执行期限从刑期判决之日起计算，在判决之前被先行羁押的时间按每羁押一日折抵刑期二日，剩余日期为实际执行管制的日期。如某罪犯被判管制三个月，判决前先行羁押三十天，计算公式为：三个月的具体总天数减去折抵天数六十后，剩余期限是实际执行的管制期限。

被判处管制附加剥夺政治权利的，管制执行时同时执行剥夺政治权利，管制执行期满，附加剥夺政治权利的期限同时期满。

（3）由公安机关执行。根据刑法规定，管制由公安机关执行。从我国管制的实践看，对于被管制的犯罪人还应接受基层群众组织的监督。

【案例 8-2】

边某刚危险驾驶案

被告人边某刚于 2017 年 8 月 19 日 11 时 55 分许，醉酒后无证驾驶未登记的两轮摩托车由南向北未靠右行驶至海城市东四镇韩姜村道口路段时，与由北向南张某某（被害人，男，29 岁）驾驶的辽 C×× 号小型轿车发生剐撞，造成两车损坏，边某刚受伤。经海城市正骨医院法医司法鉴定所检验，边某刚血液中乙醇含量为 105.60mg/100ml。经海城市公安局认定，边某刚负有此道路交通事故的全部责任。法院认为，被告人边某刚违反交通运输管理法规，醉酒后驾驶车辆，并发生交通事故，其行为构成危险驾驶罪，应予惩处。公诉机关指控被告人边某刚犯危险驾驶罪的事实及罪名成立。被告人边某刚认罪态度较好，依法可以从轻处罚。判决如下：被告人边某刚犯危险驾驶罪，判处拘役一个月，并处罚金人民币二千元。①

【案例 8-2 分析】

本案中，边某刚违反交通运输管理法规，醉酒后驾驶车辆，并发生交通事故，其行为构成危险驾驶罪。审判机关考虑到其认罪态度较好，且犯罪性质比较轻微，依法从轻处罚，判处其拘役一个月。

【相关法条】

《刑法》

第四十二条【拘役的期限】拘役的期限，为一个月以上六个月以下。

第四十三条【拘役的执行】被判处拘役的犯罪分子，由公安机关就近执行。在执行期间，被判处拘役的犯罪分子每月可以回家一天至两天；参加劳动的，可以酌量发给报酬。

第四十四条【拘役刑期的计算和折抵】拘役的刑期，从判决执行之日起计算；判决执行以前先行羁押的，羁押一日折抵刑期一日。

【知识要点】

1. 拘役的概念

拘役，是由人民法院判决，公安机关就近执行的，短期剥夺犯罪分子人身自由、强制劳动改造的刑罚。

---

① 参见《辽宁省海城市人民法院〔2017〕辽 0381 刑初 827 号刑事判决书》。

2. 拘役的特征

与其他刑罚相比，拘役具有以下特征：

（1）拘役是一种短期自由刑。拘役的刑期最短不少于1个月，最长不超过6个月（半年）。数罪并罚时，最高不能超过1年。所以，拘役是中国对罪犯予以关押、实行强制劳动改造的三种自由刑中最轻的一种。

（2）拘役一般只适用于犯罪性质比较轻微的犯罪。适用比例最高的是渎职罪，其次分别是妨害社会管理秩序罪、破坏社会主义市场经济秩序罪等。《刑法》分则中犯罪性质最严重的，如危害国家安全罪、危害公共安全罪等，也可以适用拘役，但所占比例最低。拘役多适用于社会危害性不大的犯罪。我国《刑法》分则中除过失致人死亡罪没有规定可以适用拘役外，绝大多数过失犯罪都可以适用拘役，占全部过失犯罪的95%左右。在同一类犯罪中，能够适用拘役的也是一些社会危害性不大的犯罪。

（3）拘役是剥夺自由的刑罚方法。由于拘役剥夺犯罪人的自由，所以与管制具有明显区别。由于拘役是刑罚方法，所以它与行政拘留、刑事拘留、司法拘留在法律属性、适用对象、适用机关、适用依据、适用程序、适用期限上都有明显区别。

（4）拘役是由公安机关就近执行的刑罚方法。拘役由公安机关在就近的拘役所、看守所或者其他监管场所执行；在执行期间，受刑人每月可以回家一天至两天；参加劳动的，可以酌量发给报酬。

【案例8-3】

邱某寿、陈某兰盗窃案

2015年12月17日，被告人邱某寿、陈某兰经事先预谋，窜至台州市路桥区横街镇洋屿村集市，趁人不注意之机，由被告人陈某兰掩护，被告人邱某寿窃得陈某甲放在身旁儿童推车袋子里的白色vivo手机1部（价值人民币1 049元）并将手机交给被告人陈某兰保管。随后，被告人邱某寿趁人不注意之机，再次窃得陈某乙上衣右边口袋里的现金20元，并将行窃之事告知被告人陈某兰。被告人邱某寿、陈某兰在逃离过程中被公安机关当场抓获。涉案vivo手机现已发还陈某甲。法院认为，被告人邱某寿、陈某兰以非法占有为目的，结伙扒窃他人财物，其行为均已构成盗窃罪。且被告人邱某寿、陈某兰系累犯，依法予以从重处罚。根据最高人民法院《人民法院量刑指导意见（试行）》的规定，综合考虑二被告人的犯罪情节和性质，依照《中华人民共和国刑法》第二百六十四条、第二十五条第一款、第六十五条第一款、第六十七条第三款之规定，判决如下：一、被告人邱某寿犯盗窃罪，判处有期徒刑十一个月，并处罚金人民币四千元。二、被告人陈某兰犯盗窃罪，判处有期徒刑十个月，并处罚金人民币三千元。①

---

① 参见《浙江省台州市路桥区人民法院〔2016〕浙1004刑初348号刑事判决书》。

【案例 8-3 分析】

本案中邱某寿、陈某兰以非法占有为目的，结伙扒窃他人财物，其行为均已构成盗窃罪。且被告人邱某寿、陈某兰在前科刑罚有期徒刑执行完毕后五年内再故意犯应处有期徒刑刑罚之罪，系累犯，依法予以从重处罚，判处有期徒刑十个月和十一个月不等，并处罚金，有利于有效地惩戒犯罪。

【相关法条】

《刑法》

第四十五条【有期徒刑的期限】有期徒刑的期限，除本法第五十条、第六十九条规定外，为六个月以上十五年以下。

第四十六条【有期徒刑与无期徒刑的执行】被判处有期徒刑、无期徒刑的犯罪分子，在监狱或者其他执行场所执行；凡有劳动能力的，都应当参加劳动，接受教育和改造。

第四十七条【有期徒刑刑期的计算与折抵】有期徒刑的刑期，从判决执行之日起计算；判决执行以前先行羁押的，羁押一日折抵刑期一日。

【知识要点】

1. 有期徒刑的概念

有期徒刑，是人民法院判决的、剥夺犯罪分子人身自由、押送监狱执行强制劳动改造的刑罚，是刑法五种主刑中较重的一种。

2. 有期徒刑的特征

有期徒刑具有以下特征：

（1）在一定期限内剥夺犯罪人的人身自由。有期徒刑是典型的自由刑，以剥夺犯罪人的人身自由权利为内容。有期徒刑的刑期从判决之日起计算，判决执行前先行羁押的，其羁押一日可折抵刑期一日。有期徒刑的期限有三种情况：

①有期徒刑最低六个月，最高不超过十五年；

②数罪并罚执行的有期徒刑，最高可超过十五年，但不得超过二十年；

③由无期徒刑或者死刑缓期二年执行后减刑的有期徒刑，最低刑期为十五年，最高刑期不超过二十年。

（2）有期徒刑的执行场所：在监狱或者其他场所执行。根据《刑法》第四十六条的规定，被判处有期徒刑的犯罪人，在监狱或者其他执行场所执行。根据《刑事诉讼法》第二百六十四条第二款的规定，对于被判处有期徒刑的罪犯，由公安机关依法将该罪犯送交监狱执行刑罚，对在被交付执行刑罚前，剩余刑期在三个月以下的，由看守所代为执行。对被判处拘役的罪犯，由公安机关执行。对未成年犯应当在未成年犯管教所执行刑罚。

（3）有劳动能力的犯罪人，都应当参加劳动，接受教育和改造。根据《刑法》第四十六条的规定，被判处有期徒刑的犯罪人，凡有劳动能力的，都应当参加劳动，接受教育和改造。

【案例 8-4】

张某故意杀人案

被告人张某与被害人王某及家人均系同村村民，张某曾因琐事与王某家人结怨，张某对此怀恨在心。2015 年 8 月 30 日 4 时 50 分许，被告人张某在黑龙江省密山市某镇某村发现独自行走的被害人王某（女，殁年 74 岁），遂产生报复杀害王某之念。同日 6 时许，张某将王某骗至连珠山镇第五居委会赵某家废弃的平房内，趁王某不备，用砖块砸击王某头部一下，王某被砸倒在地，而后张某又用砖块砸击王某头部，王某头部出血，随后张某将王某拖至该屋内另一位置，用水泥袋等杂物遮盖住王某的尸体，并在王某的尸体上扔压了水泥块，又用胶合板挡住房屋的破窗，然后将王某的一件衣服和随身携带的一把雨伞扔至附近水沟中，后离开现场。经法医鉴定：王某符合生前被他人用钝器作用头部致颅脑损伤死亡。被告人张某于 2015 年 9 月 16 日被公安机关在黑龙江省密山市其家中抓获。①

【案例 8-4 分析】

本案中，被告人张某故意非法剥夺他人生命，致一人死亡的行为，已构成故意杀人罪。因张某非法剥夺他人生命，并致一人死亡的严重后果，被告人张某的主观恶性极深，社会危害性极大，虽不具有自首情节，但能如实供述自己罪行，并取得了被害人家属的谅解，可以从轻处罚。因此，人民法院依照《中华人民共和国刑法》第二百三十二条、第六十七条第三款、第五十七条第一款的规定，认定被告人张某犯故意杀人罪，判处其无期徒刑，并剥夺其政治权利终身。

【知识要点】

1. 无期徒刑的概念

无期徒刑是介于有期徒刑和死刑之间的一种严厉的刑罚。无期徒刑是剥夺犯罪分子终身自由的刑罚方法。

2. 无期徒刑的特征

根据《刑法》第四十六条的规定，无期徒刑具有以下特点：

（1）剥夺犯罪分子的自由。即将犯罪分子关押在一定的场所，使其没有人身自由。

（2）剥夺自由是没有期限的，即剥夺犯罪分子的终身自由。

（3）羁押时间不能折抵刑期。由于无期徒刑无刑期可言，因此判决执行之前先行羁押的时间不存在折抵刑期的问题。

（4）必须附加剥夺政治权利。根据《刑法》第五十七条的规定，被判处无期徒刑的犯罪分子，必须附加剥夺政治权利终身。

---

① 参见《黑龙江省鸡西市中级人民法院〔2016〕黑 03 刑初 6 号刑事判决书》。

【案例 8-5】

<h2 style="text-align:center">黄某杀人、抢劫案</h2>

被告人黄某通过女友林某甲（另案处理）认识了做塑身内衣生意的被害人陈某（女，殁年 23 岁）后，因经济拮据而预谋劫持陈某勒索钱财。

2011 年 8 月 8 日，黄某承租福建省福清市××街道××村××号××室单身公寓准备用于作案，并准备了胶带、背包绳、旅行包、伸缩棍、毛巾等作案工具。同月 9 日晚，黄某以购买塑身内衣需要送货为由，将陈某骗至福清市××娱乐会所 KTV 包厢，并叫朋友林某乙多陪陈某喝酒，致陈某醉酒。当日 21 时许，黄某将陈某带至事先承租的房内，持伸缩棍威胁、制服陈某，用背包绳、胶带将陈某捆绑并封住嘴部和双眼，抢走陈某手提包内的现金 300 元和手机一部等物。

后黄某向陈某索要 50 000 元，陈某被迫以父亲住院需要手术为由，通过电话向朋友林某丙借款，但未果，黄某又逼迫陈某向其父母等家人要钱，被陈某拒绝。黄某见索财无望，且陈某声称要报警，遂决意杀害陈某。其间，黄某用陈某的手机联系林某甲，林某甲来到租房获悉情况后进行劝阻，黄某不允，并以杀死林某甲及其家人相威胁，威胁林某甲不准离开。次日凌晨，黄某用毛巾捂住陈某的口鼻将陈某杀死。随后，黄某逼迫林某甲先后两次陪同外出购买了电锯、编织袋、塑料手套和斩骨刀、切肉刀等工具。黄某将陈某尸体拖进卫生间肢解，用编织袋和旅行包将尸体的上半身和下半身分装成两袋后，又逼林某甲陪同骑乘助力车分别抛弃，并将陈某手机丢弃在途中草丛，返回租房清理现场后又将电锯、斩骨刀等分尸工具和陈某随身物品分别丢弃。[①]

【案例 8-5 分析】

被告人黄某故意非法剥夺他人生命的行为已构成故意杀人罪；以非法占有为目的，采用暴力手段劫取他人财物的行为已构成抢劫罪，应依法予以并罚。黄某劫持被害人陈某并当场劫取财物，为灭口又将陈某杀害并分尸、抛尸，犯罪性质恶劣，手段特别残忍，情节、后果极其严重，均应依法惩处。黄某曾入户抢劫致人轻伤后，又因犯敲诈勒索罪被判刑，刑满释放后再次抢劫和杀人作案，主观恶性和人身危险性极大，且系累犯，应依法从重处罚。人民法院依法对被告人黄某以故意杀人罪判处死刑，剥夺政治权利终身；以抢劫罪判处有期徒刑十四年，剥夺政治权利三年，并处罚金人民币 1 万元，决定执行死刑，剥夺政治权利终身。

【相关法条】

《刑法》

第四十八条【死刑、死缓的适用对象及核准程序】死刑只适用于罪行极其严重的犯

[①]　参见《福建省高级人民法院〔2013〕闽刑终字第 404 号刑事裁定书》。

罪分子。对于应当判处死刑的犯罪分子，如果不是必须立即执行的，可以判处死刑同时宣告缓期二年执行。死刑除依法由最高人民法院判决的以外，都应当报请最高人民法院核准。死刑缓期执行的，可以由高级人民法院判决或者核准。

第四十九条【死刑适用对象的限制】犯罪的时候不满十八周岁的人和审判的时候怀孕的妇女，不适用死刑。审判的时候已满七十五周岁的人，不适用死刑，但以特别残忍手段致人死亡的除外。

第五十条【死缓变更】判处死刑缓期执行的，在死刑缓期执行期间，如果没有故意犯罪，二年期满以后，减为无期徒刑；如果确有重大立功表现，二年期满以后，减为二十五年有期徒刑；如果故意犯罪，情节恶劣的，报请最高人民法院核准后执行死刑；对于故意犯罪未执行死刑的，死刑缓期执行的期间重新计算，并报最高人民法院备案。对被判处死刑缓期执行的累犯以及因故意杀人、强奸、抢劫、绑架、放火、爆炸、投放危险物质或者有组织的暴力性犯罪被判处死刑缓期执行的犯罪分子，人民法院根据犯罪情节等情况可以同时决定对其限制减刑。

第五十一条【死缓期间及减为有期徒刑的刑期计算】死刑缓期执行的期间，从判决确定之日起计算。死刑缓期执行减为有期徒刑的刑期，从死刑缓期执行期满之日起计算。

【知识要点】

死刑，也称生命刑，即剥夺犯罪分子生命的刑罚方法。

1. 死刑适用及其限制

对于死刑的适用，我国历来采取少杀、慎杀政策，通过《刑法》总则规定与《刑法》分则规定相结合的方式来控制死刑数量，限制死刑适用。其中，《刑法》总则关于适用死刑的限制性规定主要表现在：

（1）限制死刑适用条件。死刑只适用于罪行极其严重的犯罪分子。所谓罪行极其严重，是指犯罪行为对国家和人民的利益危害特别严重，社会危害性极大。

（2）限制死刑适用对象。犯罪的时候不满 18 周岁的人和审判的时候怀孕的妇女，不适用死刑。另外，审判的时候已满 75 周岁的人，不适用死刑，但以特别残忍手段致人死亡的除外。

（3）限制死刑适用程序。判处死刑立即执行的，除依法由最高人民法院判决的以外，都应当报请最高人民法院核准。

（4）限制死刑执行制度。对于应当判处死刑的犯罪分子，如果不是必须立即执行的，可以判处死刑同时宣告缓期二年执行。

2. 死刑的执行方法

死刑的执行方法包括判处死刑立即执行和判处死刑缓期二年执行。判处死刑立即执行的，采用枪决或者注射等方法执行；判处死刑缓期二年执行的，在死刑缓期执行期间，如果没有故意犯罪，二年期满以后，减为无期徒刑；如果确有重大立功表现，二年期满以后，减为二十五年有期徒刑；如果故意犯罪，查证属实的，由最高人民法院核准，执行死刑。

第二节　附　加　刑

【案例 8-6】

何某钦贩卖毒品罪

2014 年 11 月 1 日至 10 日间，被告人何某钦在灵山县某镇某村委会新桥桥头旁一间老屋处，先后向吸毒人员黄某川、何某盛贩卖毒品海洛因共七次，共得款人民币 330 元。其中，向吸毒人员黄某川贩卖毒品海洛因三次，共得款人民币 150 元；向吸毒人员何某盛贩卖毒品海洛因四次，共得款人民币 180 元。最终，被告人何某钦犯贩卖毒品罪，判处有期徒刑四年四个月，并处罚金人民币 7 000 元。罚金限于判决发生法律效力后十日内缴纳。①

【案例 8-6 分析】

本案中，被告人何某钦明知是毒品海洛因仍多次贩卖给他人吸食，其行为已触犯了《中华人民共和国刑法》第三百四十七条第一款、第四款、第七款的规定，构成贩卖毒品罪。被告人何某钦贩毒共七次，应认定为"情节严重"情形。依法应处三年以上七年以下有期徒刑，并处罚金。主刑和附加刑并用，且规定了罚金缴纳的期限。

【相关法条】

《刑法》

第五十二条【罚金数额的裁量】判处罚金，应当根据犯罪情节决定罚金数额。

第五十三条【罚金的缴纳】罚金在判决指定的期限内一次或者分期缴纳。期满不缴纳的，强制缴纳。对于不能全部缴纳罚金的，人民法院在任何时候发现被执行人有可以执行的财产，应当随时追缴。由于遭遇不能抗拒的灾祸等原因缴纳确实有困难的，经人民法院裁定，可以延期缴纳、酌情减少或者免除。

【知识要点】

1. 罚金的概念

罚金，是指法院判处犯罪人向国家缴纳一定数额金钱的刑罚方法。罚金属于财产刑的一种，在我国刑法中是一种附加刑。我国刑法没有具体规定罚金的数额，只有原则性的规定。

2. 罚金的特征

（1）罚金与没收财产一样，都是人民法院对犯罪分子采取的强制性财产惩罚措施。

（2）按照我国刑法"罪责自负，反对株连"的原则，罚金同没收财产一样，也只能

---

① 参见《广西壮族自治区灵山县人民法院〔2015〕灵刑初字第 89 号刑事判决书》。

执行犯罪分子个人所有的财产，不能执行犯罪分子家属所有或者后有的财产。

（3）罚金的范围只能是强制犯罪分子缴纳个人所有的一定数额的金钱。如果没有钱款，可以对其拥有的合法财产采取查封、扣押、冻结、变卖、拍卖措施，用变卖、拍卖的钱款折抵罚金。

（4）罚金的缴纳是在法院的判决生效之后，涉及的是刑罚的执行问题。

3. 罚金的适用对象

从犯罪性质上看，我国刑法中的罚金主要适用于三种犯罪：

（1）经济犯罪：《刑法》分则第三章规定的破坏社会主义市场经济秩序罪，共有90多个条文，基本上都规定了罚金的独立或附加适用。

（2）财产犯罪：《刑法》分则第五章规定的侵犯财产罪，共有14个条文，其中9个法条规定了罚金，占条文总数的50%以上。

（3）其他故意犯罪：《刑法》分则第六章规定的妨害社会管理秩序罪，共有90多个条文，其中约50%的条文规定了罚金。此外在我国《刑法》中，第四章侵犯公民人身权利、民主权利罪中的第二百四十条、第二百四十四条也规定了并处或者单处罚金。

4. 罚金的缴纳

根据《刑法》第五十三条的规定，罚金的缴纳分为五种情况：

（1）限期一次缴纳，主要适用于罚金数额不多或者数额虽然较多，但缴纳并不困难的情况。在这种情况下，罪犯在指定的期限内将罚金一次缴纳完毕。

（2）限期分期缴纳，主要适用于罚金数额较多，罪犯无力一次缴纳的情况。

（3）强制缴纳。判决缴纳罚金，指定的期限届满，罪犯有缴纳能力而拒不缴纳，人民法院强制期缴纳，强制措施包括查封、扣押、冻结等。

（4）随时追缴。对于不能全部缴纳罚金的，人民法院在任何时候，发现被执行人有可以执行的财产，应当随时追缴。

（5）减少或者免除缴纳。由于遭遇不能抗拒的灾祸缴纳确实有困难的，可以酌情减少罚金数额或者免除罚金。

【案例 8-7】

苏某故意杀人案

2016 年 9 月 17 日，被告人苏某听说当晚 127 期香港六合彩开出的中彩号码极大可能是十二生肖中的蛇，当晚 20 时许，苏某使用电话及微信以口头的方式向苏某 1 投注 28 万元人民币买生肖蛇。当晚 21 时 33 分，香港六合彩 127 期开出的中彩平特号码不是蛇所属的平特码，开出的结果与苏某投注的不相符，苏某投注输了 28 万元。其后苏某与苏某 1 多次谈论结算六合彩赌债的问题，因为苏某没有 28 万元现金，便商议以苏某位于林某镇在建六层半楼房作价 150 万元卖掉，但苏某要价 200 万元，因此谈不拢，其后苏某 1 要求苏某签一份欠条，月息 5 分，苏某不同意签。2016 年 9 月 19 日上午 8 时许，被告人苏某因与被害人苏某 1 之间的六合彩赌债纠纷，产生通过制造交通事故的方式与苏某 1 同归于尽的想法，苏某先用刀子刺破自己小汽车的主副驾驶座安全气囊，再以还款为由搭载苏某 1 往化州市区方向行驶，在行驶到化州市林某镇泰丰牧业有限公司世泰生猪养殖场附近时，苏某以祭拜父亲为由，往世泰生猪养殖场方向行驶，路上苏某发现一个大水泥墩，遂产生开车碰撞该水泥墩制造交通事故与苏某 1 同归于尽的想法。苏某驾驶小汽车掉头后，加速撞击该水泥墩，造成苏某受伤、苏某 1 死亡、汽车损坏的"交通事故"。发生"交通事故"后不久，正在世泰生猪养殖场附近做工的勾机师傅王某 1 发现并组织人员对发生"交通事故"人员实施抢救，苏某被叫醒之后乘机逃走，医生到达现场后，证实苏某 1 已死亡在副驾驶室里面。苏某选择潜入草丛里面藏匿，到晚上又潜回家附近一间没人住的破房睡觉。20 日 17 时许，苏某到化州市公安局林某派出所投案自首。最终被告人苏某因犯故意杀人罪，被判处无期徒刑，剥夺政治权利。①

【案例 8-7 分析】

本案中，被告人苏某故意非法剥夺他人生命，致人死亡，其行为已构成故意杀人罪。苏某非法参与赌博活动，因无法偿还巨额赌债，而有预谋地采取故意制造交通事故的方法致被害人死亡，犯罪情节严重，主观恶性深，人身危险性大，依法应予严惩。依法应被判处无期徒刑，并根据《中华人民共和国刑法》第五十七条对于被判处死刑、无期徒刑的犯罪分子，应当剥夺其政治权利终身。

【相关法条】

《刑法》

第五十四条【剥夺政治权利的含义】剥夺政治权利是剥夺下列权利：（1）选举权和被选举权；（2）言论、出版、集会、结社、游行、示威自由的权利；（3）担任国家机关职务的权利；（4）担任国有公司、企业、事业单位和人民团体领导职务的权利。

第五十五条【剥夺政治权利的期限】剥夺政治权利的期限，除本法第五十七条规定外，为一年以上五年以下。判处管制附加剥夺政治权利的，剥夺政治权利的期限与管制的期限相等，同时执行。

第五十六条【剥夺政治权利的附加、独立适用】对于危害国家安全的犯罪分子应当附加剥夺政治权利；对于故意杀人、强奸、放火、爆炸、投毒、抢劫等严重破坏社会秩序的犯罪分子，可以附加剥夺政治权利。独立适用剥夺政治权利的，依照本法分则的规定。

第五十七条【对死刑、无期徒刑罪犯剥夺政治权利的适用】对于被判处死刑、无期徒刑的犯罪分子，应当剥夺政治权利终身。在死刑缓期执行减为有期徒刑或者无期徒刑减为有期徒刑的时候，应当把附加剥夺政治权利的期限改为三年以上十年以下。

第五十八条【剥夺政治权利的刑期计算、效力与执行】附加剥夺政治权利的刑期，从徒刑、拘役执行完毕之日或者从假释之日起计算；剥夺政治权利的效力当然施用于主刑执行期间。被剥夺政治权利的犯罪分子，在执行期间，应当遵守法律、行政法规和国务院

---

① 参见《广东省高级人民法院〔2017〕粤刑终 1644 号刑事判决书》。

公安部门有关监督管理的规定，服从监督；不得行使本法第五十四条规定的各项权利。

【知识要点】

1. 剥夺政治权利的概念

剥夺政治权利是指剥夺犯罪人参加国家管理和政治活动权利的刑罚方法。剥夺政治权利是一种资格刑，它以剥夺犯罪人的一定资格为内容。剥夺政治权利既可以附加适用，也可以独立适用。

2. 政治权利的内容

《刑法》对剥夺政治权利作了明确规定。根据我国《刑法》第五十四条规定，剥夺政治权利是指剥夺以下权利：

（1）剥夺选举权和被选举权；

（2）剥夺言论、出版、集会、结社、游行、示威自由的权利；

（3）剥夺担任国家机关职务的权利；

（4）剥夺担任国有公司、企业、事业单位和人民团体领导职务的权利。

3. 剥夺政治权利的期限

除独立适用的以外，依所附加的主刑不同而有所不同。根据《刑法》第五十五条至第五十八条的规定，剥夺政治权利的期限有定期与终身之分，包括以下四种情况：

（1）判处管制附加剥夺政治权利，剥夺政治权利的期限与管制的期限相等，同时执行，即三个月以上二年以下。

（2）判处拘役、有期徒刑附加剥夺政治权利或者单处剥夺政治权利的期限，为一年以上五年以下。

（3）判处死刑、无期徒刑的犯罪分子，应当剥夺政治权利终身。

（4）死刑缓期执行或者无期徒刑减为有期徒刑的，附加剥夺政治权利的期限改为三年以上十年以下。

【案例 8-8】

覃某抢劫案

2016 年 4 月 19 日 8 时许，被告人覃某携刀窜至广州市白云区江高镇大田村高田大街某网吧内，伺机盗窃作案。覃某趁在该网吧内的被害人邓某熟睡之机，盗得其手机 1 部（经鉴定，价值人民币 2 258 元）。网吧老板黄某发现覃某盗窃后立即叫被害人蔡某等网吧员工进行抓捕。覃某在携赃逃跑过程中，为抗拒抓捕，在上述网吧一楼转角处持刀捅刺蔡某胸部，后快速逃离现场。蔡某于当日经抢救无效死亡。经鉴定，蔡某系被他人持锐器刺伤胸部，刺破升主动脉，致急性心包填塞合并失血性休克死亡。2016 年 6 月 22 日，覃某在广西某山林里被抓获归案。覃某曾因故意犯罪被判处有期徒刑。最终，覃某因抢劫被判处死刑，缓期二年执行，剥夺政治权利终身，并处没收个人全部财产。①

---

① 参见《广东省广州市高级人民法院〔2017〕粤刑终 1455 号刑事判决书》。

【案例 8-8 分析】

本案中覃某实施盗窃行为，尔后为抗拒抓捕而当场使用暴力，致一人死亡，其行为已构成抢劫罪，应依法惩处。覃某曾因故意犯罪被判处有期徒刑，在刑罚执行完毕后五年内再故意犯应当判处有期徒刑以上刑罚之罪，是累犯，依法应当从重处罚。对覃某判处死刑，缓期二年执行，并处没收个人全部财产。

【相关法条】

《刑法》

第五十九条【没收财产的范围】 没收财产是没收犯罪分子个人所有财产的一部或者全部。没收全部财产的，应当对犯罪分子个人及其扶养的家属保留必需的生活费用。在判处没收财产的时候，不得没收属于犯罪分子家属所有或者应有的财产。

第六十条【以没收的财产偿还债务】 没收财产以前犯罪分子所负的正当债务，需要以没收的财产偿还的，经债权人请求，应当偿还。

【知识要点】

1. 没收财产的概念

没收财产，是指剥夺犯罪人个人财产，无偿收归国有的一种刑罚方法。

2. 没收财产的适用范围

主要适用于危害国家安全罪和破坏社会主义市场经济秩序罪、侵犯财产罪、妨害社会管理秩序罪、贪污贿赂罪中情节较重的犯罪。

3. 没收财产的适用方式、对象范围和执行

根据《刑法》分则有关具体罪刑规范的规定，没收财产的适用方式包括三种：

（1）与罚金刑选择适用，即有关罪刑规范中将没收财产和罚金作为选择性的两种附加刑与主刑同时适用，在审判时法院可以选择没收财产或者罚金予以适用。

（2）必须并处没收财产，即适用没收财产时，必须附加主刑适用。如《刑法》第二百三十九条规定，以勒索财物为目的绑架他人或者绑架他人作为人质，致使被绑架人死亡或者杀害被绑架人的，处死刑，并处没收财产。

（3）可以并处没收财产，即没收财产可以附加于主刑适用，也可以不附加适用。例如，《刑法》第三百九十条规定，对犯行贿罪，情节特别严重的，处十年以上有期徒刑或者无期徒刑，可以并处没收财产。从《刑法》分则的规定看，尚无具体罪刑规范将没收财产作为可以独立适用法定刑的情形。

【案例 8-9】

日本人寺田润销售不符合安全标准的食品罪

2013 年下半年，日本国人山内秀介、重石真秀（均另案处理）等人为牟取非法利益，安排杨某等人先后多次将中国禁止进口的来自日本疫区的牛肉非法进口至中国

境内并空运至上海，而后交由被告人寺田润（日本国籍）、徐某等人分别进行非法销售。2013 年 8 月至 2015 年 3 月间，寺田润明知中国明令禁止进口、销售来自日本疫区的牛肉，仍听从山内秀介、重石真秀的安排，与被告人陈某 2 一起接运、仓储涉案牛肉，并分别销售给被告人杨某、范某及游某等人，总计销售金额达人民币（以下币种均同）1 339 万余元。2015 年 3 月 25 日，侦查人员在上海市浦东新区机场镇陈胡村邵家宅×××号冷库内，将正在清点待销售牛肉的被告人寺田润等人抓获。最终被告人寺田润犯销售不符合安全标准的食品罪，判处有期徒刑四年六个月，并处罚金人民币 150 万元，驱逐出境①。

【案例 8-9 分析】

本案中，日本人寺田润因犯销售不符合安全标准的食品罪，判处有期徒刑四年六个月，并处罚金人民币 150 万元，驱逐出境。按照我国《刑法》规定，对于犯罪的外国人，可以独立适用或者附加适用驱逐出境。因此本案量刑符合我国《刑法》规定。

【相关法条】

《刑法》

第三十五条【驱逐出境】 对于犯罪的外国人，可以独立适用或者附加适用驱逐出境。

【知识要点】

1. 驱逐出境的概念

驱逐出境是指将犯罪分子从我国境内驱逐到我国境外的一种刑法处罚。

2. 驱逐出境的适用范围

驱逐出境只适用于不具有中国国籍的，但在中华人民共和国领域内犯罪的外国公民和无国籍公民。外国人和无国籍人在中华人民共和国领域内犯罪，应依刑法规定定罪量刑，依其犯罪结果单独处以主刑或附加刑或者处以主刑和附加刑，对此，《刑法》专门规定：对于犯罪的外国人，可以独立适用或者附加适用驱逐出境。

第三节　非刑罚处理方法

（一）非刑罚处理方法的概念

非刑罚处理方法，是指人民法院对于犯罪人使用的刑罚方法以外的各种处理方法的总称。

（二）非刑罚处理方法的种类

（1）赔偿经济损失，包括判处赔偿经济损失和责令赔偿损失两种。前者适用于被判处刑罚的犯罪分子，后者适用于被免予刑罚处分的犯罪分子。

---

① 参见《上海市高级人民法院〔2017〕沪刑终 2 号刑事判决书》。

（2）训诫。即人民法院对犯罪情节轻微免予刑事处分的犯罪分子责令其用书面形式保证悔改并且以后不再犯罪的一种教育方法。

（3）赔礼道歉。即人民法院责令犯罪情节轻微而被免予刑事处分的犯罪分子向被害人承认错误，并表示悔改和道歉的一种教育方法。

（4）由主管部门予以行政处分。即人民法院根据案件的具体情况，向因犯罪情节轻微而被免予刑事处分的犯罪人所在单位或主管部门，提出给予该犯罪人行政处分的司法建议，由其所在单位或者主管部门，给予犯罪分子以警告、记过、降职、降级等行政处分。

探讨案例与知识点巩固

【探讨案例 8-1】

被告人王某自建"反包二奶"网站，揭露其父王志某"包养"李某。李某以王某犯侮辱罪、诽谤罪为由，向山东省定陶县法院提起刑事附带民事诉讼。李某的代理人指出，由于王某的恶意炒作，王志某"包养"李某一度成为社会热点，搜索的相关网页达 500 多页。王某在没有证据的情况下，故意捏造事实，侮辱、诽谤李某，给其人格、名誉造成巨大伤害，造成严重社会影响，情节十分恶劣。法院认定王某的行为构成侮辱罪，判处管制二年；并在判决生效后删除其开办的"父亲不如西门庆"网站、"反包二奶"网页上所有侮辱李某的文章。[①]

◎ 问题：如何看待本案判决中的处罚？

【探讨案例 8-2】

季某利用从互联网上黑客教程中获得的方法，搜索扫描各网站的服务器有无漏洞，并利用漏洞入侵了兰州某政府机关网站服务器计算机信息系统，造成该计算机信息系统不能正常使用，连续 4 天处于瘫痪状态。兰州市城关区人民法院对该案进行审理后，对季某以破坏计算机信息系统罪判处拘役三个月。

◎ 问题：该法院的判决是否过重？

【探讨案例 8-3】

2001 年 11 月，顾某为收购科龙电器的股份，成立了注册资本为 12 亿元的顺德格林柯尔企业发展有限公司。其中，顾某以无形资产出资占注册资本总额的 75%，而当时《公司法》规定无形资产出资不得超过注册资本的 20%。2002 年 4 月，工商部门对该公司不予年检。为将无形资产降到法定比例，顾某指使刘某等人通过来回转账的方式制造了天津格林柯尔向顺德格林柯尔投资 6.6 亿元的假象，并提交虚假资料通

---

① 参见《开办网站揭露父亲包二奶犯侮辱罪怎么判刑》，载赢了网：http://s.yingle.com/l/xf/645988.html。

过会计师事务所的验资，从而骗取了原顺德市工商局对顺德格林柯尔的变更登记。2000 年和 2001 年，科龙电器连续两年亏损，被证交所戴上"ST"的帽子。顾某指使他人通过加大亏损额等方式，使科龙电器 2002 年、2003 年公布的虚假财务报告显示，其利润分别达 1 亿余元、2 亿余元。2003 年，顾某为收购扬州亚星客车股份有限公司，指示他人以顾某父子的名义申请设立注册资本为 10 亿元的扬州格林柯尔创业投资有限公司。为筹集 8 亿元的现金出资，顾某指示以江西科龙、江西格林柯尔为操作平台，调拨 8 亿元资金经天津格林柯尔转入扬州格林柯尔。2005 年 3—4 月间，顾某、姜某在未经扬州亚星客车董事会同意的情况下，起草了《付款通知书》，要求扬州机电资产经营管理有限责任公司将应付给亚星客车的股权转让款及部分投资分红款 6 300 万元支付到扬州格林柯尔的账户。2008 年 1 月 30 日，广东省佛山市中级人民法院对该案作出一审判决，顾某因犯有虚报注册资本罪，违规披露、不披露重要信息罪，挪用资金罪，被判决执行有期徒刑十年，并处罚金 680 万元。顾某、姜某、刘某等五人不服，向广东省高级人民法院提出上诉。广东省高级人民法院驳回了顾某的上诉，维持原判。①

◎ **问题**：如何看待广东省高级人民法院对顾某量刑的维持？

【探讨案例 8-4】

2008 年 12 月 14 日下午 5 点左右，在成都市成龙路上，参加完长辈八十寿宴的孙某驾驶自己的黑色别克轿车一路飞驰。他先撞上了一辆比亚迪轿车，又继续呈"S"形高速前行约 2 公里，并越过双实线与正在等红灯的"长安奔奔"等四车相撞，造成"长安奔奔"上同是参加长辈八十寿宴的张某全夫妇和金某民夫妇等四人当场死亡，另一人代某秀重伤。

事后经警方鉴定，孙某的黑色别克轿车在撞击瞬间的速度为 134～138km/h，孙某血液中酒精浓度达到 135.8mg/100ml，大大超过标准值 80mg，属醉酒驾车，而孙某同时还是长期无证驾驶。于是"疯狂别克"一词在全国引起轰动，成都中院一审将其判处死刑，罪名是"以危险方法危害公共安全"。最终二审以"构成以危险方法危害公共安全罪"判处无期徒刑，剥夺政治权利终身。他也是国内首位因无证醉酒驾车肇事而获最高刑罚者，因此引起国内广泛关注。②

◎ **问题**：孙某案的刑罚适用是否合理？

---

① 参见《顾某军案终审维持原判 108 页判决书揭其三宗罪》，载搜狐网：https://business.sohu.com/20090410/n263305278.shtml。

② 参见《四川省高级人民法院〔2009〕川刑终字第 690 号刑事裁定书》。

第九章 刑罚裁量制度

刑罚裁量，又称量刑，是指人民法院根据行为人所犯罪行及刑事责任的轻重，在定罪的基础上，依法对犯罪分子是否判处刑罚、判处何种刑罚、判处何种刑罚幅度、所判刑罚是否立即执行的审判活动。它具有四个特征：（1）量刑的主体是人民法院。（2）被量刑的对象是犯罪分子。（3）定罪是量刑的前提。（4）量刑的轻重取决于刑事责任的轻重。

刑罚裁量的任务就是解决对犯罪分子的处罚，具体内容包括：（1）决定对犯罪分子是否判处刑罚。（2）决定对犯罪人判处何种刑罚或多重的刑罚。（3）决定对犯罪人判处的刑罚是否立即执行。（4）决定对犯罪人是否数罪并罚。

根据《刑法》第五条和第六十一条的规定，对我国刑法的量刑原则可作以下概括：

一、量刑必须以犯罪事实为根据

（1）犯罪事实是引起刑事责任的基础，是量刑的根据，无犯罪事实，则无犯罪可言，更不需要量刑。所以这一原则成了量刑的首要原则。

（2）犯罪的性质是量刑适当的基本根据

所谓犯罪性质，是指犯了哪种罪，或犯了一种罪还是数罪，是单独犯罪还是共同犯罪，由于罪与罪不同，一罪与数罪不同，它们各自的危害性不同，法定刑轻重不同，犯有数罪的要并罚，因此，确定犯罪性质是正确量刑的基本依据。

（3）情节和对社会的危害程度是量刑轻重的重要依据

犯罪情节是指除定罪情节以外的、表明行为的社会危害性和行为人的人身危险性的主客观事实情况，包括罪前、罪后、罪中不影响定罪只影响量刑的情节。

二、量刑必须以刑法规定为准绳

第一，在刑法范围内选择刑种，依法权衡适用刑种，正确适用附加刑。

第二，根据法定量刑情节，确定适用刑罚。如《刑法》总则中规定的自首、累犯、立功、未遂犯、中止犯等；分则中规定的"战时从重处罚"、"司法机关工作人员滥用职权非法搜查的，从重处罚"等。

第三，根据《刑法》总则关于量刑的制度，确定适用刑罚，如死缓、缓刑、特别减轻、数罪并罚。

第一节 累 犯

累犯，是一种特殊的再犯，是指因故意犯罪而被判处有期徒刑以上刑罚的犯罪分子，在刑罚被执行完毕或被赦免以后，在刑法规定的时间之内又故意犯应当被判处有期徒刑以上刑罚的罪行。对于累犯，既要区别于一般的再犯，又要区别于偶犯、初犯。

【案例 9-1】

黄某南驾车拾包案

2016 年 6 月 28 日 8 时许，被害人孙某丹在三亚市崖州区河堤路某舞厅路边不慎将自己的钱包掉落，该钱包内有手机一部（经鉴定，价值人民币 1 417 元）及现金人民币 1 400 元、银行卡等物品。

孙某丹驾车开出 15 米左右，发现其钱包掉落，便掉头往回开，开了约 5 米的距离时，被告人黄某南驾驶一辆白色摩托车载人正好经过，并发现被害人孙某丹掉落的钱包，随即黄某南开车靠近钱包并停车，当其准备弯腰捡钱包时，孙某丹在距离 10 米的地方大喊："那是我的钱包，不要捡。"但是被告人黄某南没有理睬孙某丹，黄某南将钱包捡起，孙某丹将车开至黄某南身旁，孙某丹再次向黄某南说："那是我的钱包，你们把钱包还给我。"黄某南仍不予理睬孙某丹，且加速从孙某丹身边冲过，随即孙某丹开电动车去追，同时向黄某南大喊还钱包。后孙某丹没能追上被告人黄某南驾驶的摩托车，黄某南及陈某秀开车至三亚市崖州区拱北村红桥附近，黄某南将钱包内的手机及现金拿出，并将包内的两张银行卡、身份证及钱包扔在红桥附近草丛里。事后被告人黄某南将扔在草丛中的两张银行卡捡回放在身上。被告人黄某南于 2016 年 7 月 4 日在三亚市崖州区崖城大桥处被公安干警抓获。据悉，黄某南曾因犯强奸罪于 2012 年 2 月 1 日被判处有期徒刑二年四个月，刑期至 2013 年 12 月 25 日止。①

◎ 问题：黄某南的行为是否构成累犯？

【案例 9-1 分析】

本案中，被告人黄某南以非法占有为目的，乘人不备，驾驶机动车抢夺他人财物，涉案财物价值共计人民币 2 817 元，数额较大，其行为已构成抢夺罪，应依法处罚。同时，黄某南曾因抢劫罪于 2012 年 2 月 1 日被判处有期徒刑二年四个月，刑期至 2013 年 12 月 25 日止，其他在 2016 年 6 月 28 日再犯抢夺罪，系刑罚执行完毕后五年内再犯应当判处有期徒刑以上刑罚之罪，其行为符合《刑法》第六十五条关于累犯的规定，是累犯，应当从重处罚。

---

① 参见《海南省三亚市城郊人民法院〔2016〕琼 0271 刑初 850 号刑事判决书》。

【相关法条】

《刑法》

第六十五条【一般累犯】被判处有期徒刑以上刑罚的犯罪分子，刑罚执行完毕或者赦免以后，在五年以内再犯应当判处有期徒刑以上刑罚之罪的，是累犯，应当从重处罚，但是过失犯罪和不满十八周岁的人犯罪的除外。

前款规定的期限，对于被假释的犯罪分子，从假释期满之日起计算。

第六十六条【特别累犯】　危害国家安全犯罪、恐怖活动犯罪、黑社会性质的组织犯罪的犯罪分子，在刑罚执行完毕或者赦免以后，在任何时候再犯上述任一类罪的，都以累犯论处。

【知识要点】

累犯分为一般累犯与特别累犯两种。一般累犯是指前后罪行没有被特定化，被判处有期徒刑以上刑罚的犯罪分子，刑罚执行完毕或者赦免以后，在五年以内再犯应当判处有期徒刑以上刑罚之罪的；特殊累犯，是指前罪与后罪属于危害国家安全犯罪、恐怖活动犯罪、黑社会性质的组织犯罪，前后犯罪均是故意犯罪，前后罪的刑罚（已判处和应判处刑罚）不受有期徒刑以上的刑种限制，也没有 5 年以内的时间限制，从而区别于一般累犯。

累犯的法律后果有如下三种：一是应当从重处罚；二是不能适用缓刑；三是不能适用假释。

第二节　自首及坦白

广义的坦白包括自首。狭义的坦白是指犯罪分子被动归案后，如实供述自己被司法机关指控的犯罪事实，并接受国家审查和裁判的行为。二者都以犯罪人实施了犯罪行为为前提；自首是犯罪人自动投案之后主动如实供述自己的犯罪事实的行为，坦白是犯罪人被动归案后如实供述被指控的犯罪事实的行为。

【案例 9-2】

李某酒楼盗酒案

2014 年 1 月至 3 月 1 日期间，在三亚某酒楼任吧台领班的被告人李某，通过领取货物不入账和货物出账不消账的方式，将该酒楼的 5 瓶贵州飞天茅台 53°白酒（经鉴定，共价值 5 900 元），先后分四次藏匿于酒楼外的垃圾堆里，并于每次下班后将酒盗回宿舍。最后将盗来的茅台酒以每瓶 600 元的价格出售，所得赃款 3 000 元用于偿还赌债等挥霍一空。破案后，被盗的茅台酒无法追回。

2014 年 3 月 5 日，该酒楼副总经理王某发现酒楼酒水被盗后，便叫被告人李某前来问话，李某当场承认其盗走 5 瓶茅台酒但没钱赔偿，王某遂报案，公安干警于当天将被告人李某抓获。①

◎ **问题**：李某向单位领导承认犯罪事实的行为是否构成自首？

【案例 9-2 分析】

本案中，李某以非法占有为目的，采用"不入账不销账"的方式，监守自盗，多次秘密窃取所任酒楼财物，价值人民币 5 900 元，数额较大，其行为已构成职务侵占罪。被总经理王某问话时，能够主动交代和承认犯罪事实，其行为符合《最高人民法院关于处理自首和立功具体应用法律若干问题的解释》第一条之规定，应当认定为"主动投案"，适用《刑法》第六十七条关于"自首"的规定，可以从轻或者减轻处罚。

【相关法条】

《刑法》

第六十七条【自首】犯罪以后自动投案，如实供述自己的罪行的，是自首。对于自首的犯罪分子，可以从轻或者减轻处罚。其中，犯罪较轻的，可以免除处罚。被采取强制措施的犯罪嫌疑人、被告人和正在服刑的罪犯，如实供述司法机关还未掌握的本人其他罪行的，以自首论。犯罪嫌疑人虽不具有前两款规定的自首情节，但是如实供述自己罪行的，可以从轻处罚；因其如实供述自己罪行，避免特别严重后果发生的，可以减轻处罚。

【知识要点】

自首，是指犯罪嫌疑人犯罪以后自动投案，如实供述自己罪的行为，或者虽未自动到案，但供述了司法机关尚未掌握的罪行。

根据自首的不同特点，自首分一般自首和特别自首两种。一般自首是自首的常态，是指司法机关侦查后知悉罪行，甚至可能知悉实施犯罪的行为人，行为人自动到案并作如实供述；特别自首是因为行为人因强制措施、羁押、服刑而无法自动投案，但行为人交代了司法机关未掌握的罪行。前者是主动把自己交给司法机关，后者是将自己的罪行主动告诉司法机关，两者在客观上都能降低司法机关抓捕犯罪嫌疑人或者查清犯罪事实的困难程度。因此，刑法上明确规定了对自首的行为人可以从宽处罚，犯罪较轻时可以免除处罚。

坦白，是指犯罪嫌疑人被动归案以后，被依法提起公诉之前，如实供述自己的罪行。

自首与坦白。对于坦白罪行的犯罪行为人，可以从轻或者减轻处罚。

（1）一般自首是犯罪人自动投案后，如实供述自己的罪行；坦白是被动归案后如实供述自己的罪行。

（2）特别自首与坦白的关键区别在于是否如实供述司法机关还未掌握的本人其他罪

---

① 参见《甘肃省兰州市城关区人民法院〔2014〕城刑初字第 635 号刑事判决书》。

行，如实供述司法机关还未掌握的本人其他罪行的，是自首；如实供述司法机关已经掌握的本人其他罪行的，是坦白。

第三节 立 功

所谓立功，是指犯罪分子到案后至判决确定前具有揭发他人犯罪行为并经查证属实，或者提供重要线索，从而使其他案件得以侦破的行为。

【案例 9-3】

李某等人殴打血友病病人案

2013 年 11 月 8 日凌晨 2 时许，原审被告人李某、武某意、程某杰、于某酒后从河南省洛阳市西工区纱厂西路某 KTV 相继出来。走在后面的李某在 KTV 门前与饮酒后的被害人张某相遇，二人因出言不逊，发生争执、撕拽。程某杰、于某、武某意见状上前与李某一起对张某拳打脚踢，李某用摩托车头盔、金属停车牌殴打张某。程某杰、于某后将李某拉上车，四人离开现场，张某的朋友王某将张某送回住处。11 月 8 日、9 日，张某在明知自己受伤的情况下，数次向王某表示无须入院治疗。11 月 10 日，王某发现张某情况危急，即将其送入洛阳市中心医院救治。11 月 13 日，张某转入河南省人民医院救治。11 月 19 日，张某病情危重，随时有生命危险，其家人拒绝院方提出的抢救措施，坚持要求出院。当日 19 时许，张某在返回家乡途中死亡。经鉴定，张某系外伤诱发血友病多发性出血、肺部出血、肺部感染最终导致呼吸功能衰竭死亡。法医分析认为，张某外伤不构成死因；血友病是造成其死亡的主要原因，外伤是造成血友病出血的诱发因素。

11 月 27 日，公安人员先后将武某意、程某杰、李某抓获。程某杰被抓获后与于某电话联系，让其到公安机关说明案情。同日下午，于某主动到公安机关，如实供述了犯罪事实。①

◎ 问题：本案中，对程某杰被抓获后与于某电话联系，让其到公安机关说明案情的行为该如何认定？

【案例 9-3 分析】

被告人李某、武某意、程某杰、于某共同故意伤害他人身体，致一人死亡，其行为均已构成故意伤害罪，依法应予惩处。程某杰被抓获后与于某电话联系，让其到公安机关说明案情是协助抓获同案犯的行为，符合《刑法》第六十八条关于立功的规定，构成一般立功，可以从轻或者减轻处罚。鉴于被害人张某所患血友病是造成其死亡的主要原因，外

---

① 参见《最高人民法院〔2019〕最高法刑核 72172205 号刑事裁定书》。

伤是造成血友病出血的诱发因素；张某的死亡结果与其受伤后未及时就医亦有一定关联等特殊情况，四名原审被告人不应对被害人的死亡结果负全部责任，依法可在法定刑以下判处刑罚。

【相关法条】

《刑法》

第六十八条【立功】犯罪分子有揭发他人犯罪行为，查证属实的，或者提供重要线索，从而得以侦破其他案件等立功表现的，可以从轻或者减轻处罚；有重大立功表现的，可以减轻或者免除处罚。

【知识要点】

有立功表现的犯罪分子，其行为有利于其他案件的侦破，因此，可以从轻、减轻、免除处罚。立功表现可分为以下三种情况：

一是犯罪后揭发他人犯罪行为，查证属实的；包括共同犯罪案件中的犯罪分子揭发同案犯共同犯罪以外的其他犯罪，经查证属实的；

二是提供重要线索，从而得以侦破其他案件的；

三是其他立功表现，如阻止他人犯罪活动，协助司法机关抓捕其他犯罪嫌疑人（包括同案犯），阻止其他犯罪人的逃跑，等等。

重大立功表现，是指犯罪分子有检举、揭发他人重大犯罪行为（可能判处无期徒刑或者死刑的），经查证属实的；提供侦破其他重大案件的重要线索，经查证属实的；阻止他人重大犯罪活动；协助司法机关抓捕其他重大犯罪嫌疑人（包括同案犯）；对国家和社会有其他重大贡献等表现。

第四节　数罪并罚

我国的数罪并罚，就是人民法院对一人所犯数罪分别定罪量刑后，按照法定的并罚原则及刑期计算方法决定其应实际执行刑罚的制度。

根据数罪成立的先后，数罪并罚包括审判前的数罪、审判后发现漏罪而成立的数罪、审判后发现新罪而成立的数罪，因此，数罪并罚在我国一般可以分为审判前的数罪并罚、漏罪并罚、新罪并罚，其分别对应《刑法》第六十九条、第七十条、第七十一条。在上述不同类型的并罚中，对被判刑人实际执行刑罚的影响不同。其中，审判前数罪并罚与漏罪并罚本质上一致，发现漏罪时的审判，其实质也是审判前数罪，实际执行刑罚不受影响。但是，因为发现新罪而并罚先扣去实际执行刑罚后再并罚，会导致执行时间越久、新罪判处刑罚越重，犯罪人实际执行刑罚就会比漏罪数罪并罚越长的结果。

【案例 9-4】

吴某明多次盗窃案

被告人吴某明于 2015 年 12 月 5 日被因盗窃被西安市公安局莲湖分局青年路派出所民警抓获并羁押，当月 9 日因涉嫌盗窃罪被渭南市公安局临渭分局刑事拘留，2016 年 1 月 14 日被依法逮捕。2016 年 3 月 7 日因犯盗窃罪被临渭区人民法院判处有期徒刑八个月，并处罚金 3 000 元。

2016 年 7 月 1 日，渭南市临渭区人民检察院发现吴某明还有一次盗窃行为未被起诉：2015 年 9 月 13 日 7 时许，被告人吴某明伙同李某龙在渭南市临渭区阳郭镇某网吧上网时，见网吧后门停放一辆黑色踏板电动车，遂决定实施盗窃。由李某龙将电动车推至路边，吴某明负责接线发动车后，二人将该电动车盗走。后将该车交予"胡平"（身份不详）进行变卖，吴某明分得赃款 100 元，现赃款已被挥霍。经鉴定，被盗电动车价值 3 069 元。①

◎ 问题：人民法院应当如何处理检察院对吴某明的第二次起诉？

【案例 9-4 分析】

被告人吴某明以非法占有为目的，盗窃公民财物，数额较大，其行为已构成盗窃罪，应依法予以惩处。公诉机关指控被告人吴某明犯盗窃罪事实清楚，证据确实、充分，指控罪名成立，依法应予惩处。被告人因盗窃被判处有期徒刑，在刑罚执行期间发现之前还有其他罪未判决，系漏罪，依法适用《刑法》第七十条之规定，数罪并罚。

【案例 9-5】

高某服刑期间故意伤害案

被告人高某与被害人王某同在江苏省龙潭监狱十二监区二分监区服刑，王某是小组组长，高某系王某组内成员。2012 年 7 月 7 日 20 时 30 分许，被告人高某与被害人王某在监区内生产车间劳动时，被告人高某因已完成作业任务要求王某收工，王某表示听收工指令后再收工，为此两人为何时收工一事发生口角。当晚 21 时许，收工回监区 502 监房后，王某找到被告人高某，在该监房北侧王某的床铺前再次发生争执，被告人高某趁被害人王某不备，用拳头击打其面部数拳，致其鼻子流血，被害人王某被送至江苏省龙潭监狱医院治疗。经医院诊断，被害人王某为鼻骨粉碎性骨折。经鉴定，被害人王某的损伤程度属于轻伤。同日，被告人高某被隔离并如实供述上述事实。监狱组织双方调解，被告人高某向被害人王某当面赔礼道歉，被害人王某对被告人高某表示谅解并放弃赔偿诉请。

另查明：2007 年 6 月 20 日被告人高某因犯抢劫罪、盗窃罪被江苏省常州市武进

① 参见《陕西省渭南市临渭区人民法院〔2016〕陕 0502 刑初 264 号刑事判决书》。

区人民法院判处合并有期徒刑十四年，并处罚金人民币 55 000 元，罚金至今未予缴纳。[1]

【案例 9-5 分析】

本案中，服刑人员高某趁被害人王某不备，用拳头多次击打其脸部，导致被害人鼻骨粉碎性骨折，其行为已构成《刑法》第二百三十四条关于"故意伤害罪"的故意。本案中高某系在服刑期间再犯新罪，应当依据《刑法》第七十一条[2]对新犯的罪作出判决，把前罪没有执行的刑罚和后罪所判处的刑罚，依照《刑法》第六十九条的规定，数罪并罚。

【相关法条】

《刑法》

第六十九条【数罪并罚的一般原则】判决宣告以前一人犯数罪的，除判处死刑和无期徒刑的以外，应当在总和刑期以下、数刑中最高刑期以上，酌情决定执行的刑期，但是管制最高不能超过三年，拘役最高不能超过一年，有期徒刑总和刑期不满三十五年的，最高不能超过二十年，总和刑期在三十五年以上的，最高不能超过二十五年。数罪中有判处附加刑的，附加刑仍须执行，其中附加刑种类相同的，合并执行，种类不同的，分别执行。

第七十条【判决宣告后发现漏罪的并罚】判决宣告以后，刑罚执行完毕以前，发现被判刑的犯罪分子在判决宣告以前还有其他罪没有判决的，应当对新发现的罪作出判决，把前后两个判决所判处的刑罚，依照本法第六十九条的规定，决定执行的刑罚。已经执行的刑期，应当计算在新判决决定的刑期以内。

第七十一条【判决宣告后又犯新罪的并罚】判决宣告以后，刑罚执行完毕以前，被判刑的犯罪分子又犯罪的，应当对新犯的罪作出判决，把前罪没有执行的刑罚和后罪所判处的刑罚，依照本法第六十九条的规定，决定执行的刑罚。

【知识要点】

我国刑法对数罪并罚采取的是混合原则。

（1）对判处死刑或者无期徒刑的，采取吸收原则。

（2）对于判处有期徒刑、拘役和管制的，采取限制加重原则。拘役可以超过六个月达到一年，管制可以超过二年达到三年。数罪中有判处有期徒刑和拘役的，执行有期徒刑。数罪中有判处有期徒刑和管制，或者拘役和管制的，有期徒刑、拘役执行完毕后，管制仍须执行，有期徒刑总和刑期不满三十五年的，最高不能超过二十年，总和刑期在三十

---

[1]　参见《浙江省宁波市中级人民法院〔2015〕宁刑抗字第 3 号刑事判决书》。

[2]　《刑法》第七十一条规定：判决宣告后又犯新罪的并罚判决宣告以后，刑罚执行完毕以前，被判刑的犯罪分子又犯罪的，应当对新犯的罪作出判决，把前罪没有执行的刑罚和后罪所判处的刑罚，依照本法第六十九条的规定，决定执行的刑罚。

五年以上的，最高不能超过二十五年。

（3）数罪中有判处附加刑的，附加刑仍须执行。即对判处附加刑的，采取附加刑与主刑并科的原则。其中，附加刑种类相同的，合并执行，种类不同的，分别执行。

第五节　缓刑及其撤销

缓刑，是一种刑罚裁量制度，即决定刑罚是否付于执行的制度。广义的缓刑包括刑罚暂缓宣告、刑罚暂缓执行和缓予起诉三种。缓刑，其实就是针对特定对象根据一定条件宣告其刑罚，同时宣告考验期而加以监督、矫正，考验合格后原判刑罚不再执行的制度。

【案例 9-6】

倪某盗窃微信账户余额案

2017 年 2 月 14 日 11 时许，被告人倪某未经被害人黄某允许，私自将黄某微信绑定的银行卡内的人民币 10 000 元充值到黄某微信账户，后又私自将黄某微信账户内的该 10 000 元人民币通过微信转账方式转至自己的微信账户据为己有并用于偿还债务。同年 2 月 17 日，民警在桐庐县方埠农商银行门口将被告人倪某抓获。同年 2 月 24 日，被告人倪某家属赔偿被害人黄某损失人民币 10 000 元，黄某对被告人倪某的行为表示谅解。法院认为被告人倪某的行为已构成盗窃罪，应判处其拘役四个月，并处罚金，可适用缓刑。[①]

◎ 问题：本案中是否应当对倪某适用缓刑？

【案例 9-6 分析】

本案中，倪某未经被害人允许，以非法占有为目的，私自将他人账户的余额转到自己的账户，属于秘密窃取他人财物的行为，其行为已经构成《刑法》第二百六十四条关于"盗窃罪"的规定。案发后，倪某能够积极赔偿被害人损失，并取得被害人谅解。依法根据《刑法》第七十二条关于缓刑的规定，可以宣告缓刑。

【相关法条】

《刑法》

第七十二条【适用条件】对于被判处拘役、三年以下有期徒刑的犯罪分子，同时符合下列条件的，可以宣告缓刑，对其中不满十八周岁的人、怀孕的妇女和已满七十五周岁的人，应当宣告缓刑：

（一）犯罪情节较轻；

---

① 参见《浙江省桐庐县人民法院〔2017〕浙 0122 刑初 98 号刑事判决书》。

（二）有悔罪表现；

（三）没有再犯罪的危险；

（四）宣告缓刑对所居住社区没有重大不良影响。

宣告缓刑，可以根据犯罪情况，同时禁止犯罪分子在缓刑考验期限内从事特定活动，进入特定区域、场所，接触特定的人。

被宣告缓刑的犯罪分子，如果被判处附加刑，附加刑仍须执行。

第七十三条【考验期限】拘役的缓刑考验期限为原判刑期以上一年以下，但是不能少于二个月。

有期徒刑的缓刑考验期限为原判刑期以上五年以下，但是不能少于一年。

缓刑考验期限，从判决确定之日起计算。

第七十四条【累犯不适用缓刑】对于累犯和犯罪集团的首要分子，不适用缓刑。

第七十五条【缓刑犯应遵守的规定】被宣告缓刑的犯罪分子，应当遵守下列规定：

（一）遵守法律、行政法规，服从监督；

（二）按照考察机关的规定报告自己的活动情况；

（三）遵守考察机关关于会客的规定；

（四）离开所居住的市、县或者迁居，应当报经考察机关批准。

第七十六条【缓刑的考验及其积极后果】对宣告缓刑的犯罪分子，在缓刑考验期限内，依法实行社区矫正，如果没有本法第七十七条规定的情形，缓刑考验期满，原判的刑罚就不再执行，并公开予以宣告。

第七十七条【缓刑的撤销及其处理】被宣告缓刑的犯罪分子，在缓刑考验期限内犯新罪或者发现判决宣告以前还有其他罪没有判决的，应当撤销缓刑，对新犯的罪或者新发现的罪作出判决，把前罪和后罪所判处的刑罚，依照本法第六十九条的规定，决定执行的刑罚。

被宣告缓刑的犯罪分子，在缓刑考验期限内，违反法律、行政法规或者国务院有关部门关于缓刑的监督管理规定，或者违反人民法院判决中的禁止令，情节严重的，应当撤销缓刑，执行原判刑罚。

【知识要点】

1. 缓刑的适用条件

对象条件方面：缓刑只适用于被判处拘役或者三年以下有期徒刑的犯罪人。

（1）所谓被判处拘役或者三年以下有期徒刑，是就宣告刑而言，而不是指法定刑。

（2）对被判处管制或者单处附加刑的，不能适用缓刑。

（3）如果一人犯数罪，实行数罪并罚后，决定执行的刑罚为三年以下有期徒刑或者拘役的，也可以适用缓刑。

（4）对其中不满十八周岁的人、怀孕的妇女和已满七十五周岁的人，符合缓刑条件的，应当宣告缓刑。

实质条件方面：犯罪情节较轻，有悔罪表现，没有再犯罪的危险，宣告缓刑对所居住社区没有重大不良影响。

限制条件方面：必须不是累犯和犯罪集团的首要分子。

2. 缓刑的撤销

缓刑的撤销，是指被宣告缓刑的犯罪分子，在缓刑考验期限内，违反法律、行政法规或者国务院有关部门关于缓刑的监督管理规定，或者违反人民法院判决中的禁止令，情节严重的，应当撤销缓刑，执行原判刑罚。缓刑的撤销包括三种情况：

一是被宣告缓刑的犯罪人，在缓刑考验期内犯新罪的，应当撤销缓刑，对新犯的罪作出判决，把前罪和后罪所判处的刑罚，依照《刑法》第六十九条的规定，决定执行的刑罚。如果原判决宣告以前先行羁押的，羁押日期应当折抵刑期。

在这种情况下，即使在经过了缓刑考验期后才发现行为人在缓刑考验期内所犯新罪的，也应当撤销缓刑。

二是被宣告缓刑的犯罪人，在缓刑考验期内发现判决宣告以前还有其他罪没有判决的，应当撤销缓刑，对新发现的罪作出判决，把前罪和后罪所判处的刑罚，依照《刑法》第六十九条的规定，决定执行的刑罚。如果原判决宣告以前先行羁押的，羁押日期应当折抵刑期。

如果缓刑考验期结束之后才发现漏罪的，不得撤销先前的缓刑决定。

三是被宣告缓刑的犯罪人，在缓刑考验期内，违反法律、行政法规或者国务院有关部门有关缓刑的监督管理规定，或者违反人民法院判决中的禁止令，情节严重的，应当撤销缓刑，执行原判刑罚。

探讨案例与知识点巩固

【探讨案例 9-1】

2013 年始，被告人林某毅入股春祥公司，以合法设立的公司作为保护，依托其暴力和恶名，通过放高利贷、暴力讨债等违法犯罪活动攫取经济利益，通过强迫交易、非法取土等犯罪行为增加财富，并利用违法所得为组织成员违法犯罪活动提供经费，帮助违法犯罪成员逃避打击。林某毅犯罪集团规模较大、成员较为稳定，内部分工明确，组织严密。林某毅犯罪集团在发展壮大过程中，有组织地采用暴力、胁迫等手段，公然实施了多起违法犯罪行为，在罗源县凤山镇、碧里乡、鉴江镇等区域造成重大影响和并非法控制，对群众形成心理强制，甚至引发群众进京上访及集体上访事件，严重扰乱了社会经济生活秩序。据悉，被告人林某毅曾于 1999 年 8 月 25 日因犯为境外窃取国家秘密、情报罪被判处有期徒刑七年，剥夺政治权利两年，2004 年 12 月 20 日刑满释放。[1]

◎ **问题：** 林某毅的行为是否构成累犯？

---

[1] 参见《福建省福州市中级人民法院〔2019〕闽 01 刑终 370 号刑事判决书》。

【探讨案例 9-2】

事实一：2013 年 9 月 10 日 23 时许，被告人林某、王某贵在三亚市解放一路附近喝椰子水。其间，林某提议去作案，王某贵表示同意。被告人林某遂驾驶一辆红色摩托车载着被告人王某贵蹿到三亚市龙岭路红馆 KTV 附近的某鲜花店门前时，看见被害人练某停放在该店门口路旁的一辆黑色奥迪轿车内副驾驶位有个女式包。被告人王某贵就用螺丝刀将副驾驶位的车窗玻璃撬碎，将车内的包迅速盗走，并坐上被告人林某的摩托车逃离现场。其二人逃到临村一小巷处时，被告人王某贵将该包打开，内有人民币 23 000 元、港币 600 元（折合人民币 477 元）、美元 60 元（折合人民币 370 元）、身份证一张、驾驶证一本及一把奥迪车钥匙。被告人林某、王某贵每人分得人民币 11 500 元（以下币种均为人民币），港币和美元由王某贵拿去兑换人民币，包内的身份证、驾驶证和车钥匙都被丢在临村小巷里。破案后，被盗财物未能被追回。

事实二：2013 年 8 月 5 日 12 时许，被告人林某驾驶一辆红色摩托车载着被告人王某先蹿到三亚市汽车站处，发现被害人钟某驾驶一辆电动车载着一名女子往解放四路方向行驶，钟某脖子上戴着一条黄金项链（经鉴定，价值 7 842 元）。被告人林某和王某先经预谋，决定抢该项链。于是，被告人林某开车载着王某先跟着被害人钟某，跟到某大酒店门前路段时，林某开车靠近钟某，王某先则伸手抓住钟某脖子上的黄金项链用力一扯，将该项链抢到手后，林某便加大油门载着王某先快速逃离现场。后被告人王某先将抢到的黄金项链出卖，得款 5 400 元，二人平分。破案后，被盗的黄金项链未能被追回。

事实三：2013 年 9 月 3 日 15 时许，被告人林某驾驶摩托车载着被告人王某先途径三亚市鹿回头广场路段时，林某发现驾驶着一辆电动车的被害人张某脖子上戴着一条黄金项链（经鉴定，价值 18 385 元）。于是，被告人林某、王某先预谋抢夺该金项链。接着，被告人林某驾驶摩托车载着被告人王某先慢慢靠近被害人张某的电动车，被告人王某先则伸手抢走张某戴在脖子上的黄金项链，得手后，林某加大油门载着王某先往三亚大桥方向逃跑。后被告人王某先将抢到的黄金项链出卖，得款 12 000 元，二人平分。破案后，被盗的黄金项链未能被追回。

另查明，2013 年 9 月 3 日被害人张某被抢一案案发后，公安人员根据现场监控录像锁定被告人林某、王某先，并于 2013 年 9 月 12 日 1 时许，在三亚市某 KTV 二号包厢内将被告人林某、王某先、王某贵抓获。被告人林某到案后经审讯，如实交代了其伙同王某先抢夺被害人张某金项链的犯罪事实，还主动交代了 2013 年 9 月 10 日其伙同王某贵盗窃被害人练某财物一案和 2013 年 8 月 5 日伙同王某先抢夺被害人钟某黄金项链一案。[1]

◎ **问题**：应如何认定林某先后如实交代与王某先、王某贵的犯罪行为？

---

[1] 参见《甘肃省兰州市城关区人民法院〔2014〕城刑初字第 265 号刑事判决书》。

【探讨案例 9-3】

2005 年，广东省肇庆市中级人民法院于 2005 年 12 月 31 日作出〔2005〕肇刑初字第 54 号刑事判决，认定被告人余某霞犯故意伤害罪，判处无期徒刑，剥夺政治权利终身。该判决发生法律效力后，罪犯余某霞于 2006 年 4 月 21 日被移交至广东省怀集监狱服刑。2008 年 4 月 1 日，罪犯余某霞在会见亲属过程中，得知其同案犯陈某在逃的信息后，遂向服刑地广东省怀集监狱举报。广东省怀集监狱联系广东省肇庆市公安局，并确认犯罪嫌疑人陈某在逃的事实，即将公函及余某霞的检举材料转寄广东省肇庆市公安局。广东省肇庆市公安局根据余某霞的举报材料抓获在逃犯陈某。广东省高级人民法院于 2009 年 2 月 14 日作出〔2008〕粤高法刑一复字第 128 号刑事裁定，核准被告人陈某犯故意伤害罪，判处死刑缓期二年执行，剥夺政治权利终身。①

◎ 问题：该如何认定余某霞举报在逃同案犯的行为？

【探讨案例 9-4】

2018 年 3 月 18 日 12 时 30 分许，被告人康某文在河口县玩游戏机，因计分问题与老板王某发生争吵。在此过程中，被告人康某文反手持随身携带的水果刀先后朝王某的后颈部、肩胛部、腰背部等身体部位连刺数刀，致王某倒地后，被告人康某文不顾王某阻拦，强行抢走王某身上的现金人民币 1 400 元，后骑乘摩托车逃离现场。回到家中后，把抢来的现金人民币 1 400 元中的 1 250 元用黑色塑料袋包裹后塞进一个竹筒内放入自家柴棚底部，用 70 元加摩托车油，剩余零钱装入包内。被害人王某经送医院抢救无效于当日死亡（殁年 48 岁）。经法医鉴定：被害人王某系左侧颈总动脉断裂、颈外静脉断裂大出血联合右肺破裂死亡。次日凌晨 3 时许，公安民警在被告人康某文家中将其抓获。最终，被告人康某文犯故意杀人罪，判处死刑，缓期二年执行，剥夺政治权利终身，犯抢劫罪判处有期徒刑三年，并处罚金人民币二千元。决定执行死刑，缓期二年执行，剥夺政治权利终身，并处罚金人民币二千元（罚金限于判决生效后三十日内缴清）。②

◎ 问题：本案中对被告人判罚的依据是什么？

【探讨案例 9-5】

2016 年 5 月 27 日，法院以盗窃罪判处高某有期徒刑六个月，宣告缓刑一年，判决已经发生法律效力并交付执行。2016 年 8 月 3 日、12 月 12 日，执行机关阆中市司法局在对罪犯高某执行缓刑考察中，罪犯高某违反缓刑考验法律规定，不定期向执行机关进行思想汇报，不参加社区服务和教育学习活动，执行机关两次对罪犯高某作出

---

① 参见《青海省高级人民法院〔2019〕青刑再 2 号刑事裁定书》。

② 参见《云南省高级人民法院〔2019〕云刑终 176 号刑事裁定书》。

警告处分决定，予以警告。同年 12 月 13 日，执行机关对罪犯高某之父进行调查证实，罪犯高某于同年 11 月 3 日以后无法取得联系，现脱离监管一月余。①

◎ 问题：执行机关该如何处理？

①　参见《四川省高级人民法院〔2017〕川 1321 刑更 1 号裁定书》。

第十章　刑罚的执行与消灭

刑罚的执行与消灭规定在《刑法》总则第三章。刑罚的执行是指享有刑罚执行权的国家机关，将人民法院已经发生法律效力的判决所确定的刑法付诸实施的刑事司法活动，诸如减刑、假释。刑罚的消灭是指在具体案件中，由于法定或事实原因，致使代表国家的司法机关对犯罪人的刑罚权归于消灭的制度。本章条文为《刑法》第七十七条至八十九条。本章选取其中 6 个案例进行分析。

第一节　刑罚的执行——减刑

【案例 10-1】

姜某豪减刑案

罪犯姜某豪于 1999 年 10 月 14 日被判处有期徒刑五年，刑期自 1999 年 4 月 7 日至 2004 年 4 月 6 日止，服刑期间，因患急性肝炎于 2000 年 5 月 3 日保外就医。

执行机关云南省官渡监狱于 2002 年 1 月 28 日提请对姜某豪减刑建议书认为：罪犯姜某豪在保外就医期间有悔改、立功表现，具体事实如下：该犯在服刑期间能认罪服法，认真遵守监规，接受教育改造，积极参加政治、文化、技术学习。在保外就医期间能遵纪守法，当通过报刊内容知道其所认识的谢某是公安机关在网络上搜寻的杀人逃犯时，于 2001 年 10 月 30 日遂向昆明市官渡区关上派出所作了检举，并向公安人员报告了谢某的行踪，根据姜犯提供的线索，昆明市公安局官渡分局将杀人犯罪嫌疑人谢某抓获，经查证证明姜犯检举的情况属实。为此，执行机关建议对罪犯姜某豪减刑一年，特提请法院审核裁定。

云南省昆明市中级人民法院根据云南省官渡监狱报送的关于提请对罪犯姜某豪减刑的意见和相关材料，依法组成合议庭对姜某豪服刑期间的表现进行审核，认为，罪犯姜某豪在保外就医期间向公安机关提供了一起杀人案的重要线索，确有立功表现，符合减刑的法定条件。

云南省昆明市中级人民法院依照《中华人民共和国刑法》第七十八条之规定，作出如下裁定：对罪犯姜某豪准予减去有期徒刑一年。①

---

① 参见《云南省昆明市中级人民法院〔2002〕昆刑执字第 313 号执行裁定书》。

【案例 10-1 分析】

本案中，有两个细节值得注意：第一，姜某豪因为患病，没有在监狱执行刑罚。这就涉及对监外执行的理解；第二，姜某豪提供了重要的线索，从而抓获了杀人逃犯谢某。这涉及对立功和重大立功的区分。对于前者，虽然姜某豪没有在监狱执行刑罚，而是由于其身体的特殊原因而保外就医，但这并不意味着姜某豪脱离了监狱的空间，就不受监狱的管束了，只是监管法规对监狱内执行与监狱外执行有所不同而已。如果姜某豪在保外就医期间违反监管法规，同样会导致其监外执行的结束。对于后者，最高人民法院有司法解释予以明确阐明。因此，姜某豪提供杀人逃犯谢某的行踪线索，符合立功表现的规定，对其可以减刑。

【相关法条】

1. 《刑法》

第七十八条【减刑条件与限度】 被判处管制、拘役、有期徒刑、无期徒刑的犯罪分子，在执行期间，如果认真遵守监规，接受教育改造，确有悔改表现的，或者有立功表现的，可以减刑；有下列重大立功表现之一的，应当减刑：

（一）阻止他人重大犯罪活动的；

（二）检举监狱内外重大犯罪活动，经查证属实的；

（三）有发明创造或者重大技术革新的；

（四）在日常生产、生活中舍己救人的；

（五）在抗御自然灾害或者排除重大事故中，有突出表现的；

（六）对国家和社会有其他重大贡献的。

减刑以后实际执行的刑期，判处管制、拘役、有期徒刑的，不能少于原判刑期的二分之一；判处无期徒刑的，不能少于十年。

2. 《最高人民法院关于办理减刑、假释案件具体应用法律若干问题的规定》（法释〔2012〕2 号）

第三条 具有下列情形之一的，应当认定为有"立功表现"：

（一）阻止他人实施犯罪活动的；

（二）检举、揭发监狱内外犯罪活动，或者提供重要的破案线索，经查证属实的；

（三）协助司法机关抓捕其他犯罪嫌疑人（包括同案犯）的；

（四）在生产、科研中进行技术革新，成绩突出的；

（五）在抢险救灾或者排除重大事故中表现突出的；

（六）对国家和社会有其他贡献的。

3.《最高人民法院关于办理减刑、假释案件具体应用法律的规定》

4.《最高人民法院关于审理未成年人刑事案件具体应用法律若干问题的解释》第十八条

5.《最高人民法院〈中华人民共和国刑法修正案（八）〉时间效力问题的解释》第七条

6.《最高人民法院关于减刑、假释案件审理程序的规定》

【知识要点】

1. 减刑的概念

减刑，是对被判处管制、拘役、有期徒刑或者无期徒刑①的犯罪分子，因其在刑罚执行期间认真遵守监规，接受教育改造，确有悔改或者立功表现，而适当减轻其原判刑罚的制度。可以是将较重的刑种减为较轻的刑种，也可以是将较长的刑期减为较短的刑期。减刑制度充分体现了惩办与宽大相结合、惩罚与教育相结合的刑事政策，对于鼓励犯罪子加速改造，化消极因素为积极因素，实现刑罚的目的，具有积极的作用。

2. 减刑与减轻处罚的区别

（1）减轻处罚是人民法院根据犯罪分子所具有的法定或者酌定减轻处罚情节，依法在法定刑以下判处刑罚。它属于刑罚裁量情节及其适用规则问题，其适用对象为判决确定前的未决犯。（2）减刑则是在判决确定以后的刑罚执行期间，对正在服刑的犯罪分子，依法对原判刑罚予以适当减轻。它是一种刑罚执行制度，其适用对象为判决确定以后的已决犯。

3. 减刑的对象条件

减刑的对象条件，是指减刑只适用于被判处管制、拘役、有期、无期的犯罪分子。

4. 减刑的实质条件

因减刑的种类不同而有所区别。（1）可以减刑的实质条件，是犯罪分子在刑罚执行期间认真遵守监规，接受教育改造，确有悔改表现，或者有立功表现。根据有关司法解释，同时具备以下四个方面情形的，应当认为是确有悔改表现：①认罪服法；②认真遵守监规，接受教育改造；③积极参加政治、文化、技术学习；④积极参加劳动，完成生产任务。有下列情形之一的，应当认为是确有立功表现：①检举、揭发监内外犯罪活动，或者提供重要的破案线索，经查证属实的；②阻止他人犯罪活动的；③在生产、科研中进行技术革新，成绩突出的；④在抢险救灾或者排除重大事故中表现积极的；⑤有其他有利于国家和社会的突出事迹的。（2）应当减刑的实质条件，即犯罪分子在刑罚执行期间有重大立功表现。根据《刑法》第七十八条规定，犯罪分子在刑罚执行期间有下列重大立功表

---

① 判处拘役或者三年以下有期徒刑并宣告缓刑的罪犯，一般不适用减刑。但在缓刑考验期内重大立功，根据第七十八条予以减刑，同时应依法缩减其缓刑考验期。拘役考验期不能少于二个月，有期徒刑考验期不能少于一年。

现之一的，应当减刑：①阻止他人重大犯罪活动的；②检举监狱内外重大犯罪活动，经查证属实的；③有发明创造或者重大技术革新的；④在日常生产、生活中舍己救人的；⑤在抗御自然灾害或者排除重大事故中，有突出表现的；⑥对国家和社会有其他重大贡献的。

5. 减刑的限度条件

减刑以后实际执行的刑期：（1）判处管制、拘役、有期徒刑的，不能少于原判刑期的1/2；（2）判处无期徒刑的，不能少于十三年；（3）人民法院限制减刑的死缓犯罪分子，缓期执行期满后依法减为无期徒刑的，不能少于二十五年，缓期执行期满后依法减为二十五年有期徒刑的，不能少于二十年。

6. 减刑后的刑期计算和程序

（1）对于原判管制、拘役、有期徒刑的，减刑后的刑期自原判决执行之日起算；原判刑期已经执行的部分，应计入减刑以后的刑期之内。（2）对于原判无期徒刑减为有期徒刑的，刑期自裁定减刑之日起算；已经执行的刑期，不计入减为有期徒刑以后的刑期之内。对于无期徒刑减为有期徒刑之后，再次减刑的，其刑期的计算，则应按照有期徒刑罪犯减刑的方法计算，即应当从前次裁定减为有期徒刑之日算起。（3）对于曾被依法适用减刑，后因原判决有错误，经再审后改判为较轻刑罚的，原来的减刑仍然有效，所减刑期，应从改判的刑期中扣除。对于犯罪分子的减刑，由执行机关向中级以上人民法院提出减刑建议书。

第二节　刑罚的执行——假释

假释，是对被判处有期徒刑、无期徒刑的犯罪分子，在执行一定刑期之后，因其遵守监规，接受教育和改造，确有悔改表现，不致再危害社会，而附条件地将其予以提前释放的制度。被假释的犯罪分子，在假释考验期间再犯新罪的，不构成累犯。假释在我国刑法中是一项重要的刑罚执行制度，正确地适用假释，把那些经过一定服刑期间确有悔改表现、没有必要继续关押改造的罪犯放到社会上进行改造，可以有效地鼓励犯罪分子服从教育和改造，使之早日复归社会、有利于化消极因素为积极因素。

【案例 10-2】

陈某德假释案

罪犯陈某德于 2006 年 12 月至 2007 年 4 月间，先后窜至福建省厦门市鼓浪屿市政环境卫生管理处、泉州路 62 号等地，多次实施盗窃作案，盗窃铝制电杆、电缆线、瓷器及民国时期的酸枝木太师椅等财物，涉被害单位和被害人个人财物价值人民币 191 393 元，并将所盗赃物销赃给被告人林某文。2007 年 4 月 7 日凌晨，被告人陈某德再次窜至鼓浪屿泉州路 62 号，将被害人佘某瑞的 1 套民国时期的酸枝木餐桌（含 1 桌 4 凳，价值共计人民币 15 000 元）搬出院外欲盗走时，被巡逻的公安人员人赃俱获。

福建省厦门市思明区人民法院于 2007 年 11 月 24 日作出〔2007〕思刑初字第

850 号刑事判决，以被告人陈某德犯盗窃罪，判处有期徒刑十一年（刑期自 2007 年 4 月 16 日起至 2018 年 4 月 15 日止），并处罚金人民币 2 万元。判决生效后于 2007 年 12 月 27 日交付执行。服刑期间，厦门市中级人民法院于 2011 年 1 月 7 日作出〔2010〕厦刑执字第 1544 号刑事裁定，裁定减刑一年三个月（刑期自 2007 年 4 月 16 日起至 2017 年 1 月 15 日止）。执行机关福建省厦门监狱于 2013 年 10 月 24 日提出假释建议书，建议对罪犯陈某德予以假释，报送厦门市中级人民法院审理。2013 年 11 月 18 日，厦门市中级人民法院作出〔2013〕厦刑执字第 1227 号刑事裁定，对罪犯陈某德予以假释（假释考验期限自假释之日起计算，即自 2013 年 11 月 18 日起至 2017 年 1 月 15 日止）。罪犯陈某德假释后回原户籍所在地湖北省麻城市福田河镇司法所执行社区矫正，但自 2015 年 3 月 30 日起该犯未到福田河镇司法所社区矫正办参加集体教育学习和公益劳动，亦未进行思想汇报，其电话无法联系处于停机状态，麻城市司法局对其发出两次警告，该犯均未到司法所接受社区矫正，经多方查找其家人和居住地村级组织也不知其去向，其假释具保人也无法与其取得联系，至今实际脱离监管已超过半年以上。2015 年 10 月 12 日，湖北省黄冈市司法局以黄冈社矫撤字〔2015〕01 号撤销假释建议书，向厦门市中级人民法院提请对罪犯陈某德撤销假释，予以收监执行未执行完毕的刑罚建议。

2015 年 12 月 7 日福建省厦门市中级人民法院作出〔2015〕厦刑执字第 1219 号刑事裁定：1. 撤销本院 2013 年 11 月 18 日〔2013〕厦刑执字第 1227 号对罪犯陈某德予以假释的刑事裁定；2. 对罪犯陈某德予以收监执行未执行完毕的刑罚（即实际收监之日起继续执行有期徒刑三年一个月二十八天）。①

【案例 10-2 分析】

本案中，罪犯陈某德假释后回原户籍所在地湖北省麻城市福田河镇司法所执行社区矫正，但自 2015 年 3 月 30 日起该犯未到福田河镇司法所社区矫正办参加集体教育学习和公益劳动，亦未进行思想汇报，其电话无法联系处于停机状态，麻城市司法局对其发出两次警告，陈某德均未到司法所接受社区矫正，经多方查找其家人和居住地村级组织也不知其去向，其假释具保人也无法与其取得联系，至今实际脱离监管已超过半年以上。审理期间，厦门市中级人民法院联系罪犯陈某德的假释具保人陈某德哥哥陈某全，其反映陈某德于 2015 年春节期间有给家里打过电话，后一直没有联系，家人也不知道陈某德在何处，无法与陈某德取得联系。根据执行机关社区矫正机构提供的证据材料及庭审情况，罪犯陈某德目前处于脱离监管的状态事实成立，罪犯陈某德的行为已违反了有关法律和社区矫正监督管理规定，脱离监管超过半年以上，情节严重。裁定撤销该犯假释，对其收监执行未执行完毕的刑期。

---

① 《福建省厦门市中级人民法院〔2015〕厦刑执字第 1219 号执行裁定书》。

【相关法条】

1. 《刑法》

第八十一条 【假释的适用条件】 被判处有期徒刑的犯罪分子，执行原判刑期二分之一以上，被判处无期徒刑的犯罪分子，实际执行十三年以上，如果认真遵守监规，接受教育改造，确有悔改表现，假释后不致再危害社会的，可以假释。如果有特殊情况，经最高人民法院核准，可以不受上述执行刑期的限制。

对累犯以及因杀人、爆炸、抢劫、强奸、绑架等暴力性犯罪被判处十年以上有期徒刑、无期徒刑的犯罪分子，不得假释。

第八十二条 【假释的程序】 对于犯罪分子的假释，依照本法第七十九条规定的程序进行。非经法定程序不得假释。

第八十三条 【假释的考验期限】 有期徒刑的假释考验期限，为没有执行完毕的刑期；无期徒刑的假释考验期限为十年。

假释考验期限，从假释之日起计算。

第八十四条 【假释犯应遵守的规定】 被宣告假释的犯罪分子，应当遵守下列规定：

（一）遵守法律、行政法规，服从监督；

（二）按照监督机关的规定报告自己的活动情况；

（三）遵守监督机关关于会客的规定；

（四）离开所居住的市、县或者迁居，应当报经监督机关批准。

第八十五条 【假释考验及其积极后果】 被假释的犯罪分子，在假释考验期限内，由公安机关予以监督，如果没有本法第八十六条规定的情形，假释考验期满，就认为原判刑罚已经执行完毕，并公开予以宣告。

第八十六条 【假释的撤销及其处理】 被假释的犯罪分子，在假释考验期限内犯新罪，应当撤销假释，依照本法第七十一条的规定实行数罪并罚。

在假释考验期限内，发现被假释的犯罪分子在判决宣告以前还有其他罪没有判决的，应当撤销假释，依照本法第七十条的规定实行数罪并罚。

被假释的犯罪分子，在假释考验期限内，有违反法律、行政法规或者国务院公安部门有关假释的监督管理规定的行为，尚未构成新的犯罪的，应当依照法定程序撤销假释，收监执行未执行完毕的刑罚。

2. 《最高人民法院关于减刑、假释案件审理程序的规定》

【知识要点】

1. 假释的概念

我国刑法规定的假释，是对被判处有期徒刑、无期徒刑的犯罪分子，在执行一定刑期之后，因其认真遵守监规，接受教育改造，确有悔改表现，不致再危害社会，而附条件地将其予以提前释放的制度。假释制度体现了惩办与宽大相结合、惩罚与教育相结合的刑事政策，对于实现我国刑法的任务和目的，促进犯罪分子改过自新，具有积极的作用。

2. 假释适用的对象条件

（1）假释只能适用于被判处有期徒刑、无期徒刑的犯罪分子。（2）对死缓减为无期徒刑或有期徒刑后，符合假释条件的，可以适用假释。

3. 假释适用的限制条件

（1）一般情况：①被判处有期徒刑的犯罪分子，执行原判刑期 1/2 以上，被判处无期徒刑的犯罪分子，实际执行十三年以上，才可以适用假释。②对死缓犯减刑后假释的，只要符合假释条件的，都能进行假释。③罪犯减刑后又假释的间隔时间，一般为一年；对一次减刑二年或三年刑期后又适用假释的，其间隔时间不能少于二年。④对判处有期徒刑的罪犯假释，执行原判刑期 1/2 以上的起始时间，应当从判决执行之日起计算，判决执行以前先行羁押的，羁押一日折抵刑期一日。（2）如果有特殊情况，经最高人民法院核准，可以不受上述执行刑期的限制。所谓特殊情况是指有国家政治、国防、外交等方面特殊需要的情况。（3）对累犯以及因故意杀人、抢劫、强奸、爆炸、绑架、放火、投放危险物质或者有组织的暴力性犯罪被判处十年以上有期徒刑、无期徒刑的犯罪分子，不得假释。对犯罪分子决定假释时，应当考虑其假释后对居住社区的影响。

4. 假释的实质条件

假释的实质条件，是指被适用假释的犯罪分子，必须认真遵守监规，接受教育改造，确有悔改表现，不致再危害社会。所谓不致再危害社会，是指罪犯在刑罚执行期间一贯表现良好，确有悔改表现，不致违法、重新犯罪，或是年老、身体有残疾（不含自伤致残），并丧失犯罪能力。

5. 假释的考验期及其考察

（1）有期徒刑的假释考验期限，为没有执行完毕的刑期；无期徒刑的假释考验期限为十年。假释考验期限，从假释之日起计算。（2）根据有关司法解释，被假释的罪犯，除有特殊情况，一般不得减刑，其假释的考验期也不能缩短。（3）被宣告假释的犯罪分子，应当遵守下列规定：①遵守法律、行政法规，服从监督；②按照监督机关的规定报告自己的活动情况；③遵守监督机关关于会客的规定；④离开所居住的市、县或者迁居，应当报经监督机关批准。（4）对于被假释的犯罪分子的考察，主要是考察其在假释考验期限内是否再犯新罪或者发现漏罪，以及是否违反法律、行政法规或者国务院有关部门关于假释的监督管理规定。如果没有，假释考验期满，就认为原判刑罚已经执行完毕，并公开予以宣告。如果有，则撤销假释，依照数罪并罚的规定实行数罪并罚，或者收监执行未执行完毕的刑罚。

6. 假释的法律后果和程序

（1）被假释的犯罪分子，没有再犯新罪或者发现漏罪，或者没有违反法律、行政法规及国务院有关部门关于假释的监督管理规定，假释考验期满；就认为原判刑罚已经执行完毕，并公开予以宣告。（2）被假释的犯罪分子，在假释考验期限内再犯新罪应当撤销假释，依照《刑法》第七十一条的规定实行数罪并罚。（3）在假释考验期限内，发现被假释的犯罪分子在判决宣告以前还有其他罪没有判决的，应当撤销假释，依照《刑法》第七十条的规定实行数罪并罚。（4）被假释的犯罪分子，在假释考验期限内，有违反法律、行政法规或者国务院有关部门关于假释的监督管理规定的行为，尚未构成新的犯罪的，应当依照法定程序撤销假释，收监执行未执行完毕的刑罚。

7. 犯罪分子被假释后，原判有附加刑的，附加刑仍须继续执行

原判有附加剥夺政治权利的，其刑期从假释之日起计算。对于犯罪分子的假释，由执行机关向中级人民法院提出假释建议书。人民法院应当组成合议庭进行审理，对符合法定假释条件的，裁定予以假释；非经法定程序不得假释。

第三节　刑罚的消灭——时效

【案例 10-3】

叶某隆故意杀人案

1994 年 2 月 2 日中午，被告人叶某隆在浙江省温州市鹿城区黄龙商贸城内和胡某珍打麻将时发生争吵，二人使用麻将、茶杯等杂物相互扔砸，后胡某珍到叶某隆店铺扫落桌上午餐饭菜，叶某隆持拖把柄殴打胡某珍。二人被众人劝停后，胡某珍打电话叫其丈夫夏某龙（被害人，殁年 36 岁）过来。当日 12 时 50 分许，张某骑车带夏某龙到达现场与叶某隆互殴，双方扭打至某店铺内时，叶某隆持事先藏放在身上的尖刀捅刺夏某龙，致被害人夏某龙左肺及动脉破裂，导致失血性休克，呼吸循环系统衰竭，经抢救无效而死亡。案发后，叶某隆潜逃外地，后于 2016 年 11 月 22 日被公安机关抓获归案。叶某隆潜逃期间，被害人亲属在追诉期限内不断地向司法机关提出控告，要求尽快将叶某隆缉拿归案。

另查明，温州市公安局于 1996 年 2 月 15 日对叶某隆签发了刑事拘留证，但由于本案年代久远，当年的立案材料已无法查找。

温州中院认为，被告人叶某隆仅因琐事纠纷持刀剥夺他人生命，致一人死亡，其行为已构成故意杀人罪。鉴于本案系因琐事纠纷引发，被害人一方亦有一定的责任，且被告人家属已于 1994 年赔偿被害人家属经济损失 7 436 元，本院审理期间又缴纳了赔偿款 10 万元，对叶某隆予以从轻处罚。据此，依照 1979 年《刑法》第一百三十二条、第五十三条第一款，现行《刑法》第十二条、第三十六条之规定，判决被告人叶某隆犯故意杀人罪，判处无期徒刑，剥夺政治权利终身。

一审宣判后，被告人叶某隆以原判定性不当、量刑过重为由提出上诉。

浙江省高级人民法院经审理认为，被告人叶某隆仅因琐事纠纷持刀故意伤害他人身体，致一人死亡，其行为已构成故意伤害罪。犯罪后果严重，其还有前科犯罪，应依法惩处。鉴于本案系因琐事纠纷引发，被害人一方亦有一定的责任，且被告人家属已于 1994 年赔偿被害人家属经济损失 7 436 元，一、二审审理期间又缴纳了赔偿款 60 万元，被害人家属愿意接受并表示谅解，对叶某隆可予从轻处罚。原判事实清楚，证据确实、充分，审判程序合法，唯定罪量刑不当，应予纠正。依照 1979 年《刑法》第一百三十四条第二款、《刑事诉讼法》第二百二十五条第一款第（二）项之规

定，以故意伤害罪改判被告人叶某隆有期徒刑九年。①

【案例 10-3 分析】

本案是一起普通刑事案件，叶某隆故意伤害他人身体并致人死亡，按照 1979 年《刑法》（以下简称"79 刑法"）和 1997 年《刑法》（以下简称"97 刑法"）均构成犯罪，且追诉期限均为 20 年。本案的特别之处在于，从案发至归案已经过去 22 年，其间经历了"97 刑法"对追诉时效延长制度的重大修改，随后最高人民法院又发布了《关于适用刑法时间效力规定若干问题的解释》（以下简称《解释》）。

由于追诉时效制度是刑罚消灭制度的一部分，而刑法是规定犯罪与刑罚的法律规范，故从实质效果来看属于实体规定，由此在我国被规定在实体刑法中。更重要的是，通过比较"97 刑法""79 刑法"关于追诉时效的规定，可以看出"97 刑法"的规定更为严苛，以此来计算追诉时效会恶化被告人的利益，新程序法因更有利于被告人而从新的理由在这里显然不成立，故程序法从新原则不应适用，而应适用实体从旧原则。对此，"97 刑法"在第十二条关于从旧兼从轻原则中规定："本法施行以前的行为……依照本法总则第四章第八节的规定应当追诉的，按照当时的法律追究刑事责任。"在这里，所谓"按当时的法律追究刑事责任"，不仅包括适用当时法律的定罪量刑规定，也应当包括适用当时法律关于追诉时效的规定。故对于发生在"97 刑法"实施之前的行为，必须按照当时的法律即"79 刑法"来判断是否应当追诉。不仅如此，《解释》第一条对追诉时效适用从旧兼从轻原则进行了再次确认，规定对于"97 刑法"实施之前的犯罪行为，即使司法机关已经立案侦查或者已经受理案件而行为人逃避侦查或者审判的，或者即使被害人进行控告而司法机关不立案的，也只能按照"79 刑法"第七十七条判断是否不受追诉时效限制，而不能适用"97 刑法"第八十八条的规定。

由上可见，由于追诉时效集程序与实体属性于一身，在适用过程中需要适用从旧与从新原则。对于发生在 1997 年 9 月 30 日之前，诉讼延续到"97 刑法"实施之后的案件，在判断其追诉时效问题时，可以依照如下次序进行：

第一步，依"79 刑法"及"97 刑法"判断该行为是否构成犯罪，如果不构成，则直接适用从旧兼从轻原则，不予追究行为人的刑事责任。这一过程不涉及追诉时效的问题。

第二步，对于"97 刑法"及"79 刑法"均认为构成犯罪的行为，首先需要按照"79 刑法"确定该行为的法定最高刑，从而确定追诉期限；再根据《解释》第一条之规定，判断自案发之日起至"97 刑法"实施前是否已经超过追诉期限。需要说明的是，由于《解释》是从"97 刑法"颁布之际的定位来论述的，对于其中"超过追诉时效的"这句话，应当理解为仅包括在"97 刑法"颁布前已经超过追诉时效的情形。如果已经超过追诉期限的，则需进一步适用"79 刑法"第七十七条的规定，审查是否存在追诉时效延长事由，即审查司法机关对行为人是否采取过强制措施，以及行为人是否存在逃避侦查、审

① 参见《浙江省温州市中级人民法院〔2017〕浙 03 刑初 67 号刑事判决书》和《浙江省高级人民法院〔2017〕浙刑终 305 号刑事判决书》。

判的行为。若采取了强制措施，而行为人逃避侦查或审判的，则不受追诉期限的限制，应该追究行为人的刑事责任；若没有采取强制措施，或者虽采取了强制措施但行为人并未逃避侦查或者审判的，则不存在追诉时效延长事由，经过了追诉期限即不予追诉。上述判断过程仅涉及对"79刑法"的适用，体现的是实体从旧原则。

第三步，若犯罪行为自发生之日起截至"97刑法"实施前，尚在追诉期限之内的，或者虽超过追诉期限但存在延长事由的，则需要进一步根据"97刑法"第四章第八节关于追诉时效的规定，判断从案发至行为人到案是否已超过追诉时效。如果已经超过且不存在延长事由的，则不应当追究行为人的刑事责任；若尚未超过，或者虽已超过但存在延长事由，即存在司法机关立案侦查或受理案件以后，行为人有逃避侦查或者审判的情况，或者存在被害人在追诉期限内提出控告，司法机关应当立案而不予立案的情况，则应当追诉。上述判断过程系对"97刑法"的适用，体现的是程序从新原则。

具体到本案中来，虽然从案发之日起至被抓获已超过追诉期限20年，但至"97刑法"实施之前并未超过追诉期限。退一步来说，即使超过，由于公安机关早于1996年2月15日即对叶某隆签发了刑事拘留证，根据"79刑法"关于追诉时效的规定，采取强制措施后逃避侦查的，追诉时效也应当被延长，故同样也不存在超过追诉时效的问题。经过这一步判断之后，接下来需要运用"97刑法"关于追诉时效的规定来进行判断，只有经过这一步判断仍未超出追诉时效的，才能追究其刑事责任。而根据"97刑法"第八十八条关于追诉时效的规定，该案从案发之日起20年追诉期限已经过去，此时是否追究行为人的刑事责任，需要查看是否存在追诉时效延长事由，即查看公安机关是否已经立案侦查。经查，本案立案材料已经遗失，但温州市公安局于1996年2月15日对叶某隆签发了刑事拘留证，由于立案是采取强制措施的先决条件，故可以认定在此之前公安机关已经对本案进行了立案，存在追诉时效延长事由，应当予以追诉。而且，即使不以立案侦查为标准，本案还存在被害人家属四处控告，要求将叶某隆尽快缉拿归案的情形，依照新刑法第八十八条之规定同样可以导致追诉时效的延长，故对叶某隆也应当予以追诉。

【相关法条】

1. 《刑法》

第八十七条【追诉时效期限】犯罪经过下列期限不再追诉：

（一）法定最高刑为不满五年有期徒刑的，经过五年；

（二）法定最高刑为五年以上不满十年有期徒刑的，经过十年；

（三）法定最高刑为十年以上有期徒刑的，经过十五年；

（四）法定最高刑为无期徒刑、死刑的，经过二十年。如果二十年以后认为必须追诉的，须报请最高人民检察院核准。

第八十八条【追诉期限的延长】在人民检察院、公安机关、国家安全机关立案侦查或者在人民法院受理案件以后，逃避侦查或者审判的，不受追诉期限的限制。

被害人在追诉期限内提出控告，人民法院、人民检察院、公安机关应当立案而不予立案的，不受追诉期限的限制。

第八十九条【追诉期限的计算与中断】追诉期限从犯罪之日起计算；犯罪行为有连续或者继续状态的，从犯罪行为终了之日起计算。

在追诉期限以内又犯罪的，前罪追诉的期限从犯后罪之日起计算。

2.《最高人民检察院关于办理核准追诉案件若干问题的规定》

3.《公安部关于刑事追诉期限有关问题的批复》

4.《最高人民检察院关于跨越修订刑法施行日期的继续犯罪、连续犯罪以及其他同种数罪应如何具体适用刑法问题的批复》

【知识要点】

1. 刑罚消灭的概念和法定原因

刑罚消灭，是指针对特定犯罪人的刑罚权因法定事由而归于消灭。（1）刑罚消灭以犯罪的成立为前提，无犯罪即无刑罚，无刑罚也就不存在刑罚的消灭。（2）刑罚消灭是针对特定犯罪人的刑罚权归于消灭。刑罚权是国家对犯罪人适用刑罚，借以惩罚犯罪人的权力，包括制刑权、求刑权、量刑权和行刑权四个方面。刑罚消灭，是指求刑权、量刑权和行刑权的消灭，至于刑罚权中的制刑权，作为立法权的组成部分，对特定的犯罪人而言，是在任何情况下都不可能消灭的。

2. 时效的概念和意义

时效，是指经过一定的期限，对犯罪不得追诉或者对所判刑罚不得执行的一项制度。（1）追诉时效，是指依法对犯罪分子追究刑事责任的有效期限。在法定的期限内，司法机关有权追究犯罪分子的刑事责任；超过这个期限，除法定最高刑为无期徒刑、死刑的，经最高人民检察院特别核准必须追诉的以外，都不得再追究犯罪分子的刑事责任；已经追究的，应当撤销案件，或者不起诉，或者终止审理。（2）行刑时效，是指法律规定对被判处刑罚的犯罪分子执行刑罚的有效期限。判处刑而未执行，超过法定执行期限，刑罚就不得再执行。（3）我国刑法只规定了追诉时效，而未规定行刑时效。

3. 追诉期限的规定

犯罪经过下列期限不再追诉：（1）法定最高刑为不满五年有期徒刑的，经过五年；（2）法定最高刑为五年以上不满十年有期徒刑的，经过十年；（3）法定最高刑为十年以上有期徒刑的，经过十五年；（4）法定最高刑为无期徒刑、死刑的，经过二十年。如果二十年以后认为必须追诉的，须报请最高人民检察院核准。在具体计算追诉期限时，应注意以下几点：（1）如果所犯罪行的刑罚，分别规定有几条或几款时，按其罪行应当适用的条或款的法定最高刑计算；（2）如果是同一条文中有几个量刑幅度时，即按其罪行应当适用的量刑幅度的法定最高刑计算；（3）如果只有单一的量刑幅度时，即按此条的法定最高刑计算。注意其中的"不满"不包括本数。

4. 追诉期限起算的规定

追诉期限从犯罪之日起计算；犯罪行为有连续或者继续状态的，从犯罪行为终了之日起。所谓犯罪之日，应理解为犯罪成立之日。具体而言，（1）对行为犯应从犯罪行为完成之日起计算；（2）对举动犯应从犯罪行为实施之日起计算；（3）对结果犯应从犯罪结果发生之日起计算；（4）对结果加重犯应从加重结果发生之日起计算；（5）对预备犯、未遂犯、中止犯，应分别从犯罪预备、犯罪未遂、犯罪中止成立之日起计算。所谓犯罪行为有连续或者继续状态的，是指连续犯和继续犯，其追诉期限从犯罪行为终了之日起计算。

5. 时效中断、时效延长的概念及其起算方法

（1）所谓时效中断，是指在追诉期限内，因发生法定事由而使已经过了的时效期间归于无效，法定事由消失后重新计算追诉期限的制度。在追诉期限以内又犯罪的，前罪追诉的期限从犯后罪之日起计算。（2）所谓时效延长，是指在追诉期限内，因发生法定事由而使追究犯罪人的刑事责任不受追诉期限制的制度。①在人民检察院、公安机关、国家安全机关立案侦查或者在人民法院受理案件以后，逃避侦查或者审判的，不受追诉期限的限制。②被害人在追诉期限内提出控告，人民法院、人民检察院、公安机关应当立案而不予立案的，不受追诉期限的限制。

探讨案例与知识点巩固

【探讨案例 10-1】

罪犯马某彬犯运输毒品罪，于 1994 年 12 月 21 日被判处有期徒刑十五年，刑期自 1994 年 7 月 15 日至 2009 年 7 月 14 日止，后经三次减刑共计五年零三个月，刑期应至 2004 年 4 月 14 日。

执行机关云南省第三监狱于 2002 年 8 月 23 日提请减刑建议书，认为该犯在服刑期间有悔改和立功表现，具体事实为：罪犯马某彬在服刑期间，承认所犯罪行，服从人民法院判决，认识犯罪危害，一贯遵守监规纪律，积极接受教育改造，参加政治、文化、技术学习，在从事犯人监督岗劳动中，认真负责，大胆管理，较好地完成了交给他的各项劳动任务。2002 年 7 月 12 日，罪犯马某彬在参加清理总厂大门口公厕化粪池时，见到另一名罪犯自某兴及监狱后勤服务公司经理腾某荣跌入化粪池内中毒时，他不顾个人安危，积极和其他罪犯、监区干警一起进行抢救，当二人被救起后，罪犯马某彬不畏脏臭对救起的二人进行人工呼吸；在抢救过程中马犯因吸入毒气而导致昏迷，后在医务人员、住监武警和监区干警的抢救下，马某彬得以脱离危险。在此次抢救他人生命的过程中马某彬表现较为突出。综上所述，执行机关建议对马某彬减余刑释放。特提请云南省昆明市中级人民法院审核裁定。

云南省昆明市中级人民法院根据云南省第三监狱报送的关于提请罪犯马某彬减刑的意见和相关材料，依法组成合议庭对马某彬在服刑期间的表现进行了审核，认为：罪犯马某彬在服刑中确有悔改表现，且在参与抢救他人生命的过程中表现较好，其行为属有立功表现，符合减刑的法定条件。

云南省昆明市中级人民法院根据《中华人民共和国刑法》第七十八条之规定，作出如下裁定：对罪犯马某彬减去有期徒刑一年零七个月。①

---

① 参见《云南省昆明市中级人民法院〔2002〕昆刑执字第 7680 号执行裁定书》。

　　问题：请分析马某彬获得减刑的原因？

【探讨案例 10-2】

　　徐某根，男，56 岁，原系浙江省遂昌县成屏一级电站工程指挥部副总指挥兼工科科长，因犯受贿、贪污、交通肇事罪，遂昌县检察院于 1990 年 12 月 13 日决定对其逮捕，1991 年 12 月 17 日徐某根被浙江省遂昌县人民法院判处有期徒刑十二年。被告人徐某根不服，提出上诉。1992 年 3 月 27 日丽水地区中级人民法院改判有期徒刑十年，投入省十里丰劳改支队服刑。

　　1992 年 12 月 26 日，遂昌县成屏一级电站以"徐某根对该坝建设和管理有一定经验"、电站"工程技术人员紧缺"，要徐犯"出来做些技术工作"为由，向浙江省劳改局、司法厅、十里丰劳改支队等单位写了《关于保释徐某根的报告》，后丽水电业局、遂昌县公安局签署了同意电站保释请求的意见。1993 年 6 月 9 日，省劳改局狱政处在电站保释报告上签署"请十里丰支队按法律规定、现实表现和当地实际需要予以考虑"的意见。十里丰劳教支队研究后于 1993 年 6 月 24 日提请将徐犯假释。衢州市中级人民法院于 1993 年 7 月 12 日裁定予以假释。

　　徐某根被假释后，丽水地区人民检察分院认为衢州市中级人民法院对徐某根裁定假释不符合法律规定，提请浙江省人民检察院按审判监督程序抗诉。

　　浙江省检察院经审查认为，徐某根原判刑期十年，截至裁定假释时，实际执行刑期只有二年零七个月。根据《中华人民共和国刑法》第七十三条规定，对没有达到刑期过半的罪犯假释，必须具有"特殊情节"。《最高人民法院关于办理减刑、假释案件具体应用法律若干问题的规定》中规定："特殊情节一般是指原单位因重要生产、重大科研的特殊需要。"经查实，徐犯不具有"特殊情节"。浙江省人民检察院于 1994 年 4 月 22 日向省高级人民法院提出抗诉。

　　浙江省高级人民法院于 1994 年 9 月 2 日以"衢州市中级人民法院依法作出对罪犯徐某根假释的刑事裁定并无不当，浙江省人民检察院抗诉理由不足"为由裁定维持原刑事裁定，驳回浙江省人民检察院的抗诉。

　　浙江省人民检察院认为，浙江省高级人民法院的裁定不仅在认定事实上，而且在适用法律上均有错误，遂提请最高人民检察院按审判监督程序抗诉。[1]

　　问题：请分析最高人民检察院就徐某根假释案按审判监督程序抗诉的原因？

【探讨案例 10-3】

　　1989 年 5 月 19 日下午，犯罪嫌疑人马某龙、许某刚、曹某波（后二人另案处理，均已判刑）预谋到吉林省公主岭市苇子沟街某村李某振家抢劫，并准备了面罩、匕首等作案工具。5 月 20 日零时许，三人蒙面持刀进入被害人李某振家大院，将屋门玻璃撬开后拉开门锁进入李某振卧室。马某龙、许某刚、曹某波分别持刀逼住李某

---

　　①　参见《浙江省高级人民法院〔1996〕浙法刑再终字引 14 号刑事裁定书》。

振及其妻子王某，并强迫李某振及其妻子拿钱。李某振和妻子王某喊救命，曹某波、许某刚随即逃离。马某龙在逃离时被李某振拉住，遂持刀在李某振身上乱捅，随后逃脱。曹某波、许某刚、马某龙会合后将抢得的现金 380 余元分掉。李某振被送往医院经抢救无效后死亡。

案发后马某龙逃往黑龙江省七台河市打工。公安机关没有立案，也未对马某龙采取强制措施。2014 年 3 月 10 日，吉林省公主岭市公安局接到黑龙江省七台河市桃山区桃山街派出所移交案件：当地民警在对辖区内一名叫"李红"的居民进行盘查时，"李红"交代其真实姓名为马某龙，1989 年 5 月伙同他人闯入吉林省公主岭市苇子沟街某村李某振家抢劫，并将李某振用刀扎死后逃跑。当日，公主岭市公安局对马某龙立案侦查，3 月 18 日通过公主岭市人民检察院层报最高人民检察院核准追诉。

公主岭市人民检察院、四平市人民检察院、吉林省人民检察院对案件进行审查并开展了必要的调查。2014 年 4 月 8 日，吉林省人民检察院报最高人民检察院对马某龙核准追诉。[①]

问题：请分析吉林省人民检察院报最高人民检察院对马某龙核准追诉的法律依据。

---

① 参见《最高人民检察院关于印发最高人民检察院第六批指导性案例——检例第 20 号》。

第十一章 侵犯人身权利犯罪

第一节 故意杀人罪

故意杀人，是指故意非法剥夺他人生命的行为。其构成要件如下：

1. 客体要件

本罪侵犯的客体是他人的生命权。法律上的生命是指能够独立呼吸并能进行新陈代谢的活的有机体，是人赖以存在的前提。

2. 客观要件

第一，必须有剥夺他人生命的行为，作为、不作为均可构成。以不作为行为实施的杀人罪，只有那些对防止他人死亡结果发生负有特定义务的人才能构成。杀人的方法多种多样，可以借助一定的凶器，也可以是徒手杀人，但是如果使用放火、爆炸、投毒等危险方法杀害他人，危及不特定多数人的生命、健康或重大公私财产安全的，应以危害公共安全罪论处。对于教唆未达到刑事责任年龄或没有刑事责任能力的人去杀害他人的，对教唆犯应直接以故意杀人罪论处。

第二，剥夺他人生命的行为必须是非法的，即违反了国家的法律。执行死刑、正当防卫均不构成故意杀人罪。经受害人同意而剥夺其生命的行为，也构成故意杀人罪。对所谓的"安乐死"，仍应以故意杀人罪论处，当然，量刑时可适用从轻或减轻的规定。

第三，直接故意杀人罪的既遂和间接故意杀人罪以被害人死亡为要件，但是，只有查明行为人的危害行为与被害人死亡的结果之间具有因果关系，才能断定行为人的罪责。

3. 主体要件

本罪的主体是一般主体。已满 14 周岁不满 18 周岁的人犯本罪，应当从轻或者减轻处罚。

4. 主观要件

本罪在主观上须有非法剥夺他人生命的故意，包括直接故意和间接故意。即明知自己的行为会发生他人死亡的危害后果，并且希望或者放任这种结果的发生。

【案例 11-1】

赵某驾车碾人案

2012 年 12 月 31 日 0 时许，被告人赵某驾驶鲁 UTP××××号出租车行驶至青岛市市北区抚顺路与鞍山二路路口时，与李某驾驶的鲁 BD××××号比亚迪车发生剧蹭，李某在未停车的情况下驾车离开。赵某尾随李某车辆至青岛市鞍山二路与南宁路路口附近时，比亚迪车上的李某、葛某手持器械和杨某童下车，向赵某驾驶的出租车走来，李某持棒球棒将出租车左侧后车窗玻璃砸碎，葛某持铁锹将出租车右侧后车窗及前挡风玻璃砸碎。被告人赵某为躲避李某、葛某等人的伤害，欲驾驶车辆冲散该三人离开。在被告人赵某驾车离开时将车前方的杨某童撞倒，并从杨某童身上碾过，杨某童经医院抢救无效死亡。①

◎　问题：被告人赵某的行为该如何评价？

【案例 11-1 分析】

本案中，被告人赵某在明知驾车冲向他人可能会将人撞死的情况下，仍对该结果持放任态度并驾车冲向他人，具有杀人的间接故意，致杨某童死亡，其行为符合故意杀人罪的构成要件，应以故意杀人罪论处。

【相关法条】

《刑法》

第二百三十二条【故意杀人罪】故意杀人的，处死刑、无期徒刑或者十年以上有期徒刑；情节较轻的，处三年以上十年以下有期徒刑。

【知识要点】

1. 故意杀人罪情节轻重的认定的因素

（1）被告人的主观恶性，包括被害人在案发起因上是否有重大过错、被告人犯罪动机是否卑劣等。

（2）杀人手段，如以特别残忍手段杀人，则通常不宜认定为情节较轻。

（3）犯罪后果，如导致二人以上死亡的严重后果，通常不能认定为情节较轻。

（4）社会评价，被害方及社会公众特别是当地群众对被告人行为作出的社会评价。

2. 司法实践中，故意杀人情节较轻及情节严重的认定

根据《刑法》第二百三十八、二百四十七、二百四十八、二百八十九、二百九十二条的规定，对非法拘禁使用暴力致人死亡的，刑讯逼供或暴力取证致人死亡的，虐待被监管人致人死亡的，聚众"打砸抢"致人死亡的，聚众斗殴致人死亡的，应以故意杀人罪论处。

根据司法实践，情节较轻的，处三年以上十年以下有期徒刑的，主要包括：防卫过当的故意杀人；义愤杀人，即被害人恶贯满盈，其行为已达到让人难以忍受的程度而其私自处死，一般是父母对于不义的儿子实施这种行为；激情杀人，即本无任何杀人故意，但在被害人的刺激、挑逗下而失去理智，失控而将他人杀死；受嘱托杀人，即基于被害人的请

____

① 参见《山东省青岛市市北区人民法院〔2013〕北刑初字第 561 号刑事判决书》。

求、自愿而帮助其自杀；帮助他人自杀的杀人；生母溺婴，即出于无力抚养、顾及脸面等不太恶劣的主观动机而将亲生婴儿杀死。如果是因为重男轻女的思想作怪，发现所生的是女儿而加以溺杀的，其主观动机极为卑劣，则不能以故意杀人罪的情节较轻情况论处。

属于情节严重的，应当判处死刑或者无期徒刑的：如出于图财、奸淫、对正义行为进行报复、毁灭罪证、嫁祸他人、暴力干涉婚姻自由等卑劣动机而杀人；利用烈火焚烧、长期冻饿、逐渐肢解等极端残酷的手段杀人；杀害特定对象如与之朝夕相处的亲人，著名的政治家、军事家、知名人士等，造成社会强烈震动、影响恶劣的杀人；产生诸如多人死亡，导致被害人亲人精神失常等严重后果的杀人；民愤极大如犯罪人恶贯满盈，群众强烈要求处死的故意杀人，等等。

3. 自杀案件中是否构成故意杀人罪的认定

（1）相约自杀，是指相互约定自愿共同自杀的行为。因行为人均不具有故意剥夺他人生命的行为，所以对其中自杀未遂的，一般不能认为是故意杀人罪；但是，如果行为人受托而将对方杀死，继而自杀未遂的，应构成故意杀人罪，量刑时可考虑从轻处罚；以相约自杀为名，诱骗他人自杀的，则应按故意杀人罪论处。

（2）致人自杀。既由于行为人先前所实施的行为，而引起他人自杀结果的发生。对此，应区别三种情况分别处理：第一，行为人的先前行为是正当的或只是一般错误、一般违法行为，他人自杀的主要原因是由于自杀者本人的心胸过于狭窄，这时不存在犯罪问题。第二，行为人先前实施了严重违法行为，结果致被害人自杀身亡的，可把致人自杀的结果作为一个严重情节考虑，将先前严重违法行为上升为犯罪处理。如当众辱骂他人，致其当即自杀的，可对辱骂者以侮辱罪论处。第三，行为人先前实施某种犯罪行为，引起被害人自杀的，只要行为人对这种自杀结果没有故意，应按其先前的犯罪行为定罪，而将自杀结果作为量刑时考虑的一个从重或选择较重法定刑处罚的情节。

（3）逼迫或诱骗他人自杀，即行为人希望自杀人死亡，但为了掩人耳目，逃避罪责，自己不直接动手，而是通过自己的逼迫、诱骗行为促使自杀者自己动手杀死自己，即借助自杀者自己之手达到行为人欲杀死自杀者的目的。行为人的行为与结果之间存在刑法上的因果关系。关键应查明行为人是否确实有刻意追求自杀者死亡的故意，并且其行为在特定环境下是否足以导致他人实施自杀的行为，两者缺一，则就不宜认定为构成本罪。

（4）教唆、帮助他人自杀。应当以故意杀人罪论处，但考虑到在教唆、帮助自杀中，自杀者的行为往往起决定作用，因此，应根据案情从宽处罚。如果行为人的行为不积极，作用不大，主观愿望出于善意，这时可不以犯罪论处。但是，教唆精神病人或未成年人自杀，由于自杀者限于精神状态或年龄因素对于自杀缺乏正确的认识和意志控制能力，对此，不仅要以本罪论处，而且还不能从轻或减轻处罚。

第二节　过失致人死亡罪

过失致人死亡罪，是指由于普通过失致人死亡的行为。本罪的客体与上述的"故意杀人罪"一样，是侵犯他人的生命权权利。过失致人死亡罪在主观上必须是过失，即应当预见自己的行为可能发生他人死亡的危害结果，因为疏忽大意而没有预见，或者已经预见而轻信能够避免，以致发生他人死亡的危害结果。客观上必须实施了致人死亡的行为，并且已经造成死亡结果，行为与死亡结果之间必须存在因果关系，因此，过失致人死亡罪是属于结果犯。

【案例 11-2】

郑某伟驾交通肇事案

被害人林某因怀疑被告人郑某伟与其妻有染而心生嫌隙。2016 年 10 月 15 日 11 时许，郑某伟驾驶一辆森雅牌面包车途经汕头市潮南区井都镇井田公路平湖东村路段时，被林某驾驶摩托车拦住。林某持伸缩棍将该面包车前挡风玻璃及驾驶室左侧车窗玻璃砸碎，戳打坐在驾驶位上的郑某伟。郑某伟倒车准备逃走，林某用胳膊夹挂在驾驶室左侧车门处进行阻止。郑某伟不顾林某尚夹挂在车门上，仍加速前行，在发现左前方有一辆同向行驶的宇通牌客车后，向左打方向与该客车发生碰撞，致夹挂在车门上的林某受挤压摔落地面，经送医院抢救无效死亡。郑某伟随后驾车前往公安机关投案。①

◎ 问题：该如何评价被告人郑某伟的行为？

【案例 11-2 分析】

本案中，被告人郑某伟主观方面为过失，其行为属于过于自信的过失，且被害人存在严重过错，故应认定为过失致人死亡罪。在被害人情绪激动且手持伸缩棍殴打恐吓被告人郑某伟的情况下，被告人郑某伟出于本能反应选择驾车逃跑在情理之中。当汽车启动时，在汽车周围的人会选择远离汽车，以防自身陷入不可预料的危险。被告人郑某伟驾车行为存在一定的危险因素，也预见到自己的驾车行为可能发生被害人摔落地上的结果，轻信被害人会就此停止夹住车窗玻璃，轻信能避免危害结果的发生。说明被告人郑某伟对于危害结果的发生持反对态度。被告人郑某伟因汽车前挡风玻璃被被害人砸碎，加上被害人双手抓住汽车驾驶位窗户不放，这两个因素足以导致郑某伟内心焦虑紧张，看不清路况而撞上前面的客车。因此，郑某伟对于危害结果的发生在主观上存在过失，不存在故意。以过失致人死亡罪认定更符合客观事实及郑某伟的主观方面。

【相关法条】

《刑法》

第二百三十三条【过失致人死亡罪】过失致人死亡的，处三年以上七年以下有期徒刑；情节较轻的，处三年以下有期徒刑。本法另有规定的，依照规定。

---

① 参见《广东省高级人民法院〔2018〕粤刑终 835 号刑事判决书》。

【知识要点】

1. 法条竞合

《刑法》第二百三十三条在规定了过失致人死亡罪及其法定刑之后指出："本法另有规定的，依照规定。"凡是其他犯罪包含过失致人死亡的，一律认定为其他犯罪。例如，刑法规定以他人死亡作为法定犯罪构成要件或者要件之一的过失犯罪，如犯失火罪、过失决水罪、过失爆炸罪、过失投放危险物质罪、交通肇事罪、重大责任事故罪等过失犯罪致人死亡的，应分别依照有关条文定罪量刑，不以过失杀人罪论处。因为在这种情况下过失杀人罪的法条与其他过失犯罪的法条之间形成法条竞合关系，应按照特别法优于普通法的原则处理。

2. 想象竞合

（1）一个过失行为导致一人死亡同时放任一人重伤的，成立想象竞合犯。

（2）过失重伤进而引起被害人死亡的，应直接认定为过失致人死亡罪。

（3）过失重伤之后救助能避免死亡结果，行为人又能履行救助义务而故意不救助的，成立不作为故意杀人罪。

3. 客观方面表现为因过失致使他人死亡的行为

致人死亡，是指行为人的过失行为与被害人的死亡结果之间有因果关系，这是行为人负刑事责任的客观基础。犯罪主体是一般主体。主观方面表现为过失。过失致人死亡罪与故意杀人罪的界限：主观方面不同，前者是过失，后者是故意。

4. 过于自信过失致人死亡和间接故意杀人的区别

首先，行为人对他人死亡结果发生的认识程度不同。前者对被害人死亡结果发送的认识程度较低，后者对被害人死亡结果发送的认识程度较高。其次，行为人对他人死亡结果发生的态度不同。前者对被害人死亡结果发生的主观态度是否定的，而后者对被害人死亡结果发生的主观态度是放任的。

5. 过失致人死亡罪与因意外事件致人死亡的界限

两者区别的关键是行为人能否预见自己的行为可能致人死亡和行为人能否防止他人死亡结果的发生。

第三节　故意伤害罪

故意伤害罪客观方面表现为非法损害他人身体健康的行为。具有以下三个特征：（1）伤害行为必须是非法的。因执行职务、执行命令、正当防卫、紧急避险等合法行为造成他人伤害的，是合法行为，当然不构成犯罪。（2）伤害的对象只能是他人，故意伤害自己身体的一般不构成犯罪。（3）伤害行为必须是损害他人身体健康的行为，即损害他人身体组织的完整性和人体器官正常功能的行为。

行为人没有重伤或者轻伤他人的故意，也没有为了实施其他犯罪而使用暴力的故意，殴打他人造成他人暂时性肉体痛苦或轻微伤害的，不以犯罪论。随意殴打他人，情节恶劣的，以寻衅滋事罪论处。

【案例 11-3】

王某龙持刀反击案

2014 年 6 月 13 日 18 时许，被告人王某龙在本市通州区马驹桥镇某公寓门前路边其水果摊处，无故被李某（男，27 岁）、丛某（男，35 岁）、王某（男，23 岁）和靳某某拳打脚踢后，在上述四人欲离开时，持水果刀将李某、丛某、王某扎伤，致李某腹膜破裂，后腹膜巨大血肿，左侧降结肠前壁全层破裂，丛某腹腔积血，王某左胸壁及右上臂开放性损伤；经通州区公安司法鉴定中心鉴定，李某、丛某身体所受损伤均为重伤二级，经北京市红十字会急诊抢救中心司法鉴定中心鉴定，王某身体所受损伤为轻微伤；此外，被告人王某龙明知他人报警仍在现场等候民警处理。①

◎ 问题：如何评价王某龙的行为？

【案例 11-3 分析】

本案中，被告人王某龙在其人身权利受到侵害后未能正确处理，持械故意伤害他人身体，致二人重伤、一人轻微伤，其行为已构成故意伤害罪，依法应予惩处。被告人王某龙的行为并不是针对正在进行的不法侵害，其行为不符合正当防卫的成立条件。

【相关法条】

《刑法》

第二百三十四条【故意伤害罪】 故意伤害他人身体的，处三年以下有期徒刑、拘役或者管制。

犯前款罪，致人重伤的，处三年以上十年以下有期徒刑；致人死亡或者以特别残忍手段致人重伤造成严重残疾的，处十年以上有期徒刑、无期徒刑或者死刑。本法另有规定的，依照规定。

【知识要点】

1. 故意伤害罪与故意杀人罪的界限

故意伤害罪的故意只有伤害他人身体健康的内容，而没有剥夺他人生命的内容，他人死亡是由于过失所致；故意杀人罪则具有剥夺他人生命的内容，仅造成他人伤害而没有造成他人死亡的，则是由于行为人意志以外的原因所致。要正确地判断行为人的故意内容是伤害故意还是杀人故意，必须查明犯罪的起因、经过和结果，犯罪的手段、工具、打击部位和强度，犯罪的时间、地点、环境与条件，犯罪人犯罪前后的表现，犯罪人与被害人之

---

① 参见《北京市通州区人民法院〔2014〕通刑初字第 969 号刑事判决书》。

间的关系等案件事实，全面分析，综合判断。

2. 故意伤害（致死）罪与过失致人死亡罪的界限

两者区分的关键是要查明行为人是否有伤害的故意。无论是故意伤害罪还是过失致人死亡罪，行为人对于死亡结果的发生均出于过失。

（1）故意伤害罪的行为人只有伤害的故意，而无杀人的故意。行为人基于轻伤或者重伤他人的故意而过失地造成他人死亡的，以故意伤害（致死）罪论处。

（2）过失致人死亡罪既无杀人的故意，也无伤害的故意。行为人并无伤害、杀害他人的故意而过失地造成他人死亡结果发生的，以过失致人死亡罪论处。

（3）没有伤害故意的一般殴打行为造成他人死亡的，行为人主观上有过失的，应当以过失致人死亡罪论处。没有过失的按意外事件处理。

（4）行为人以一般殴打行为作为暴力手段实施其他犯罪，又构成过失致人死亡罪，应按想象竞合犯原则处理。

第四节　强　奸　罪

强奸罪，是指违背女性意志并与其强行性交的行为。强奸罪在客观方面表现为采取暴力、胁迫或者其他手段，使被害妇女不能抗拒、不敢抗拒、不知抗拒，从而违背妇女意志，强行与妇女性交。暴力是指犯罪分子直接对被害妇女采用殴打、捆绑、卡脖子、按倒等危害人身安全或者人身自由，使被害妇女不能抗拒的手段。胁迫是指犯罪分子对被害妇女威胁、恫吓，从而到达精神上的强制，使被害妇女不敢抗拒的手段。其他手段是指利用暴力、胁迫以外的，使被害妇女不知抗拒或者无法抗拒的手段。

【案例 11-4】

魏某泉、黄某祥强奸案

1996 年间，刘某甲在云南省一车站意外发现了出生不久的婴儿刘某，即抱回收养。刘某既有男性生殖器，也有女性生殖器，后刘某长期以女性身份生活，并有明显的女性第一性征，至今仍未进行户籍登记。2013 年 3 月 13 日凌晨 2 时许，被告人魏某泉、黄某祥在南安市仑苍镇某网吧门口的烧烤摊喝酒时，被告人魏某泉想起前几天刚通过 QQ 聊天认识的"女孩"刘某，就打电话约刘某一起吃烧烤，后刘某与其男朋友石某强共同到烧烤摊与被告人魏某泉、黄某祥一起喝酒。其间，石某强先行离开，刘某接着也要离开。被告人魏某泉、黄某祥经预谋与刘某发生性关系后，尾随刘某到某网吧对面的公厕边，使用暴力、威胁手段，强行轮流与刘某发生性关系。之后，刘某为了逃跑，以去开房为由，将二被告人带到南安市仑苍镇工业街商业银行对面刘某租房楼下时，恰巧碰到石某强，刘某乘机逃跑。①

---

① 参见《福建省南安市人民法院〔2013〕南刑初字第 1372 号刑事判决书》。

◎ 问题：如何评价魏某泉、黄某祥的行为？

【案例 11-4 分析】

本案中，被害人刘某虽无户籍登记，但有明显的女性第一性征，且长期以女性身份生活，其社会性别为女性，性自主权依法应受刑法保护。因此，被告人魏某泉、黄某祥以奸淫为目的，违背妇女意志，尾随刘某到鑫龙网吧对面的公厕边，使用暴力、威胁手段，强行轮流与刘某发生性关系，其行为均已构成强奸罪，且具有轮奸情节。

【相关法条】

《刑法》

第二百三十六条【强奸罪】① 以暴力、胁迫或者其他手段强奸妇女的，处三年以上十年以下有期徒刑。

奸淫不满十四周岁的幼女的，以强奸论，从重处罚。

强奸妇女、奸淫幼女，有下列情形之一的，处十年以上有期徒刑、无期徒刑或者死刑：

（一）强奸妇女、奸淫幼女情节恶劣的；

（二）强奸妇女、奸淫幼女多人的；

（三）在公共场所当众强奸妇女、奸淫幼女的；

（四）二人以上轮奸的；

（五）奸淫不满十周岁的幼女或者造成幼女伤害的；

（六）致使被害人重伤、死亡或者造成其他严重后果的。

【知识要点】

强奸罪的司法认定

奸淫被拐卖的妇女的，以拐卖妇女罪从重处罚。

组织卖淫的犯罪分子强奸妇女后迫使其卖淫的，应数罪并罚。

半推半就发生性关系，确实是违背妇女意志的，以强奸罪定罪处罚。

行为人明知是精神病患者或者程度严重的痴呆者而与其发生性关系，不管采取何种手段都是强奸罪。

1. 强奸罪中"明知"的推定

（1）知道或者应当知道对方是不满 14 周岁的幼女，而实施奸淫等性侵害行为的，应当认定行为人"明知"对方是幼女。

（2）对于不满 12 周岁的被害人实施奸淫等性侵害行为的，应当认定行为人"明知"对方是幼女。

---

① 根据《中华人民共和国刑法修正案（十一）》修订。

（3）对于已满 12 周岁不满 14 周岁的被害人，从其身体发育状况、言谈举止、衣着特征、生活作息规律等观察可能是幼女，而实施奸淫等性侵害行为的，应当认定行为人"明知"对方是幼女。

（4）以金钱财物等方式引诱幼女与自己发生性关系的；知道或者应当知道幼女被他人强迫卖淫而仍与其发生性关系的，均以强奸罪论处。

2. 强奸罪中"违背意志"的推定

（1）对幼女负有特殊职责的人员与幼女发生性关系的以强奸罪论处。

（2）对已满 14 周岁的未成年女性负有特殊职责的人员，利用其优势地位或者被害人孤立无援的境地，迫使未成年被害人就范，而与其发生性关系的，以强奸罪定罪处罚。

3. 强奸罪中"公共场所"的推定

在校园、游泳馆、儿童游乐场等公共场所对未成年人实施强奸、猥亵犯罪，只要有其他多人在场，不论在场人员是否实际看到，均可以认定为在公共场所当众强奸妇女，强制猥亵、侮辱妇女、儿童。

第五节　非法拘禁罪

非法拘禁罪，是指没有正当或合法的根据而剥夺他人人身自由，从而符合刑法规定的行为。非法拘禁侵害的法益为他人现实的身体活动自由。

非法拘禁罪的行为对象为他人（具有身体活动自由的自然人），其内容为非法拘禁他人或者以其他方法非法剥夺他人的身体自由，即直接拘束他人的身体（如捆绑他人四肢，使用手铐拘束他人双手）与间接拘束人的身体（如将他人监禁于一定场所，使其不能或明显难以离开、逃出）。

在剥夺他人人身自由的方法上，可以包括有形与无形的方法，如暴力、胁迫方法拘禁他人与利用他人的恐惧心理予以拘禁（如使被害人进入货车车厢后高速行驶，使之不敢轻易跳下车），或者使用欺诈方法剥夺他人自由。非法拘禁的表现方式可以是作为与不作为。

非法拘禁的非法性，是指行为人不存在拘禁他人的正当或合法根据。如其并非执行法令，或者紧急避险，也非来自被害人承诺。

【案例 11-5】

蔡某光等非法索债案

2010 年 11 月 12 日，启东公司经理陆某春通过朱某宏出面向被告人樊某波借高利贷人民币 30 万元。2010 年 12 月 11 日、2011 年 1 月 5 日，陆某春及该公司股东王某雷又通过朱某宏担保，先后向被告人蔡某光借高利贷共计人民币 25 万元。后因公司经营不善，陆某春、王某雷无力归还借款，除支付部分利息外，陆某春欠款外逃。被告人蔡某光、樊某波向朱某宏多次索债未果后，于 2011 年 6 月 9 日至 23 日纠集被告人陈某、邱某、倪某波等人，采用外出跟随、日夜看守等手段，先后将朱某宏看守于本市汇龙镇五洲宾馆、中医院病房、维多利亚酒店，非法拘禁时间长达 15 天。其间，被告人蔡某光、樊某波等人不断逼迫朱某宏归还欠款，被害人朱某宏精神状态日渐消沉，亦曾表露轻生念头。朱多次向王某雷追款未果，6 月 22、23 日，朱某宏在被告人陈某、邱某等人催促、跟随、看守下，向亲戚朱某平等人借得人民币 3 万元归还蔡、樊欠款。6 月 23 日晚 7 时许，朱某宏从维多利亚酒店 8519 房间窗户跳楼自杀，经抢救无效于当晚死亡。经法医鉴定，朱某宏系从高处坠落致心脏破裂致大出血死亡。①

◎ **问题**：请评价蔡某光、樊某波等人的行为。

【案例 11-5 分析】

本案中，被告人蔡某光、樊某波等人明知被害人身负巨额债务、被单位辞退，身心遭受巨大打击的情况下，为追索债务，非法拘禁被害人长达 15 天，并不断逼迫被害人归还欠款，在被害人被长时间非法拘禁、逼债，身心十分脆弱的情况下，各被告人对被害人的人身安全没有尽到注意义务，故各被告人的非法拘禁行为是导致被害人死亡的直接原因，与被害人的自杀死亡具有刑法上的因果关系。被告人蔡某光、樊某波等人为向他人索取债务，非法剥夺、限制他人人身自由，致人死亡，其行为已构成非法拘禁罪，依法均应当追究刑事责任。

【相关法条】

《刑法》

第二百三十八条 【非法拘禁罪】 非法拘禁他人或者以其他方法非法剥夺他人人身自由的，处三年以下有期徒刑、拘役、管制或者剥夺政治权利。具有殴打、侮辱情节的，从重处罚。

犯前款罪，致人重伤的，处三年以上十年以下有期徒刑；致人死亡的，处十年以上有期徒刑。使用暴力致人伤残、死亡的，依照本法第二百三十四条、第二百三十二条的规定定罪处罚。

为索取债务非法扣押、拘禁他人的，依照前两款的规定处罚。

国家机关工作人员利用职权犯前三款罪的，依照前三款的规定从重处罚。

【知识要点】非法拘禁罪法条的适用

第一款："具有殴打、侮辱情节的，从重处罚"是一项基本规定，应当适用于第一、二、三款。在行为人非法拘禁他人，使用暴力致人伤残、死亡的情况下，则不能再适用"具有殴打情节的，从重处罚"的规定。如果侮辱行为表现为暴力侮辱，则不能再适用

---

① 参见《江苏省启东市人民法院〔2012〕启刑初字第 30 号刑事判决书》。

"具有……侮辱情节的，从重处罚"的规定，否则违反了禁止重复评价的原则。如果侮辱行为表现为暴力以外的方式，则应适用"具有……侮辱情节的，从重处罚"的规定。

第二款：非法拘禁行为与死亡结果之间的关系。

（1）结果加重犯：非法拘禁致人重伤、死亡，是指非法拘禁行为本身致被害人重伤、死亡（结果加重犯），重伤、死亡结果与非法拘禁行为之间必须具有直接的因果关系（直接性要件）。行为人在实施基本行为之后或之时，被害人自杀、自残、自身过失等造成死亡、伤残结果的，因缺乏直接性要件，不认定为结果加重犯。

（2）想象竞合犯：行为人明知某种拘禁行为本身会导致他人死亡，却实施该拘禁行为，因而致人死亡的，成立非法拘禁罪与故意杀人罪的想象竞合犯。

（3）非法拘禁后使用暴力致人伤残、死亡的，成立故意伤害罪或者故意杀人罪。非法拘禁使用超出拘禁行为所必需的范围的暴力致人死亡，而没有杀人故意的，才适用《刑法》第二百三十八条第二款后段的规定认定为故意杀人罪。

第三款："为索取债务非法扣押、拘禁他人的，依照前两款的规定处罚。"

第六节　绑　架　罪

绑架罪，是指行为人以勒索财物或实现其他非法要求为目的而控制他人，将他人作为人质迫使与被绑架者有关的人交付财物或满足其非法要求的行为。本罪中的绑架，是指用暴力、胁迫、麻醉或者其他强制性手段将他人劫持，置于自己的控制之下，使其失去行动自由的行为。以勒索财物为目的绑架他人是指以勒索财物为目的绑架他人作为人质，利用其他人对绑架者安危的担忧，向被绑架者以外的其他人或组织提出财产要求的行为；绑架他人作为人质是指绑架他人作为人质，利用其他人对被绑架者安危的担忧，向被绑架者以外的其他人或组织提出财物以外的其他要求的行为。

【案例 11-6】

方某抱走孩童案

被告人方某案发前在浙江省桐庐县承包建筑粉刷工程。2008 年 11 月，方某因经济拮据，产生绑架他人勒索钱财的恶念。同月 12 日 17 时 50 分许，方某见其经常用餐的快餐店老板姚某军 5 岁的儿子姚某独自在桐庐县桐君街道瑶琳路和学圣路交叉路玩耍，即强行将姚某抱至附近春江路边的围墙内，接着打电话至快餐店，向姚某军夫妇勒索人民币 10 万元。被害人姚某在被告人打电话时走出围墙，后被熟人发现送回姚家脱险。①

◎ 问题：请评价方某的行为。

———————
① 参见《浙江省桐庐县人民法院〔2009〕杭桐刑初字第 66 号刑事判决书》。

【案例 11-6 分析】

本案中，被告人方某以勒索财物为目的，绑架快餐店老板姚某军 5 岁的儿子姚某，虽然被绑架人脱险，也并未勒索到财物，但其行为符合绑架罪的构成要件，已构成绑架罪。虽然被害人系在被告人打电话勒索钱财时离开，但并不存在"主动放走"的情况，不属于犯罪中止的情况。

【相关法条】

《刑法》

第二百三十九条【绑架罪】 以勒索财物为目的绑架他人的，或者绑架他人作为人质的，处十年以上有期徒刑或者无期徒刑，并处罚金或者没收财产；情节较轻的，处五年以上十年以下有期徒刑，并处罚金。

犯前款罪，杀害被绑架人的，或者故意伤害被绑架人，致人重伤、死亡的，处无期徒刑或者死刑，并处没收财产。

以勒索财物为目的偷盗婴幼儿的，依照前两款的规定处罚。

【知识要点】

1. 绑架罪与非法拘禁罪的区别

（1）主观方面不同，前者要求以勒索财物为目的，或者要求除勒索财物与出卖为目的以外，以获取其他利益为目的。后者以非法剥夺人身自由为目的。

（2）客观方面不同，前者既有非法剥夺人身自由的行为，又有勒索财物和要求获取其他利益的行为。后者一般只具有非法剥夺人身自由的行为。

（3）客体不完全相同，前者侵犯的可能是复杂客体，也可能是单一客体。后者只能是单一客体。

2. 绑架罪既遂与未遂的认定

行为人以勒索财物为目的劫持他人并把他人置于自己的控制之下的，或者将他人置于自己控制之下作为人质的，或者以勒索财物为目的完成偷盗婴幼儿的行为的，即构成既遂，行为人勒索财物的目的或者其他非法目的是否达到，不影响本罪既遂的成立。行为人实施了偷盗婴幼儿的行为但未能完成偷盗行为，或者完成偷盗行为但未能造成婴幼儿的父母、监护人或者其他合法之看护人失去对婴幼儿之监护的，属于未遂。

3. 绑架罪罪数

杀害被绑架人的，或者故意伤害被绑架人，致人重伤、死亡的，都应认定为绑架罪，从重处罚。除此之外，行为人在绑架过程中实施了其他加害被害人的行为构成犯罪的，应当与绑架罪进行并罚。对已满 14 周岁不满 16 周岁绑架他人后又杀害被害人的处理，一般应独立评价其故意杀人行为，追究其刑事责任。杀人后又向被害人家属敲诈勒索财物的，以敲诈勒索罪论处，与杀人罪实行并罚。绑架过程中当场实施暴力劫夺被害人财物的，同时构成抢劫罪，与本罪择一重罪（绑架罪）处断，不并罚。

第七节　拐卖妇女、儿童罪

拐卖妇女、儿童罪，是指以出卖为目的，拐骗、绑架、收买、贩卖、接送、中转妇女、儿童的行为。本罪是选择性罪名，可分解为拐卖妇女罪与拐卖儿童罪。

【案例 11-7】

蔡某占出卖亲生孩子案

2012 年农历八月二十一日，河南省内乡县瓦亭镇某村村民魏某生一男孩，被告人蔡某占（魏某的丈夫）以抚养不起为由，找到被告人杨某花（算命的"神婆"），讲述了自己的家庭情况及不想抚养该男孩的想法。杨某花得知该情况后，把该男孩介绍给本村的杨某（另案处理）及其儿子孙某（已死亡），杨某和孙某表示愿意抚养该男孩。之后，孙某与蔡某占联系，蔡某占索要 65 000 元现金，经过孙某、被告人杨某花的讨价还价，以 56 000 元的价格达成协议。2012 年农历九月二十四日晚，被告人蔡某占以 56 000 元的价格将自己的亲生儿子卖给邓州市十林镇河池村的杨某抚养。

2014 年阴历八月二日，魏某又生一女孩。内乡县瓦亭镇某村村民崔某得知后找到蔡某占之哥嫂蔡某某、袁某某，提出如果蔡某占不愿抚养，他愿意介绍给他人抚养。蔡某某、袁某某二人征求被告人蔡某占的意见，蔡某占表示不愿意抚养。崔某某通过其女儿崔某丁将女婴介绍给郑州市惠济区古荣镇岭某村村民柴某某、崔某甲夫妇抚养。2014 年 8 月 3 日，柴某某、崔某甲及崔某丁从郑州赶到内乡县第二人民医院，经蔡某占同意，柴某某、崔某甲二人出资 2 万元将该女婴买走。①

◎ **问题：** 该如何评价被告人蔡某占的行为？

【案例 11-7 分析】

本案中，被告人蔡某占以非法获利为目的，将自己的孩子出卖给他人抚养，并收取对方巨额钱财；被告人杨某花，明知蔡某占要将自己的儿子卖给他人，积极从中介绍、中转并接送，两人的行为均符合拐卖儿童罪的法定构成要件，构成拐卖儿童罪，且系共同犯罪。被告人蔡某占在共同犯罪中起主要作用，系主犯，应当按照其参与的全部犯罪定罪处罚。被告人杨某花，在共同犯罪中起次要、辅助作用，系从犯，应当从轻或减轻处罚。

---

① 参见《河南省内乡县人民法院〔2015〕内刑初字第 232 号刑事判决书》。

【相关法条】

《刑法》

第二百四十条【拐卖妇女、儿童罪】拐卖妇女、儿童的，处五年以上十年以下有期徒刑，并处罚金；有下列情形之一的，处十年以上有期徒刑或者无期徒刑，并处罚金或者没收财产；情节特别严重的，处死刑，并处没收财产：

（一）拐卖妇女、儿童集团的首要分子；

（二）拐卖妇女、儿童三人以上的；

（三）奸淫被拐卖的妇女的；

（四）诱骗、强迫被拐卖的妇女卖淫或者将被拐卖的妇女卖给他人迫使其卖淫的；

（五）以出卖为目的，使用暴力、胁迫或者麻醉方法绑架妇女、儿童的；

（六）以出卖为目的，偷盗婴幼儿的；

（七）造成被拐卖的妇女、儿童或者其亲属重伤、死亡或者其他严重后果的；

（八）将妇女、儿童卖往境外的。

拐卖妇女、儿童是指以出卖为目的，有拐骗、绑架、收买、贩卖、接送、中转妇女、儿童的行为之一的。

第二百四十一条【收买被拐卖的妇女、儿童罪】收买被拐卖的妇女、儿童的，处三年以下有期徒刑、拘役或者管制。

【强奸罪】收买被拐卖的妇女，强行与其发生性关系的，依照本法第二百三十六条的规定定罪处罚。

【非法拘禁罪】【故意伤害罪】【侮辱罪】收买被拐卖的妇女、儿童，非法剥夺、限制其人身自由或者有伤害、侮辱等犯罪行为的，依照本法的有关规定定罪处罚。

收买被拐卖的妇女、儿童，并有第二款、第三款规定的犯罪行为的，依照数罪并罚的规定处罚。

【拐卖妇女、儿童罪】收买被拐卖的妇女、儿童又出卖的，依照本法第二百四十条的规定定罪处罚。

收买被拐卖的妇女、儿童，对被买儿童没有虐待行为，不阻碍对其进行解救的，可以从轻处罚；按照被买妇女的意愿，不阻碍其返回原居住地的，可以从轻或者减轻处罚。

【知识要点】司法认定

1. 本罪与绑架罪和收买被拐卖的妇女、儿童罪的区别

本罪与绑架罪的区别主要在于犯罪目的，本罪以出卖为目的，而绑架罪是索取财物或其他目的。

本罪与收买被拐卖的妇女、儿童罪的区别：本罪中的收买，是为了出卖而收买，"收买"只是拐卖妇女、儿童犯罪的一个中间环节，犯罪分子收买被拐妇女、儿童后，便将被害妇女、儿童又转手倒卖与他人，从中谋取不义之财；或者虽然不是为了出卖而收买，但是收买后又出卖的，也按照拐卖妇女、儿童罪处罚。

2. 借送养之名出卖亲生子女与民间送养行为的界限

区分的关键在于行为人是否具有非法获利的目的。应当通过审查将子女"送"人的背景和原因、有无收取钱财及收取钱财的多少、对方是否具有抚养目的及有无抚养能力等事实，综合判断行为人是否具有非法获利的目的。具有下列情形之一的，可以认定属于出卖亲生子女，应当以拐卖儿童罪论处：

（1）将生育作为非法获利手段，生育后即出卖子女的；

（2）明知对方不具有抚养目的，或者根本不考虑对方是否具有抚养目的，为收取钱财将子女"送"给他人的；

（3）为收取明显不属于"营养费""感谢费"的巨额钱财将子女"送"给他人的；

（4）其他足以反映行为人具有非法获利目的的"送养"行为的。

不是出于非法获利目的，而是迫于生活困难，或者受重男轻女思想影响，私自将没有独立生活能力的子女送给他人抚养，包括收取少量"营养费""感谢费"的，属于民间送养行为，不能以拐卖儿童罪论处。

对私自送养导致子女身心健康受到严重损害，或者具有其他恶劣情节，符合遗弃罪特征的，可以遗弃罪论处，情节显著轻微危害不大的，可由公安机关依法予以行政处罚。

3. 以拐卖妇女、儿童罪论处

（1）以出卖为目的强抢儿童，或者捡拾儿童后予以出卖，应当以拐卖儿童罪论处。

（2）以抚养为目的偷盗婴幼儿或者拐骗儿童，之后予以出卖的，以拐卖儿童罪论处。

（3）以非法获利为目的，出卖亲生子女的，应当以拐卖妇女、儿童罪论处。

（4）将妇女拐卖给有关场所，致使被拐卖的妇女被迫卖淫或者从事其他色情服务的，以拐卖妇女罪论处。有关场所的经营管理人员事前与拐卖妇女的犯罪人通谋的，对该经营管理人员以拐卖妇女罪的共犯论处；同时构成拐卖妇女罪和组织卖淫罪的择一重罪论处。

（5）医疗机构、社会福利机构等单位的工作人员以非法获利为目的，将所诊疗、护理抚养的儿童贩卖给他人的，以拐卖儿童罪论处。

4. 以拐卖妇女、儿童罪共犯论处

（1）明知他人拐卖妇女、儿童，仍然向其提供被拐卖妇女、儿童的健康证明、出生证明或者其他帮助的，以拐卖妇女、儿童罪的共犯论处。

（2）明知他人收买被拐卖的妇女、儿童，仍然向其提供被收买妇女、儿童的户籍证明、出生证明或者其他帮助的，以收买被拐卖的妇女、儿童罪的共犯论处，但是，收买人未被追究刑事责任的除外。

（3）明知他人系拐卖儿童的"人贩子"，仍然利用从事诊疗、福利救助等工作的便利或者了解被拐卖方情况的条件，居间介绍的，以拐卖儿童罪的共犯论处。

5. 拐卖妇女、儿童罪的罪数问题

（1）拐卖妇女、儿童，又奸淫被拐卖的妇女、儿童，或者诱骗、强迫被拐卖的妇女、儿童卖淫的，以拐卖妇女、儿童罪处罚。

（2）拐卖妇女、儿童，又对被拐卖的妇女、儿童实施故意杀害、伤害、猥亵、侮辱等行为，构成其他犯罪的，依照数罪并罚的规定处罚。

（3）拐卖妇女、儿童或者收买被拐卖的妇女、儿童，又组织、教唆被拐卖、收买的妇女、儿童进行犯罪的，以拐卖妇女、儿童罪或者收买被拐卖的妇女、儿童罪与其所组织教唆的罪数罪并罚。

（4）拐卖妇女，儿童或者收买被拐卖的妇女、儿童，又组织、教唆被拐卖、收买的未成年妇女、儿童进行盗窃、诈骗、抢夺、敲诈勒索等违反治安管理活动的，以拐卖妇女儿童罪或者收买被拐卖的妇女、儿童罪与组织未成年人进行违反治安管理活动罪数罪并罚。

第八节　诬告陷害罪

诬告陷害罪是指捏造犯罪事实，作虚假告发，意图使他人受到刑事追究，情节严重的行为。"捏造"，是指无中生有，虚构犯罪事实，意图使被诬告者受到错误侦查、起诉、审判等。"虚假告发"，是指行为人将捏造的犯罪事实向有关单位进行告发。告发的形式有多种多样，可以是书面的，也可以是口头的；可以是署名的，也可以是匿名的。诬告陷害罪在主观方面必须是故意，具有陷害他人、意图使他人受到刑事追究的目的，故其行为不仅侵犯了公民的合法权利，同时侵犯了司法机关的正常活动。

【案例 11-8】

周某定"自残"案

2016 年 2 月 14 日下午 3 时左右，浏阳市集里街道东方新天地小区居民欧某驾车回小区时，因撞坏了门卫栏杆而与当时在小区物业公司务工的被告人周某定发生纠纷，在冲突争执中，欧某用雨伞打伤了被告人周某定的右眉弓部位。被告人周某定受伤后入住浏阳市中医医院住院治疗并报了警，未引起公安机关对案件的重视和向欧某施压多得到经济赔偿，被告人周某定通过查询得知眉弓部位伤口长度需达到 6 厘米才能构成轻伤后，遂于 2 月 17 日下午到浏阳市人民医院找到自己熟识的医师张某，要求其用手术刀由中医院已缝合的伤口再往外划开了约 1 厘米多，人为将伤口弄成了符合轻伤标准的长度。次日（18 日），被告人周某定到浏阳市公安局刑事科学技术室找法医杨某对其伤情进行鉴定，因其伤口长度达到 6 厘米，法医出具了被告人周某定的损伤属于轻伤二级的鉴定意见，浏阳市公安局依据该鉴定意见，于 2016 年 4 月 9 日将欧某涉嫌故意伤害案立为刑事案件侦查。因此，欧某除应支付被告人周某定医疗费用 1.9 万元外，还应赔偿被告人周某定误工费等各项费用 10.38 万元，并被移送检察机关审查起诉。2017 年 6 月 19 日检察院对欧某作出相对不起诉决定。2018 年 1 月 15 日经知情人士举报，公安机关对本案展开调查，3 月 15 日在民警电话通知下，被告人周某定主动到案，如实供认了上述陷害欧某的事实。案发后，被告人周某定与被害人欧某达成协议，退赔被害人欧某 6 万元，取得了欧某的谅解。①

◎ 问题：如何评价被告人周某定的行为？

---

① 参见《湖南省长沙市中级人民法院〔2018〕湘 01 刑终 909 号刑事判决书》。

【案例 11-8 分析】

本案中，被告人周某定因琐事与欧某发生争执，继而动手被欧某用雨伞打伤其右眉弓部位，该伤未达到轻伤程度，不符合我国《刑法》第二百三十四条故意伤害罪的构成要件，因此其在知悉后，自行前往医院将其右眉弓部位的伤口"人为"地弄成了符合轻伤标准的长度，其目的是引起公安机关对案件的重视和向欧某施压以多得到经济赔偿。其行为是捏造虚假事实，意图使他人受到刑事追诉，对于周某定的行为，符合诬告陷害罪的构成要件。

【相关法条】

《刑法》

第二百四十三条　【诬告陷害罪】捏造事实诬告陷害他人，意图使他人受刑事追究，情节严重的，处三年以下有期徒刑、拘役或者管制；造成严重后果的，处三年以上十年以下有期徒刑。国家机关工作人员犯前款罪的，从重处罚。不是有意诬陷，而是错告，或者检举失实的，不适用前两款的规定。

第九节　侮辱罪与诽谤罪

侮辱罪，是指使用暴力或者其他方法，公然贬低他人人格，败坏他人名誉，情节严重的行为。侮辱行为必须采取暴力或者其他方法进行，必须公然进行，侮辱行为必须针对特定的人进行。公然进行是指侮辱行为在众多人在场的情况下进行，即在能为众多人所见所闻的条件下进行，至于侮辱行为有多少人知悉不影响本罪的成立。本罪告诉的才处理，但是严重危害社会秩序和国家利益的除外。

诽谤罪，是指捏造并公开散布虚构的事实，损害他人人格与名誉，情节严重的行为。

【案例 11-9】

王某网络侮辱诽谤案

2015 年 7 月，被告人王某在西祠胡同网站上注册用户名"万某开发商"。自 2017 年 3 月至 6 月间，被告人王某以该网名连续在西祠胡同睢宁论坛官方网站上发帖，通过辱骂及捏造、歪曲事实等方式，公然在网络上对自诉人刘某进行侮辱、诽谤，经统计，该侮辱、诽谤信息实际被点击、浏览累计达 12 000 余次，给自诉人刘某的名誉造成了恶劣影响。①

◎ **问题**：如何评价被告人王某的行为？

---

① 参见《江苏省徐州市睢宁县人民法院〔2017〕苏 0324 刑初 613 号刑事判决书》。

【案例 11-9 分析】

本案中，被告人王某在西祠胡同睢宁论坛官方网站上发帖，通过辱骂及捏造、歪曲事实等方式，公然在网络上对自诉人刘某进行侮辱、诽谤，侮辱、诽谤信息实际被点击、浏览累计达 12 000 余次，情节严重，给刘某的名誉造成了恶劣影响，其行为构成侮辱、诽谤罪。

【相关法条】

《刑法》

第二百四十六条 **【侮辱罪】【诽谤罪】** 以暴力或者其他方法公然侮辱他人或者捏造事实诽谤他人，情节严重的，处三年以下有期徒刑、拘役、管制或者剥夺政治权利。前款罪，告诉的才处理，但是严重危害社会秩序和国家利益的除外。通过信息网络实施第一款规定的行为，被害人向人民法院告诉，但提供证据确有困难的，人民法院可以要求公安机关提供协助。

【知识要点】

侮辱罪与诽谤罪的界限：（1）行为手段不同：侮辱罪的行为方式可以是口头、文字图画、暴力等；诽谤罪的行为方式只能是口头或者文字、图画，而不可能是暴力的方式。（2）行为方式不同：侮辱罪可以不用具体事实，也可以用具体真实，如利用被害人的隐私来损害被害人的人格和名誉，但不可能使用捏造并散布事实的方法；诽谤罪则必须捏造事实，并以公然散布这一事实为必要。

第十节 刑讯逼供罪

刑讯逼供有广义与狭义之分，狭义的刑讯逼供为刑法意义上的刑讯逼供，主体只能是司法工作人员（即负有侦查、检察、审判、监管职责的工作人员），客观方面表现为对犯罪嫌疑人、被告人使用肉刑或变相肉刑、逼取口供的行为。而广义的刑讯逼供的客观方面还包括对证人使用肉刑或变相肉刑、暴力取证的行为，以及对犯罪嫌疑人、被告人施以精神折磨的行为。在刑事司法实践中，大量的刑讯逼供都是指广义上的刑讯逼供行为，虽然它对犯罪嫌疑人、被告人的直接侵害后果没有狭义的刑讯逼供行为严重，但同样对司法公正和社会产生了恶劣的影响。我国《刑法》第二百四十七条规定的刑讯逼供罪，是指司法工作人员对犯罪嫌疑人、被告人使用肉刑或者变相肉刑逼取口供的行为。

【案例 11-10】

黄某、曾某逼供案

2015 年 7 月 29 日，郑某福因涉嫌强奸罪被成都市公安局龙泉驿区分局刑事拘留，羁押于龙泉驿区看守所。经入所前体检，成都航天医院超声检查报告诊断意见为肝脏、胰腺、脾脏、肾脏目前未见明显异常。龙泉驿区看守所入所健康检查表登记显示郑某福左脸颊有红肿淤伤，左耳红肿。2015年8月3日9时许，柏合派出所公安民警王某某、钟某和辅警黄某、曾某将犯罪嫌疑人郑某福从龙泉驿区看守所提押至柏合派出所，王某某先行到办公室准备郑某福的户籍资料，钟某、黄某、曾某带郑某福到派出所办公大楼后指认作案工具。随后钟某等人将郑某福带回王某某的办公室，对郑某福的身份进行讯问核实。在此过程中，黄某用脚踢郑某福腰部，曾某打郑某福耳光。后将郑某福带至该所办案区讯问室，郑某福因腹部疼痛倒在地上，随后郑某福被带到成都航天医院检查。经超声检查发现郑某福腹部积液，医生建议住院治疗，但民警予以拒绝。同日14时许，上述4人将郑某福送回龙泉驿区看守所继续羁押，上述4人未告知看守所收押室民警郑某福当日就医情况。郑某福被送进看守所后，押室管教民警立即发现郑某福情况异常，便安排其他干警拨打了120，随后急救医生将郑某福带至成都航天医院救治。成都航天医院诊断为脾脏破裂，并行脾脏摘除手术。经调取监控录像，未见郑某福在看守所内与他人发生身体冲突接触，也未发生导致其受伤的意外事件；在外提至柏合派出所接受讯问期间，监控录像范围内也未发现其与他人发生身体接触和导致受伤的意外事件，柏合派出所民警办公室内无监控。①

◎ 问题：如何评价被告人黄某、曾某的殴打的行为？

【案例11-10分析】

本案中，被告人黄某、曾某身为协助行使刑事侦查职能的司法工作人员，在履行职责中以用脚踢或打耳光暴力方式获取犯罪嫌疑人郑某福口供，致犯罪嫌疑人轻伤一级（此行为与郑某福的陈旧性损伤共同造成郑某福重伤二级、八级伤残），其行为构成刑讯逼供罪。

【相关法条】

《刑法》

第二百四十七条 **【刑讯逼供罪】** 司法工作人员对犯罪嫌疑人、被告人实行刑讯逼供或者使用暴力逼取证人证言的，处三年以下有期徒刑或者拘役。致人伤残、死亡的，依照本法第二百三十四条、第二百三十二条的规定定罪从重处罚。

第十一节　破坏选举罪

破坏选举罪，是指违反选举法的规定，以暴力、威胁、欺骗、贿赂等非法手段，破坏选举或者妨害选民自由行使选举权和被选举权的行为。是我国刑法中侵犯公民人身权利、民主权利罪的一种。其根本目的是保护公民的选举权和被选举权以及国家的选举制度。用

---

① 参见《四川省成都市龙泉驿区人民法院〔2016〕川0112刑初510号刑事判决书》。

以对于采用暴力、威胁、欺骗、贿赂等手段，破坏选举活动的正常进行或者妨害公民自由行使选举权和被选举权的行为进行刑法规制。

【案例 11-11】

姚某建、陈某社选举案

2007 年 2 月 27 日，三门峡市湖滨区会兴街道办事处上村选区的四个投票点依法进行湖滨区第十届人大代表选举。当日上午 8 时许，被告人姚某建（上村三组组长、上村选区选举工作领导小组成员）、陈某社与上村第三投票点其他工作人员从村委领取本组选民选票后，高某某以姚某建剥夺了其兄弟（高瑞某）媳妇侯某某的选举权为由，与姚某建发生争执、撕扯，并踩坏票箱。后侯某某、张某某等人堵住三组投票点，即老年俱乐部不让选举。会兴街道办事处及会兴村委两级干部进行劝解。当日 11 时许，高某某及其家人被做通工作后，选区领导小组通过村委广播通知三组村民到老年俱乐部进行选举，但被告人姚某建、陈某社将该组选票带走。此后，姚某建到陈某社家，二人商量下午一同上访。同时，选区领导小组决定下午组织三组村民进行选举。当日 14 时许，姚某建、陈某社携带本组选票到区、市两级人大反映问题。会兴街道办事处、上村村委两级干部柴某某、宋某某、王某某按照选区领导小组的意见让二被告人回村组织本组选民进行选举或者交出选票，但二被告人均予以拒绝。16 时许，会兴街道办事处选举工作指导小组请示区人大后，及时组织人员在备用选票上重新加章并填写选民选票。选区领导小组组织两名工作人员在村干部的配合下，于 17 时 40 分到上村第三组选民家中进行入户选举。待选举结束将选举情况汇总后向湖滨区人民代表选举委员会上报选举结果时已超过法定时间。会兴街道上村选区选举失败。[①]

◎ 问题：如何评价被告人姚某建、陈某社的行为？

【案例 11-11 分析】

本案中，在三门峡市湖滨区第十届人大代表选举（会兴街道办上村选区选举人大代表）过程中，被告人姚某建作为本选区选举领导小组成员、人大代表候选人，原审被告人陈某社作为本选区工作人员，在组织第三小组选举湖滨区人大代表过程中，二人共谋后以高某某踩坏票箱和到区人大等部门反映选举出现的问题为由，在明知带走选票的行为会发生选举无法正常进行的危害后果，仍然擅自带走选票，后又在村委干部和会兴街道办干部要求其交出选票、回村组织选举的情况下，既不组织第三小组选民进行选举，又拒绝交出选票，破坏了选举活动的正常进行，妨害了选民依法及时行使选举权和被选举权，且导致该选区选举失败，其行为均已构成破坏选举罪。

---

① 参见《湖北省三门峡市中级人民法院〔2009〕三刑终字第 95 号刑事裁定书》。

【相关法条】

《刑法》

第二百五十六条【破坏选举罪】在选举各级人民代表大会代表和国家机关领导人员时，以暴力、威胁、欺骗、贿赂、伪造选举文件、虚报选举票数等手段破坏选举或者妨害选民和代表自由行使选举权和被选举权，情节严重的，处三年以下有期徒刑、拘役或者剥夺政治权利。

第十二节　虐　待　罪

虐待罪，是指经常以打骂、禁闭、捆绑、冻饿、有病不给治疗、强迫过度体力劳动等方式，对共同生活的家庭成员进行肉体上、精神上的摧残、折磨，情节恶劣的行为。属于我国刑法中妨害婚姻、家庭罪的一种。

【案例 11-12】

婆婆被虐案

2018 年 11 月至 2019 年 4 月期间，被告人胡某红因生活琐事对其婆婆被害人王某（女，殁年 49 岁）不满，遂在共同居住的宜昌市西陵区土城路××号租住房内，多次掌掴王某并使用铁衣架、滑板车、手机等物对其实施殴打。4 月 27 日，胡某红使用木凳多次砸王某双腿、胳膊等处。4 月 28 日上午，胡某红使用剪刀戳刺王某背部、肩部，使用木凳多次砸王某腿部、背部等处，并在王某虚弱倒地后，使用剪刀夹剪其嘴唇，后王某在该房屋中死亡。案发后，胡某红给丈夫梁某打电话，让梁某拨打 120。急救人员到达现场后，在急救人员的反复要求下，被告人胡某红拨打了 110 报警。经鉴定，被告人胡某红的殴打、虐待行为造成王某胸部、背部及四肢大面积软组织挫伤，头面部多发裂创及表皮脱落，头皮下出血，左耳血肿，肋骨多发骨折伴出血，肝圆韧带损伤，脾周围、胰腺周围软组织出血，脾多发血肿，胰间出血，肾小管坏死、管型形成。经湖北崇新司法鉴定中心鉴定，被害人王某机体既有陈旧伤，又有新鲜损伤。王某符合因近期大面积软组织损伤，而死于创伤性休克，陈旧性损伤为其死亡的基础。①

◎ **问题**：如何评价被告人胡某红的行为？

【案例 11-12 分析】

本案中，被告人胡某红虐待家庭成员，使用剪刀戳刺王某背部、肩部，使用木凳多次砸王某腿部、背部等处，并在王某虚弱倒地后，使用剪刀夹剪其嘴唇，情节恶劣，致被害

---

① 参见《湖北省宜昌市西陵区人民法院〔2019〕鄂 0502 刑初 288 号刑事判决书》。

人王某死亡，其行为已构成虐待罪。

【相关法条】

《刑法》

第二百六十条 **【虐待罪】** 虐待家庭成员，情节恶劣的，处二年以下有期徒刑、拘役或者管制。犯前款罪，致使被害人重伤、死亡的，处二年以上七年以下有期徒刑。第一款罪，告诉的才处理。

第十三节　重　婚　罪

重婚罪是指行为人违反我国刑法的有关规定，在有合法配偶的情况下又与他人结婚或者明知他人有配偶而与之结婚所构成的犯罪。

【案例 11-13】

陈某某、戴某某重婚案

1999 年 2 月 5 日，被告人陈某某与孙某登记结婚，婚后生育一子一女。2011 年被告人陈某某与戴某某在务工期间发展为男女朋友关系，后被告人戴某某明知陈某某有合法配偶，仍与陈某某以夫妻名义在盐城租房共同生活，2014 年 12 月 12 日生育一子。案发至今，被告人陈某某仍未与孙某解除婚姻关系。

2017 年 9 月 15 日，被告人陈某某主动到射阳县公安局盘湾派出所投案，如实供述了自己的犯罪事实。2017 年 11 月 22 日，射阳县公安局对被告人戴某某作出刑事拘留决定并于次日上网追逃，同月 25 日将戴某某抓获，被告人戴某某归案后如实供述了自己的犯罪事实。

◎ **问题：** 如何定性陈某某、戴某某的行为？

【案例 11-13 分析】

本案中，被告人陈某某有配偶而与戴某某以夫妻名义同居生活，被告人戴某某明知陈某某有配偶而与之以夫妻名义同居生活，其行为均已构成重婚罪。其二人行为严重破坏了正常的婚姻秩序，应当承担相应的法律责任。

【相关法条】

《刑法》

第二百五十八条 **【重婚罪】** 有配偶而重婚的，或者明知他人有配偶而与之结婚的，处二年以下有期徒刑或者拘役。

【知识要点】

重婚行为包括法律婚与事实婚，即有配偶的人与他人以夫妻名义同居生活的，或者明知他人有配偶而与之以夫妻名义同居生活的，仍应按重婚罪定罪量刑。

已经登记结婚但未同居，或者在提出离婚、提起离婚诉讼的期间，由于存在合法的夫妻关系，双方或一方与第三者登记结婚或者形成事实婚姻的，构成重婚罪。

办理假离婚手续后又结婚的，依照是否解除了婚姻关系而判断是否构成重婚罪。如果从法律上解除了婚姻关系，其中一方再结婚的，不成立重婚罪。反之，如果夫妻只是宣布离婚，但并没有解除婚姻关系，其中一方再结婚的，成立重婚罪。

第十四节 遗 弃 罪

遗弃罪，是指对于年老、年幼、患病或者其他没有独立生活能力的人，负有扶养义务而拒绝扶养，情节恶劣的行为。

【案例 11-14】

王某甲遗弃儿子案

被告人王某甲于 2009 年在领取村委福利时，因不让其领取丈夫盖某喜的福利，便将当时只有一岁半的儿子王某丁留置村委，未履行抚养义务。2011 年 7 月 15 日王某甲向法院起诉离婚，经法院审判判决王某甲与盖某喜离婚，王某丁由王某甲抚养。王某甲不服，上诉于吕梁市中级人民法院。2011 年 12 月 15 日，经吕梁市中级人民法院审理，判决驳回上诉，维持原判。判决生效后，被告人王某甲仍将被害人王某丁留置于生病的盖某喜身边，未尽抚养义务，直至 2012 年 9 月 5 日通过法院执行人员强制执行，被害人王某丁才跟随被告人王某甲生活。2012 年 11 月底的一天，被害人王某丁双手被烧伤，同年 12 月 11 日其出现神志不清、走路摔跌等症状，被告人王某甲将被害人王某丁送汾阳医院就诊。2012 年 12 月 15 日被告人王某甲放弃对被害人王某丁治疗并要求出院，医生告知其病情需要进一步治疗，经劝阻无效后王某甲坚持出院。2013 年 1 月 15 日，被害人王某丁再次出现神志不清的症状，被告人王某甲将被害人王某丁送至山西省儿童医院就诊，后被害人王某丁经抢救无效死亡。①

◎ **问题：** 如何定性王某甲行为？

【案例 11-14 分析】

本案中，被告人王某甲对年幼、患病没有独立生活能力的儿子王某丁，有抚养义务而拒绝抚养，先是在其一岁半时弃置于村委，不履行抚养义务，后在法院强制执行由其抚养期间，孩子因烧伤休克住院治疗期间以经济困难为由不听医生劝阻，坚持出院放弃治疗，

---

① 参见《山西省孝义市人民法院〔2015〕孝刑初字第 186 号刑事判决书》。

导致在王某丁再次出现神志不清病情严重的情况，赴省儿童医院急诊，在到达医院时孩子已没有了呼吸，经抢救无效死亡，情节恶劣，其行为构成遗弃罪。

【相关法条】

第二百六十一条【遗弃罪】对于年老、年幼、患病或者其他没有独立生活能力的人，负有扶养义务而拒绝扶养，情节恶劣的，处五年以下有期徒刑、拘役或者管制。

【知识要点】

遗弃罪跟故意杀人罪、故意伤害罪的区别：

犯罪对象被遗弃之后，其能否被及时发现。如果能及时发现则构成遗弃罪，否则构成故意杀人罪或者故意伤害罪。

要根据被告人的主观故意、所实施行为的时间与地点、是否立即造成被害人死亡，以及被害人对被告人的依赖程度等进行综合判断，以区分遗弃罪与故意杀人罪的界限。

（1）对于只是为了逃避扶养义务，并不希望或者放任被害人死亡，将生活不能自理的被害人弃置在福利院、医院、派出所等单位或者广场、车站等行人较多的场所，希望被害人得到他人救助的，一般以遗弃罪定罪处罚。

（2）对于希望或者放任被害人死亡，不履行必要的扶养义务，致使被害人因缺乏生活照料而死亡，或者将生活不能自理的被害人带至荒山野岭等人迹罕至的场所扔弃，使被害人难以得到他人救助的，应当以故意杀人罪定罪处罚。

探讨案例与知识点巩固

【探讨案例 11-1】

王某双曾因犯盗窃罪被法院判处有期徒刑七年，于 2007 年刑满释放。2012 年王某双不思悔改，钻窗潜入北京市西城区×胡同×号楼被害人李某（女，时年 39 岁）家中，从客厅窃取李某手机一部及现金 1 000 余元。随之又进入大卧室，见到熟睡的李某遂起意奸淫。王某双通过对李某进行恐吓、威胁、捆绑，强行将其奸淫后，即钻窗逃离现场。李某到阳台呼救时因双手被捆，坠楼身亡。巡警听到李某坠楼声音后立刻封锁出入路口，发现王某双神色可疑遂将其截住盘问，王某双见势不妙，于是避重就轻地交代了其盗窃该胡同××号被害人手机的事实。①

◎ 问题：

1. 关于王某双的盗窃行为，是否应按照连续犯予以认定处理？
2. 对于王某双的再犯罪如何依法从严处理？
3. 王某双的强奸行为能否被认定为"强奸致人死亡"？
4. 王某双的交代是否成立刑法上的自首？

---

① 参见《北京市高级人民法院〔2006〕高刑终字第 451 号刑事判决书》。

5. 对于王某双的行为应该如何处罚？

【探讨案例 11-2】

2015 年 11 月 10 日 21 时许，犯罪嫌疑人刘某、岳某、陈某利用冯某事前准备好的脚镣，在南岸某小区电梯内，以喷辣椒水、捆绑手脚、捂嘴蒙眼的方式，将章某绑架至翠屏区一出租房内，并用自制手枪威胁章某在 2016 年 3 月前交赎金 1 亿元。章某迫于威胁同意后，4 人威逼其对吉某某（女）以绳索勒颈的方式进行杀害，从而导致吉某某死亡。四名犯罪嫌疑人对章某的杀人过程进行摄像记录作为威胁依据，之后于 11 日凌晨 4 时左右将章某释放回家准备赎金。①

◎ **问题：** 在刑法上如何评价章某的行为？

【探讨案例 11-3】

10 年前，武汉女生胡某在读大学时与其同学、深圳富家子弟文某相识相恋。毕业后，胡某远嫁到深圳。谁也没有想到，2 月 9 日，元宵节晚上，胡某倒在深圳家中，昏迷不醒，被送往医院抢救之后，仍然没有醒过来，有成为植物人的可能。16 日下午，胡某的丈夫文某不顾医护人员的阻拦，拔去了胡某身上的氧气管、输液管，他说：“不想看到妻子受罪。”10 分钟后，胡某永远地停止了呼吸。文某到底是杀妻还是爱妻？之后文某被深圳市福田区公安分局刑事拘留。对于胡某的病情，ICU 病房的工作人员表示，胡某倒地后呼吸停止超过了 8 分钟的黄金救援时间，之后完全靠呼吸机维持呼吸，连植物人的标准也达不到，即使不拔管，恢复希望也不乐观。医院有工作人员认为，对于文某的举动从不同角度来看，可以得出不同的结论。有人认为他这样是杀了人，也有人认为文某这样做是为了妻子不受苦，可以理解。②

◎ **问题：** 你如何看待这一行为？

【探讨案例 11-4】

王某为继承房产欲杀害继祖母李某，将亚硝酸钠（有毒物质）注射进新买的一箱饮料给李某饮用，因剂量较小，李某仅出现呕吐症状。王某遂取回全部饮料，并放置在其与父母同住的卧室内。为防止父母误饮中毒，王某分若干次丢弃十余包饮料。王某母亲何某看到后，以为饮料已经变质，提议将剩余饮料丢弃到自家楼下垃圾桶内，王某表示同意。何某将剩余的 9 包饮料丢弃到楼下门口的垃圾桶，随即被拾荒者蒋某捡拾。蒋某将其中的 3 包饮料赠与朋友周某，但并未告知其饮料来源。周某 5 岁

---

① 参见《宜宾富豪被绑架胁迫杀人案续：两名绑匪被判死刑》，载搜狐新闻：http://news.sohu.com/20160930/n469428701.shtml。

② 参见《女子元宵夜倒地昏迷 被丈夫强行拔去呼吸机死亡》，载凤凰资讯：https://news.ifeng.com/society/2/200902/0219_344_1021982.shtml。

的儿子张某饮用该饮料后，因亚硝酸钠中毒而死亡。①

◎ 问题：如何评价王某的行为？

【探讨案例 11-5】

男青年曾某，在朋友家吃饭喝了点酒，深夜 11 点开车途经城乡结合部的一条公路时，看到漂亮女子小杨边哭边打电话，即停车上前问道："美女，你怎么了，要不要送你回去？"小杨害怕地跑起来，结果跑了三五米就摔倒了，曾某立刻跑过去从身后将她抱起，往路边的田里拉，接着就将其按倒在地进行非礼。小杨急中生智地对曾某说："这种事情不能强迫的，不然就是强奸，要坐牢的。反正我男朋友对我不好，我对他也死心了。要不你做我的男朋友，你不要强迫，我会自愿的。"曾某听言后自责，就没有再继续。但小杨还是留意着有没有其他车辆经过，在拦住第二辆车后，小杨迅速打开车门，直接坐上了副驾驶室，对驾驶员说："救我，快开车！"司机小骆知道原委后，让小杨打了 110 报警。警察迅速将曾某抓获。日前，曾某因强奸罪被判处有期徒刑一年零六个月。②

◎ 问题：在本案中，曾某的行为在罪名与停止形态上应如何认定？法院的量刑是否合理？

【探讨案例 11-6】

张某，男，35 岁。张某欠李某运费 2 万元，李某向张某索要，张某以无钱为由拒付。李某遂纠集数人将张某劫持至某宾馆客房，威逼张某必须偿还 3 万元，在张某家人送来 3 万元后方将张某放回。③

◎ 问题：在审理该案中，一种意见认为，被告人的行为构成非法拘禁罪；另一种意见认为，张某的行为构成绑架罪。你的看法如何？

【探讨案例 11-7】

被告人李某是无业人员，找姐姐借钱无果后遂生绑架外甥之念。某日下午，李某约请到张某、胡某，经过其指认，另二人骗走其外甥，软禁后向其姐姐索要 5 万元人民币，并威胁，不给钱，儿子就没命。李某的姐姐报案后，公安机关介入，二人将李

---

① 参见《【讨论】每周疑难案件分析》，载百度法学吧：https://tieba.baidu.com/p/3795759924。
② 参见《义乌姑娘被陌生男子深夜拉到田里非礼》，载新蓝网：http://i.cztv.com/view/945912.html。
③ 案例来源于学法网：https://www.xuefa.com/exerdetail-7608-8.html。

某外甥杀害。①

◎ 问题：三人的行为是绑架罪还是绑架罪与故意杀人罪二罪？

【探讨案例 11-8】

2009 年 2 月 27 日中午，江某剑借口帮网友潘某某（女，被害人）介绍工作，将其诱骗至温州市将军桥附近的"天堂鸟"网吧。当晚，江某剑和尹某南以给朋友过生日为由将潘某某及另外一名女子（被害人，身份不详）诱骗至永嘉县岩头镇溪南村自来水塔边的草地上，被告人邵某胜及洪某唯、洪某超等人随后赶到该地会合。邵某胜等人殴打二被害人，劫取其现金 10 余元、手机 2 部等物，接着逼迫其脱光衣服，邵某胜、江某剑、洪某唯、尹某南等人对二被害人实施了轮奸，尔后又以暴力迫使二被害人同意去卖淫。次日凌晨，邵某胜等人将二被害人带到岩头镇仙清路 266 号顺发旅馆，由邵联系周某芬，将潘某某卖给周，得赃款 7 000 元，后潘某某被金某建、金某平等人带至德清县武康镇被迫卖淫，直至同年 4 月 13 日被解救。另一被害人亦由邵某胜联系买家卖至浙江省金华市从事卖淫，邵某胜等人得赃款 3 500 元。②

◎ 问题：试评价江某等人的行为。

【探讨案例 11-9】

被告人杨某（男，37 岁）在村口小河沟内捕鱼时，同村妇女吕某在沟旁捞肥泥，杨某认为吕某的行为妨碍其捕鱼，便张口谩骂吕某。吕某十分气愤，便故意将淤泥溅在杨某及其侄子身上。杨某见状，便跑到岸边，揪住吕某上衣，并向吕某阴部猛击几拳。杨某见吕某骂声不止，随即从厕所里捞起大粪，涂在吕某的嘴、脸及头发上。吕某边哭边骂，杨某威胁说："再骂扒下你的裤子。"说着，唤来他家豢养的大公狗，杨某扒下吕某的裤子，叫狗扑在吕某的下身上，使其当众赤裸下身。吕某事后感到无脸见人，欲自杀未成。③

◎ 问题：杨某的行为构成侮辱罪还是强制猥亵、侮辱妇女罪？

【探讨案例 11-10】

2011 年 4 月，谭某先后结识了张某和杲某。谭某一边追求张某，一边与杲某保

---

① 参见《绑架杀害亲外甥女，勒索姐姐赎金，是舅舅还是魔鬼》，载百度百家号：https：// baijiahao. baidu. com/s？ id = 1722109705805883585&wfr = spider&for = pc。

② 参见《新疆维吾尔自治区高级人民法院生产建设兵团分院〔2015〕新兵刑执字第 00030 号刑事裁定书》。

③ 参见《从 103 份判决看强制侮辱罪的裁判观点》，载庭立法：https：//www. scxsls. com/column/publishInfo/391。

持联系。2011 年 6 月，谭某与张某确定恋爱关系。2012 年 12 月，张某发现自己怀孕了，但此时谭某爱玩失踪，张某觉得他不靠谱，就想和谭某分手。但谭某不同意，他说自己想要这个孩子，还提出要和张某结婚，张某一心软就同意了。2013 年 3 月 7 日，两人到河北某地登记结婚。同年 9 月 6 日，张某生下女儿。但女儿出生后，谭某非但没有承担起做丈夫和父亲的责任，再次玩起失踪，张某一直找不到他。直到 11 月，张某在谭某微信上看见他跟另一个女子在民政局登记的照片，委托律师查询才得知，谭某于 2013 年 7 月 5 日又与杲某登记结婚。原来，谭某在和张某恋爱时，就一直与杲某保持着频繁的电话、短信联系。两人于 2013 年年初确定恋爱关系，同年 4 月同居，并于 7 月 5 日在北京登记结婚。12 月 20 日，杲某与谭某的儿子出生，之后杲某就一直在家照顾孩子，直到案发，她才知道原来自己竟然嫁给了一名已婚男子。①

◎ **问题：**应该如何定性谭某的行为？

【探讨案例 11-11】

男子余某是南京人，与涡阳县楚店镇张某结识、举办婚礼，并于 2010 年 4 月生育一男孩，之后因感情不和分居，儿子由余某抚养。2011 年夏天，余某将儿子遗弃在楚店镇张某家附近，当地派出所民警看到后将孩子交到张某亲人手中。不久张某将儿子送至南京余某处，二人因抚养儿子之事发生争执，余某又将儿子遗弃在南京龙袍派出所内。2011 年 9 月，余某再次将儿子遗弃在南京市龙袍街道办事处内，不久孩子被爷爷接走。2013 年 7 月，余某又将儿子遗弃在楚店镇前水波村民王某家中，8 月 2 日余某将儿子领走；10 月 22 日余某又将儿子遗弃在楚店街上一超市内。两年里，余某 5 次将年幼的亲生儿子遗弃，家人劝说无果，余某甚至扬言"如将儿子抱回家，就杀掉"。②

◎ **问题：**应该如何定性余某的行为？

【探讨案例 11-12】

被告人田某华与被害人马某（男，殁年 26 岁）合伙经营攀枝花市东区"德善桑乐金经营部"，后产生矛盾。2014 年 6 月 9 日 14 时许，田某华与马某电话相约商谈退伙退款事宜，田某华遂安排被告人张某叫几个人"扎场子"，张某即邀约被告人毛某友、沙某云及阿某、何某、宋某漾（均另案处理）到攀枝花市炳草岗中心广场"办事"。田某华、张某与毛某友、沙某云等人会合后到"良木缘咖啡"馆与马某商

---

① 参见《与两女结婚生子 男子晒幸福露馅》，载网易网：https://www.163.com/news/article/9S1QCQRK00014Q4P.html。

② 参见《男子 2 年 5 次遗弃亲子 扬言再送回就杀死》，载找法网：https://china.findlaw.cn/bianhu/xingshidongtai/1080314.html。

谈未果，遂前往公司所在地阳光大梯道"四川广播电视报生活馆"。马某随后回到公司，并在公司门口与田某华、张某发生口角。张某指使沙某云、毛某友等人将马某拖往走廊出口。马某反抗，沙某云、毛某友、阿某、何某、宋某漾等人对马某进行殴打、拖拽。抓扯至"蓝天网络会所"门口时，马某拿出刀挥舞，将沙某云、阿某砍伤，又追赶张某进入网络会所的厕所，将张某砍伤，后先行离开现场。16时许，马某被发现躺在4楼楼梯拐角处。"120"抵达现场后发现马某已无呼吸、脉搏，经初步诊断为猝死，经现场急救，并送医院进行抢救，后抢救无效宣布死亡。经重庆法医验伤所鉴定，马某符合炎性出血性疾病引起的急性肺出血、水肿、心肌出血等导致的急性呼吸、循环衰竭死亡（钩端螺旋体病不能除外），外伤非直接死因，但在死亡过程中起到诱发、促进作用。①

◎ **问题**：应该如何定性田某华的行为？

【探讨案例 11-13】

　　阳县安岭镇徐楼村村民孙某甲、孙某乙系同胞兄弟，劳某丽与孙某乙系夫妻关系。2014年左右兄弟二人在徐楼村东头106国道西侧建起四间门面房，因争夺门面房的所有权，引发哥弟两家不合。2017年10月2日19时许，孙某乙报案至淮阳县公安局称：在淮阳县安岭镇徐楼村有人打架。接报后，淮阳县公安局安岭派出所民警姬某、陈某等人迅速到达现场孙某乙家门口处置。在现场，民警姬某等人对现场进行了拍照，固定了受伤人员劳某丽的伤情，之后陪同其到医院检查。后劳某丽向民警称其两颗门牙被孙某甲打掉、身上多处受伤，要求追究孙某甲的刑事责任。办案民警通过调取附近监控视频、询问目击证人等，认定孙某甲案发时不在现场、与劳某丽没有肢体接触，且认为劳某丽的伤情在民警介入之后被人为加重至刑事立案标准。通过依法调查核实，淮阳县公安局认为达不到立案条件，没有刑事立案。被告人劳某丽等人遂不断到周口市公安局、河南省公安厅等部门上访，多次去淮阳县公安局、安岭派出所吵闹；继续要求追究孙某甲的刑事责任；还诬告办案民警收受贿赂、徇私枉法，要求追究办案民警徇私枉法的刑事责任，严重干扰了公安机关的正常活动，在当地造成了恶劣的社会影响。②

◎ **问题**：应该如何定性劳某丽的行为？

【探讨案例 11-14】

　　被告人刘某系某派出所副所长兼该所刑警中队中队长。2011年7月6日14时许，被告人刘某与该所民警冯某、张某以指认现场为由，将羁押于某看守所的涉嫌盗窃犯罪的在押人员李某提审出看守所，后将其押解至某公安局设在警犬训练基地内的

---

① 参见《四川省高级人民法院〔2017〕川刑终524号刑事判决书》。
② 参见《河南省周口市中级人民法院〔2020〕豫16刑终66号刑事判决书》。

审讯室进行审讯。为了获取李某的口供，被告人刘某在审讯过程中，使用警用催泪喷射器对李某的面部进行喷射等肉刑手段，迫使李某于次日作出了有罪供述。2011年8月9日，经大连市人民检察院法医鉴定：被鉴定人李某双股前侧、胸部左锁骨下局部软组织挫伤由钝性外力作用所致，其损伤程度属于轻微伤；面部局部皮肤水泡、脱皮可由具有刺激性化学物质作用形成。①

◎ 问题：应该如何定性刘某的行为？

【探讨案例 11-15】

2011年12月期间，被告人李某雨、金某兴同为义乌市第十四届人大代表廿三里工作片选区的候选人，为了能当选义乌市十四届人大代表，被告人李某雨、金某兴都找到时任义乌市廿三里街道何宅村主任的被告人何某跃拉选票。后在被告人何某跃的建议下，被告人李某雨、金某兴通过多次协商达成一致意见，由被告人李某雨支付给被告人金某兴人民币30万元，作为被告人金某兴放弃竞选的补偿。后被告人李某雨将协商好的人民币30万元放在被告人何某跃家中，被告人金某兴将该笔钱从被告人何某跃家中拿走。选举期间，被告人何某跃通过其担任何宅村主任的影响力，向何宅村村民游说，为被告人李某雨拉选票。2011年12月27日，被告人李某雨在义乌市廿三里街道第二选区共计8 302张选票中以6 608票当选，被告人金某兴以1 594票落选。2012年1月18日，义乌市人民代表大会常务委员会确认被告人李某雨当选义乌市第十四届人大代表资格。2016年10月11日，义乌市公安局工作人员根据中共义乌市纪委移送线索，在义乌市南门街纪委办案点将被告人李某雨、何某跃传唤到案；被告人金某兴经义乌市公安局工作人员的电话传唤，于2016年10月13日到稠城派出所接受讯问。

案发后，被告人金某兴向义乌市公安局退还违法所得人民币30万元。②

◎ 问题：应该如何定性李某雨、金某兴的行为？

【探讨案例 11-16】

2015年以来，被告人帅某因与其共同生活的婆婆帅崇（殁年54岁）智力低下、生活自理能力差且经常尿床等问题而心生怨气，遂采取打、骂、冻等手段对其实施虐待。2015年的一天，因帅崇不小心将抱着的小孙子摔在地上，被告人帅某遂用扫炕笤帚将帅崇的耳朵打伤，后在永坪镇年家村医生单林林诊所缝合。2017年12月的一天早上，因帅崇尿床，被告人帅某叫骂后遂用一根拐耙朝帅崇的肩膀、腿部等处打了数下，致帅崇右侧第9、10根肋骨骨折。2018年1月的一天，被告人帅某发现帅崇又尿床后，遂将帅崇推倒在大门口的一堆雪里，并铲了两铁锹雪倒在帅崇脸上。2018

---

① 参见《辽宁省大连市中级人民法院〔2014〕大刑二终字第367号刑事判决书》。

② 参见《浙江省义乌市人民法院〔2017〕浙0782刑初586号刑事判决书》。

年 1 月 14 日 14 时许,被告人帅某从县城回家后发现帅崇偷吃邻居家的梨,遂用一根木棒在帅崇的腿部、背部、头部等处打了数下,致帅崇头部当时流血,帅某将阿莫西林药粉敷在帅崇伤口并用一条毛巾包扎。2018 年 1 月 15 日早上,被告人帅某听见帅崇屋里有响动,进去后发现帅崇躺在地上,就叫来邻居田某帮忙把帅崇抱到炕上后用热水帮其擦洗换好衣服后,叫来单林林大夫检查,却发现帅崇已无法诊治,当日 15 时左右帅崇死亡。经礼县公安司法鉴定中心法医学尸体检验意见:死者帅崇系生前全身多部位长期遭受钝性外力作用致全身微循环障碍、急性肾衰竭以挤压综合征而死亡。①

◎ 问题:应该如何定性帅某的行为?

---

① 参见《甘肃省陇南市中级人民法院〔2018〕甘 12 刑终 99 号刑事判决书》。

第十二章　侵犯财产罪

第一节　抢　劫　罪

抢劫罪，是指以非法占有为目的，当场使用暴力、胁迫或者其他方法，强行劫取财物的行为。

【案例 12-1】

梁某智等抢回赌资案

2006 年 5 月至 7 月，被告人梁某智因参与网上"百家乐"赌博欠下巨额赌债，遂萌生绑架被害人潘某英索取财物的意图。2006 年 7 月 28 日晚，梁某智与被告人梁某财密谋，商定由梁某财准备绳子和封口胶等作案工具，伺机作案。同年 8 月 3 日 14 时许，梁某智事先在广东省广宁县南街镇碧翠湖度假村订好别墅，然后以转让电站为借口将潘某英骗至该别墅内。随后，梁某智、梁某财两人合力将潘某英制服，并用事先准备好的绳子、封口胶等工具将潘某英捆绑、封嘴，以暴力手段迫使潘某英用其带来的手提电脑通过网上银行转账方式，将人民币 54.5 万元汇到梁某智在中国农业银行开设的账户。当天下午，梁某智即分三次到中国农业银行取款 20 万元。在梁某智外出取款期间，潘某英乘机反抗，挣脱了捆绑手腕的绳子。梁某财发现后，即用绳子勒住潘某英颈部，致其死亡。后梁某财将此事电话告知梁某智，梁某智即购买了一只纤维袋赶回别墅，将潘某英的尸体装好。当晚，梁某财用一辆面包车将潘某英的尸体运到广宁县古水镇牛岐村委会中洲村竹园掩埋。次日上午，梁某智再次到中国农业银行取款 34.5 万元。

2006 年 8 月 8 日凌晨，公安机关将被告人梁某智抓获归案。次日上午，被告人梁某财向公安机关投案自首。①

◎ 问题：如何评价梁某智、梁某财的行为？

【案例 12-1 分析】

根据《刑法》第二百六十三条的规定，抢劫罪是指以非法占有为目的，对财物的所

---

① 参见：《广东省肇庆市中级人民法院〔2007〕肇刑初字第 25 号刑事判决书》。

有人、保管人当场使用暴力、胁迫或其他办法，强行将公私财物抢走的行为。本罪属于侵犯财产罪，在主观方面表现为直接故意，并具有将公私财物非法占有的目的，在客观方面表现为行为人对公私财物的所有者、保管者或者守护者当场使用暴力、胁迫或者其他对人身实施强制的方法，立即抢走财物或者迫使被害人立即交出财物的行为。

本案中，被告人梁某智、梁某财及其辩护人认为二被告人没有非法占有他人财物的目的，但是根据本案事实，二被告人经事先密谋，将被害人潘某英骗至犯罪现场加以控制并索取钱财，犯罪过程中以暴力手段迫使潘某英通过网上银行转账的方式，将人民币 54.5 万元汇入梁某智指定的账户。由此可见，二被告人正是基于劫取他人钱财的目的，才实施了涉案的犯罪行为。这种行为方式虽然不同于一般抢劫行为中当场使用暴力逼迫受害人交出钱财的形式，但受害人的钱款转入梁某智的账户后，即已受梁某智完全控制，其结果在本质上等同于当场使用暴力劫取钱财的行为。因此，二被告人的行为符合抢劫罪的犯罪构成。

【相关法条】

《刑法》

第二百六十三条　**【抢劫罪】**以暴力、胁迫或者其他方法抢劫公私财物的，处三年以上十年以下有期徒刑，并处罚金；有下列情形之一的，处十年以上有期徒刑、无期徒刑或者死刑，并处罚金或者没收财产：

（一）入户抢劫的；

（二）在公共交通工具上抢劫的；

（三）抢劫银行或者其他金融机构的；

（四）多次抢劫或者抢劫数额巨大的；

（五）抢劫致人重伤、死亡的；

（六）冒充军警人员抢劫的；

（七）持枪抢劫的；

（八）抢劫军用物资或者抢险、救灾、救济物资的。

第二百六十九条　**【转化的抢劫罪】**犯盗窃、诈骗、抢夺罪，为窝藏赃物、抗拒抓捕或者毁灭罪证而当场使用暴力或者以暴力相威胁的，依照本法第二百六十三条的规定定罪处罚。

【知识要点】

1. 抢劫罪罪与非罪的界限

（1）情节轻微危害不大的，不应当以抢劫罪论处。

（2）在债权债务等民事纠纷中，强行拿走或者扣留对方财物，用以抵债抵物，或者借以偿还债务的，虽然其行为手段具有不正当性，但因没有综合考虑应属非法占有他人财物的目的，不构成抢劫罪。

2. 抢劫罪与故意伤害、故意杀人罪等的界限

（1）在抢劫过程中，使用暴力或者其他方法致人重伤、死亡的，应以抢劫罪定罪处刑。

（2）行为人为劫取财物而预谋故意杀人，或者在劫取财物过程中，为制服被害人反抗而故意杀人的，以抢劫罪定罪处罚。

（3）如果出于复仇或者其他目的而伤害或者杀死被害人，然后顺手牵羊拿走财物的，应当以故意伤害罪、故意杀人罪定罪处罚。

（4）在抢劫行为完成之后，行为人出于灭口或者其他目的而杀死被害人的，应定抢劫罪和故意杀人罪数罪并罚。

（5）行为人实施伤害、强奸等犯罪行为，在被害人未失去知觉，利用被害人不能反抗、不敢反抗的处境，临时起意劫取他人财物的，应以此前所实施的具体犯罪与抢劫罪实行数罪并罚。

（6）在被害人失去知觉或者没有发觉的情形下，以及实施故意杀人犯罪行为之后临时起意拿走他人财物的，应以此前所实施的具体犯罪与盗窃罪实行数罪并罚。

（7）行为人为索取债务，使用暴力、暴力威胁等手段的，一般不以抢劫罪定罪处罚。构成故意伤害等其他犯罪的，依照故意伤害罪的规定处罚。

3. 抢劫罪中法定的提高法定刑的八种情节

（1）入户抢劫的：入户抢劫是指为实施抢劫行为而进入他人生活的与外界相对隔离的住所，包括封闭的院落、牧民的帐篷、渔民作为家庭生活场所的渔船、为生活租用的房屋等进行抢劫的行为。

（2）在公共交通工具上抢劫的：在公共交通工具上抢劫是指在从事旅客运输的各种公共汽车，大、中型出租车，火车，船只，飞机等正在运营中的机动交通工具上对旅客、司售、乘务人员实施抢劫，也包括对运行途中的机动交通工具加以拦截后对公共交通工具上的人员实施抢劫。

（3）抢劫银行或者其他金融机构的：抢劫银行或者其他金融机构是指抢劫银行或者其他金融机构的经营资金、有价证券和客户资金等，以及抢劫正在使用中的银行或者其他金融机构的运钞车。

（4）多次抢劫或者抢劫数额巨大的：多次抢劫或者抢劫数额巨大是指抢劫三次以上或者抢劫数额达到盗窃罪数额巨大标准的行为。

（5）抢劫致人重伤、死亡的：抢劫致人重伤死亡是指因抢劫行为而导致他人重伤死亡的行为。

（6）冒充军警人员抢劫的：冒充军警人员抢劫是指冒充人民解放军、武装警察、人民警察官兵进行抢劫的行为。

（7）持枪抢劫的：持枪抢劫是指行为人使用枪支或者向被害人显示持有、佩带的枪支进行抢劫的行为。

（8）抢劫军用物资或者抢险、救灾、救济物资的。

抢劫军用物资或者抢险、救灾、救济物资是指抢劫枪支、弹药、爆炸物以外的其他军用物资或者用于抢险、救灾、救济的物资的行为。

4. 关于抢劫特定财物行为的定性

（1）以毒品、假币、淫秽物品等违禁品为对象，实施抢劫的，以抢劫罪定罪，抢劫的违禁品数量作为量刑情节予以考虑。

（2）抢劫违禁品后又以违禁品实施其他犯罪的，应以抢劫罪与具体实施的其他犯罪实行数罪并罚。

（3）抢劫赌资、犯罪所得的赃款赃物的，以抢劫罪定罪，但行为人仅以其所输赌资或所赢赌债为抢劫对象，一般不以抢劫罪定罪处罚。构成其他犯罪的，依照刑法的相关规定处罚。

（4）为个人使用，以暴力、胁迫等手段取得家庭成员或近亲属财产的一般不以抢劫罪定罪处罚，构成其他犯罪的，依照刑法的相关规定处理。教唆或者伙同他人采取暴力、胁迫等手段劫取家庭成员或近亲属财产的，可以抢劫罪定罪处罚。

第二节　盗窃罪

盗窃罪，是指以非法占有为目的，秘密窃取数额较大的公私财物或者多次秘密窃取公私财物的行为。

本罪在客观方面表现为行为人具有秘密窃取数额较大的公私财物或者多次秘密窃取公私财物的行为。

所谓秘密窃取，是指行为人采取自认为不为财物的所有者、保管者或者经手者发觉的方法，暗中将财物取走的行为。其具有以下特征：（1）秘密窃取是指在取得财物的过程中没有被发现，是在暗中进行的。（2）秘密窃取是针对财物所有人、保管人、经手人而言的，即财物的所有人、保管人、经手人没有发觉。在窃取财物的过程中，只要财物的所有人、保管人、经手人没有发觉，即使被其他人发现的，也应是本罪所指的秘密窃取。（3）秘密窃取，是指行为人自认为没有被财物所有人、保管人、经手人发觉，但如果在取财过程中，事实上已为被害人发觉，而被害人由于种种原因未加阻止，行为人对此也不知道被发觉，把财物取走的，仍为秘密窃取。

此外，秘密窃取的公私财物必须达到数额较大或者虽然没有达到数额较大但实行了多次盗窃的，才能认定为犯罪。

非法占有不仅包括自己占有，也包括为第三者或集体占有。对非法窃取并占为己有的财物，随后又将其毁弃、赠与他人或者又被他人非法占有的，系案犯对财物的处理问题，改变不了其非法侵犯财产所有权的性质，不影响盗窃罪的成立。如果对某种财物未经物主同意，暂时挪用或借用，无非法占有的目的，用后准备归还的，不能构成盗窃罪。构成其他犯罪的，可以将这一情况作为情节考虑，有一些偷汽车的案件即属此种情况。

【案例 12-2】

张四毛窃取域名案

被告人张四毛，男，1989 年 7 月生，无业。

2009 年 5 月，被害人陈某在大连市西岗区登录网络域名注册网站，以人民币

11.85 万元竞拍取得 "www.8.cc" 域名，并交由域名维护公司维护。被告人张四毛预谋窃取陈某拥有的域名 "www.8.cc"，其先利用技术手段破解该域名所绑定的邮箱密码，后将该网络域名转移绑定到自己的邮箱上。2010 年 8 月 6 日，张四毛将该域名从原有的维护公司转移到自己在另一网络公司申请的 ID 上，又于 2011 年 3 月 16 日将该网络域名再次转移到张四毛冒用 "龙嫦" 身份申请的 ID 上，并更换绑定邮箱。2011 年 6 月，张四毛在网上域名交易平台将网络域名 "www.8.cc" 以人民币 12.5 万元出售给李某。2015 年 9 月 29 日，张四毛被公安机关抓获。①

◎ 问题：该如何认定本案中张四毛的行为？

【案例 12-2 分析】

网络域名是网络用户进入门户网站的一种便捷途径，是吸引网络用户进入其网站的窗口。网络域名注册人注册了某域名后，该域名将不能再被其他人申请注册并使用，因此网络域名具有专属性和唯一性。网络域名属稀缺资源，其所有人可以对域名行使出售、变更、注销、抛弃等处分权利。网络域名具有市场交换价值，所有人可以货币形式进行交易。通过合法途径获得的网络域名，其注册人利益受法律承认和保护。本案中，行为人利用技术手段，通过变更网络域名绑定邮箱及注册 ID，实现了对域名的非法占有，并使原所有人丧失了对网络域名的合法占有和控制，其目的是非法获取网络域名的财产价值，其行为给网络域名的所有人带来了直接的经济损失。该行为符合以非法占有为目的窃取他人财产利益的盗窃罪本质属性，应以盗窃罪论处。对于网络域名的价值，当前可结合网络域名的购入价、销赃价、域名升值潜力、市场热度等综合认定。

【相关法条】

《刑法》

第二百六十四条 **【盗窃罪】** 盗窃公私财物，数额较大的，或者多次盗窃、入户盗窃、携带凶器盗窃、扒窃的，处三年以下有期徒刑、拘役或者管制，并处或者单处罚金；数额巨大或者有其他严重情节的，处三年以上十年以下有期徒刑，并处罚金；数额特别巨大或者有其他特别严重情节的，处十年以上有期徒刑或者无期徒刑，并处罚金或者没收财产。

【知识要点】

1. 盗窃罪与非罪的界限

对某些具有小偷小摸行为的、因受灾生活困难偶尔偷窃财物的或者被胁迫参加盗窃活动没有分赃或分赃甚微的，可不作盗窃罪处理，必要时，可由主管机关予以适当处罚。要将偷窃自己家里的电器或近亲属财物的行为与社会上的盗窃犯罪行为加以区别，对此类案

---

① 参见《最高人民检察院关于印发最高人民检察院第九批指导性案例——检例第 37 号》。

件，一般可不按犯罪处理；对确有追究刑事责任必要的，在处理时也应同社会上作案的有所区别。

2. 本罪与他罪和违法行为的界限

（1）盗窃广播电视设施、公用电信设施价值数额不大，但是构成危害公共安全犯罪的，依照《刑法》第一百二十四条的规定定罪处罚；盗窃广播电视设施、公用电信设施同时构成盗窃罪和破坏广播电视设施、公用电信设施罪的，择一重罪处罚。

（2）盗窃使用中的电力设备，同时构成盗窃罪和破坏电力设备罪的，择一重罪处罚。

（3）盗伐林木的犯罪性质。违反保护森林法规，秘密地盗伐森林或其他林木，情节严重的，因为《刑法》分则另有规定，构成盗伐林木罪，不以盗窃罪论处；如果不是盗伐生长中的林木，而是盗窃已经采伐下来的木料的，或者偷砍他人房前屋后、自留地上种植的零星树木数额较大的，则应构成盗窃罪。

（4）对盗窃珍贵文物的，如果仅属窃取，应定盗窃罪；在盗窃过程中破坏珍贵文物、名胜古迹的，可以按盗窃罪或者破坏珍贵文物、名胜古迹罪中的一重罪从重处罚。

（5）故意盗窃枪支、弹药、爆炸物或公文、证件、印章的，因盗窃的是刑法规定的特定对象，故依法应定盗窃枪支、弹药、爆炸物罪或盗窃公文、证件、印章罪，不以盗窃罪论；如果在盗窃到的手提包中意外地发现放有枪支、弹药，因无盗窃枪支、弹药的故意，仍应以盗窃罪论处；如果盗窃拎包后发现内有枪支、弹药而又私藏的，则构成私藏枪支、弹药罪。

（6）根据《刑法》第二百一十条第一款规定，盗窃增值税专用发票或者可以用于骗取出口退税、抵扣税款的其他发票的。依照本条的规定定罪处罚。

（7）盗窃信用卡并使用的，根据《刑法》第一百九十六条第三款规定，应以盗窃罪治罪。盗窃数额应当根据行为人盗窃信用卡后使用的数额认定。

第三节 诈 骗 罪

诈骗罪，是指以非法占有为目的，用虚构事实或者隐瞒真相的方法，骗取数额较大的公私财物的行为。

诈骗罪客观上表现为使用欺诈方法骗取数额较大的公私财物。首先，行为人实施了欺诈行为，欺诈行为在形式上包括两类，一是虚构事实，二是隐瞒真相；在实质上，是使被害人陷入错误认识的行为。欺诈行为的内容是，在具体状况下，使被害人产生错误认识，并作出行为人所希望的财产处分，因此，不管是虚构、隐瞒过去的事实，还是现在的事实与将来的事实，只要具有上述内容的，就是一种欺诈行为。欺诈行为使被害人处分财产后，行为人便获得财产，从而使被害人的财产受到损害，根据本条的规定，诈骗公私财物数额较大的，才构成犯罪。诈骗罪并不限于骗取有体物，还包括骗取无形物与财产性利益。根据《刑法》第二百一十条的有关规定，使用欺骗手段骗取增值税专用发票或者可以用于骗取出口退税、抵扣税款的其他发票的，成立诈骗罪。

【案例 12-3】

事实一：郑某等虚假链接案

2010 年 6 月 1 日，被告人郑某骗取被害人金某 195 元后，获悉金某的建设银行账户内有 305 000 余元存款且无每日支付限额，遂电话告知被告人臧某泉，预谋合伙作案。臧某泉赶至网吧后，以尚未看到金某付款成功的记录为由，发送给金某一个交易金额标注为 1 元而实际植入了支付 305 000 元的计算机程序的虚假链接，谎称金某点击该 1 元支付链接后，其即可查看到付款成功的记录。金某在诱导下点击了该虚假链接，其建设银行账户中的 305 000 元随即通过臧某泉预设的计算机程序，经上海快钱信息服务有限公司的平台支付到臧某泉提前在福州海都阳光信息科技有限公司注册的"kissal23"账户中。臧某泉使用其中的 116 863 元购买大量游戏点卡，并在"小泉先生哦"的淘宝网店上出售套现。案发后，公安机关追回赃款 187 126.31 元并发还给被害人。①

事实二：臧某等虚假网店案

2010 年 5 月至 6 月间，被告人臧某泉、郑某、刘某分别以虚假身份开设无货可供的淘宝网店铺，并以低价吸引买家。三被告人事先在网游网站注册账户，并对该账户预设充值程序，充值金额为买家欲支付的金额，后将该充值程序代码植入一个虚假淘宝网链接中。与买家商谈好商品价格后，三被告人各自以方便买家购物为由，将该虚假淘宝网链接通过阿里旺旺聊天工具发送给买家。买家误以为是淘宝网链接而点击该链接进行购物、付款，并认为所付货款会汇入支付宝公司为担保交易而设立的公用账户，但该货款实际通过预设程序转入网游网站在支付宝公司的私人账户，再转入被告人事先在网游网站注册的充值账户中。三被告人获取买家货款后，在网游网站购买游戏点卡、腾讯 Q 币等，然后将其按事先约定统一放在臧某泉的"小泉先生哦"的淘宝网店铺上出售套现，所得款均汇入臧某泉的工商银行卡中，由臧某泉按照获利额以约定方式分配。②

◎ 问题：请分析事实一和事实二中被告人的行为。

【案例 12-3 分析】

盗窃是指以非法占有为目的，秘密窃取公私财物的行为；诈骗是指以非法占有为目的，采用虚构事实或者隐瞒真相的方法，骗取公私财物的行为。对既采取秘密窃取手段又采取欺骗手段非法占有财物行为的定性，应从行为人采取主要手段和被害人有无处分财物意识方面区分盗窃与诈骗。如果行为人获取财物时起决定性作用的手段是秘密窃取，诈骗行为只是为盗窃创造条件或作掩护，被害人也没有"自愿"交付财物的，就应当认定为

---

① 参见《浙江省高级人民法院〔2011〕浙刑三终字第 132 号刑事裁定书》。
② 参见最高人民法院指导案例第 27 号。

盗窃；如果行为人获取财物时起决定性作用的手段是诈骗，被害人基于错误认识而"自愿"交付财物，盗窃行为只是辅助手段的，就应当认定为诈骗。在信息网络情形下，行为人利用信息网络，诱骗他人点击虚假链接而实际上通过预先植入的计算机程序窃取他人财物构成犯罪的，应当以盗窃罪定罪处罚；行为人虚构可供交易的商品或者服务，欺骗他人为支付货款点击付款链接而获取财物构成犯罪的，应当以诈骗罪定罪处罚。

事实一中，被告人臧某泉、郑某使用预设计算机程序并植入的方法，秘密窃取他人银行账户内的巨额钱款，其行为均已构成盗窃罪。

事实二中，臧某泉、郑某和被告人刘某以非法占有为目的，通过开设虚假的网络店铺和利用伪造的购物链接骗取他人数额较大的货款，其行为均已构成诈骗罪。对臧某泉、郑某所犯数罪，应依法并罚。

【相关法条】

《刑法》

第二百六十六条【诈骗罪】诈骗公私财物，数额较大的，处三年以下有期徒刑、拘役或者管制，并处或者单处罚金；数额巨大或者有其他严重情节的，处三年以上十年以下有期徒刑，并处罚金；数额特别巨大或者有其他特别严重情节的，处十年以上有期徒刑或者无期徒刑，并处罚金或者没收财产。本法另有规定的，依照规定。

第四节　抢　夺　罪

抢夺罪，是指行为人趁人不备、公然夺取他人数额较大财物的行为。

本罪侵犯的客体是公私财物的所有权。在此点上本罪与抢劫罪不同；本罪只侵犯公私财物的所有权，而不危害人身安全，属单一客体；本罪的犯罪对象是一般的财物，如金钱、物品等，不包括枪支、弹药、公文、证件、印章等特殊物品，否则不构成本罪。

抢夺行为，一般表现为乘人不备，出其不意，公然对他人随身携带财物行使有形力，或者直接取得他人看管财物，使他人来不及抗拒，而取得数额较大的财物的行为；本罪主体为一般主体，凡年满 16 周岁具备刑事责任能力的自然人均可成为本罪主体。

本罪在主观方面表现为故意，其目的是非法占有公私财物。行为人明知自己的行为会发生侵害公私财产的结果，并且希望这种结果发生。至于抢夺的动机可能是多种多样的，如为了自己享有而抢夺，为了帮别人而抢夺，不管犯罪的动机如何，只要具有非法占有公私财物的目的，就具备了抢夺罪的主观要件。

【案例 12-4】

王某撕毁借条案

王勇曾于 2010 年向赵某借款 28 000 元，并写下借条，后因无力偿还，遂起歹意。2011 年 8 月 7 日晚，王勇为消灭债务，伙同王某经预谋后，谎称归还借款将赵某约至杭州市余杭区星桥街道藕花洲大街西段 560 号某足浴店某包厢。之后，王勇以查看借据为名，从赵某处取得写有借条的记事本，而王某则趁被害人赵某不备，将该记事本中由王勇出具的金额为 28 000 元的借条撕下，后在被告人王勇的掩护下逃离现场。①

◎ 问题：该如何定性王某的行为？

【案例 12-4 分析】

本案的具体情况与抢夺罪的构成要件相符合，构成抢夺罪。抢夺罪为一般主体，主观上以非法占有为目的，对象是公私财物，客观上实施了对物的暴力，有造成人身伤亡的可能性的行为。行为人应支付财物不支付的、或被害人该得到而未得到的财物属于财产性利益，财产性利益可以成为抢夺罪的对象。被告人王勇为消灭债务，结伙趁人不备，夺取他人合法、有效的借款凭证，数额巨大，其行为已构成抢夺罪。被告人王勇关于其撕毁借条应定为毁灭证据罪而非抢夺罪的辩解，经查，在本案中，被告人王勇撕毁借条的目的是消灭债务，被抢走的借条是真实、合法、有效的，被告人及被害人均予以认可，且是确认该债权债务关系存在的唯一证明，被告人王勇抢夺该借条的行为符合抢夺罪的构成要件，依法应以抢夺罪定罪处罚。

【相关法条】

《刑法》

第二百六十七条【抢夺罪】抢夺公私财物，数额较大的，或者多次抢夺的，处三年以下有期徒刑、拘役或者管制，并处或者单处罚金；数额巨大或者有其他严重情节的，处三年以上十年以下有期徒刑，并处罚金；数额特别巨大或者有其他特别严重情节的，处十年以上有期徒刑或者无期徒刑，并处罚金或者没收财产。

【抢劫罪】携带凶器抢夺的，依照本法第二百六十三条的规定定罪处罚。

【知识要点】

抢夺罪与抢劫罪的区别：

（1）对物暴力：抢夺行为。对物暴力并不是直接对被害人行使足以压制反抗的暴力；行为人实施抢夺行为时，被害人来不及抗拒，而不是被暴力压制不能抗拒，也不是受胁迫不敢抗拒。

（2）对人暴力：抢劫行为，其暴力达到了足以压制他人反抗的程度；抢夺行为，其暴力没有达到足以压制他人反抗的程度。

（3）飞车抢夺：对于驾驶机动车、非机动车夺取他人财物的，一般以抢夺罪从重处罚。但具有下列情形之一的，应当以抢劫罪定罪处罚：（1）驾驶车辆，逼挤、撞击或强

---

① 参见《杭州市余杭区人民法院〔2012〕杭余刑初字第 239 号刑事判决书》。

行逼倒他人以排除他人反抗，乘机夺取财物的；（2）驾驶车辆强抢财物时，因被害人不放手而采取强拉硬拽方法劫取财物的；（3）行为人明知其驾驶车辆强行夺取他人财物的手段会造成他人伤亡的后果，仍然强行夺取并放任造成财物持有人轻伤以上后果的。

第五节　侵占罪与职务侵占罪

职务侵占罪，是指公司、企业或者其他单位的人员，利用职务上的便利，将本单位财物非法占为己有，数额较大的行为。

侵占罪，是指以非法占有为目的，将他人的交给自己保管的财物、遗忘物或者埋藏物非法占为己有，数额较大，拒不交还的行为。

侵占罪的主体为一般主体，凡年满16周岁具有刑事责任能力的自然人均可成为侵占罪的主体。侵占罪在主观方面必须出于故意，即明知属于他人交与自己保管的财物、遗忘物或者埋藏物而仍非法占为己有。过失不能构成侵占罪。构成侵占罪还必须具有非法占有的目的。仅有故意而无非法占有之目的，如故意毁坏所代管的他人财物、遗忘物或者埋藏物，或者要求他人偿付因代管等支出的费用而迟延交还的或者因不小心毁坏或丢失的等，就不能以侵占罪论处。

【案例 12-5】

叶某超侵占公司财物案

2016 年 2 月至 2017 年 9 月间，被告人叶某超利用担任锦江麦德龙现购自运有限公司常熟商场（以下简称麦德龙常熟商场）客户经理的职务之便，多次冒用麦德龙常熟商场的客户，直接或者使用伪造的公司印章以客户的名义向麦德龙常熟商场采购五粮液、茅台、剑南春高端品牌白酒等物品，并以低于市场价的价格销售给他人，销售所获款项部分归还麦德龙常熟商场，部分归个人使用，造成麦德龙常熟商场损失共计人民币 1 332 864.51 元。

2017 年 12 月 12 日，被告人叶某超经民警电话通知后主动至常熟市公安局虹桥派出所，并如实供述了自己的主要犯罪事实。①

◎ 问题：该如何评价叶某超的行为？

【案例 12-5 分析】

职务侵占罪，是指公司、企业或者其他单位的人员，利用职务上的便利，将本单位财物非法占为己有，数额较大的行为。本案中，被告人叶某超利用担任商场经理的便利与商场签订采购合同，并侵占部分货款，属于利用职务上的便利，侵占单位财物，数额巨大，其行为已构成职务侵占罪。

---

① 参见《江苏省常熟市人民法院〔2018〕苏 0581 刑初 690 号刑事判决书》。

【相关法条】

《刑法》

第二百七十条【侵占罪】将代为保管的他人财物非法占为己有，数额较大，拒不退还的，处二年以下有期徒刑、拘役或者罚金；数额巨大或者有其他严重情节的，处二年以上五年以下有期徒刑，并处罚金。

将他人的遗忘物或者埋藏物非法占为己有，数额较大，拒不交出的，依照前款的规定处罚。

本条罪，告诉的才处理。

第一百八十三条【职务侵占罪】保险公司的工作人员利用职务上的便利，故意编造未曾发生的保险事故进行虚假理赔，骗取保险金归自己所有的，依照本法第二百七十一条的规定定罪处罚。

【知识要点】

职务侵占罪与侵占罪构成要件的区别：

（1）职务侵占罪的主体是公司、企业或者其他单位的工作人员，且非国家工作人员，为特殊主体；而侵占罪的主体为一般主体，即达到刑事责任年龄具有刑事责任能力的自然人。

（2）职务侵占罪在主观方面表现为明知是单位的财物而决意采取侵吞、窃取、欺诈等手段非法占为己有；而侵占罪的主观内容则明知是他人代为保管的财物、遗忘物或埋藏物而决意占为己有，拒不交还。

（3）职务侵占罪在客观方面表现为利用职务之便将单位财物非法占为己有，即化公为私，但行为人必须利用职务上的便利，采取的是侵吞、窃取、骗取等手段，而财物是否先已为其持有则不影响职务侵占罪成立；而侵占罪则必先正当、善意、合法地持有了他人的财物，再利用各种手段占为己有且拒不交还，其行为不必要求利用职务之便。

（4）职务侵占罪所侵犯的对象是公司、企业或者其他单位的财物，其中既有国有的，也有集体的，还有个人的；侵占罪所侵犯的仅仅是他人的三种特定物，即系为自己保管的他人财物、遗忘物或者埋藏物，"他人"仅是指个人，而不包括单位。

（5）职务侵占罪所侵犯的客体是公司财物的所有权；而侵占罪所侵犯的仅是他人财物的所有权。

（6）职务侵占罪不属于告诉才处理的案件，而侵占罪则只有告诉的才处理。

第六节　挪用资金罪

挪用资金罪，根据我国《刑法》和有关司法解释的规定，是指公司、企业或者其他单位的工作人员利用职务上的便利，挪用本单位资金归个人使用或者借贷给他人，数额较大、超过3个月未还的，或者虽未超过3个月，但数额较大、进行营利活动的，或者进行非法活动的行为。本罪的前身是 1995 年 2 月 28 日全国人大常委会颁布的《关于惩治违反公司法的犯罪的决定》中第十一条所规定的公司、企业人员挪用单位资金罪。

【案例 12-6】

胡某查挪用案

2011 年，被告人胡某查作为内蒙古听涛水业有限公司（以下简称听涛水业公司）的法定代表人，经与内蒙古包头市石拐区人民政府协商，以听涛水业公司名义在包头市石拐区投资开发高岭土项目，并于同年 10 月 8 日签订投资协议，双方约定该项目造价人民币 3.5 亿元，听涛水业公司在工程进场前需要支付人民币 1.7 亿元。其间，胡某查与林某（已判刑）商议共同投资上述高岭土项目，为此二人于同年 10 月 24 日在当地注册成立内蒙古中海科技有限公司（以下简称中海科技公司），其中胡某查是法定代表人，占股 60%，林某占股 40%。至同年 12 月，林某为共同投资开发该项目，多次向胡某查指定账户汇入资金共计人民币 1.2 亿余元。2011 年末至 2012 年，胡某查利用管理中海科技公司财物的职务便利，未经股东林某的同意，私自将中海科技公司的资金挪用，用于个人营利活动：（1）将 3 000 万元转入胡某查与他人合资的内蒙古中润化工工业有限公司（以下简称中润公司），其中 2 000 万元被中润公司支付给内蒙古巴彦淖尔市临河区人民政府，作为购买该区一地块的保证金；（2）将 1 800 万元用于购买呼和浩特市金川开发区 50 亩地；（3）将 4 500 万元用于投资内蒙古鄂尔多斯市准格尔旗煤矿；（4）将 1 600 万元用于投资包头市石拐区灭火工程地块。上述款项共计 1.09 亿元，至今未能归还。巴彦淖尔市临河区人民政府因与中润公司购地合同未履行，于 2015 年 11 月 19 日和 2016 年 2 月 2 日，向中润公司分别退还保证金 1 000 万元和 500 万元，胡某查先后将其中 300 万元和 500 万元转至内蒙古洁净环保科技有限公司账户供自己使用，将其余 700 万元汇至林某控制的内蒙古浙园企业管理有限公司账户。①

◎ **问题：** 该如何评价被告人胡某查的行为？

【案例 12-6 分析】

本案中，被告人胡某查作为内蒙古听涛水业有限公司的法定代表人，与林某协商共同合作经营高岭土等项目，经营所得将按股份分成。被告人胡某查与林某系共同经营关系。内蒙古中海科技有限公司的工商登记资料证实，该公司于 2011 年 10 月 24 日注册成立时，林某为股东，占 40% 的股份。按被告人胡某查的要求，林某将人民币 1.2 亿元汇入胡某查指定的账户，但这些钱是林某出资用于经营高岭土项目。与胡某查原供述称，其与林某为共同经营高岭土项目，合作成立内蒙古中海科技有限公司，以及林某按其要求汇来的人民币 1.2 亿元，用于共同开发高岭土项目的情况相符。因此，被告胡某查利用职务之便，挪

---

① 参见《浙江省高级人民法院〔2018〕浙刑终 121 号刑事判决书》。

用资金归个人使用，数额特别巨大，拒不退还，其行为构成挪用资金罪。

【相关法条】

《刑法》

第二百七十二条 **【挪用资金罪】** 公司、企业或者其他单位的工作人员，利用职务上的便利，挪用本单位资金归个人使用或者借贷给他人，数额较大、超过三个月未还的，或者虽未超过三个月，但数额较大、进行营利活动的，或者进行非法活动的，处三年以下有期徒刑或者拘役；挪用本单位资金数额巨大的，处三年以上七年以下有期徒刑；数额特别巨大的，处七年以上有期徒刑。

【挪用公款罪】 国有公司、企业或者其他国有单位中从事公务的人员和国有公司、企业或者其他国有单位委派到非国有公司、企业以及其他单位从事公务的人员有前款行为的，依照本法第三百八十四条的规定定罪处罚。

有第一款行为，在提起公诉前将挪用的资金退还的，可以从轻或者减轻处罚。其中，犯罪较轻的，可以减轻或者免除处罚。

第七节 敲诈勒索罪

敲诈勒索罪，是指以非法占有为目的，对被害人使用威胁或要挟的方法，强行索要公私财物的行为。

本罪在客观方面表现为行为人采用威胁、要挟、恫吓等手段，迫使被害人交出财物的行为。

威胁，是指以恶害相通告迫使被害人处分财产，即如果不按照行为人的要求处分财产，就会在将来的某个时间遭受恶害。威胁内容的种类没有限制，包括对被害人及其亲属的生命、身体自由、名誉等进行威胁，威胁行为只要足以使他人产生恐惧心理即可，不要求现实中使被害人产生了恐惧心理。威胁的内容是将由行为人自己实现，还是将由他人实现在所不问，威胁内容的实现也不要求自身是违法的。例如，行为人知道他人的犯罪事实，向司法机关告发是合法的，但行为人以向司法机关告发进行威胁索取财物的，也成立敲诈勒索罪。威胁的方法没有限制，既可能是明示的，也可能是暗示的；既可以使用语言文字，也可以使用动作手势；既可以直接通告被害人，也可以通过第三者通告被害人。威胁的结果，是使被害人产生恐惧心理，然后为了保护自己更大的利益而处分自己的数额较大的财产，行为人进而取得财产。被害人处分财产，并不限于被害人直接交付财产，也可以是因为恐惧而默许行为人取得财产，还可以是与被害人有特别关系的第三者基于被害人的财产处分意思交付财产。行为人敲诈勒索数额较小的公私财物的，不以犯罪论处。

敲诈勒索的财物只有数额较大时，才构成犯罪。数额巨大或者有其他严重情节，是本罪的加重情节。所谓情节严重，主要包括：敲诈勒索罪的惯犯；敲诈勒索罪的连续犯；对他人的犯罪事实知情不举并乘机进行敲诈勒索的；乘人之危进行敲诈勒索的；冒充国家工作人员敲诈勒索的；敲诈勒索公私财物数额巨大的；敲诈勒索手段特别恶劣，造成被害人精神失常、自杀或其他严重后果的，等等。

【案例 12-7】

吴某等人高速碰瓷案

2013 年 7 月开始，被告人吴某平、吴某伟、陈某杨与柯某生（批捕在逃）、柯某泉（刑拘在逃）等人相继结成团伙，长期在四川省境内多条高速公路上以制造交通事故假象的"碰瓷"方式，采用言语威胁等手段强行索取他人钱财，具体方式是：由柯某泉先后提供雷克萨斯轿车、捷豹轿车、宝马轿车各一辆，吴某平、吴某伟、陈某扬、柯某生等人事先将车辆的左后视镜弄坏弹簧和弄上裂痕，由吴某平驾车搭乘吴某伟、陈某杨、柯某生等人在高速公路上寻找"碰瓷"目标，选中后，趁目标车辆变道时，吴某平驾车快速超车，当两车相距很近时，坐在后排的陈某杨或者柯某生等人用事先准备的弹弓将橄榄弹向目标车辆的右后车门附近，发出类似于车辆碰撞、擦剐的声音，接着打开应急灯，如对方不停车就加速去追，并按喇叭和招手，示意目标车辆停车。待对方停车查看时，吴某伟等人趁对方不注意用砂纸将目标车辆磨花，然后指着自己车上事先已经被弄坏弹簧和弄上裂痕的后视镜，说是被对方车辆撞坏，要求赔钱。如果对方要求报警或者报保险公司处理，吴某平等人就会装出很凶的样子恐吓对方，并拿出对讲机假装叫人来帮忙，吴某伟假装当和事佬，和对方商谈赔偿事宜，如果对方答应赔钱但身上钱不够，陈某杨、吴某伟或者柯某生就陪对方下高速出口到银行取钱。2013 年 12 月开始，被告人吴某开先后驾驶哈飞牌轿车、飞度牌轿车为被告人吴某平、吴某伟、陈某杨、柯某生、李某正等人在高速公路上对过往车辆进行"碰瓷"时望风；在哈飞牌轿车卖与他人后，未购买飞度牌轿车前，吴某开与吴某伟、陈某杨、李某正搭乘吴某平驾驶的宝马轿车在高速公路上实施"碰瓷"。2014 年 4 月，被告人李某正与被告人吴某平、吴某伟、陈某杨、吴某开等人在成南高速公路上以制造交通事故假象的"碰瓷"方式，并采用言语威胁等手段，强行索取他人钱财。①

◎ 问题：该如何认定本案中被告的行为？

【案例 12-7 分析】

从本案中被告人的作案方式、犯罪对象来看，该起犯罪更符合敲诈勒索罪的特征。首先，虽然被告人的作案地点选在车流量大、车速较快的高速路上，但被告人所针对的并非不特定的车辆，而是选中特定车辆后再下手，中途不会更换目标。其次，被告人的作案手法是利用弹弓等工具制造虚假擦碰现象，并未与某些驾车"碰瓷"案一样进行真实的车辆擦剐。也就是说，被告人并非想与"碰瓷"车辆真正相撞，而是将冲撞的危险控制在可控范围内，被害车辆因突然受到撞击而失去控制酿成车祸的可能性很小，对其他过往车

---

① 参见《上海市嘉定区人民法院〔2015〕嘉刑初字第 43 号刑事判决书》。

辆的正常行驶没有造成足够的干扰和影响。综合看来，被告人的犯罪行为并非针对不特定多数人的生命、健康或大量公私财产的安全。另外，五被告人主观上以非法占有为目的，客观上多次采用言语威胁等手段，强行索要被害人钱财。从主客观方面结合来看，本案定性为敲诈勒索罪更合适。

【相关法条】

《刑法》

第二百七十四条 【敲诈勒索罪】敲诈勒索公私财物，数额较大或者多次敲诈勒索的，处三年以下有期徒刑、拘役或者管制，并处或者单处罚金；数额巨大或者有其他严重情节的，处三年以上十年以下有期徒刑，并处罚金；数额特别巨大或者有其他特别严重情节的，处十年以上有期徒刑，并处罚金。

【知识要点】

1. 敲诈勒索罪与抢劫罪的界限

仅从字面看，"威胁"既是抢劫罪的手段之一，又是敲诈勒索罪的基本行为方式。但是，其威胁的特定内涵不同：（1）从威胁的方式看，抢劫罪的威胁，是当着被害人的面直接进行的；而敲诈勒索罪的威胁可以当面作出，也可以通过书信、电话或第三者转达。（2）从实现威胁的时间看，抢劫罪的威胁表现为扬言如不交出财物，就要当场实现所威胁的内容；而敲诈勒索罪的威胁则一般表现为，如不答应要求将在以后某个时间实现威胁的内容。（3）从威胁的内容看，抢劫罪的威胁，都是以杀害、伤害等侵害人身相威胁；而敲诈勒索罪的威胁内容则比较广泛，包括对人身的加害行为或者毁坏财物、名誉等。（4）从非法取得财物的时间看，抢劫罪是实施威胁当场取得财物；而敲诈勒索则可以在当场，也可以在事后取得。可见，这两种犯罪中的威胁既有区别，又有联系，如果案件事实同上述抢劫威胁的各特点相符合，应以抢劫罪论处。如果其中有一条不符合，则应以敲诈勒索罪论处。

2. 敲诈勒索罪与招摇撞骗罪的界限

在实践中，有些犯罪分子往往假冒公安人员、海关缉查人员、工商管理人员以及税务人员等国家工作人员的身份，敲诈他人钱财，似乎与招摇撞骗罪相同，实则构成敲诈勒索罪。这两种犯罪的主要区别包括：

（1）行为特征不同。招摇撞骗罪是以欺骗为特征，完全以假象蒙蔽被害人；敲诈勒索行为虽然也可能含有欺骗的成分，但却以威胁或要挟为特征。

（2）造成被害人交出财物的心理状态不同。在招摇撞骗罪中，被害人在受骗后，"自愿"交出财物或出让其他合法权益；而敲诈勒索行为则造成被害人精神上的恐惧，出于无奈，被迫交出财物或出让其他财产性利益。

（3）获取利益的范围不同。招摇撞骗罪所获取利益范围比较广泛，既包括财物或财产性利益，又包括非财产性利益，如骗取某种职称或职务、政治待遇或荣誉称号等；敲诈勒索罪所获取的仅限于财物。

（4）侵犯的客体不同。招摇撞骗罪侵犯的客体是国家机关的威信及社会管理秩序；敲诈勒索罪所侵犯的客体是公私财物的所有权和公民人身权利以及其他合法权益。

探讨案例与知识点巩固

【探讨案例 12-1】

　　被告人罗某兰进入海口市某娱乐广场陪伴客人唱"卡拉 OK"。当晚 10 时许，在此消费的客人陈某将装有现金等物的黑色手提包置于电视机上，到包厢外打电话。嗣后，包厢内其他客人结账后离开娱乐广场。罗某兰送客人走后返回包厢，趁正在打扫卫生的服务员未注意之机，将陈某的手提包拿进包厢的卫生间，盗走包内现金 12 000 元，将手提包及包内其他物品弃于卫生盆下，熄灭卫生间的灯，锁上卫生间的门后逃离现场。陈某打完电话回到包厢欲取包时，发现手提包不见。经与打扫卫生的服务员共同寻找，发现手提包被丢弃在卫生间内的卫生盆下。罗某兰于次日用所盗钱款以其男友的姓名购买手机一部、SIM 卡一张、备用电池一块、充电器一个；另将 7 000 元现金存入银行，800 元现金随身携带。案发后，公安机关已追回全部赃款赃物并退还失主。①

　　◎ **问题**：罗某兰的行为构成何种犯罪？

【探讨案例 12-2】

　　被告人李某华、潘某庆、潘某军分别于 1999 年 12 月 2 日、2000 年 1 月 11 日、4 月 22 日，驾驶桑塔纳轿车，在本市中山北路、共和新路、黄兴路五角场环岛、中山南二路、天钥桥路处，趁前方车辆变道时，从后故意碰擦前方车辆从而制造交通事故，并在事故处理过程中，骗取前方车辆驾驶员张某成、徐某、金某其车辆修理费计 11 173 元。被告人李某华、潘某庆结伙，驾驶轿车，采用上述相同方法，分别于 2000 年 5 月 7 日、5 月 20 日、6 月 6 日、6 月 29 日，在本市漕宝路、桂林路、逸仙路、万安路、沪太路立交桥、中山西路、虹桥路处采用上述相同方法，故意制造交通事故，骗得对方车辆驾驶员陈某明、陈某东、张某辉、赵某林人民币 7 853 元。被告人潘某庆、潘某军结伙，驾驶轿车，分别于 2000 年 4 月 24 日、4 月 26 日在本市曲阳路 800 号和中山西路处，采用上述相同方法，故意制造交通事故，骗得对方驾驶员赵某军、安某明人民币计 5 000 元。②

　　◎ **问题**：如何定性本案中被告的行为？

---

　　① 参见最高人民法院刑事审判庭：《刑事审判参考》（总第 24 集）第 160 号"罗某兰盗窃案——如何区分盗窃罪与侵占罪"，法律出版社 2002 年版，第 67 页。

　　② 参见《上海市虹口区人民法院〔2001〕虹刑初字第 262 号刑事判决书》。

【探讨案例 12-3】

2012 年 11 月 20 日 23 时许，被告人杨某、刘某、杨某伦伙同他人（另案处理）在本市五华区茭菱路某网吧内，分工合作，由被告人杨某蒙住被害人陈某的眼睛，趁被害人陈某猜其是谁之机，由被告人刘某把被害人陈某放在桌上的一部白色苹果手机拿走，被害人陈某当即挣脱开被告人杨某的手后，发现手机不见，即叫杨某与刘某站住并抓住了被告人杨某，被告人刘某公开携赃潜逃。该部手机经鉴定价值人民币 2 500 元。2012 年 11 月 26 日及 2013 年 1 月 6 日公安机关分别将原审被告人刘某、杨某伦抓获归案。①

◎ 问题：如何评价本案中被告人的行为？

【探讨案例 12-4】

2012 年 4 月 11 日凌晨 2 时 30 分许，被告人李某携带 1 把菜刀至本区三林路好德便利店超市内，持刀威胁超市营业员，勒令营业员交出钱款，因营业员不给钱，被告人李某便劫得超市 1 根熟玉米后逃逸。当日 2 时 50 分许，被告人李某返回超市，向接到报警后正在超市内调查取证的民警投案自首，如实供述了上述犯罪事实。②

◎ 问题：李某的行为是否构成抢劫罪？

【探讨案例 12-5】

被告人李某系上海沪深航空货运服务有限公司（以下简称沪深航公司）驾驶员。2008 年 1 月 12 日下午 4 时许，李某在为本单位运货至上海浦东国际机场途中，伙同朱某戌、熊某文（均另案处理）从货车内的封存箱中窃得托运人委托沪深航公司承运的梅花鼠年纪念金币 30 枚（共计价值人民币 16 万余元）。后在沪深航公司的追问下，李某和朱某戌、熊某文将窃得的 30 枚梅花鼠年纪念金币交还给沪深航公司。③

◎ 问题：如何评价李某的行为？

【探讨案例 12-6】

2010 年 7 月 12 日凌晨 3 时许，金某伙同张某、李某驾车行至一面粉厂南面时，发现草坪上有一男一女（男子系刘某，女子系钱某）正在作出不雅举动。金某遂上前恐吓两人，身着警服的金某自称是刑警队巡逻人员，张某和李某默认此身份并配合他对刘某、钱某进行恐吓。金某提出让两人缴纳"罚款"3 000 元，并威胁说带到刑警队每人罚款 5 000 元，并通知家人来领人，在外面处理每人罚款 3 000 元。刘某要

---

① 参见《云南省昆明市中级人民法院〔2013〕昆刑抗字第 28 号刑事裁定书》。
② 参见《上海市浦东新区人民法院〔2012〕浦刑初字第 2578 号刑事判决书》。
③ 参见《最高人民法院公报》2009 年第 8 期。

求在外面处理，金某记下了刘某和钱某的姓名、电话及住址后让两人离开。当天上午12时，金某打电话通知刘某缴纳罚款，刘某顺从地将 3 000 元现金交给金某。2010年 7 月 14 日，金某多次打电话威胁钱某缴纳 3 000 元罚款，并到钱某家楼下给钱某施加压力。同年 7 月 16 日，金某在再次向钱某要钱的过程中被某公安局抓获，该3 000元敲诈未遂 。①

◎ **问题**：如何评价金某的行为？

【探讨案例 12-7】

被告人史某念于 2003 年 9 月至 2007 年 4 月期间，利用莒南县农村信用联社委派其负责管理在青岛福泰广场抵债资产的职务便利，未经莒南县农村信用联社同意，在青岛市房地产交易中心，通过使用虚假的证明资料，将该信用社位于青岛福泰广场 A座的 10 套房产，私自登记到其个人名下，然后分别进行变卖，先后共计得款791.452 8 万元，以上款项除以租赁费的名义上交本单位 100 万元外，其余 690 余万元被其用于个人在胶州市胶西工业园征地、建厂等。

◎ **问题**：如何评价金某的行为？

---

① 参见《2019 年招摇撞骗罪案例分析》，载大律师网：http：//www. maxlaw. cn/changshi/zyzpzal/4. html。

第十三章　危害国家安全罪与危害公共安全罪

第一节　叛　逃　罪

叛逃罪，是指国家机关工作人员或者掌握国家秘密的国家工作人员在履行公务期间叛逃境外，或者在境外叛逃，危害国家安全的行为。

本罪的客观方面表现为行为人在履行公务期间，擅离工作岗位，变节叛逃境外或在境外叛逃，投靠境外机构、组织，实施危害国家安全的行为。如果行为人不是在履行公务期间叛逃，或虽履行公务期间叛逃但不危害国家安全的，则不构成本罪。所谓"投靠"，是指加入境外机构、组织，并为其进行危害中华人民共和国国家安全的行为服务。所谓"境外机构、组织"，是指境外除间谍组织和敌对机构、组织以外的其他机构、组织及其在我国境内设立的分支机构、组织。

【案例 13-1】

王某叛逃案

2012 年 2 月 2 日时任某市公安局局长的王某被调离公安工作，不再兼任市公安局局长、党委书记，转而分管科教文体工商等工作；其身边另外 3 名工作人员又被审查。王某感到自身处境危险，遂产生叛逃的想法。

同年 2 月 6 日，王某以洽谈工作为由，借故取消原定公务安排，于当日 14 时 31 分私自进入 A 国驻成都总领事馆。王某与 A 国领馆官员就环境保护、教育、科技等事项作了短暂交谈后，即称因查办案件人身安全受到威胁，请求 A 国提供庇护，并书写了政治避难申请。经重庆市和中央有关部门劝导，王某于 2 月 7 日 23 时 35 分自动离开 A 国领馆，接受调查。[①]

◎ 问题：如何定性王某的行为？

【案例 13-1 分析】

本案中，王某身为市公安局局长，系国家机关工作人员，其在履行公务的期间，因害

[①]　参见《王某曾任某市人民政府副市长、市公安局局长》，载公需网：https://www.gongxuke.net/answer/6e1d839236eef88194de8756444b6597.html。

怕被审查，以洽谈工作为由，擅离岗位，叛逃外国使领馆。虽然该使领馆在我国境内，但因为居住在使领馆的人员属于外国的外交代表，其所在属于享有外交特权的外国机构，本质上等同于"境外"，所以，该行为严重危害了国家安全，符合叛逃罪的成立条件，已构成"叛逃罪"。

【相关法条】

《刑法》

第一百零九条【叛逃罪】 国家机关工作人员在履行公务期间，擅离岗位，叛逃境外或者在境外叛逃，处五年以下有期徒刑、拘役、管制或者剥夺政治权利；情节严重的，处五年以上十年以下有期徒刑。

掌握国家秘密的国家工作人员犯前款罪的，依照前款的规定从重处罚。

【知识要点】

1. 叛逃罪与背叛国家罪的区别

叛逃罪表现为叛逃境外或在境外叛逃，也具有背叛祖国的性质，但是叛逃罪与背叛国家罪有很大的区别，主要表现在：第一，犯罪主体不同。本罪的主体必须是国家机关工作人员；而背叛国家罪的主体只要是跨国公民即可。第二，在客观方面有所不同。本罪的客观行为表现为在履行公务期间叛逃境外或者在境外叛逃，危害中华人民共和国国家安全的行为；而背叛国家罪则表现为勾结外国，危害中华人民共和国的主权、领土完整和安全的行为。

2. 叛逃罪与投敌叛变罪的区别

所谓投敌叛变罪，是指投奔敌人营垒并为其效劳，或者在被捕、被俘后，投降敌人的行为。投敌叛变罪、叛逃罪都具有背叛祖国的性质，但是二者却有本质的区别，主要表现在：第一，犯罪主体不同。本罪只能是国家机关工作人员；而投敌叛变罪的主体是中国公民。第二，客观方面不同。本罪表现为在履行公务期间，叛逃境外或者在境外叛逃的行为；投敌叛变罪则表现为投奔敌人营垒或者投降敌人的行为。二者区别的关键是本罪只是叛逃到境外，却不是投靠敌人；而投敌叛变罪则主要是投靠敌人，并有变节行为，却不一定是投奔境外的敌人。

第二节 间 谍 罪

间谍罪，是指参加间谍组织，接受间谍组织及其代理人的任务，或者为敌人指示轰击目标，危害国家安全的行为。

【案例 13-2】

陈某搜集情报案

2013 年 12 月 4 日上午 11 时 26 分，海军东海舰队某仓库哨兵正在待岗，突然发现有一辆白色的小轿车停下来，一名男子摇下车窗向营区内部拍照。哨兵在搜查时发现，该男子的手机里保存的全都是军港码头、军事设施的照片。当时东海防空识别区公布还没到两个月，这个情况引起了战士们的怀疑。很快，当地国家安全机关侦查员赶到现场带走了这名可疑人员。

经讯问，该男子名叫陈某，宁波象山人，2008 年 5 月到某国留学，2012 年在某国创业。其间，一个外国朋友找到他，邀请他参加当地一个关于中国风险的研讨会。2012 年 12 月 22 日，陈某准时到了会场。在会议的间隙，一个名叫寄田的境外人员主动与陈某进行攀谈。原来，中国风险研讨会的发起人把与会的人员名单告诉了寄田，当寄田得知陈某来自东南沿海后就很感兴趣，他来参加研讨会的目的就是结识陈某。此后，二人日渐熟络，联系逐渐频密。经过多次拉拢、试探后，寄田让陈某收集的信息变得越来越具体。

2013 年年初，陈某回国探亲，他按照寄田的指示拍摄了相关海警船只的图片，寄田收到照片后指示陈某好好观察一下这些船上是否配备武器。虽然觉得敏感，但陈某并没有拒绝，为此还特意报名参加了一个海岛游览项目，终于如愿拍到了机密级导弹艇。在这次搜情任务结束后，寄田要求陈某立刻删除之前的邮件。这时的陈某已经非常清楚寄田的身份以及自己的所作所为，但他并没有悬崖勒马。

2013 年 11 月 17 日，陈某回国后照例进行拍摄。12 月 4 日，陈某开车到第三个指定地点——奉化某部队进行情报搜集。在途中，他先后拍摄了两张带有军事禁区标志的大门照片，在拍摄第二张大门照片的时候被哨兵发现。经查，陈某在 2012 年 11 月至 2013 年 12 月期间，多次向某国间谍情报人员提供我国军事设施和区域的照片。经鉴定，其中两项被认定为机密级军事秘密。2013 年正是我国钓鱼岛附近形势最敏感的时候，这些信息一旦被对方掌握，擦枪走火，将会对我国国家安全造成严重威胁。①

◎ 问题：陈某的行为构成何种犯罪？

【案例 13-2 分析】

本案中，陈某在明知对方为某国情报工作人员后，接受间谍组织的聘请或雇佣，按照其安排多次进行情报提供活动，向某国间谍情报人员提供我国军事设施和区域的照片。经鉴定，其中两项被认定为机密级军事秘密，对我国国家安全造成严重威胁，陈某的行为已构成间谍罪。

【相关法条】

1.《刑法》

第一百一十条 【间谍罪】 有下列间谍行为之一，危害国家安全的，处十年以上有期

---

① 参见《陈某案：出国期间惨遭间谍套路 迷途忘返沦为祖国罪人》，载增持日报：http://zcrb. zcwin. com/content/201904/15/c117161. html。

徒刑或者无期徒刑；情节较轻的，处三年以上十年以下有期徒刑：（一）参加间谍组织或者接受间谍组织及其代理人的任务的；（二）为敌人指示轰击目标的。

【知识要点】

国家安全是通过一个主权国家独立自主地生存和发展保障的具体对象表现出来的。国家安全受到侵犯，就是这些具体对象受到了侵害。

间谍，作为国家与国家或集团与集团之间进行军事、政治、外交斗争乃至经济、科技竞争的有效手段，是随着国家的产生而产生，是斗争的产物。它以隐蔽的方式打入对方营垒以至高级机关，进行发展组织、窃取机密及其他各种破坏活动，以颠覆对方国家政权。他们以公开掩护秘密，以合法掩护非法的活动方式，以外交官、记者、商人、访问学者、留学生或者旅游者等各种身份为掩护入境，打着新闻采访、经贸合作、投资办企业、友好往来、学术交流、观光旅游、探亲访友等旗号，向我国国家机构和各种组织进行渗透、颠覆政权、窃取国家秘密和情报，策反公职人员，进行暗杀、放火、爆炸、投毒、散布危害我国国家安全的谎言等行为，正是这些行为使国家机关、国家秘密、各类情报、国家工作人员等具体对象受到侵犯，从而使国家安全受到了侵害。这里所说的这些具体对象受到侵犯，并不要求一定具有物质性的损害结果。而只要行为人的行为危害或可能危害到这些对象，就可认定其行为侵害了我国国家安全。

间谍行为表现为参加间谍组织或接受间谍组织及其代理人的任务，或者为敌人指示轰击目标的行为。具体表现为以下三种情形：

（1）参加间谍组织，成为间谍组织的成员，充当间谍。所谓间谍组织，主要是指外国政府建立的旨在策反我国公职人员、人民群众、商业组织等向我国国家机构和各种组织进行渗透、窃取、刺探、收买、非法提供国家秘密和情报，进行颠覆和破坏活动的组织。参加间谍组织，是指行为人履行一定的加入手续（如挑选、登记、专门训练等），或者在非常情况下虽未按常规正式加入，但事实上已作为该间谍组织的成员进行活动。

（2）接受间谍组织及其代理人的任务的。根据《中华人民共和国国家安全法实施细则》的规定，间谍组织的代理人，是指受间谍组织或者其成员的指使、委托、资助，进行或者授意、指使他人进行危害中华人民共和国国家安全活动的人，例如，某国记者，虽在组织上不隶属于该国间谍组织的成员，但其接受了该国间谍组织收集情报的任务，在此情况下，该记者可视为间谍组织的代理人。这里的代理人应是广义的，既可以是自然人，也可以是法人。在实践中，由于间谍组织代理人的情况比较复杂，根据《国家安全法实施细则》的规定，间谍组织代理人由中华人民共和国国家安全部确认。接受间谍组织及其代理人的任务，是指行为人受间谍组织（不管其是否正式加入）及其代理人的命令、派遣、指使、委托为间谍组织服务，进行危害国家安全的活动。实践中，境外间谍组织既有直接在我国境内秘密设立活动网点，直接派遣，又有大量通过境外其他机构如公司、记者站、商会等在境内设立分支机构或办事处，安插或委托具有合法身份的人作为其代理人进行活动。接受间谍组织代理人的任务，虽不是直接从间谍组织处受领任务，实际上与接受间谍组织的任务毫无两样，只是多了一个中间环节，这正是间谍活动隐蔽性的体现。参加间谍组织或者接受间谍组织及其代理人的任务的，行为人只要实施了接受间谍组织或者代理人任务的行为，便满足了间谍罪的构成且既遂的要件。至于行为人是否实施接受的任务或完成程度，对间谍罪的成立且既遂不存在影响。而且，这种行为不需要行为人一定具有间谍的身份，即行为人是否参加间谍组织，不影响该罪的构成。

（3）为敌人指示轰击目标。它是指为军事侵略我国国家的敌国提供攸关我国安全的重大军事设施、建设项目、城市等目标的行为。行为方式是在战时为交战敌对国或敌方用画图、文字、使用信号、标记等手段向敌人明示所要轰击我方目标。这里所谓的敌人，不是指国内暗藏的个别敌对分子，而是指军事侵略我国的敌国和武装力量。这种行为不以行为人是否参加间谍组织或是否接受间谍组织及其代理人的任务为限。行为人只要实施为敌人指示轰击目标的行为，就构成间谍罪。

行为人只要实施了上述三种行为之一，即可构成本罪，不要求三者同时具备。

第三节　为境外窃取、刺探、收买、非法提供国家秘密、情报罪

为境外窃取、刺探、收买、非法提供国家秘密、情报罪（《刑法》第一百一十一条），是指为境外的机构、组织、人员窃取、刺探、收买、非法提供国家秘密或情报的行为。

【案例 13-3】

张某为境外提供情报案

2015 年 8 月 25 日，境外人员通过电子邮箱向被告人张某的 QQ 邮箱发送电子邮件，邮件中提出高价索要 2014 年军事期刊。2015 年 9 月 11 日，该境外人员又通过 QQ 号与张某联系，询问张某能否提供网上没有的单位内部资料或杂志，并许诺可以提供报酬。张某表示可以提供我国某军区空军的装备、地址等信息后，两人约定使用电子邮箱继续详细洽谈。随后，在境外人员承诺以三年 100 万元的报酬利诱下，被告人张某谎称自己是某军区副连长，并逐步达成了向境外人员提供涉军信息的合作意向。此后，被告人张某采取拍照、通过网络好友 QQ 空间截取照片、向相关人员打探信息的方式，积极收集涉军资料进行整理。之后，在 2015 年 9 月 11 日至 9 月 30 日期间，张某多次通过邮箱向对方发送我国某军区军队编制、人员、车辆信息等内容及 26 张涉军图片，并声称将通过部队内部人员帮对方索要文件。其间，境外人员为进一步促使张某搜集提供更深层次涉军资料，向张某提供的中国工商银行卡号分两次汇入报酬费人民币 1 万元。经军区保密部门鉴定，被告人张某向境外人员提供的信息及图片中，涉及部队编制内容的信息为机密级军事秘密；涉及部队的编制、驻地、职能、装备等内容的信息为机密级军事秘密；涉及 77113 部队、78098 部队的 25 张部队内部照片为军事情报①。

◎ 问题：如何认定本案中张某的行为？

---

① 参见《贵州省贵阳市中级人民法院〔2016〕黔 01 刑初 41 号刑事判决书》。

【案例 13-3 分析】

被告人张某为了谋取私利，在境外人员以高额诱饵向其索要国家秘密的情况下，其采取各种方式收集涉军资料进行编辑后发送给境外人员，经鉴定，其中诸多信息涉及国家军事机密，25 张照片属于国家军事情报，其行为已构成为境外人员非法提供国家秘密、情报罪，应依法处罚。

【相关法条】

1. 《刑法》

第一百一十一条　【为境外窃取、刺探、收买、非法提供国家秘密罪】 为境外的机构、组织、人员窃取、刺探、收买、非法提供国家秘密或者情报的，处五年以上十年以下有期徒刑；情节特别严重的，处十年以上有期徒刑或者无期徒刑；情节较轻的，处五年以下有期徒刑、拘役、管制或者剥夺政治权利。

2. 《最高人民法院关于审理为境外窃取、刺探、收买、非法提供国家秘密、情报案件具体应用法律若干问题的解释》

第二条　为境外窃取、刺探、收买、非法提供国家秘密或者情报，具有下列情形之一的，属于"情节特别严重"，处十年以上有期徒刑、无期徒刑，可以并处没收财产：

（一）为境外窃取、刺探、收买、非法提供绝密级国家秘密的；

（二）为境外窃取、刺探、收买、非法提供三项以上机密级国家秘密的；

（三）为境外窃取、刺探、收买、非法提供国家秘密或者情报，对国家安全和利益造成其他特别严重损害的。

实施前款行为，对国家和人民危害特别严重、情节特别恶劣的，可以判处死刑，并处没收财产。

【知识要点】

（1）对累犯的影响：故意泄露国家秘密罪属于渎职罪，非法获取国家秘密罪属于妨害社会管理秩序罪，故在认定特殊累犯时，受犯罪性质的影响。

（2）认识错误问题：行为人明知是国家秘密但误以为对方是境内机构、组织、人员而非法提供给境外机构、组织、人员的，或者相反，属于抽象的事实认识错误，成立故意泄露国家秘密罪。

（3）犯意转化问题：为境内的机构、组织、个人或出于其他目的窃取、刺探、收买国家秘密或者情报后，非法提供给境外机构、组织、个人的，成立为境外非法提供国家秘密、情报罪。

（4）犯罪方式问题：通过互联网将国家秘密或者情报非法发送给境外的机构、组织、个人的，成立为境外非法提供国家秘密、情报罪；将国家秘密通过互联网予以发布，情节严重的，以故意泄露国家秘密罪论处。

第四节 爆 炸 罪

爆炸罪，是指故意用爆炸的方法，杀伤不特定多人、毁坏重大公私财物，危害公共安全的行为。其构成要件如下：

本罪在客观方面表现为对公私财物或人身实施爆炸，危害公共安全的行为。爆炸犯罪在客观方面的本质特点在于爆炸行为危害或足以危害不特定多数人的生命、健康或重大公私财产的安全。无论存在哪种原因，只要行为人实施了爆炸行为，足以危害公共安全的，就构成爆炸罪。爆炸罪的成立并不要求发生危害公共安全的实际后果。行为指向的对象是不特定多人的生命、健康和重大公私财物。需要说明的是如果用爆炸的方法炸江、河、湖泊、水库的堤坝，造成水流失控，泛滥成灾，危害公共安全，则应定决水罪。

【案例 13-4】

王某公交爆炸案

2014 年 10 月 10 日 13 时 5 分许，被告人王某因之前与 k19 路公交车司机陈某发生冲突，怀恨在心，就从自家的地下室的箱子里拿出以前私藏的手榴弹，插在右侧腰带里，来到金华市园丁新村门口的公交站点等司机陈某开车过来。当日 13 时 26 分许，司机陈某开着车牌号为浙 G×××××号的 K19 路公交车到达上述站点，被告人王某上了公交车，当时车子上有十余名乘客。被告人王某就坐在公交车司机的后面座位上。待公交车行驶一段路时，被告人王某用右手往上甩拉别在腰带上的手榴弹的拉环，"嘭"一声并喷出一团亮光和烟雾，手榴弹引燃未爆，从王某的腰间先后掉下一块圆铁、一块木头柄。公交车司机陈某发现后立即停车并打电话报警。后被告人王某被乘客控制在公交车上。2014 年 10 月 10 日，被告人王某被公安机关传唤归案。①

◎ 问题：如何认定本案中王某的行为？

【案例 13-4 分析】

本案中，被告人王某基于杀人报仇的动机在公交车上实施了引爆行为，并引燃手榴弹，已经符合故意杀人的成立条件，但司机死亡的结果未发生，属于故意杀人未遂。但是同时其行为已经危害公共安全，虽然未造成严重后果，其犯罪行为已实施终了，具备爆炸罪的全部构成要件。因此，王某的行为属于故意杀人罪与爆炸罪的想象竞合，应按照爆炸罪既遂处理。

---

① 参见《浙江省金华市婺城区人民法院〔2015〕金婺刑初字第 27 号刑事判决书》。

【相关法条】

《刑法》

第一百一十五条第一款【放火罪】 放火、决水、爆炸以及投放毒害性、放射性、传染病病原体等物质或者以其他危险方法致人重伤、死亡或者使公私财产遭受重大损失的，处十年以上有期徒刑、无期徒刑或者死刑。

第五节　以危险方法危害公共安全罪

以危险方法危害公共安全罪，是指使用与放火、投放危险物质、决水、爆炸方法的危险性相当的其他危险方法，危害公共安全的行为。该罪是一个兜底罪名，即一个行为无法构成上述其他犯罪但是社会危害性极其严重，才考虑构成该罪。"其他危险方法"，仅限于与放火、决水、爆炸、投放危险物质相当的方法，而不是泛指任何具有危害公共安全性质的方法（限制解释，同类解释）。因为《刑法》将本罪规定在第一百一十四条与第一百一十五条之中，根据同类解释规则，它必须与前面所列举的行为相当；根据该罪所处的地位，"以其他危险方法"只是《刑法》第一百一十四条、第一百一十五条的"兜底"规定，而不是《刑法》分则第二章的"兜底"规定。

侵犯客体是公共安全，即不特定的多数人的生命、健康或者重大公私财产的安全。不足以造成这三类物质性结果的行为，即使造成了其他物质性或者非物质性结果，也不可能成立以危险方法危害公共安全罪。例如，甲通过新闻得知，炭疽杆菌是一种白色粉末状的病菌，国外已经发生因接触夹有炭疽杆菌的邮件而致人死亡的案件，因此认为，社会公众收到类似的邮件会产生心理恐慌。甲遂将家中粉末状的食品干燥剂装入两个信封内，分别寄给某单位领导乙、丙，造成乙、丙精神上的高度紧张，同时引起周围人们的恐慌。甲不成立以危险方法危害公共安全罪，而是投放虚假危险物质罪与编造、故意传播虚假恐怖信息罪的想象竞合。

客观方面表现为使用与放火、投放危险物质、决水、爆炸方法的危险性相当的其他危险的方法，危害公共安全的行为。如驾车撞人、私设电网、向人群开枪射向人群开枪射击、传播病毒或泄露放射性物质、邪教组织人员自焚、自爆、故意破坏矿井下的通风装置、高度醉酒后在高速公路上超速驾驶机动车等。不管危险方法的具体形式如何，其危险都必须与放火、投物质决水爆炸方法的危险性大体相当。

【案例 13-5】

钱某破坏电梯主架案

2005 年 11 月 21 日，被告人钱某在北京市海淀区裕龙大酒店综合楼施工现场 A 座 13 层处，因不满电梯工未搭载其下楼，遂将一根架子管放置在电梯主架上，并使用十字夹扣和眼镜扳子将架子管固定于此处，致使电梯主架上的两部外挂电梯的配重铁出轨、弯曲，严重危及施工现场人员的人身和公共财产安全。次日，被告人钱某被抓获。①

◎ **问题**：如何评价被告人钱某的行为？

【案例 13-5 分析】

以危险方法危害公共安全罪，是指使用与放火、投放危险物质、决水、爆炸方法的危险性相当的其他危险方法，危害公共安全的行为。本案中，被告人钱某使用架子管卡住电梯主架，致使外挂电梯的配重铁出轨、弯曲，其行为与"放火、投放危险物质、决水、爆炸"等行为一样都足以危及施工现场不特定多数人的人身和公共财产安全，尚未造成严重后果，其行为已构成以危险方法危害公共安全罪，应予惩处。

【相关法条】

《刑法》

第一百一十四条 【放火罪、决水罪、爆炸罪、投放危险物质罪、以危险方法危害公共安全罪之一】 放火、决水、爆炸以及投放毒害性、放射性、传染病病原体等物质或者以其他危险方法危害公共安全，尚未造成严重后果的，处三年以上十年以下有期徒刑。

第一百一十五条 【放火罪、决水罪、爆炸罪、投放危险物质罪、以危险方法危害公共安全罪之二】 放火、决水、爆炸以及投放毒害性、放射性、传染病病原体等物质或者以其他危险方法致人重伤、死亡或者使公私财产遭受重大损失的，处十年以上有期徒刑、无期徒刑或者死刑。

过失犯前款罪的，处三年以上七年以下有期徒刑；情节较轻的，处三年以下有期徒刑或者拘役。

第六节 破坏交通工具罪

破坏交通工具罪，是指破坏火车、汽车、电车、船只、航空器，足以使火车、汽车、电车、船只、航空器发生颠覆、毁坏危险，尚未造成严重后果或者已经造成严重后果的行为。

【案例 13-6】

赵某破坏汽车发动机案

被告人赵某与其堂兄赵某乙各自经营重型自卸货车为油田生产单位供水赚取运费，二人因供水发生口角，赵某怀恨在心。2015 年 5 月 4 日 23 时许，赵某携带用"脉动"饮料瓶装的油田施工专用压裂水洗砂，驾车窜至华池县元城镇石油新村居民

---

① 参见《北京市海淀区人民法院〔2006〕海法刑初字第 1362 号刑事判决书》。

点赵某丙家院内，找到停放于该院赵某乙的拉罐重型自卸货车，拉起该车引擎盖，拧开发动机灌注机油口螺旋盖，将压裂水洗砂倒入发动机灌注机油口内一半，相当于"脉动"饮料瓶整瓶的三分之一量，后拧住发动机灌注机油口螺旋盖，放下引擎盖离开现场。2015 年 5 月 5 日 9 时许，赵某乙将其自卸车开至元城镇"顺通"汽配修理厂更换发动机机油，当日 20 时许，赵某乙将车从修理厂开出准备往龚河村境内的石油井场拉水时，在上山的坡段处车辆出现故障，经修理工到场检查系增压机损坏，赵某乙将车重新开回修理厂等待调货修理，5 月 8 日车辆修理完毕，当日 19 时许赵某乙将车开出再次装水准备上山，当走到通往龚河村的上山坡段处时，车辆再次发生故障，经修理厂高某甲到场检查，发现该车发动机内有大量压裂水洗砂。经查，赵某乙自卸货车自购买至案发，一直用于龚河行政村境内油田作业单位供水，其车辆行驶路段系元城镇至龚河行政村主干柏油路段，坡道多弯道急，行人车辆较多。车速过快发动机不工作，采取紧急制动可能会导致翻车现象。[①]

◎ 问题：如何定性赵某的行为？

【案例 13-6 分析】

本案中，赵某为了报复堂兄，客观上实施了破坏其汽车发动机的行为，赵某明知自己的行为可能会使其堂兄的汽车发生颠覆、毁坏危险而希望或者有意识地放任这种结果发生，其行为足以危及交通运输安全，所以构成破坏交通工具罪。

【相关法条】

《刑法》

第一百一六条【破坏交通工具罪】破坏火车、汽车、电车、船只、航空器，足以使火车、汽车、电车、船只、航空器发生倾覆、毁坏危险，尚未造成严重后果的，处三年以上十年以下有期徒刑。

第一百一九条【破坏交通工具罪】【破坏交通设施罪】【破坏电力设备罪】【破坏易燃易爆设备罪】破坏交通工具、交通设施、电力设备、燃气设备、易燃易爆设备，造成严重后果的，处十年以上有期徒刑、无期徒刑或者死刑。

【过失损坏交通工具罪】【过失损坏交通设施罪】【过失损坏电力设备罪】【过失损坏易燃易爆设备罪】过失犯前款罪的，处三年以上七年以下有期徒刑；情节较轻的，处三年以下有期徒刑或者拘役。

第七节　组织、领导、参加恐怖组织罪

组织、领导、参加恐怖组织罪是指组织、领导或者积极参加恐怖活动组织的行为。其

---

① 参见《甘肃省华池县人民法院〔2015〕75 号刑事判决书》。

构成要件如下：

1. 客体要件

本罪侵犯的客体是社会公共安全，即不特定的多数人的生命、健康或者重大公私财产的安全。恐怖活动组织是以从事杀人、伤害、绑架、爆炸等严重暴力犯罪为主要活动内容的犯罪集团，具有很大的社会危害性。该组织一般带有明显的政治性目的，并在此目的指导下，专门或者主要从事暗杀、绑架、爆炸、放火、劫持人质和交通工具等严重暴力犯罪行为。

2. 客观要件

本罪客观方面表现为组织、领导、积极参加或者参加恐怖活动组织的行为。所谓组织，是指为首策划、鼓动、教唆、召集、引诱多人成立专门以或者主要以从事恐怖犯罪活动为内容的组织的行为。所谓积极参加，是指多次参加恐怖活动组织的活动，态度积极，或者虽然偶尔参加恐怖组织的活动，但在其中起主要作用的行为。所谓参加，是指除组织、领导、积极参加恐怖活动组织以外的其他参加恐怖组织活动的行为。本罪的客观要件属于选择性要件，只要行为人的行为符合组织、领导、积极参加或者参加恐怖活动组织的行为之一的，即构成本罪。

3. 主体要件

本罪的主体为一般主体，即年满 16 周岁、具有刑事责任能力的自然人都可以成为本罪的主体。

4. 主观要件

本罪的主观方面表现为故意，即明知是以从事恐怖活动为主要内容的恐怖活动组织而故意组织、领导、积极参加或者参加该组织。如果不知是以从事恐怖活动为主要内容的恐怖活动组织而参加的，在发现其恐怖组织性质后立即退出该组织的，不能以本罪论处。如果虽然开始时不知是恐怖活动组织，但在发现其恐怖活动组织的性质后仍然不退出的，则应以本罪论处。

【案例 13-7】

被告人 A 参加恐怖组织案

2009 年 9 月底，被告人 A 在其舅舅 B 家中两次用电脑观看、拷贝宣扬"迁徙""圣战"思想的视频和音频。2012 年 2 月至 9 月，被告人 A 在纺织厂务工期间，与同乡的被告人 C、D、E 等相识后，A 给他们进行宣扬"太比力克"并号召他们坚定宗教立场，开展"迁徙""圣战"，与"异教徒"圣战，要一边打工一边学经。四被告人并一同学习阿拉伯语，购买仿真枪和黑白色靶子，用以练习射击，购买地图，研究"迁徙"路线，进行体能、技能训练。四人在计划前往阿富汗参加恐怖组织的过程中被警方抓获。①

---

① 参见《新疆生产建设兵团第十四师中级人民法院〔2013〕兵十四刑初字第 00001 号刑事判决书》。

◎ **问题**：如何认定本案中被告人 A 的行为？

【案件 13-7 分析】

本案中被告人 A 同其舅舅一起观看、拷贝宣扬"迁徙""圣战"思想的视频和音频，接受了分裂思想教育。到纺织厂打工后，其又向同宿舍的 C、D、E 等讲解"迁徙""圣战"的含义，进行分裂思想的"太比力克"，学阿拉伯语，强身健体，聚集进行跑步、仰卧起坐、俯卧撑等体能训练。购买塑料枪支和靶子进行训练，购买地图，为"迁徙""圣战"安排筹集资金，寻找路线，始终起到主要作用。其行为已经构成了《中华人民共和国刑法》第一百二十条第一款规定的组织、领导、参加恐怖组织罪。

【相关法条】

《刑法》

第一百二十条【组织、领导、参加恐怖组织罪】组织、领导恐怖活动组织的，处十年以上有期徒刑或者无期徒刑；积极参加的，处三年以上或者十年以下有期徒刑，并处罚金；其他参加的，处三年以下有期徒刑、拘役、管制或者剥夺政治权利，可以并处罚金。

犯前款罪并实施杀人、爆炸、绑架等犯罪的，依照数罪并罚的规定处罚。

第八节　劫持航空器罪

劫持航空器罪，是指行为人以暴力、胁迫或者其他方法劫持民用航空器，危及航空安全的行为，其构成案件如下：

1. 客体要件

劫持航空器罪侵犯的犯罪客体是交通运输安全，但该交通运输安全具体到了航空领域，即为航空交通运输安全。不过，因为航空器在天空飞行的特殊性质，还可以进一步将航空交通运输安全更为具体化，即乘客、机组人员的人身、财产及航空器的安全。而就犯罪对象来说，该罪的实行行为直接作用的是航空器。

2. 客观要件

劫持航空器罪的犯罪客观方面表现为以暴力、胁迫或者其他方法劫持航空器，危害航空运输安全的行为。但是，这并不是说，行为人劫持航空器的行为只有危害了航空运输交通的公共安全，才构成犯罪，而是表明，以暴力方法劫持航空器的行为本身就具有危害航空交通运输安全的性质，足以构成犯罪。具体而言，需要从如下几个方面来掌握：

（1）行为人采取了暴力、威胁或者其他方法。所谓"暴力"，是指对航空器驾驶、操作人员或机上其他人员实施不法有形力，具体说是对驾驶、操作人员或机上其他人员实施如杀害、杀伤、殴打、捆绑、禁闭等使其无法反抗的行为。

（2）所谓"胁迫"，是指对驾驶、操作人员或机上其他人员实施的精神强制，即以毁坏飞机、杀害人质等暴力相威胁，使驾驶、操作人员或机上其他人员不敢反抗控制航空器的行为。行为人对物行使不法有形力从而对机组人员产生精神压制的行为也属于胁迫行为。

（3）所谓"其他方法"，是指使用除暴力、威胁方法以外的但与暴力、胁迫危害程度相当的手段使驾驶、操作人员不能反抗、不知反抗、不敢反抗的行为，如使用麻醉药物麻醉、致昏的方法使机组人员不能抗拒或不知抗拒，从而控制航空器的行为。

3. 主体要件

本罪的主体是一般主体，即年满 16 周岁、具有刑事责任能力的自然人都可以成为本罪的主体。

4. 主观要件

本罪的主观方面表现为故意。

【案例 13-8】

孙某劫持案

被告人孙某于 1993 年 7 月至 11 月住院期间，萌生劫持飞机去台湾的歹念，同年 11 月 26 日他购得天津至上海的飞机票一张。11 月 28 日上午，被告人孙某将烟火药剂 200 余克及黑色火药制成的引燃线装进塑料袋，用白纱布包扎在头部，于当日下午 14 时许，混过天津机场安检人员的检查，登上中国国际航空公司波音 737B-2581 号 1523 次航班天津至上海的飞机。在飞行途中，被告人在飞机厕所里将火药从头部取下扎在腹部，随后窜至飞机后舱，左手握住捆有火柴棒的引燃线，右手持火柴盒，并露出腹部的火药，胁迫机组人员将飞机飞往台湾。否则即引爆炸毁飞机。经机组人员与之周旋，提出飞机要加油，被告人孙某同意，机组人员又提出先让乘客下机，再继续飞行，被告人亦同意。飞机在南京机场紧急降落，被告人孙某被制服抓获。①

【案例 13-8 分析】

本案中，孙某用炸药挟持机组工作人员，客观上实施了以暴力、胁迫或者其他方法劫持航空器，危害航空运输安全的行为，行为危及航空交通运输安全，已构成劫持航空器罪。

【相关法条】

《刑法》

第一百二十一条 【劫持航空器罪】以暴力、胁迫或者其他方法劫持航空器的，处十

---

① 参见《江苏省南京市中级人民法院（1994）宁刑初字第 003 号刑事判决书》。

年以上有期徒刑或者无期徒刑；致人重伤、死亡或者使航空器遭受严重破坏的，处死刑。

第九节 非法制造、买卖、运输、邮寄、储存枪支、弹药、爆炸物罪

非法制造、买卖、运输、邮寄、储存枪支、弹药、爆炸物罪，是指违反法律规定，未经国家有关部门批准，非法制造、买卖、运输、邮寄、储存枪支、弹药、爆炸物的行为，其构成要件如下：

1. 客体要件

本罪侵犯的客体是公共安全，即不特定多数人的生命、健康和重大公私财产的安全。

本罪是涉及危险对象的犯罪，但并不表现为对这种对象的破坏，也不具有放火罪、爆炸等罪一经实施即会同时造成多人死伤或公私财产广泛被破坏的特点。将其归入危害公共安全罪中，就在于枪支、弹药、爆炸物这种危险物品，易被犯罪分子控制，有可能危及广大人民群众的生命安全、国家财产的安全，给社会治安留下极大隐患。本罪不仅违反了对枪支、弹药、爆炸物的管理规定，而且由于枪支、砷药、爆炸物的巨大破坏性和杀伤力，同时还侵犯了公共安全。

2. 客观要件

本罪客观方面表现为非法制造、买卖、运输、邮寄、储存枪支、弹药、爆炸物的行为。

所谓非法制造，是指违反国家有关法规，未经有关部门批准，私自制造枪支、弹药、爆炸物的行为。制造包括制作、加工、组装、改装、拼装、修理等具体方式，无论采取哪一种方式进行制造，也无论是否制造成功，抑或是自用还是出售，只要实施了制造的行为，即构成本罪。所谓非法买卖，是指违反法律规定，未经有关部门批准许可，私自购买或者出售枪支、弹药、爆炸物的行为。买卖，即包括以金钱货币作价的各种非法经营的交易行为，亦包括以物换取枪支、弹药、爆炸物的以物易物的交换行为，以及赊购等行为方式。无论其方式如何，只要属于买卖行为，即构成本罪。所谓非法运输，是指违反法律规定，未经批准许可，私自在国境内从一个地方运到另一个地方的行为。其既可以通过陆运、水运或空运，亦可以是随身携带，其方式的不同不影响行为的性质。所谓非法邮寄，是指违反法律规定，私自通过邮局邮寄枪支、弹药、爆炸物的行为。其既可以成批邮寄，亦可以夹在其他邮寄的仿品中邮寄。无论方式如何，只要属于非法，即可构成本罪。所谓非法储存，是指违反国家有关规定，未经有关部门批准，私自收藏或存积枪支、弹药、爆炸物的行为。其既可以藏在家中，又可以存在他处，如山洞中、他人家里等。不论地点如何，只要属于非法，就不影响本罪成立。

本罪属于选择性罪名。行为人只要实施非法制造、买卖、运输、邮寄、储存枪支、弹药、爆炸物行为之一的，即可构成犯罪，如果非法制造枪支、弹药、爆炸物以后，又自己运输和贩卖的，只构成非法制造、运输、买卖枪支、弹药、爆炸物罪一罪，不实行数罪并罚。

3. 主体要件

本罪主体为一般主体，即达到法定刑事责任年龄、具有刑事责任能力的自然人都可以构成。

根据《刑法》第一百二十五条第三款的规定，单位也可成为本罪主体。单位非法从事制造、买卖、运输、邮寄、储存枪支、弹药、爆炸物的活动，其主管人员和直接责任人员，应按本罪论处。

4. 主观要件

本罪主观方面表现为故意，即明知是枪支、弹药、爆炸物而非法制造、买卖、运输、邮寄、储存。其动机则可能多种多样，有的为了营利，有的为了实施其他犯罪。不同的动机一般不影响定罪。

【案例 13-9】

林某卫自制枪支案

2016 年年初，被告人林某卫在阿里巴巴平台上看见王某发布的销售黄色射钉弹的信息，便加王某为微信好友。之后，被告人林某卫通过微信转账 300 元向王某购买两盒黄色射钉弹。2016 年春，被告人林某卫在网上通过微信转账 200 元向陈某购买两支火药枪握把套和枪管卡套。2016 年，被告人林某卫通过微信转账 300 元向曹某购买瞄准镜一个。被告人林某卫购买了枪支组件及制作、改装枪支的工具后，在其住处使用工具将上述枪支组件组装成枪支。

2018 年 6 月 1 日 13 时许，公安人员在桂林市秀峰区中隐路××号某小区××室将被告人林某卫传唤接受调查，并当场缴获疑似枪支四支。

案发后，经鉴定，从被告人林某卫藏匿在桂林市秀峰区中隐路××号某小区××室缴获的疑似枪支四支，其中两支枪支属于火药类枪；一支枪支因气体储藏装置漏气，气体无法推动弹丸进行测速；一支枪支因气体储藏装置漏气，无法击发。综上所述，被告人林某卫非法制造火药类枪支两支。①

【案例 13-9 分析】

本案中，林某卫违反法律规定，未经许可非法制造火药类枪支两支，其行为触犯《中华人民共和国刑法》第一百二十五条第一款之规定，构成非法制造枪支罪。

【相关法条】

《刑法》

第一百二十五条【非法制造、买卖、运输、邮寄、储存枪支、弹药、爆炸物罪】非法制造、买卖、运输、邮寄、储存枪支、弹药、爆炸物的，处三年以上十年以下有期徒刑；情节严重的，处十年以上有期徒刑、无期徒刑或者死刑。

【非法制造、买卖、运输、储存危险物质罪】非法制造、买卖、运输、储存毒害性、放射性、传染病病原体等物质，危害公共安全的，依照前款的规定处罚。

---

① 参见《广西壮族自治区桂林市秀峰区人民法院〔2019〕桂 03 刑终 193 号刑事判决书》。

单位犯前两款罪的，对单位判处罚金，并对其直接负责的主管人员和其他直接责任人员，依照第一款的规定处罚。

第十节　交通肇事罪

本罪的构成要件如下：

1. 主体要件

本罪不属于身份犯，是一般主体。实践中主要是从事交通运输的人员，具体包括驾驶汽车、电车、船只从事公路和水路运输的驾驶人员以及对上述交通工具的运输安全负有保障职责的其他人员。非交通运输人员违反交通运输管理法规，造成重大交通事故，后果严重的，也应当按本罪论处。例如，在高速公路上拉车乞讨，引起交通事故的，也可能成立交通肇事罪。同时，还应注意以下问题：

单位主管人员、机动车辆所有人或者机动车辆承包人指使、强令他人违章驾驶造成重大交通事故的，成立交通肇事罪；被指使者可能因没有达到法定年龄等而无罪，但不影响指使者成立犯罪。例如，车主甲将自己的机动车交给 15 周岁的醉酒者、无驾驶资格者乙驾驶，没有防止伤亡结果发生的，乙虽然不成立犯罪，但车主成立交通肇事罪；当然，如果乙达到法定年龄，成立犯罪，则甲、乙均成立交通肇事罪。交通肇事后，单位主管人员、机动车辆所有人、承包人或者乘车人指使肇事人逃逸，致使被害人因得不到及时救助而死亡的，以交通肇事罪（的共犯）论处；被指使者可能因没有达到法定年龄等而无罪，但不影响指使者成立犯罪。

2. 客观要件

行为人实施了违反交通运输管理法规，因而发生重大交通事故，致人重伤、死亡或者使公私财产遭受重大损失。

（1）重大交通事故必须发生在交通过程中以及与交通有直接关系的活动中。如果在公共交通管理的范围外，驾驶机动车辆或者使用其他交通工具致人伤亡或者致使公共财产或者他人财产遭受重大损失，构成犯罪的，分别依照重大责任事故罪、过失致人死亡罪等定罪处罚。

（2）交通肇事的结果必须由违反规范保护目的的行为所引起。如果行为违反交通运输管理法规，也发生了结果，但违反交通运输管理法规的行为与结果之间不存在因果关系，则不能认定为交通肇事罪。

例 1：交通运输管理法规禁止酒后驾驶的目的是防止驾驶者因为饮酒而导致驾驶能力减退或者丧失进而造成交通事故。如果酒后驾驶并未导致驾驶能力减退或者丧失，而是由于行人横穿高速公路造成其死亡的，对驾驶者不能以交通肇事罪论处。

例 2：禁止驾驶没有经过年检的车辆的目的是防止因车辆故障导致交通事故。如果行为人驾驶没有年检的车辆，但该车并无故障，而是由于被害人横穿高速公路造成了交通事故，对行为人也不以交通肇事罪论处。

3. 主体要件

犯罪主体是年满 16 周岁、具有刑事责任能力的自然人。

4. 主观要件

（1）交通肇事罪通常属于过失犯罪。

（2）交通肇事罪可能成立危险驾驶罪的结果加重犯，从而与危险驾驶罪属于想象竞合犯。例如，甲危险驾驶行为过失造成他人伤亡的，可能成立交通肇事罪与危险驾驶罪的想象竞合犯；甲对危险驾驶（基本犯罪）是故意，对交通肇事（加重结果）是过失。

【案例 13-10】

付某肇事案

上海市浦东新区人民检察院指控，2010 年 11 月 10 日 7 时许，被告人付某驾驶小型普通客车，在本区张某镇香楠路某小区门口东侧非机动车道由南向北倒车过程中，因疏于观察，车尾撞倒后方行走的被害人周小妹，被害人周小妹倒地后遭车轮碾压，造成被害人周小妹当场死亡。事故发生后，被告人付某拨打 110 报警并在现场等候民警处理。

经上海市公安局浦东分局交通警察支队认定，被告人付某承担本起交通事故全部责任，被害人周小妹不承担事故责任。①

◎ 问题：如何认定本案中付某的行为？

【案例 13-10 分析】

被告人付某违反交通运输管理法规，因而发生重大事故，致一人死亡，负事故全部责任，依照《中华人民共和国刑法》第一百三十三条的规定，已构成交通肇事罪。

【相关法条】

《刑法》

第一百三十三条【交通肇事罪】 违反交通运输管理法规，因而发生重大事故，致人重伤、死亡或者使公私财产遭受重大损失的；处三年以下有期徒刑或者拘役；交通运输肇事后逃逸或者有其他特别恶劣情节的，处三年以上七年以下有期徒刑；因逃逸致人死亡的，处七年以上有期徒刑。

【知识要点】

1. 交通肇事中行政责任与刑事责任的关系

在交通肇事责任认定中，即使行为人违章行为与交通事故存在条件关系，也可能因为责任程度不同而不能将该结果归属于行为人的违章行为。

（1）交通肇事具有下列情形之一的，处三年以下有期徒刑或者拘役：

---

① 参见《上海市浦东新区人民法院〔2011〕浦刑初字第 432 号刑事判决书》。

①死亡一人或者重伤三人以上，负事故全部或者主要责任的；

②死亡三人以上，负事故同等责任的；

③造成公共财产或者他人财产直接损失，负事故全部或者主要责任，无能力赔偿数额在 30 万元以上的。

（2）交通肇事致一人以上重伤，负事故全部或者主要责任，并具有下列情形之一的，以交通肇事罪定罪处罚：

①酒后、吸食毒品后驾驶机动车辆的；

②无驾驶资格驾驶机动车辆的；

③明知是安全装置不全或者安全机件失灵的机动车辆而驾驶的；

④明知是无牌证或者已报废的机动车辆而驾驶的；

⑤严重超载驾驶的；

⑥为逃避法律追究逃离事故现场的。

2. 逃逸与因逃逸致人死亡

（1）"逃逸"，是指行为人在发生了构成交通肇事罪的交通事故后，为逃避法律追究而逃跑的行为。该情形的成立要求符合交通肇事罪基本犯的成立条件。

（2）"因逃逸致人死亡"，是指行为人在交通肇事后为逃避法律追究而逃跑，致使被害人因得不到及时救助而死亡的情形。该加重情节的成立不要求交通肇事行为成立交通肇事罪的基本犯。

第十一节　危险驾驶罪

危险驾驶罪是指在道路上醉酒驾驶机动车，或者在道路上驾驶机动车追逐竞驶，情节恶劣的行为。其构成要件如下：

1. 客体要件

本罪侵犯的客体为公共安全。《刑法》将危险驾驶罪规定在"危害公共安全罪"一章，显然，此罪侵犯的客体为公共安全，即危险驾驶的行为危及了公共安全，给公共安全带来了潜在的危险，即对不特定且多数人的生命、身体或者财产的危险。

2. 客观要件

此罪的客观方面表现为在道路上醉酒驾驶机动车或者在道路上驾驶机动车追逐竞驶，且情节恶劣。因此构成此罪要求在客观行为方面，同时满足以下四个方面的条件：

（1）行为条件：醉酒驾驶机动车或者驾驶机动车追逐竞驶。这里法律条文采用列举的方式，仅将醉酒和驾驶机动车追逐竞驶的行为入罪。

"醉酒驾驶"的行为。醉酒分为生理性醉酒和病理性醉酒，病理性醉酒属于精神病，而生理性醉酒则不属于精神病。在病理性醉酒的情形中，要看行为人是否明知自己有病理性醉酒的生理特点。如果行为人明知而故意饮酒使自己陷于病理性醉酒的状态后驾驶机动车，根据"原因自由行为"理论，其仍要承担刑事责任；如果行为人不知道自己有病理性醉酒的生理特点，而饮酒后使自己陷于病理性醉酒的状态后又驾驶机动车行驶，根据"主客观一致"的原则，刑罚不应对此种意志无法控制的行为人加以处罚。

"驾驶机动车追逐竞驶"的行为。"追逐竞驶"是指驾驶机动车相互追逐或以追求速度为目的驾驶的行为，即通俗意义上的"飙车"行为。由于道路限速的不同，那么达到"追逐竞驶"的速度条件也是不一样的，具体要多少码还要根据各地情况的不同而加以具体界定。

（2）空间条件：醉酒驾驶机动车或者驾驶机动车追逐竞驶要在道路上进行。"道路"与交通肇事罪中的"道路"范围相一致，按照《道路交通安全法》第一百一十九条的规定，"道路"是指公路、城市道路和虽在单位管辖范围但允许社会机动车通行的地方，包括广场、公共停车场等用于公众通行的场所，即凡是允许社会机动车通行的地方都可以被称为道路。

（3）对象条件：驾驶的是机动车。按照《道路交通安全法》第一百一十九条的规定，机动车是指以动力装置驱动或者牵引，上道路行驶的供人员乘用或者用于运送物品以及进行工程专项作业的轮式车辆，包括大型汽车、小型汽车、专用汽车、特种车、有轨电车、无轨电车等机动车辆。

（4）情节条件：情节恶劣。法律对于"情节恶劣"没有作具体的规定，但依照立法的本意，在闹市区、在高速公路上等醉驾或追逐竞驶，或车上载有多人等情形可以视为情节恶劣。

3. 主体要件

本罪的犯罪主体为一般主体。凡已满16周岁且具有刑事责任能力的自然人均可以成为本罪主体，实践中主要是指机动车驾驶员。

4. 主观要件

危险驾驶罪的主观方面表现为故意。即明知自己在道路上醉酒驾驶机动车或者在道路上驾驶机动车追逐竞驶的行为危害到公共安全而希望或放任这种状态的发生。

【案例 13-11】

张某、金某摩托车竞速案

2012 年 2 月 3 日 20 时 20 分许，被告人张某、金某相约驾驶摩托车出去享受大功率摩托车带来的刺激感，约定"陆家浜路、河南南路路口是目的地，谁先到谁就等谁"。随后，由张某驾驶无牌的本田大功率二轮摩托车（经过改装），金某驾驶套牌的雅马哈大功率二轮摩托车（经过改装），从上海市浦东新区乐园路 99 号车行出发，行至杨高路、巨峰路路口掉头沿杨高路由北向南行驶，经南浦大桥到陆家浜路下桥，后沿河南南路经复兴东路隧道、张杨路回到张某住所，全程 28.5 公里，沿途经过多个公交站点、居民小区、学校和大型超市。在行驶途中，二被告人驾车在密集车流中反复并线、曲折穿插、多次闯红灯、大幅度超速行驶。当行驶至陆家浜路、河南南路路口时，张某、金某遇执勤民警检查，遂驾车沿河南南路经复兴东路隧道、张杨路逃离。其中，在杨高南路浦建路立交（限速 60km/h）张某行驶速度 115km/h、金某行驶速度 98km/h；在南浦大桥桥面（限速 60km/h）张某行驶速度 108km/h、金某行驶速度 108km/h；在南浦大桥陆家浜路引桥下匝道（限速 40km/h）张某行驶速度大于

59km/h、金某行驶速度大于 68km/h；在复兴东路隧道（限速 60km/h）张某行驶速度 102km/h、金某行驶速度 99km/h。

2012 年 2 月 5 日 21 时许，被告人张某被抓获到案后，如实供述上述事实，并向公安机关提供被告人金某的手机号码。金某接到公安机关电话通知后于 2 月 6 日 21 时许主动投案，并如实供述上述事实。①

◎ 问题：如何认定本案中张某、金某的行为？

【案例 13-11 分析】

本案中，从主观驾驶心态上看，二被告人张某、金某到案后先后供述"心里面想找点享乐和刺激"、"在道路上穿插、超车、得到心理满足"；在面临红灯时，"刹车不舒服、逢车必超""前方有车就变道曲折行驶再超越"。二被告人上述供述与相关视听资料相互印证，可以反映出其追求刺激、炫耀驾驶技能的竞技心理。从客观行为上看，二被告人驾驶超标大功率的改装摩托车，为追求速度，多次随意变道、闯红灯、大幅超速等严重违章。从行驶路线看，二被告人共同自浦东新区乐园路 99 号出发，至陆家浜路、河南南路路口接人，约定了竞相行驶的起点和终点。综上所述，可以认定二被告人的行为属于危险驾驶罪中的"追逐竞驶"。

【相关法条】

《刑法》

第一百三十三条之一【危险驾驶罪】 在道路上驾驶机动车，有下列情形之一的，处拘役，并处罚金：

（一）追逐竞驶，情节恶劣的；

（二）醉酒驾驶机动车的；

（三）从事校车业务或者旅客运输，严重超过额定乘员载客，或者严重超过规定时速行驶的；

（四）违反危险化学品安全管理规定运输危险化学品，危及公共安全的。

机动车所有人、管理人对前款第三项、第四项行为负有直接责任的，依照前款的规定处罚。

有前两款行为，同时构成其他犯罪的，依照处罚较重的规定定罪处罚。

【知识要点】

危险驾驶罪与交通肇事罪和以危险方法危害公共安全罪的共同之处：三个罪名之所以都被规定在危害公共安全罪一章中，最主要的共同之处就是侵犯的客体为公共安全。危险驾驶罪与交通肇事罪和以危险方法危害公共安全罪的三者之间的区别，主要表现为以下几个方面：

---

① 参见《上海市浦东新区人民法院〔2012〕浦刑初字第 4245 号刑事判决书》。

首先，主观方面不同。正如前所述，危险驾驶罪在主观上持希望或放任的故意。而交通肇事罪是典型意义上过失犯罪，主观上只能是过失。以危险方法危害公共安全罪要求主观上是故意，而过失以危险方法危害公共安全罪要求主观上为过失。

其次，在行为方式上不同。危险驾驶罪只包括醉驾和追逐竞驶两种行为，交通肇事包括一些违反交通安全管理法律法规的行为，而以危险方法危害公共安全罪是指要求实施与"放火、决水、爆炸、投毒"以外但犯危险性相当的危险行为，不应包括醉驾和追逐竞驶的行为。

最后，在是否要求出现危害结果上不同。危险驾驶罪是行为犯、情节犯，只要有醉驾或追逐竞驶的行为且情节恶劣即可，不要求造成实际的危害结果；交通肇事罪为结果犯，以危险方法危害公共安全罪为危险犯。

第十二节　重大责任事故罪

重大责任事故罪，是指行为人在生产、作业的过程中违背安全操作规范，实施的危害公共安全的行为，其构成要件如下：

1. 客体要件

本罪侵犯的客体是生产、作业安全。

2. 客观要件

客观方面表现为违反有关安全管理的规定，因而发生重大伤亡事故或者造成其他严重后果的行为。（1）必须是在生产、作业过程中实施了违反安全管理规定的行为。（2）本罪是结果犯，只有当违反安全管理规定的行为造成了重大伤亡事故①或者造成了其他严重后果的，② 才能以本罪论处。

3. 主体要件

犯罪主体不再限于工厂、矿山、林场、建筑企业或者其他企业、事业单位的职工，凡是满16周岁具有刑事责任能力的自然人都可以成为本罪的主体。包括对生产、作业负有组织、指挥或者管理职责的负责人、管理人员、实际控制人、投资人等人员，以及直接从事生产、作业的人员。

4. 主观要件

本罪在主观方面表现为过失。

【案例 13-12】

周某兵煤矿事故案

被告人周某兵原系慈利县三合口乡麦湾煤矿安全员，具体负责煤矿安全值班、检

---

① 指致人死亡 1 人以上或者致重伤 3 人以上。

② 指造成直接经济损失 5 万元以上，或者经济损失虽不足上述数额，但情节严重使工作、生产受到严重损害。

查安全措施到位情况及瓦斯检测等工作，并取得了安全管理人员资格证书。2010 年 1 月 21 日 18 时许，该矿工人在 8 号上山放炮时致使风筒崩落，上山煤洞失去供风，巷道涌出的瓦斯不能从风筒排出造成瓦斯积聚并达到爆炸浓度。

次日上午，被告人周某兵井下值班时没有检查 8 号上山风筒崩落及该工作面通风设施和井下瓦斯浓度等情况，上午 10 时许，麦湾煤矿电工卓某带电作业时，产生火花引爆瓦斯，发生爆炸，致使 8 号工作面施工的工人董某辉、董某荣、吴某凡、卓某一氧化碳中毒死亡。①

◎ 问题：如何评价本案中周某兵的行为？

【案例 13-12 分析】

被告人周某兵身为煤矿安全生产管理员，对矿山的作业生产具有管理职责，其在煤矿生产、作业中违反安全管理规定，没有检查通风设施和瓦斯浓度，不认真执行安全生产检查制度，因而发生 4 人死亡的重大安全事故，其行为已构成重大责任事故罪。且根据《最高人民法院、最高人民检察院关于办理危害矿山生产安全刑事案件具体应用法律若干问题的解释》第 4 条的规定，其犯罪情节属于特别恶劣的情节，依法应当以重大责任事故罪论处。

【相关法条】

《刑法》

第一百三十四条第一款【重大责任事故罪】 在生产、作业中违反有关安全管理的规定，因而发生重大伤亡事故或者造成其他严重后果的，处三年以下有期徒刑或者拘役；情节特别恶劣的，处三年以上七年以下有期徒刑。

【知识要点】

1. 重大责任事故罪与自然事故的界限

自然事故是由不可预见或者不可抗拒的自然力的作用而引起的事故，不存在人的主观过失和违章操作行为，故不能以犯罪论处。

2. 重大责任事故罪与技术事故的界限

技术事故是由于技术条件或者设备条件的限制而不可避免地发生的事故。完全或主要因为技术条件或设备条件限制而造成重大人员伤亡或者公私财产重大损失的，不能以犯罪论处。虽然存在技术或设备条件的限制，但是如果谨慎地运用现有的技术条件和设备条件，本来可以避免发生事故，因疏忽大意而未能避免的，则仍然可以构成重大责任事故罪。

3. 重大责任事故罪与一般责任事故的界限

---

① 参见《湖南省张家界市慈利县人民法院〔2011〕慈刑初字第 94 号刑事判决书》。

区别两者的关键在于违反规章制度的行为是否造成了重大伤亡事故或者其他严重后果。如果造成了重大伤亡事故或者其他严重后果，就可以重大责任事故罪论处；如果只是造成一般的损害或者不太严重的后果的，则为一般责任事故，不能以犯罪论处。

4. 重大责任事故罪与失火罪、过失决水罪、过失投放危险物质罪、过失以危险方法危害公共安全罪的界限

其区别在于发生的场合不同。重大责任事故罪必须发生在生产、作业过程中，其他犯罪一般发生在日常社会生活中。

5. 重大责任事故罪与重大飞行事故罪、铁路运营安全事故罪、交通肇事罪、重大劳动安全事故罪、危险物品肇事罪、工程重大安全事故罪、教育设施重大安全事故罪、消防责任事故罪的界限

以上这些犯罪实质上是重大责任事故罪的特殊犯罪形式。根据特别法优于普通法的基本原则，在重大责任事故罪与这些犯罪发生竞合的情况下，应当以刑法特别规定的适用于特定领域的重大责任事故犯罪论处。只有在不能适用这些具体罪名的情况下，才能对那些违反规章制度造成重大伤亡或者其他严重后果的行为，以重大责任事故罪论处。

第十三节　放　火　罪

放火罪，是指故意放火焚烧公私财物，危害公共安全的行为。

【案例 13-13】

边某柱放火焚尸案

被告人边某柱沉迷赌博，欠下外债，曾偷取父母现金，私自变卖父母为其购置的夏利牌轿车，因经济问题多次与父母发生争执。2011 年 6 月 8 日 12 时许，边某柱在天津市北辰区家中与母亲王某（被害人，殁年 50 岁）再次因经济问题发生争执，遂持单刃尖刀朝王某身上捅刺三十余刀，致王某失血性休克当场死亡。随后，边某柱采用扼压颈部、捂堵口鼻的方式，致外祖母屈某（被害人，殁年 79 岁）机械性窒息死亡。而后，边某柱用打火机将尸体所在房屋的被褥点燃并逃离现场，大火波及附近房屋。经邻居报警，消防人员赶赴现场将火扑灭，室内部分物品被烧损毁，两具尸体遭到不同程度的焚烧。[①]

◎ 问题：如何定性边某柱的行为？

【案例 13-13 分析】

本案中，边某柱因经济问题杀害母亲与外祖母后，实施放火行为，行为足以危及公共安全，同时构成故意杀人罪与放火罪，应当数罪并罚。

---

① 参见《最高人民法院〔2012〕津高刑一核字第 12 号刑事裁定书》。

【相关法条】

《刑法》

第一百一十四条【放火罪】【决水罪】【爆炸罪】【投放危险物质罪】【以危险方法危害公共安全罪】放火、决水、爆炸以及投放毒害性、放射性、传染病病原体等物质或者以其他危险方法危害公共安全，尚未造成严重后果的，处三年以上十年以下有期徒刑。

第一百一十五条【放火罪】【决水罪】【爆炸罪】【投放危险物质罪】【以危险方法危害公共安全罪】放火、决水、爆炸以及投放毒害性、放射性、传染病病原体等物质或者以其他危险方法致人重伤、死亡或者使公私财产遭受重大损失的，处十年以上有期徒刑、无期徒刑或者死刑。

【失火罪】【过失决水罪】【过失爆炸罪】【过失投放危险物质罪】【过失以危险方法危害公共安全罪】过失犯前款罪的，处三年以上七年以下有期徒刑；情节较轻的，处三年以下有期徒刑或者拘役。

【知识要点】

1. 放火罪既遂与未遂的界限

放火罪是危险犯，指行为人着手实施了放火的行为，并已将放火的对象物点燃，且具有造成严重后果的危险性。当前的通说采取独立燃烧说，即犯罪对象被点燃并且能够持续地独立燃烧为既遂。

2. 放火罪与失火罪的界限

区别两者的关键在于行为人对火灾后果的心理态度。如果行为人明知自己的行为可能导致火灾发生，并且希望或者有意识地放任火灾发生的，就构成放火罪。如果行为人应当预见自己的行为可能导致火灾发生，因为疏忽大意而没有预见，或者虽然已经预见但轻信能够避免以致造成火灾的，则为失火罪。

3. 放火罪与破坏交通工具等罪的界限

如果以纵火焚烧的方法破坏交通工具、交通设施、电力设备、易燃易爆设备、电视电信设施，其行为具有放火罪和破坏交通工具等罪的特征的，鉴于破坏交通工具等罪的破坏方法已经包含了放火方法，且破坏交通工具等罪的对象是法定的，故对此情况应当按破坏交通工具等罪论处，而不再定放火罪。

4. 放火罪与故意杀人罪、故意伤害罪的界限

行为人企图以放火的方法烧死或者烧伤特定的个人的，如果其放火行为不足以危及公共安全，则应当以故意杀人罪或故意伤害罪论处。如果其放火行为足以危害公共安全的，其行为则应当按放火罪论处。

第十四节 投放危险物质罪

投放危险物质罪，是指故意投放毒害性、放射性、传染病病原体等物质，危害公共安

全的行为，其构成要件如下：

1. 客体要件

本罪侵犯的客体是公共安全，即不特定多数人的生命、健康和重大公私财产的安全。

2. 客观要件

本罪的客观方面表现为行为人实施了投放毒害性、放射性、传染病病原体等物质，危害公共安全的行为，如：将危险物质投放于供不特定或多数人饮用的食品或饮料中；将危险物质投放于供人、畜等使用的河流、池塘、水井等中；释放危险物质，如将沙林、传染病病原体释放于一定场所。

3. 主体要件

本罪的犯罪主体是一般主体。已满 14 周岁不满 16 周岁的人犯本罪的，应当负刑事责任。

4. 主观要件

本罪的主观方面表现为故意，既可以出于直接故意，也可以出于间接故意。

【案例 13-14】

汪某明投毒案

被告人汪某明与被害人武某甲（女，时年 38 岁）素有不正当的男女关系，为达到与武某甲共同生活的目的，汪某明预谋杀害武某甲之夫何某（被害人，时年 44 岁）。2013 年 1 月 31 日，汪某明明知何某家杀猪请村民吃饭，于当日 23 时 30 分许，潜入何某家的厨房，将事先准备的"弩箭"剧毒药粉撒在"猪肝生"等凉菜中。次日上午，被害人刘某（殁年 80 岁）、武某乙（殁年 67 岁）、赵某甲（时年 46 岁）等二十余人在何某家吃饭，因食用凉菜"猪肝生"而先后出现呕吐、嘴麻、四肢无力等中毒症状，其中刘某当场死亡，武某乙经送医院抢救无效死亡。经法医鉴定，刘某、武某乙均因乌头碱中毒死亡。

◎ 问题：如何定性被告人汪某明的行为？①

【案例 13-14 分析】

本案中，汪某明为杀害何某，将"弩箭"剧毒药粉撒在"猪肝生"等凉菜中，且明知该菜品会被就餐的人食用，导致数人死亡。其行为已危害特定多数人的生命、健康和重大公私财产的安全，构成投放危险物质罪。

---

① 参见《云南省高级人民法院〔2014〕云高刑终字第 1481 号刑事判决书》。

【相关法条】

《刑法》

第一百一十四条 【放火罪】【决水罪】【爆炸罪】【投放危险物质罪】【以危险方法危害公共安全罪】放火、决水、爆炸以及投放毒害性、放射性、传染病病原体等物质或者以其他危险方法危害公共安全，尚未造成严重后果的，处三年以上十年以下有期徒刑。

第一百一十五条 【放火罪】【决水罪】【爆炸罪】【投放危险物质罪】【以危险方法危害公共安全罪】放火、决水、爆炸以及投放毒害性、放射性、传染病病原体等物质或者以其他危险方法致人重伤、死亡或者使公私财产遭受重大损失的，处十年以上有期徒刑、无期徒刑或者死刑。

【失火罪】【过失决水罪】【过失爆炸罪】【过失投放危险物质罪】【过失以危险方法危害公共安全罪】过失犯前款罪的，处三年以上七年以下有期徒刑；情节较轻的，处三年以下有期徒刑或者拘役。

【知识要点】

1. 投放危险物质罪与以投放危险物质的方法实施的故意杀人罪、故意毁坏财物罪的界限

其区分的关键是看行为人实施的投放危险物质的行为是否足以危及公共安全。如果行为人用投放危险物质的方法杀害特定的人，不危及公共安全的，就构成故意杀人罪；如果行为人投放危险物质的行为虽然针对特定的个人，但已经危及公共安全的就构成投放危险物质罪。

2. 投放危险物质罪与污染环境罪的界限

（1）侵害的客体不同。投放危险物质罪侵害的是公共安全；污染环境罪侵害的是国家对环境保护和污染防治的管理活动。

（2）客观方面表现不同。投放危险物质罪是危险犯，而污染环境罪则是结果犯。投放危险物质罪表现为将毒害性、放射性、传染病病原体等危险物质投放于公共的饮用水、出售的食品等特定物品中的行为，而且只要该行为足以危害公共安全，就构成犯罪既遂；而污染环境罪则表现为违反国家规定，向土地、水体、大气排放、倾倒或者处置含有放射性的废物、传染病病原体的废物、有毒物质或者其他有害物质的行为，而且该行为必须严重污染环境，致使公私财产遭受重大损失或者人身伤亡的严重后果，才能构成犯罪。

（3）犯罪主体不同。投放危险物质罪只能以自然人为主体；而污染环境罪的主体既可以是自然人也可以是单位。

探讨案例与知识点巩固

【探讨案例 13-1】

2014 年，王某大学毕业后来到三亚，在一家环境科技公司工作。由于这份工作比较清闲，他便开始通过招聘网站寻找兼职。没想到很快便有了回应，一个来自广东的手机号给他发来短信，自称是海军某装备杂志社的工作人员"吴姐"，可提供环境走访类兼职工作，月薪 4 000 元。王某在后续接触中了解到，所谓的环境走访其实是要观测三亚军港的船只进出情况。这让他起了疑心：这份工作的待遇的确不低，但这样做是否有风险？

"吴姐"看出了王某的顾虑，向他保证这些资料只用于舰船研究，绝无其他用途，而且如果应聘，杂志社不但支付每月 4 000 元的工资，还可支付观测点的租金，也就是说王某可以把观测点当宿舍，省下日常住房的开销。听到这儿，王某动心了，决定接受这份工作，便开始寻找有利于观测军港的住房。2014 年 3 月 26 日，王某在选定的观测点里面，按照对方要求开始利用望远镜对我军港实施观测。传递情报时，"吴姐"要求王某用暗语，比如进货代表舰艇进港，出货代表出港，黑货柜代表潜水艇。王某每周观测 4~7 日，直至 5 月 20 日，先后报送情资 40 多次，内容涉及我舰艇、护卫舰、登陆舰、导弹艇、海警执法船及工程船停泊数量及进出港动态，累积领取间谍经费 29 000 多元。

近年来，有关部门加强了国家安全宣传教育。王某看到相关宣传报道后，认识到自己行为的性质，更加惶恐，最终选择向国家安全机关自首，如实交代了整个犯罪过程。①

◎ **问题：** 如何评价王某的行为？

【探讨案例 13-2】

被告人王某生，男，29 岁，汉族，原系河南省篙县汽车站合同制工人。因涉嫌犯放火罪，于 1998 年 12 月 9 日被捕。被告人赵某钦，男，26 岁，汉族，农民。因涉嫌犯放火罪，于 1998 年 12 月 9 日被捕。河南省篙县人民检察院以被告人王某生、赵某钦犯放火罪向篙县人民法院提起公诉。篙县人民法院经公开审理查明：

1998 年 5 月的一天，被告人王某生为骗取保险金与被告人赵某钦合谋，由赵将王承包的篙县汽车站的豫 C-19222 号客车烧掉（客车所有权属于篙县汽车站，投保人也为该汽车站），事后付给赵 1 500 元酬金。1998 年 6 月 4 日凌晨 3 时左右，赵某钦携带汽油到篙县汽车站，将王某生停放在车站院内的豫 C-19222 号客车烧毁，造成直接经济损失 144 000 元。当时车站内停有其他车辆十余辆，燃烧地点距家属楼 16 米，

---

① 参见《国家安全教育应制度化》，载凤凰网：https://news.ifeng.com/a/20170416/50947047_0.shtml.

距加油站 25 米，距气象站 7 米。事后，王某生付给赵某钦酬金 1 500 元。中保财产公司篙县支公司当时未能查明起火原因，遂向投保人篙县汽车站支付赔偿款 34 400元。案发后，篙县汽车站已将该款返还保险公司。

被告人王某生辩称，所烧车辆是自己的，应从轻处罚。被告人赵某钦及其辩护人辩称，本案应定故意毁坏财物罪，赵某钦是从犯，应从轻处罚。

篙县人民法院经审理认为，被告人王某生、赵某钦共同预谋并由赵某钦在公共场所实施放火，足以使公共安全处于危险状态，且造成一定经济损失，其行为均已构成放火罪。篙县人民检察院指控两被告人犯放火罪事实清楚，定性准确，应予认定。被告人赵某钦的辩护人辩称本案应定故意毁坏财物罪，以及两被告人均辩解自己系从犯，理由均不足，不予支持。依照《中华人民共和国刑法》第一百一十四条、第二十五条第一款、第七十三条、第六十四条的规定，于 1999 年 5 月 20 日作出刑事判决如下：（1）被告人王某生犯放火罪，判处有期徒刑三年，缓刑五年；（2）被告人赵某钦犯放火罪，判处有期徒刑三年，缓刑四年；（3）被告人赵某钦非法所得 1 500 元予以没收，上缴国库。一审宣判后，在法定期间内，被告人王某生、赵某钦均未提出上诉，人民检察院也未提出抗诉。①

◎ 问题：

（1）对以诈骗保险金为目的放火烧毁投保汽车的行为如何定罪？

（2）本案在审理过程中，对于王某生、赵某钦的行为如何定性，有三种不同意见：第一种意见认为，被告人的行为构成放火罪。第二种意见认为，被告人的行为构成保险诈骗罪。第三种意见认为，被告人既构成放火罪又构成保险诈骗罪。你认为哪种观点最为合理，为什么？

【探讨案例 13-3】

1963 年出生的古某明是石家庄人，放射学及影像学专业毕业，从事医学工作多年。1997 年 6 月 28 日，以古某明为法人代表的广州某科技公司与广州某医院合作建立激光医疗中心。在合作经营期间，古某明与医院负责该中心的整形外科主任赵某（化名）在内部管理和奖金发放、经济效益等问题上产生矛盾，古某明对赵某怀恨在心，伺机报复。

2002 年 5 月 9 日下午，古某明用仿造的准购证和介绍信到辽宁省丹东射线仪器（集团）股份有限公司（以下简称丹东公司），花 5.5 万元买了一台 192 铱射线工业探伤机。第二天，古某明携带该机到北京某科学研究所安装了 192 铱放射源。当天，古某明为便于将该机带回广州，打电话通知手下工仔方某华当晚乘坐飞机到北京和他会合。

5 月 11 日，二人携带该机回到古某明的办公室。随后，古某明叫方某华买来安

① 参见《王某生、赵某钦为骗取保险金放火案》，载北大法宝：http：//www.pkulaw.cn/Case?isLogin = 1&Keywords = ％u90D1％u7ACB％u660E。

装探伤机的三角铁架、塑料管等工具。利用该中心晚上没有人上班的机会，古某明和方某华共同把该机的装源铅罐安装在古某明的办公室天花板上，连接主机的管道则从天花板上拉到古某明办公室斜对面赵某的办公桌上方的天花板上。

为了防止探伤机的辐射伤害到自己，古某明在安装探伤机后的第四天就买了一套防护衣，存放在自己办公室里。2002 年 5 月中旬到 7 月 19 日期间，古某明、方某华多次共同或单独趁赵某在办公室工作和中午休息的时候，在古某明办公室的暗室里通过驱动探伤机施源器，将铅罐里的 192 铱放射源输送到赵某的办公室，直接对赵某的身体进行照射。

一段日子后，一直身体很好的赵某开始常常感觉很疲劳，没有食欲，头晕，呕吐。7 月 11 日，体检结果让赵某吓了一跳：他的白细胞只有 2 700 指数，而正常值是 4 000～10 000。"难道是得了白血病"，赵某心生疑窦，忙叫核医学科的医生拿着探测仪测量。刚开启仪器，仪器警报器就开始鸣叫，显示计数达仪器测量的最高限值 5 000CPS。就在赵某办公室发现有放射源的时候，该中心其他同事也反映出现不同程度的全身乏力、记忆力下降、牙龈出血等症状。而一名怀孕 5 个月的医护人员到医院检查，出现先兆流产、染色体异常。经法医鉴定，赵某损伤程度构成重伤，江某等 13 人的损伤构成轻伤，李某等 61 人的损伤构成轻微伤。原来，射线强度非常大，一般医护人员前去汇报情况，都要受到射线的近距离轰击，即使是活动在走廊里的人们，包括四楼、五楼的人们，都会受到那枚 "192 铱" 的辐射，它的射线足以穿透上、下两层不厚的楼板。7 月 19 日下午，医院保卫科请防化团的专家准备搜查古某明的办公室，然而古某明却突然失踪，房门紧锁。当保卫干部走到可疑墙壁下，用手机拨打古某明的手机时，墙内竟然突然传出手机声。原来，古某明就在夹壁墙里，他想混到天黑，等到没人时把那个铅罐连同放射源拿走，销毁证据。就擒后，他详细地交代了作案过程。

2003 年 7 月 4 日，广州市中级人民法院以投放危险物质罪，判处古某明死刑，缓期二年执行，剥夺政治权利终身；判处方某华投放危险物质罪，判处有期徒刑十五年，剥夺政治权利五年。2005 年 8 月 26 日，广东省高级人民法院终审裁定的结果是 "维持原判"。①

◎ 问题：分析古某明、方某华的行为。

【探讨案例 13-4】

2007 年 7 月，被告人张某军在明知三聚氰胺是化工产品、不能供人食用，人一旦食用会对身体健康、生命安全造成严重损害的情况下，以三聚氰胺和麦芽糊精为原料，在河北省曲周县河南瞳镇第二瞳村，配制出专供在原奶中添加、以提高原奶检测含量的含有三聚氰胺的混合物（俗称 "蛋白粉"）。后张某军将生产场所转移至山东省济南市市中区党家庄村，购买了搅拌机、封口机等生产工具以及编织袋，定制

---

① 参见《广东省高级人民法院〔2003〕粤高法刑一终字第 461 号刑事裁定书》。

了不干胶胶条，陆续购进三聚氰胺 192.6 吨、麦芽糊精 583 吨，雇佣工人大批量生产"蛋白粉"。至 2008 年 8 月，张某军累计生产"蛋白粉"770 余吨，并以每吨 8 000 元至 12 000 元不等的价格销售给张某章（同案被告人，已判刑）及黄某康、张某河、刘某安、周某彬（均另案处理）等人，累计销售 600 余吨，销售金额 6 832 120 元。

在此期间，张某军生产、销售给张某章的"蛋白粉"，又经赵某玉、黄某康等人分销到石家庄、唐山、邢台、张家口等地的奶厅（站），被某些奶厅（站）经营者添加到原奶中，销售给石家庄三鹿集团股份有限公司（以下简称三鹿集团）等奶制品生产企业。三鹿集团等奶制品生产企业使用含有三聚氰胺的原奶生产的婴幼儿奶粉等奶制品流入全国市场后，对广大消费者特别是婴幼儿的身体健康、生命安全造成了严重损害，导致全国众多婴幼儿因食用含三聚氰胺的婴幼儿奶粉引发泌尿系统疾患，多名婴幼儿死亡。国家投入巨额资金用于患病婴幼儿的检查和治疗，众多奶制品企业和奶农的正常生产、经营受到重大影响，经济损失巨大。①

◎ 问题：如何定性张某军的行为？

【探讨案例 13-5】

2011 年 3 月 12 日上午，被害人王某和李某驾驶牌照为豫 EUF×××的五菱之光面包车到长城汽贸公司滑县维修站维修车辆，当日下午当修好车辆后，因收费问题二人与维修人员张某亮发生争执，王某向长城汽贸公司安阳公司投诉了滑县维修站。

趁王某、李某在外打投诉电话之际，被告人张某亮故意将豫 EUF×××五菱之光面包车的左前轮螺丝拧松。随后在维修站工作人员的协调下，王某和李某支付了维修费用，驾驶豫 EUF×××五菱之光面包车离开了滑县维修站。二人驾车自北向南行驶 300 米左右至滑县化肥厂门口附近时，车辆左前轮突然掉下，整车往前左侧倾倒，向前滑行 20 米左右方才停下。②

◎ 问题：本案中张某亮的行为构成何种犯罪？

【探讨案例 13-6】

被告人赵某酒后驾驶无牌照的小轿车，载着张某、唐某从某市街道行驶，在超车时，将在机动车道上停留下来系鞋带的妇女郑某及其子李某撞倒，致李某死亡并将郑某带挂于车下。此时赵某将车暂停了一下。被告人张某、唐某发现该车撞人后，有人前来追车，即对赵某说："有人追来了，快跑。"赵某在明知车底下有人的情况下，又驾车逃跑，将郑某拖拉 500 米，致郑某颅底骨折、广泛性脑挫裂伤、胸腹重度复合伤、急性创伤性休克而死亡。事后，张某曾两次对唐某说："撞人的事，千万不要告

---

① 参见《最高人民法院〔2009〕刑二复 83394450 号刑事裁定书》。
② 参见《河南省安阳市滑县人民法院〔2012〕滑刑初字第 62 号刑事判决书》。

诉别人。"公安人员第一次讯问张某时，张某说事故发生时自己不知道，直到唐某家门口时才知道。当日公安人员第二次讯问张某时，张某即供述了全案的基本真实。某市人民检察院以赵某犯交通肇事罪和故意杀人罪、张某犯包庇罪、唐某犯窝藏罪向某市中级人民法院提起公诉。①

◎ **问题：** 如何定性本案中赵某的行为？

【探讨案例 13-7】

杨某锋驾驶卡车到礼泉县城缴纳养路费并购买汽车配件，因钱未带够，于中午12时左右从县城返回。在返回途中，为逃避交纳过桥费，便绕县城西环路行驶，至北环路十字路口时，遇见县交通局路政大队执勤人员示意停车，杨某锋驾车强行冲过。执勤人员陈某明、刘某雷、刘某松、邹某建遂乘一辆三轮摩托车追赶。杨某锋便沿路曲线行驶，阻挡摩托车超越其驾驶的卡车，至泔河丁字路口时，摩托车从卡车左侧超车，杨某锋左打方向盘，占道逼车，至摩托车翻下路基熄火，杨继续驾车逃跑。此时，适逢礼泉县交警大队干警韩某勇驾驶一辆北方牌小汽车路过，见状随即停车。刘某雷、刘某松说明情况后，即乘坐韩某勇驾驶的小汽车继续追赶。追至礼泉县赵镇李村路段时，韩连续鸣号并打左转向灯，示意超车，当韩某勇所驾小车行至大卡车左侧与大卡车车厢前部齐平时，杨某锋又左打方向盘占道逼车，致韩某勇所驾驶的汽车与路旁树木相撞，韩某勇当场死亡，刘某雷、刘某松受轻伤，北方牌小汽车严重受损。杨某锋听到小车撞树的声音，并从后视镜中看到小车撞在树上飞起来，遂将车向前滑行60米左右停下来。此时，乘路过车辆追来的陈某明上前摘了杨某锋的车牌。杨某锋趁机潜逃，后在兰州市被抓获归案。②

◎ **问题：** 如何定性驾车故意挤占车道致使追赶车辆车毁人亡的行为？

【探讨案例 13-8】

被告人田某生系北京朝东鑫旺钢材销售有限公司（以下简称朝东鑫旺公司）法定代表人。2011年9月，朝东鑫旺公司与北京市朝阳金盏乡农工商公司（以下简称金盏乡农工商公司）签订了关于改造金盏乡黎各庄村原京运铸造厂场地、建设物流产业园区项目的租赁协议。根据该协议，朝东鑫旺公司可对现有场地、厂房进行改造，但相应的改造方案须经金盏乡农工商公司审核认可。

2012年6月，朝东鑫旺公司与任某国、蒋某君签订了《简装合同》，约定朝东鑫旺公司将原京运铸造厂院内的一个老旧礼堂发包给任某国、蒋某君进行简单装修翻新施工，其中包括外墙粉刷、室内吊顶、室内铺设地板砖等，施工面积约600平方米。

① 参见《交通事故肇事 致人死亡案例解析》，载大律师网：http://www.maxlaw.cn/l/20151207/836136998614.shtml。

② 参见《陕西省高级人民法院〔1999〕陕刑终字第50号刑事判决书》。

但田某生并未审核任某国、蒋某君的相关施工资质，也未向金盏乡农工商公司报送相关施工方案。

在未办理任何施工许可手续、未进行专业设计、未满足安全开工条件的情况下，任某国、蒋某君组织人员进行施工。施工过程中于 2012 年 7 月 11 日，造成该礼堂楼房倒塌，致使张某军（男，殁年 54 岁，山西省人）、垢某东（男，殁年 42 岁，河北省人）、垢某海（男，殁年 41 岁，河北省人）死亡，多人受伤。

经国家建筑工程质量监督检验中心鉴定认为，该礼堂 1 层梯形钢屋架原设计做法不合理，在对 2 层楼面进行改造时，在楼板上浇筑混凝土面层后，增加了楼面荷载，致使 1 层钢屋架约 1/6 杆件应力大于极限强度，此为导致工程倒塌的根本原因。经北京市安全生产监督管理局出具的《事故调查报告》认为，造成事故发生的直接原因有：礼堂 1 层钢屋架结构原设计不合理；房屋装修时未进行专业设计，未能及时发现原结构缺陷，施工时在楼板上浇筑混凝土面层，增加了楼面荷载，导致 1 层部分钢屋架的应力值大于《钢结构设计规范》所规定的限值要求。造成事故发生的间接原因有：朝东鑫旺公司违规组织装修施工、施工现场管理混乱等。田某生对事故的发生负有直接责任。案发后，被告人田某生赔偿了被害人的经济损失。被告人田某生于 2016 年 7 月 27 日接到公安机关电话传唤到案。

此次安全事故中负责施工的任某国、蒋某君于 2013 年 3 月 15 日被北京市朝阳区人民法院〔2013〕朝刑初字第 277 号刑事判决以重大责任事故罪，分别被判处有期徒刑一年，有期徒刑一年、缓刑一年。①

上诉人田某生的主要上诉理由为：一审判决认定的事实不清，证据不足，上诉人不是重大责任事故罪的主体；上诉人没有从事生产、作业活动；上诉人主观上没有过失。请求二审法院撤销一审判决，改判上诉人无罪。

上诉人田某生的辩护人的主要辩护意见为：本案事实认定有误，装修施工并非上诉人或者朝东鑫旺公司的生产、作业范围，上诉人没有参与生产、作业活动，不是承担刑事责任的主体，上诉人不符合重大责任事故罪的犯罪构成，一审判决上诉人承担刑事责任，适用法律错误。上诉人对危害结果的发生没有预见的可能性，主观上没有过失，上诉人的行为与事故的发生没有因果关系。参照辩护人所举案例，根据举重以明轻的原则，上诉人不应当承担刑事责任。一审判决是对刑法条文的扩大解释，认定上诉人构成重大责任事故罪超出了人们预测的可能性，请求二审法院撤销一审判决，改判上诉人无罪。②

◎ **问题：**

1. 田某生是否能成为重大责任事故罪的主体？
2. 上诉人田某生是否具有过失，其行为与事故的发生是否具有因果关系？

---

① 参见《原告北京朝东鑫旺有限公司与被告任某国侵权责任纠纷一案》，载汇法网：http://www.lawxp.com/case/c22822000.html。

② 参见《北京市第三中级人民法院〔2017〕京 03 刑终 492 号刑事裁定书》。

3. 田某生的辩护意见是否能够成立？

【探讨案例 13-9】

李某杰邮寄炸弹案

2015 年 9 月 18 日上午，被告人李某杰因与李某正准备结婚时，李某同其分手而怀恨在心，产生报复念头，遂在海州区站前日杂鞭炮经销店购买了 4 个大号和 4 个小号二响爆竹（俗称二踢脚），用火柴皮（擦燃火柴面）和火柴杆制成引爆装置，将 2 个小号爆竹火药取出撒在 4 个大号爆竹上，将引爆装置和 4 个大号爆竹用透明胶带固定在纸盒箱内，9 月 19 日李某杰到阜蒙县通过全峰快递邮寄到阜新市兴隆大家庭，快递员在联系李某签收时李某休班，9 月 20 日李某上班收到邮件打开发现全是疑似雷管遂报警。经 110 指令由阜新市公安局治安支队出警处置，在和平派出所危管大队民警毛某欣将该装置移至安全地带后进行了销毁。2015 年 10 月 30 日经辽宁省公安厅刑事技术总队检验，爆炸残片中检出烟火药残留成分。①

◎ 问题：如何认定本案中李某杰的行为？

【探讨案例 13-10】

贾某彬自制烟火药案

2019 年 2 月，被告人贾某彬在阜阳市颍泉区李某铝合金厂仓库里，将购买的硝、硫黄、铁砂子和木炭非法制造成土烟花药。同年 2 月 19 日，被告人贾某彬将配制的土烟花药带至本市颍泉区行流镇三义街、闻集镇两河口北侧公路边现场制作土烟花进行销售得款 2 600 元。后被群众举报，当日阜阳市公安局颍泉分局民警查获贾某彬制造的成品土烟花药 188 千克。经国家民用爆破器材质量监督检验中心、南京理工大学化学材料测试中心鉴定，查获的土烟花药为烟火药。案发后，被告人贾某彬向阜阳市公安局颍泉分局退出违法所得 2 600 元。②

◎ 问题：如何认定本案中贾某彬的行为？

【探讨案例 13-11】

王某醉酒驾驶案

2016 年 5 月 20 日 1 时许，被告人王某违反《道路交通安全法》的规定，在饮酒后驾驶浙 H×××××号小型轿车上路行驶，途经本市拱墅区湖州街，当其驾车沿湖

① 参见《辽宁省阜新市中级人民法院〔2016〕辽 0902 刑初 40 号刑事判决书》。
② 参见《安徽省阜阳市中级人民法院〔2019〕皖 12 刑终 683 号刑事判决书》。

州街由东向西行驶至本市城市学院门口处时，发现前方有民警设卡检查，遂弃车逃跑后被交警抓获且拒绝配合进行呼吸酒精测试。后其被带至杭州市第二人民医院由医护人员抽取血液。经杭州市公安司法鉴定中心检测，确认其血液中乙醇含量为144.4mg/100ml，属醉酒驾驶。[1]

◎ **问题：** 如何认定本案中王某的行为？

---

[1]　参见《浙江省杭州市拱墅区人民法院〔2016〕浙 0105 刑初 00339 号刑事判决书》。

第十四章　破坏社会主义市场经济秩序罪

第一节　生产、销售伪劣产品罪

生产、销售伪劣产品罪，是指生产者、销售者在产品中掺杂、掺假，以假充真，以次充好或者以不合格产品冒充合格产品，销售金额达 5 万元以上的行为。生产、销售伪劣产品罪的犯罪行为是生产、销售行为。本罪的构成要件如下：

1. 客观要件

本罪侵犯的客体是国家对普通产品质量的管理制度。

普通产品是指除刑法另有规定的药品、食品、医用器材、涉及人身和财产安全的电器等产品，农药、兽药、化肥、种子、化妆品等产品以外的产品。国家对产品质量的管理制度是指国家通过法律、行政法规等规范产品生产的标准，产品出厂或销售过程中的质量监督检查内容，生产者、销售者的产品质量责任和义务、损害赔偿、法律责任等制度。生产、销售伪劣产品罪侵犯了国家对产品质量的上述管理制度，生产、销售不符合产品质量标准的伪劣产品扰乱产品质量监督管理秩序，侵犯了广大消费者的合法权益。

2. 客观要件

本罪的客观方面表现为生产者、销售者违反国家的产品质量管理法律、法规，生产、销售伪劣产品的行为。本罪在客观方面可具体分为以下四种行为：

（1）掺杂、掺假。这是指行为人在产品的生产、销售过程中掺入杂物或假的物品。

（2）以假充真。这是指行为人以伪造产品冒充真产品，表现为伪造或者冒用产品质量认证书及其认证标志进行生产或者销售这类产品的行为。

（3）以次充好。这是指以次品、差的产品冒充正品、优质产品的行为。

（4）以不合格产品冒充合格产品。

根据法律的规定，上述四种行为属选择行为，即行为人具有上述四种行为之一的就构成生产、销售伪劣产品罪。行为人如果同时具有上述两种行为或两种以上行为的，也应视为一个生产、销售伪劣产品罪，不实行数罪并罚。生产、销售伪劣产品的金额达到 5 万元以上也是构成生产、销售伪劣产品罪的客观要件之一。

3. 主体要件

该犯罪主体是个人和单位，主要表现为产品的生产者和销售者。生产者即产品的制造者（含产品的加工者），销售者即产品的批量或零散经销售卖者（含产品的直销者）。至于生产者、销售者是否具有合法的生产许可证或者营业执照不影响本罪的成立。

4. 主观要件

本罪的主观方面表现为故意，一般具有非法牟利的目的。行为人的故意表现为在生产领域内有意制造伪劣产品，而在销售领域内则分两种情况：一是在销售产品中故意掺杂、掺假；二是明知是伪劣产品而售卖。

【案例 14-1】

何某军生产假酒案

自 2006 年 10 月，被告人何某军组织被告人何某、何某生、时某良等人在郑州市中原区大岗刘赵家门一民房内利用其提供的高档茅台酒、五粮液酒、剑南春酒、老白汾酒的空酒瓶、包装盒、商标及低价的土佬肥酒、尖庄酒等原材料，将低价的土佬肥酒、尖庄酒用过滤网过滤后，用注射器注入高档酒的空酒瓶内，并进行包装，生产出假冒的高档酒。

2006 年 12 月 25 日，经郑州市公安局经侦支队与郑州市工商行政管理局中原分局联合检查，现场查扣假冒 53 度 500 毫升飞天牌茅台酒 372 瓶、假冒 15 年 53 度飞天牌茅台酒 30 瓶、假冒 50 年 53 度飞天牌茅台酒 6 瓶、假冒 52 度 500 毫升五粮液酒 36 瓶、假冒 500 毫升 52 度剑南春酒 6 瓶，上述伪劣产品的货值金额为 284 412 元。[①]

◎ 问题：如何认定本案中何某军的行为？

【案例 14-1 分析】

被告人何某军组织他人用注射器向真酒瓶里注射假酒，生产以次充好的产品，尚未销售伪劣产品的货值金额已达 284 412 元，其行为已构成生产、销售伪劣产品罪，且在共同犯罪中起主要作用，系主犯，何某军的行为已构成生产、销售伪劣产品罪。

【相关法条】

1.《刑法》

第一百四十条【生产、销售伪劣产品罪】 生产者、销售者在产品中掺杂、掺假，以假充真，以次充好或者以不合格产品冒充合格产品，销售金额五万元以上不满二十万元的，处二年以下有期徒刑或者拘役，并处或者单处销售金额百分之五十以上二倍以下罚金；销售金额二十万元以上不满五十万元的，处二年以上七年以下有期徒刑，并处销售金额百分之五十以上二倍以下罚金；销售金额五十万元以上不满二百万元的，处七年以上有期徒刑，并处销售金额百分之五十以上二倍以下罚金；销售金额二百万元以上的，处十五年有期徒刑或者无期徒刑，并处销售金额百分之五十以上二倍以下罚金或者没收财产。

---

① 参见《河南省郑州市中原区人民法院〔2011〕中刑初字第 172 号刑事判决书》。

2. 《最高人民法院、最高人民检察院关于办理生产、销售伪劣商品刑事案件具体应用法律若干问题的解释》

【知识要点】

1. 生产、销售伪劣产品罪与非罪行为的界限

关键是从行为人主观上是否故意和客观方面的结果来考虑。当行为人故意制造、销售伪劣产品，销售金额达到法律规定的 5 万元以上时，即成立犯罪；销售金额不满 5 万元的制售伪劣产品的行为一般属违法行为，可由工商行政管理部门依法给予行政处罚。对于实践中发生的仅仅查处到伪劣产品本身，而难以甚至根本无法查清伪劣产品的销售金额的案件，根据 2001 年 4 月 5 日最高人民法院、最高人民检察院的司法解释，"伪劣产品尚未销售，货值金额达到刑法规定的销售金额 3 倍以上的，以生产、销售伪劣产品罪（未遂）定罪处罚"。

2. 生产、销售伪劣产品罪与其他犯罪的界限

这主要是指生产、销售伪劣产品罪与生产、销售假药、不符合卫生标准的食品或有毒、有害、不符合标准的医疗器材、不符合卫生标准的化妆品等生产、销售特定的伪劣商品犯罪的界限，它们的区别主要是犯罪对象，即伪劣产品种类的不同。如前所述，本罪生产、销售的是普通物品，生产、销售假药罪等犯罪生产、销售的是特定物品。根据《刑法》第一百四十条、第一百四十九条的规定，生产、销售伪劣产品罪与生产、销售假药罪等第一百四十一条、第一百四十八条规定的犯罪之间存在法条竞合关系，即第一百四十条属于普通法，第一百四十一条至第一百四十八条属于特别法。在法条竞合的情况下，特别法应当优于普通法适用，这是处理特别法与普通法关系的基本原则，也是《刑法》第一百四十九条第一款规定之基本精神。但第一百四十九条第二款同时又规定，生产、销售本节第一百四十一条至第一百四十八条所列产品，构成各该条规定的犯罪，同时又构成本节第一百四十条规定的犯罪的，依照处刑较重的规定定罪处罚。这一规定体现了择重罪而处罚的精神，应属特别法优于普通法适用原则的例外规定。

第二节　生产、销售有毒、有害食品罪

生产、销售有毒、有害食品罪，是指在生产、销售的食品中掺入有毒、有害的非食品原料或者销售明知掺有有毒、有害的非食品原料的食品的行为。其构成要件如下：

1. 客体要件

本罪侵犯的客体是复杂客体，即国家对食品卫生的管理制度以及不特定多数人的身体健康权利。国家为保障人民群众的生命健康，颁布了一系列关于食品卫生法律、法规，建立起对食品卫生的管理制度。而生产、销售有毒、有害食品，就是对这一制度的侵犯；同时，在生产、销售的食品中掺入有毒、有害的非食品原料，无疑会对消费者的生命健康造成很大威胁，因而，这种行为也侵犯了消费者的生命健康权利。

2. 客观要件

本罪在客观方面表现为行为人违反国家食品卫生管理法规，在生产、销售的食品中掺入有毒、有害的非食品原料或者销售明知掺有有毒、有害的非食品原料的食品行为。本罪属行为犯，行为人只要实施了上述行为，无论是否造成危害后果，即构成既遂。本罪主要表现为两种行为：一是行为人在生产、销售的食品中掺入有毒、有害的非食品原料的行为。如果掺入有害物属于食品原料，如防腐剂等，不构成本罪，如果足以造成严重食物中毒事故或者其他严重食源性疾病，可认定为生产、销售不符合卫生标准的食品罪。至于非食品原料是否有毒、有害，要经过有关机关鉴定确定。二是行为人明知是掺有有毒、有害的非食品原料的食品而予以销售。即行为人虽未实施掺入有毒、有害非食品原料的行为，但他明知是有毒、有害食品仍予以销售。认定这种行为时，要注意查明行为人主观上必须是"明知"。

3. 主体要件

本罪的主体为一般主体，任何单位以及达到刑事责任年龄具有刑事责任能力的自然人都可以成为本罪的主体；既包括合法的食品生产者、销售者，也包括非法的食品生产者、销售者。

4. 主观要件

本罪在主观方面表现为故意，一般是出于获取非法利润的目的。过失不构成本罪。

【案例 14-2】

杜某某等人生产"地沟油"案

2013 年 6 月，被告人杜某某、白某某夫妻二人为牟取利益，在未办理任何行政许可凭证的情况下，便在靖边县胡伙场村租赁民房院落内开始加工、生产"地沟油"予以贩卖。杜某某从屠宰场、菜市场、荒地等地方收购、捡拾废弃了的猪羊肉的皮、肠以及腐猪、羊肉等作为加工"地沟油"原料。杜某某、白某某将收集来的废弃油脂、各类腐肉经过加温、提炼、压榨后，加工、生产成块状油脂和油渣出售。2013 年 6 月至被民警查获当日，杜某某、白某某加工、生产"地沟油"约 50 吨。

2013 年 11 月至 2014 年 1 月期间，被告人杜某某、白某某先后两次给贩卖油脂的贺某销售"地沟油"约 8 吨，销售金额共约 5 万元；2014 年 2 月 18 日，杜某某再次给贺某销售"地沟油"17.49 吨，销售金额共 10 万余元。贺某将"地沟油"销售给西安市秦牛油脂有限责任公司享有牛油经营权的承租人。该公司的经营范围是生产加工食用动物油脂。①

◎ **问题：** 如何认定本案中杜某某等人的行为？

---

① 参见《陕西省靖边县人民法院〔2014〕靖刑初字第 00280 号刑事判决书》。

【案例14-2分析】

被告人杜某某、白某某用废弃油脂、各类内及肉制品加工废弃物等非食品原料，生产、加工食用油，且明知是利用"地沟油"生产、加工的油脂而作为食用油销售，其行为均已构成生产、销售有毒、有害食品罪。

【相关法条】

1.《刑法》

第一百四十四条【生产销售有毒有害食品罪】在生产、销售的食品中掺入有毒、有害的非食品原料的，或者销售明知掺有有毒、有害的非食品原料的食品的，处五年以下有期徒刑或者拘役，并处或者单处销售金额百分之五十以上二倍以下罚金；造成严重食物中毒事故或者其他严重食源性疾患，对人体健康造成严重危害的，处五年以上十年以下有期徒刑，并处销售金额百分之五十以上二倍以下罚金；致人死亡或者对人体健康造成特别严重危害的，依照本法第一百四十一条的规定处罚。

2.《最高人民法院、最高人民检察院关于办理危害食品安全刑事案件适用法律若干问题的解释》

【知识要点】

1. 本罪与生产、销售不符合卫生标准的食品罪的界限

（1）犯罪手段不同。前者生产、销售的食品中掺入有毒、有害的非食品原料，后者生产、销售的食品不符合卫生标准。如果掺入的物质有毒害性，但其本身是食品原料，其毒害性由于该食品原料污染或腐败变质引起的，造成严重危害结果的，按生产、销售不符合卫生标准的食品罪论处。

（2）对危害结果的要求不同。生产、销售有毒、有害食品罪是行为犯，实施该行为即构成犯罪；生产、销售不符合卫生标准的食品罪是危险犯，只有存在足以造成了严重食物中毒事故或者其他严重食源性疾患的才构成犯罪。

2. 本罪与投毒罪的界限

投毒罪有故意与过失两种。本罪与故意投毒罪的区别关键在于犯罪目的不同：故意投毒罪的目的是使不特定多数人死亡或伤害，直接危害公共安全，而本罪的目的多为牟利，虽然行为人对掺入有毒、有害的非食品原料是明知的，但并不追求危害结果的发生，行为人对引起危害公共安全的后果只能是间接故意。本罪与过失投毒罪的区别关键在于对在食品中掺入有毒、有害的非食品原料的主观心理态度不同：过失投毒罪不是故意在食品中掺入有毒、有害的非食品原料，而是由于疏忽大意或过于自信造成的；而本罪则是故意在食品中掺入有毒、有害的非食品原料。具体言之，完全因为过失而将有毒、有害的物质掺入食品当中的，应当认定为过失投毒罪；明知是有毒、有害的物质而故意掺入食品当中，但又不具故意投毒的目的，应认定为生产、销售有毒、有害食品罪。另外，本罪主体可以是自然人或单位，但投毒罪的主体只能是自然人。

第三节 走私普通货物、物品罪

走私普通货物、物品罪，是指违反海关法规，逃避海关监管，非法运输、携带、邮寄国家禁止进出口的武器、弹药、核材料、假币、珍贵动物及其制品、珍稀植物及其制品、淫秽物品、毒品以及国家禁止出口的文物、金银和其他贵重金属以外的货物、物品进出境，偷逃应缴纳关税数额较大或者一年内曾因走私受到两次行政处罚后又走私的行为。本罪的构成要件如下：

1. 客体要件

本罪侵犯的客体是国家对普通货物、物品进出口的监督管理制度和关税征管制度。犯罪对象是除其他走私犯罪和走私毒品罪以外的货物、物品，一般是国家允许进出口且应当缴纳关税的货物、物品，如贵重金属禁止走私出境，但并不禁止进口入境，可以构成走私普通货物物品罪。限制进出口的货物物品，特殊情况下的特定免税货物、物品也可以成为本罪的犯罪对象。

2. 客观要件

本罪的客观方面表现为行为人违反海关法规，逃避海关监管，走私普通货物、物品，偷逃数额较大的关税的行为。

下列行为还构成走私普通货物、物品罪或以走私普通货物、物品罪论处：

（1）未经海关许可并且未补缴应缴税额，擅自将批准进口的来料加工、来件装配、补偿贸易的原材料、零件、制成品、设备等保税货物，在境内销售牟利的；

（2）未经海关许可并且未补缴应缴税额，擅自将特定减税、免税进口的货物、物品，在境内销售牟利的；

（3）直接向走私人非法收购走私进口的其他货物、物品，数额较大的。

3. 主体要件

本罪的犯罪主体是个人和单位。

4. 主观要件

本罪在主观方面表现为直接故意，即行为人具有偷逃关税的目的。

【案例 14-3】

游某销售进口服装案

2013 年，被告人游某设立了名为"TSHOW 进口女装店"的淘宝店用于销售进口高档服装，并租用珠海市凤凰北路 2072 号某公寓×××房作为该淘宝店的工作室及仓库。同年 5 月起，被告人游某开始在香港向香港名家、HI-STYLE、BISBIS、FASHIONCLUB、T&BPLUS+、CDC-DG、EVA 等多家服装公司通过刷卡支付的方式大量采购各种服饰，其在香港所购服饰通过快递邮寄、雇请"水客"偷带及自行携带等方式走私进境，并由其网店"TSHOW 进口女装店"在境内销售牟利。经统计，被告人游某在香港刷卡购买并走私进境的服饰金额共计人民币 11 400 558.93 元。经核定，上述服饰偷逃税款共计人民币 3 005 187.33 元。①

【案例 14-3 分析】

游某自 2013 年 5 月起在香港通过刷卡支付方式向多家服装公司大量采购服饰并通过快递邮寄、雇请"水客"偷带及自行携带等方式走私入境后，由其设立的淘宝店在境内销售，走私进境的服饰金额共计 11 400 558.93 元，偷逃税额共计 3 005 187.33 元的事实清楚。游某违反国家法律、法规，走私普通货物进境后在国内销售牟利，偷逃应缴税额特别巨大，其行为已构成走私普通货物罪。

【相关法条】

《刑法》

第一百五十三条【走私普通货物、物品罪】 走私本法第一百五十一条、第一百五十二条、第三百四十七条规定以外的货物、物品的，根据情节轻重，分别依照下列规定处罚：

（一）走私货物、物品偷逃应缴税额较大或者一年内曾因走私被给予二次行政处罚后又走私的，处三年以下有期徒刑或者拘役，并处偷逃应缴税额一倍以上五倍以下罚金。

（二）走私货物、物品偷逃应缴税额巨大或者有其他严重情节的，处三年以上十年以下有期徒刑，并处偷逃应缴税额一倍以上五倍以下罚金。

（三）走私货物、物品偷逃应缴税额特别巨大或者有其他特别严重情节的，处十年以上有期徒刑或者无期徒刑，并处偷逃应缴税额一倍以上五倍以下罚金或者没收财产。

单位犯前款罪的，对单位判处罚金，并对其直接负责的主管人员和其他直接责任人员，处三年以下有期徒刑或者拘役；情节严重的，处三年以上十年以下有期徒刑；情节特别严重的，处十年以上有期徒刑。

对多次走私未经处理的，按照累计走私货物、物品的偷逃应缴税额处罚。

【知识要点】

1. 对走私普通货物、物品罪的认定

（1）对多次走私未经处理的，按照累计走私货物、物品的偷逃应缴税款额处理。

（2）武装掩护走私的，从重处罚。

（3）以暴力、威胁方法抗拒缉私的，以走私普通货物、物品罪和妨害公务罪实行数罪并罚。而在走私毒品时有此类行为的，属于加重法定刑的条件。

（4）与走私普通货物、物品罪的罪犯通谋，为其提供贷款、资金、账号、发票、证明，或者为其提供运输、保管、邮寄或者其他方便的，以走私普通货物、物品罪的共犯论处。

2. 走私普通货物、物品罪与一般走私行为的界限

---

① 参见《广东省高级人民法院〔2018〕粤刑终 697 号刑事判决书》。

两者区别的关键是走私普通货物、物品偷逃应缴关税税款额是否达到数额较大或者是多次走私。多次走私是指一年内因走私受过两次行政处罚后又走私的。未达数额较大但符合多次走私规定的，以走私罪论处。

3. 按一罪处理的情形

（1）武装掩护走私的，从重处罚，不并罚；

（2）以暴力、威胁方法抗拒缉私的，以走私罪与妨害公务罪并罚。

第四节　非国家工作人员受贿罪

非国家工作人员受贿罪，是指公司、企业或者其他单位的工作人员利用职务上的便利，索取他人财物或者非法收受他人财物，为他人谋取利益，数额较大的行为。

【案例 14-4】

辛某善收受贿款案

2006 年 8 月，商洛市隆源产业有限责任公司承包蓝商高速 C7 标段路基填筑供料工程。经隆源公司董事长周某文、经理姚某与商州区刘湾街道办事处紫荆村支部书记辛某善、村委会主任杨某江协商，先后分别于 2006 年 10 月 1 日、11 月 11 日与紫荆村正式签订了采石渣及沙砾的协议。为了采料及拉运过程中不受村组干部和群众的阻挠和干扰，在协商过程中，周某文、姚某答应每采一立方沙石，给辛某善个人提成 1.5 元及一定好处费。为保证采沙顺利进行，2006 年 11 月中旬，周某文、姚某二人到辛某善家中送给其现金 10 万元。2007 年 7 月 15 日及 2008 年 3 月 1 日，被告人辛某善从隆源公司两次领取采沙提成款共计 112 850 元。案发后，被告人辛某善在检察机关侦查过程中退赃 12 万元，在法院审理过程中退赃 92 850 元。①

【案例 14-4 分析】

被告人辛某善身为农村基层组织工作人员，在从事经营管理活动中，利用职务之便，收受贿赂，数额巨大，其行为已构成非国家工作人员受贿罪。

【相关法条】

《刑法》

第一百六十三条【非国家工作人员受贿罪】② 公司、企业或者其他单位的工作人员，利用职务上的便利，索取他人财物或者非法收受他人财物，为他人谋取利益，数额较大的，处三年以下有期徒刑或者拘役，并处罚金；数额巨大或者有其他严重情节的，处三年

---

① 参见《陕西省商洛市商州区人民法院〔2008〕商区法刑初字第 129 号刑事判决书》。
② 根据《中华人民共和国刑法修正案（十一）》修订。

以上十年以下有期徒刑，并处罚金；数额特别巨大或者有其他特别严重情节的，处十年以上有期徒刑或者无期徒刑，并处罚金。

公司、企业或者其他单位的工作人员在经济往来中，利用职务上的便利，违反国家规定，收受各种名义的回扣、手续费，归个人所有的，依照前款的规定处罚。

国有公司、企业或者其他国有单位中从事公务的人员和国有公司、企业或者其他国有单位委派到非国有公司、企业以及其他单位从事公务的人员有前两款行为的，依照本法第三百八十五条、第三百八十六条的规定定罪处罚。

【知识要点】

1. 公司、企业人员受贿罪与非罪行为的界限

（1）数额上的界限。达到数额较大的，构成非国家工作人员受贿罪，未达到数额较大的，不构成犯罪。索取或者收受贿赂 5 000 元至 20 000 元的，属于数额较大。

（2）是否利用职务上的便利的界限。在法律、政策允许的范围内，通过自己的工作获取合理报酬，不属于利用职务上的便利收受贿赂。

（3）收受财物性质的界限。在正常的市场交易行为中，获取法律所允许的折扣、佣金是正当的业务行为，但违反国家规定收受各种名义的回扣、手续费归个人所有的应当以非国家工作人员受贿罪定罪处罚。

2. 公司、企业、其他单位人员受贿罪与受贿罪的界限

两罪区分的关键在于犯罪主体的不同：

（1）本罪的主体是公司、企业、其他单位人员，即非国家工作人员。

（2）受贿罪的主体是国家工作人员以及在国有公司、企业、其他单位中从事公务的人员和国有公司、企业、国有其他单位委派到非国有公司、企业、其他单位从事业务的人员。

此外，本罪的构成以谋取利益为要件，而索贿型的受贿罪则不要求谋取利益。

第五节　背信损害上市公司利益罪

背信损害上市公司利益罪，是指上市公司的董事、监事、高级管理人员违背对公司的忠实义务，利用职务便利，操纵上市公司损害上市公司利益，致使上市公司利益遭受重大损失的行为。本罪的构成要件如下：

1. 客体要件

本罪侵犯的客体是上市公司及其股东的合法权益和证券市场的管理秩序。

《中华人民共和国公司法》第一百四十八条明确规定："董事、监事、高级管理人员应当遵守法律、行政法规和公司章程，对公司负有忠实义务和勤勉义务。"这里的"忠实义务"，是指董事、监事、高级管理人员对公司事务应忠诚尽力、忠实于公司，当其自身利益与公司利益相冲突时，应以公司的利益为重，不得将自身利益置于公司利益之上；他们必须为公司的利益善意地处理公司事务、处置其掌握的公司财产，其行使权力的目的必须是为了公司的利益，不得违背对公司的忠实义务操纵上市公司进行违法行为。

2. 客观要件

本罪在客观方面表现为上市公司的董事、监事、高级管理人员违背对公司的忠实义务，利用职务便利，通过操纵上市公司从事不正当、不公平的关联交易等非法手段，致使上市公司利益遭受重大损失的行为。所谓背信行为，是指行为人破坏与其任职的上市公司之间的法律确认的信任关系，违背对公司的忠实义务，从事非法活动。本罪属于结果犯，必须由于背信行为"致使上市公司造成利益遭受重大损失"，才构成本罪。

3. 主体要件

本罪主体是指上市公司的董事、监事、高级管理人员违背对公司的忠实义务，利用职务便利，操纵上市公司从事不正当、不公平的关联交易，致使上市公司利益遭受重大损失的行为。上市公司的控股股东或者实际控制人，指使上市公司董事、监事、高级管理人员实施恶意损害上市公司利益的行为，也以本罪论。

4. 主观要件

本罪在主观方面表现为故意。即行为人明知自己实施的是背信行为，明知自己的行为会对上市公司造成财产损害的结果，并且希望或者放任这种结果的发生。

【案例 14-5】

上市公司高管刘谊接受高价供货案

2006 年，刘某经营的安徽省正菱工矿设备有限公司（以下简称正菱公司）在曹某（时任安徽省人民政府副秘书长）的介绍下，以代储代销形式向国投新集能源股份有限公司（以下简称国投新集公司）销售钻头及配件。2007 年 12 月，国投新集公司在上海证券交易所上市。2008 年 3 月，国投新集公司欲采取招标形式采购 PDC 钻头及配件，刘某经营的正菱公司，此时已更改为安徽省威钻机电有限公司（以下简称威钻公司），因不符合要求，不能参加招投标而被停止供货。

后刘某通过丈夫曹某（时任淮南市市长）向被告人刘谊（时任国投新集公司总经理）打招呼，最终刘某的威钻公司以议价形式，用明显高于市场价格的售价向国投新集公司供应 PDC 钻头及配件直至 2012 年。经鉴定，自 2009 年至 2012 年，国投新集公司以上述明显不公平的条件，接受威钻公司及之后变更的正巨公司销售的钻头，造成公司直接经济损失 1 844.64 万元。[①]

◎ 问题：如何认定本案中国投新集公司总经理刘谊的行为？

【案例 14-5 分析】

本案中，刘谊作为国投新集公司这家上市公司的高级管理人员，明知刘某经营的公司向国投新集公司提供的产品价格远高于市场价格，仍同意其通过议价的方式向公司供货，属于以明知不公平条件接受他人商品，违背了对公司的忠实义务，致使国投新集公司利益

---

① 参见《安徽省芜湖市三山区人民法院〔2017〕皖 0208 刑初 10 号刑事判决书》。

遭受重大损失，其行为已构成背信损害上市公司利益罪。

【相关法条】

《刑法》

第一百六十九条之一【背信损害上市公司利益罪】上市公司的董事、监事、高级管理人员违背对公司的忠实义务，利用职务便利，操纵上市公司从事下列行为之一，致使上市公司利益遭受重大损失的，处三年以下有期徒刑或者拘役，并处或者单处罚金；致使上市公司利益遭受特别重大损失的，处三年以上七年以下有期徒刑，并处罚金：

（一）无偿向其他单位或者个人提供资金、商品、服务或者其他资产的；

（二）以明显不公平的条件，提供或者接受资金、商品、服务或者其他资产的；

（三）向明显不具有清偿能力的单位或者个人提供资金、商品、服务或者其他资产的；

（四）为明显不具有清偿能力的单位或者个人提供担保，或者无正当理由为其他单位或者个人提供担保的；

（五）无正当理由放弃债权、承担债务的；

（六）采用其他方式损害上市公司利益的行为。

上市公司的控股股东或者实际控制人，指使上市公司董事、监事、高管人员实施前款行为的，依照前款的规定处罚。

犯前款的上市公司的控股股东或者实际控制人是单位的，对单位判处罚金，并对其直接负责的主管人员和其他直接责任人员，依照第一款的规定处罚。

【知识要点】

1. 背信损害上市公司利益罪的罪与非罪的界限

正确认定背信损害上市公司利益罪，必须划清其与一般违法行为的界限，在认定中，应该注意以下三点：

第一，由于经济活动中存在一定风险的客观使然，若行为主体所实施的行为是在法规、章程规定的范围之内，且行为人既没有滥用权利，也没有违背忠实义务，造成了一定的财产损失，就不构成本罪。若上市公司为谋求高利润授权由行为人处理相关事务，而自愿甘冒高风险，则行为人为其处理风险事务，即使已超出一般依法之事务处理范围，亦因本人同意，而可阻却违法。

第二，本罪属于结果犯，即只有行为主体实施背信行为致使公司财产遭受重大损失，才成立本罪。若实施其他行为及时补救，并没有使全体财产减少，则不成立本罪。

第三，如果根据案件事实，确属情节显著轻微危害不大的，没有对上市公司造成重大财产损失的。应根据《刑法》第十三条的规定，不以犯罪论处，而作为一般违法行为处理。

2. 关于上市公司的控股股东或者实际控制人，指使上市公司高管实施背信行为该如何定罪处罚的问题

《刑法修正案（六）》第九条第二款规定："上市公司的控股股东或者实际控制人，指使上市公司董事、监事、高级管理人员实施前款行为的，依照前款的规定处罚。"尽管该款未明确说明"依照前款的规定定罪量刑"，但是，上市公司的控股股东或者实际控制人，指使上市公司高管实施背信行为的，实际上是本罪的教唆犯。由于我国《刑法》没有独立的教唆罪，而应根据所教唆的具体犯罪内容定性，所以直接以本罪论处，而不需要另订罪名。

第六节　内幕交易、泄露内幕信息罪

内幕交易、泄露内幕信息罪（《刑法》第一百八十条），是指证券、期货交易内幕信息的知情人员或者非法获取证券、期货交易内幕信息的人员，在涉及证券的发行，证券、期货交易或者其他对证券、期货交易的价格有重大影响的信息尚未公开前，买入或者卖出该证券，或者从事与该内幕信息有关的期货交易，或者泄露该信息，情节严重的行为。其构成要件如下：

1. 客体要件

本罪侵害的客体是证券、期货市场的正常管理秩序和证券、期货投资人的合法利益。证券、期货市场的运行在客观上要求公正而高效的管理秩序。在重要情报公之于众之前，掌握这种内幕信息的人员（内幕人员）不得利用它为自己和其他个人牟利或者避免损失服务；否则，就会使其他的证券、期货投资者处于极不公平的位置上。存在内幕交易的情况下，各投资者获得信息的渠道不公平，投资机会亦不公平，非内幕交易投资者处于不利处境，其合法权益受到严重侵犯。这是从根本上破坏证券、期货市场的公开、公平与公正原则的行为。本罪是利用内幕信息实施的。根据《证券法》第六十九条之规定，所谓内幕信息，是指证券交易活动中，涉及公司的经营、财务或者对该公司证券的市场价格有重大影响的尚未公开的信息。

2. 客观要件

本罪在客观上表现为行为人违反有关法规，在涉及证券发行，证券、期货交易或者其他对证券、期货交易价格有重大影响的信息正式公开前，利用自己所知的内幕信息进行证券、期货买卖，或者建议其他人利用该内幕信息进行证券、期货买卖，或者泄露内幕信息，情节严重的行为。

3. 主体要件

本罪的主体为特定主体，是知悉内幕信息的人，即内幕人员。所谓内幕人员，是指证券、期货交易内幕信息的知情人员或者非法获取证券、期货交易内幕信息的人员。

4. 主观要件

本罪在主观方面只能以故意构成，包括直接故意和间接故意，过失不构成本罪。即行为人明知自己或他人进行内幕交易行为会侵犯其他投资者的合法权益，扰乱证券、期货市场管理秩序，却希望或放任这种结果发生的心理态度。过失行为不构成本罪，过失行为者主观上没有恶意，不以非法牟利或非法避免损失为目的，其客观上利用内幕信息进行证券、期货交易的行为只能是因疏忽大意没有尽到应尽的注意义务，而错误地认为该信息已经公开。但是对此类过失行为也应施以行政处罚。

【案例 14-6】

金某平、吕某明泄露内幕信息

2012 年 2 月底至 3 月初，被告人金某平违反保密规定，将兄弟科技股份有限公司（以下简称兄弟科技）欲收购嘉兴市中华化工有限责任公司（以下简称中华化工）72% 股权的信息泄露给被告人吕某明，并从朋友曹某处借得 500 万元转入吕某明提供的账户，委托吕某明全额买入"兄弟科技"股票。

被告人吕某明获取该内幕信息后，于 3 月 5 日至 6 日利用其本人、徐某、姚某三个股票账户，为其本人和被告人金某平买入"兄弟科技"股票，成交额共计26 214 922.88 元。同年 3 月下旬至 4 月初，被告人吕某明陆续将上述"兄弟科技"股票抛售，非法获利共计 2 477 244.52 元。①

◎ 问题：如何认定本案中金某平和吕某明的行为？

【案例 14-6 分析】

法院认为，被告人金某平身为证券内幕信息的知情人员，在涉及对证券交易价格有重大影响的信息尚未公开前，故意泄露该内幕信息，并授意他人从事与该内幕信息有关的证券交易，其行为已构成内幕交易、泄露内幕信息罪；被告人吕某明非法获取证券内幕信息后，在内幕信息敏感期内为本人及他人从事与该内幕信息有关的证券交易，成交额共计26 214 922.88 元，非法获利共计 2 477 244.52 元，其行为已构成内幕交易罪。

【相关法条】

《刑法》

第一百八十条【内幕交易、泄露内幕信息罪】 证券、期货交易内幕信息的知情人员或者非法获取证券、期货交易内幕信息的人员，在涉及证券的发行，证券、期货交易或者其他对证券、期货交易价格有重大影响的信息尚未公开前，买入或者卖出该证券，或者从事与该内幕信息有关的期货交易，或者泄露该信息，或者明示、暗示他人从事上述交易活动，情节严重的，处五年以下有期徒刑或者拘役，并处或者单处违法所得一倍以上五倍以下罚金；情节特别严重的，处五年以上十年以下有期徒刑，并处违法所得一倍以上五倍以下罚金。单位犯前款罪的，对单位判处罚金，并对其直接负责的主管人员和其他直接责任人员，处五年以下有期徒刑或者拘役。内幕信息、知情人员的范围，依照法律、行政法规的规定确定。

证券交易所、期货交易所、证券公司、期货经纪公司、基金管理公司、商业银行、保

---

① 参见《浙江省嘉兴市中级人民法院〔2013〕浙嘉刑初字第 49 号刑事判决书》。

险公司等金融机构的从业人员以及有关监管部门或者行业协会的工作人员，利用因职务便利获取的内幕信息以外的其他未公开的信息，违反规定，从事与该信息相关的证券、期货交易活动，或者明示、暗示他人从事相关交易活动，情节严重的，依照第一款的规定处罚。

【知识要点】

1. 本罪与非罪的界限

行为人利用内幕信息进行证券、期货交易的行为极易与知悉内幕信息的内幕人员没有利用内幕信息进行正当交易行为发生混淆，前者情节严重的构成内幕交易、泄露内幕信息罪，后者则是法律法规允许的行为。一般来说，行为人尤其是内幕人员的正当交易行为有以下两种情形：其一，不知内幕信息的内幕人员所进行的允许进行的证券、期货交易行为，此类内幕人员根本就不知道内幕信息；其二，知悉内幕信息的内幕人员所进行的允许进行的证券、期货交易行为与其所知悉的内幕信息无关。此类内幕人员知悉内幕信息但其所进行的交易行为并没有利用其所知信息。对于第一种情况，由于缺乏内幕交易、泄露内幕信息罪的犯罪对象——内幕信息，因而很容易与内幕交易行为区分开。对于第二种情况，由于内幕人员所知悉的内幕信息并未被内幕人员在证券、期货交易中加以利用，从而内幕信息也就不会对证券、期货市场价格产生影响，显然，也不具备内幕交易行为的特性。为了更好地区分上述情形，我们有必要科学地掌握内幕交易行为的几个基本构成要件，具体包括：（1）存在着证券、期货交易行为；（2）该交易行为系内幕人员或非内幕人员所为；（3）该交易行为利用了内幕人员合法持有或非内幕人员非法持有的内幕信息。

2. 本罪与侵犯商业秘密罪的界限

构成内幕交易、泄露内幕信息罪的客观表现包括知道内幕信息的内幕人员或非内幕人员将内幕信息非法泄露和公开的情形，而侵犯商业秘密罪的客观方面包括披露、使用或者允许他人使用以不正当手段获取的权利人的商业秘密和违反约定或者违反权利人有关保守商业秘密的要求，披露、使用或者允许他人使用其所掌握的商业秘密两种情形，因此，内幕交易罪与侵犯商业秘密罪就存在着一定的联系，如两者的犯罪对象都具有秘密性，两者的客观方面都包括泄露或提前公开不该公开的相关内容等。但是，两者的差别还是很明显的：

（1）两者侵犯的对象不同，前者侵犯的是内幕信息，该信息必然影响证券、期货交易市场价格；而后者侵犯的是商业秘密，是指不为公众知悉，能为权利人带来经济利益、具有实用性并经权利人采取保密措施的技术信息与经营信息。

（2）两者客观行为也不同，前者包括行为人不公开内幕信息而本人直接加以利用或者将内幕信息公开建议别人加以利用而本人间接参与两种情形；而后者包括以下三种情形：以盗窃、利诱、胁迫或者其他不正当手段获取权利人的商业秘密；披露、使用或者允许他人使用以前项手段获取的权利人的商业秘密；违反约定或者违反权利人有关保守秘密的要求，披露、使用或者允许他人使用其所掌握的商业秘密。如果行为人的行为侵害的对象既属于内幕信息，又属于商业秘密，那么，行为人的行为构成想象竞合犯，即行为人主观上出于一个故意，客观上实施了一个危害行为，却同时触犯了本法所规定的两个独立罪名，也即触犯了内幕交易、泄露内幕信息罪和侵犯商业秘密罪。根据想象竞合犯的处罚原则，应以重罪论处。

第七节 洗 钱 罪

洗钱罪是指明知是毒品犯罪、黑社会性质的组织犯罪、恐怖活动犯罪、走私犯罪、贪污贿赂犯罪、破坏金融管理秩序犯罪、金融诈骗犯罪的违法所得及其产生的收益，以提供资金账户、协助将财产转换为现金或者金融票据、通过转账结算方式协助资金转移、协助将资金汇往境外以及其他方法掩饰、隐瞒犯罪的违法所得及其收益的性质和来源的行为。

【案例 14-7】

程某洗钱案

被告人程伟在其姐程某（王某妻子）的要求下，帮助王某隐匿贪污受贿犯罪所得，于 2012 年隐匿在长春市咖啡小镇购买一套门市房（建筑面积 259.45 平方米），该门市房登记在程伟名下，购房款由程伟垫付，事后，程某分两次向程伟还款，一次为现金还款 213 万元，另一次为转账还款 133 万元。

2015 年 8 月 8 日，在王某被中共吉林省纪委采取调查措施的当日，被告人程伟按照其姐程某的要求将藏匿于王某家中的现金 299 700 元转移，先是放在自己家的车库里隐匿，次日又将 299 700 元存入其公司员工的银行卡里。①

◎ 问题：如何认定本案中程伟的行为？

【案例 14-7 分析】

本案中，被告人程伟明知赃款是王某贪污贿赂犯罪所得，仍然通过购买门市房、转移现金等方式实施掩饰、隐瞒行为，其行为已构成洗钱罪。

【相关法条】

《刑法》

第一百九十一条【洗钱罪】② 为掩饰、隐瞒毒品犯罪、黑社会性质的组织犯罪、恐怖活动犯罪、走私犯罪、贪污贿赂犯罪、破坏金融管理秩序犯罪、金融诈骗犯罪的所得及其产生的收益的来源和性质，有下列行为之一的，没收实施以上犯罪的所得及其产生的收益，处五年以下有期徒刑或者拘役，并处或者单处罚金；情节严重的，处五年以上十年以下有期徒刑，并处罚金：

---

① 参见《吉林省长春市南关区人民法院〔2018〕吉 0102 刑初 212 号刑事判决书》。
② 根据《中华人民共和国刑法修正案（十一）》修订。

（一）提供资金账户的；

（二）协助将财产转换为现金、金融票据、有价证券的；

（三）通过转账或者其他结算方式协助资金转移的；

（四）协助将资金汇往境外的；

（五）以其他方法掩饰、隐瞒犯罪所得及其收益的来源和性质的。

单位犯前款罪的，对单位判处罚金，并对其直接负责的主管人员和其他直接责任人员，处五年以下有期徒刑或者拘役；情节严重的，处五年以上十年以下有期徒刑。

【知识要点】

1. 洗钱罪与窝藏、转移、收购、销售赃物罪的界限

《刑法》第三百一十二条规定的窝藏、转移、收购、销售赃物罪，与本条规定的洗钱罪，两者都属于连累犯的范畴，即行为人明知是犯罪分子的违法所得，仍事后给予了犯罪分子某种帮助，因此，两者存在着很大的关联。但是，从具体犯罪构成要件而言，两者也存在着以下几方面的区别：

（1）侵犯的客体不同，前者侵犯的是双重客体，其中主要客体是金融管理秩序，从而该罪被归类为"破坏社会主义市场经济秩序罪"；后者侵犯的是单一客体，即社会管理秩序。

（2）行为的对象不同，前者特指毒品犯罪、黑社会性质的组织犯罪、走私犯罪的违法所得及其产生的收益，后者泛指一切犯罪的所得赃物。

（3）行为方式不同，前者是指通过某类中介机构来隐瞒和掩饰违法所得及其收益的性质和来源，后者则包括窝藏、转移、收购或代为销售赃物四种行为。

2. 洗钱罪与窝藏、转移、隐瞒毒品、毒赃罪的界限

《刑法》第三百四十九条规定的窝藏、转移、隐瞒毒品、毒赃罪与本条规定的洗钱罪，也存在以下几个方面的区别：

（1）侵犯的客体不同，前者侵犯的是双重客体，其中主要是金融管理秩序；后者侵犯的是单一客体，即社会管理秩序。

（2）行为的对象不同，前者指毒品犯罪、黑社会性质的组织犯罪、恐怖活动犯罪、走私犯罪、贪污贿赂犯罪、破坏金融管理秩序犯罪、金融诈骗犯罪的违法所得及其产生的收益，后者特指走私、贩卖、运输、制造毒品罪的毒品和毒赃。

（3）行为方式不同，前者指行为人通过中介机构将有关违法所得及其产生的收益的来源和性质加以隐瞒和掩饰，是属于狭义上的"洗钱"行为；后者指行为人为走私、贩卖、运输、制造毒品罪的犯罪分子窝藏、转移、隐瞒毒品或者犯罪所得的财物，是属于广义上的"洗钱"行为。

第八节 集资诈骗罪

集资诈骗罪是指以非法占有为目的，违反有关金融法律、法规的规定，使用诈骗方法进行非法集资，扰乱国家正常金融秩序，侵犯公私财产所有权，且数额较大的行为。

【案例 14-8】

"团伙式"集资案

2017 年 4 月至 8 月，被告人李某健、郑某伟伙同刘某强、向某、莫某东、周某（均另案处理）等人在北京市海淀区 E 世界财富中心 C 座×××室北京为多投资管理有限公司（以下简称北京为多公司）内，虚构投资广东茂名荔枝酒酒庄的事实，以给予高额回报为诱饵，并通过发传单、办酒会等方式向社会公开宣传，非法吸收集资参与人章某、孙某、张某等 166 人资金共计人民币 1 000 万余元。所骗钱款大多被被告人取现伙分。①

◎ 问题：如何评价被告人李某健、郑某伟的行为？

【案例 14-8 分析】

本案中，被告人李某健、郑某伟在主观上具有非法占有之目的，伙同他人利用北京为多投资管理有限公司为载体，虚构相关投资事实，以高额的汇报为诱饵，向社会上不特定多数人宣传其投资事实，其行为侵犯了国家有关金融法律、法规的规定，扰乱了国家正常金融秩序，侵犯了公私财产所有权，其行为符合集资诈骗罪的构成要件。

【相关法条】

《刑法》

第一百九十二条【集资诈骗罪】②以非法占有为目的，使用诈骗方法非法集资，数额较大的，处三年以上七年以下有期徒刑，并处罚金；数额巨大或者有其他严重情节的，处七年以上有期徒刑或者无期徒刑，并处罚金或者没收财产。

单位犯前款罪的，对单位判处罚金，并对其直接负责的主管人员和其他直接责任人员，依照前款的规定处罚。

【知识要点】

对于行为人通过诈骗的方法非法获取资金，造成数额较大资金不能归还，并具有下列情形之一的，可以认定为具有非法占有的目的：

（1）集资后不用于生产经营活动或者用于生产经营活动与筹集资金规模明显不成比例，致使集资款不能返还的；

（2）肆意挥霍集资款，致使集资款不能返还的；

（3）携带集资款逃匿的；

---

① 参见《北京市高级人民法院〔2019〕京刑终 45 号刑事判决书》。

② 根据《中华人民共和国刑法修正案（十一）》修订。

（4）将集资款用于违法犯罪活动的；

（5）抽逃、转移资金、隐匿财产，逃避返还资金的；

（6）隐匿、销毁账目，或者搞假破产、假倒闭，逃避返还资金的；

（7）拒不交代资金去向，逃避返还资金的；

（8）其他可以认定非法占有目的的情形。

行为人部分非法集资行为具有非法占有目的的，对该部分非法集资行为所涉集资款以集资诈骗罪定罪处罚；非法集资共同犯罪中部分行为人具有非法占有目的，其他行为人没有非法占有集资款的共同故意和行为的，对具有非法占有目的的行为人以集资诈骗罪定罪处罚。

第九节　贷款诈骗罪

贷款诈骗罪，是指以非法占有为目的，编造引进资金、项目等虚假理由、使用虚假的经济合同、使用虚假的证明文件、使用虚假的产权证明作担保、超出抵押物价值重复担保或者以其他方法，诈骗银行或者其他金融机构的贷款、数额较大的行为。在认定该罪时不能简单地认为，只要贷款到期不能偿还，就以诈骗贷款罪论处。在实际生活中，贷款不能按期偿还的情况时有发生，其原因也很复杂，如有的因为经营不善或者市场行情的变动，使营利计划无法实现不能按时偿还贷款。这种情况中，行为人虽然主观有过错，但其没有非法占有贷款的目的，故不能以本罪认定。有的是本人对自己的偿还能力估计过高，以致不能按时还贷，在这种情形下行为人主观上虽然具有过失，但其没有非法占有的目的，也不应以本罪论处。只有那些以非法占有为目的，采用欺骗的方法取得贷款的行为，才构成贷款诈骗罪。

【案例 14-9】

张某欺诈案

2007 年 2 月 28 日至 2010 年 8 月 18 日，被告人张某的丈夫薛某勋为办理大额贷款，找到或同村或亲友的薛某令、薛某 1、孙某 1 等人，通过安良信用社信贷员冯某，多次以薛某令、薛某 1、孙某 1 等人名义，提供虚假手续，从安良信用社贷款42.4 万元。在上述多笔贷款到期未偿还的前提下，薛某勋、张某与信贷员冯某预谋后，于 2010 年 12 月 28 日，分别以薛某勋、张某名义，编造虚假用途骗取安良信用社两笔各 30 万元贷款，共计 60 万元，用于偿还以薛某勋和张某名义及两人以他人名义办理的贷款。2012 年 12 月 28 日，以薛某勋、张某名义共计 60 万元贷款到期后，经银行催收，薛某勋、张某在有能力还款的情况下，拒绝还款。截至案发，已收利息共计 75 456 元，尚欠贷款本金 60 万元，利息 48.732 万元，罚息 21.196 8 万元。①

---

① 参见《河南省平顶山市中级人民法院〔2019〕豫 04 刑终 416 号刑事判决书》。

◎ 问题：被告人张某的行为该如何评价？

【案例 14-9 分析】

本案中，被告人张某伙同其丈夫薛某勋以虚构事实、隐瞒真相，欺诈的方式获得贷款；贷款到期后隐匿自己财产，拒不偿还，诈骗了安良信用社共计 42.4 万元。被告人张某在其主观上具有非法占有目的，手段上采取虚构、隐瞒等欺诈方式，其行为已构成贷款诈骗罪。

【相关法条】

《刑法》

第一百九十三条【贷款诈骗罪】有下列情形之一，以非法占有为目的，诈骗银行或者其他金融机构的贷款，数额较大的，处五年以下有期徒刑或者拘役，并处二万元以上二十万元以下罚金；数额巨大或者有其他严重情节的，处五年以上十年以下有期徒刑，并处五万元以上五十万元以下罚金；数额特别巨大或者有其他特别严重情节的，处十年以上有期徒刑或者无期徒刑，并处五万元以上五十万元以下罚金或者没收财产：（一）编造引进资金、项目等虚假理由的；（二）使用虚假的经济合同的；（三）使用虚假的证明文件的；（四）使用虚假的产权证明作担保或者超出抵押物价值重复担保的；（五）以其他方法诈骗贷款的。

【知识要点】

行为人主观上具有非法占有的目的。对于具有下列情形之一的，应认定为具有非法占有目的：

（1）假冒他人名义贷款的；

（2）贷款后携款潜逃的；

（3）未将贷款按贷款用途使用，而是用于挥霍致使贷款无法偿还的；

（4）改变贷款用途，将贷款用于高风险的经济活动造成重大经济损失，导致无法偿还贷款的；

（5）为谋取不正当利益，改变贷款用途，造成重大经济损失，致使无法偿还贷款的；

（6）使用贷款进行违法犯罪活动的；

（7）隐匿贷款去向，贷款到期后拒不偿还的，等等。

第十节　信用卡诈骗罪

信用卡诈骗罪是指以非法占有为目的，使用法定方法进行信用卡诈骗活动，数额较大的行为。信用卡是指由商业银行或者其他金融机构发行的具有消费支付、信用贷款、转账结算、存取现金等全部功能或者部分功能的电子支付卡，包括可以透支的贷记卡，也包括不能透支的借记卡。

【案例 14-10】

张某复制银行卡信息案

2013 年 5 月，被告人张某伙同他人事先预谋后，以虚假身份在上海某超市有限公司中山公园店应聘工作。其利用担任该超市收银员的身份趁顾客刷卡时利用读卡器盗取顾客的银行卡信息并偷记密码，并在广州利用盗取的信息制成伪卡。2013 年 9 月 18 日、19 日，被告人张某使用其中一张利用盗取受害人朱某银行卡信息制作伪造的银行卡在陕西华阴市取现金 3.5 万元。当月 20 日晚，被告人张某使用另外一张利用盗取被害人篠崎某某（日本籍）银行卡信息制作伪造的银行卡在中国银行安阳市文明大道支行取现金 2 万元，另转款 4 万元至张某所控制的银行卡上，随后张某又从其所控制的该银行卡上取走现金 2 万元。当张某在另一家中国银行准备再次取钱时被抓获，从其身上搜出现金 71 200 元、银行卡 8 张、不同姓名的身份证 7 张等。案发后，公安机关追回赃款 71 200 元，退还受害人朱某 31 200 元，退还篠崎某某 40 000元。另查明，张某因犯妨害信用卡管理罪，于 2011 年 8 月 15 日被温州市鹿城区人民法院判处有期徒刑十个月，并处罚金人民币 50 000 元，2011 年 12 月 18 日刑满释放。公诉机关指控，被告人张某的行为属于伪造信用卡并使用的情形，构成信用卡诈骗罪，应予处罚。①

【案例 14-10 分析】

该信用卡诈骗案是一起将盗取的信用卡信息进行复制，再利用复制的伪卡盗取现金的信用卡诈骗案，是近年来信用卡诈骗案中出现的新型作案手段。该案明确了盗窃信用卡信息又复制伪卡，使用伪卡盗取现金的行为，应按照信用卡诈骗罪定罪处罚。近年来，随着信息技术的快速发展和广泛应用，一方面给人们提供了高效便捷的生产生活方式，另一方面也给一些犯罪分子利用信息技术实施犯罪提供了便利条件。该案既彰显了人民法院依法严惩利用信息技术实施犯罪的决心，同时也提醒公民要提高个人信息保护意识，维护好个人信息安全，不给犯罪分子以可乘之机。

【相关法条】

《刑法》

第一百九十六条【信用卡诈骗罪】 有下列情形之一，进行信用卡诈骗活动，数额较大的，处五年以下有期徒刑或者拘役，并处二万元以上二十万元以下罚金；数额巨大或者有其他严重情节的，处五年以上十年以下有期徒刑，并处五万元以上五十万元以下罚金；数额特别巨大或者有其他特别严重情节的，处十年以上有期徒刑或者无期徒刑，并处五万

---

① 参见《河南省安阳市龙安区人民法院〔2014〕龙刑初字第 27 号刑事判决书》。

元以上五十万元以下罚金或者没收财产：

（一）使用伪造的信用卡，或者使用以虚假的身份证明骗领的信用卡的；

（二）使用作废的信用卡的；

（三）冒用他人信用卡的；

（四）恶意透支的。

前款所称恶意透支，是指持卡人以非法占有为目的，超过规定限额或者规定期限透支，并且经发卡银行催收后仍不归还的行为。

【盗窃罪】盗窃信用卡并使用的，依照本法第二百六十四条的规定定罪处罚。

【知识要点】

对信用卡诈骗罪的认定：

（1）盗窃信用卡并使用的，依照盗窃罪定罪处罚。

（2）拾得他人信用卡并在自动柜员机（ATM 机）上使用的行为，属于"冒用他人信用卡"的情形，构成犯罪的，以信用卡诈骗罪追究刑事责任。

（3）违背他人意愿使用其居民身份证、军官证、士兵证、港澳居民往来内地通行证、台湾居民来往大陆通行证、护照等身份证明申领信用卡的，或者使用伪造、变造的身份证明申领信用卡的，应当认定为"使用虚假的身份证明骗领信用卡"。

（4）为信用卡申请人制作、提供虚假的财产状况、收入、职务等资信证明材料，涉及伪造、变造、买卖国家机关公文证件、印章，或者涉及伪造公司、企业、事业单位、人民团体印章，应当追究刑事责任的，分别以伪造、变造、买卖国家机关公文、证件、印章罪和伪造公司、企业、事业单位、人民团体印章罪定罪处罚。

（5）承担资产评估、验资、验证、会计、审计、法律服务等职责的中介组织或其人员，为信用卡申请人提供虚假的财产状况、收入、职务等资信证明材料，应当追究刑事责任的，分别以提供虚假证明文件罪和出具证明文件重大失实罪定罪处罚。

（6）恶意透支的数额，是指在《刑法》第一百九十六条第一款规定的条件下持卡人拒不归还的数额或者尚未归还的数额，不包括复利、滞纳金、手续费等发卡银行收取的费用，恶意透支应当追究刑事责任，但在公安机关立案后人民法院判决宣告前已偿还全部透支款息的，可以从轻处罚，情节轻微的，可以免除处罚。恶意透支数额较大，在公安机关立案前已偿还全部透支款息，情节显著轻微的，可以依法不追究刑事责任。

第十一节　保险诈骗罪

保险诈骗罪是指以非法获取保险金为目的，违反保险法规，采用虚构保险标的、保险事故或者制造保险事故等方法，向保险公司骗取保险金，数额较大的行为。"虚构保险标的"，是指投保人违背《保险法》规定的如实告知义务，虚构一个根本不存在的保险标的或者将不合格的标的伪称为合格的标的，与保险人订立保险合同的行为。本罪作为"诈骗罪"中的特殊法条，与《刑法》第二百六十六条诈骗罪是属于法条竞合关系。

【案例 14-11】

于某龙、黄某、刘某、赖某会、杨某峰 "骗保" 案

被告人刘某所有的鲁K×××××号奥迪车在华泰财产保险有限公司威海中心支公司（以下简称 "威海华泰保险公司"）投保机动车损失险、机动车第三者责任险、机动车第三者责任强制保险等险种。2017 年 9 月中旬，被告人刘某将该车开至威海志腾汽车修理厂修理，并在该厂修理工即被告人杨某峰的介绍下，认识了被告人黄某。被告人黄某在得知被告人刘某投保车辆全险后，与刘某共谋通过故意制造车辆追尾事故骗取保险金，用以支付黄某所有的鲁K×××××黑色牌照现代跑车，以及刘某所有的鲁K×××××号奥迪车的修理费。2017 年 9 月 19 日上午 10 时许，被告人黄某指使其女友赖某会、朋友于某龙、杨某峰驾车故意制造道路交通事故。由被告人赖某会独自驾驶鲁K×××××黑色牌照现代跑车在前行驶，被告人于某龙驾驶奥迪车紧随其后，被告人杨某峰在奥迪车副驾驶进行指挥。两车自志腾汽车修理厂出发，行至威海市区羊亭镇立交桥驾校西公路时进行第一次碰撞，三人下车查看后认为损失太轻，遂重新上车，于 10 时 40 分许行至新元集团大门西侧，进行第二次碰撞，因被告人于某龙操作不当，该次碰撞致使奥迪车损坏严重，现代车报废，于某龙、杨某峰受伤。事故发生后，被告人于某龙在现场报警，并向威海华泰保险公司报案索赔。威海华泰保险公司认为可能存在骗保遂向公安机关报案，在得知公安机关介入调查后，被告人黄某于 2017 年 9 月 21 日安排于某龙、刘某到保险公司放弃索赔，后威海华泰保险公司对其行为表示谅解。经威海市价格认证中心认定，鲁K×××××号奥迪车于 2017 年 9 月 19 日的损失价格为人民币 50 886 元，鲁K×××××号现代轿车于 2017 年 9 月 19 日的损失价格为人民币 32 000 元。①

◎ 问题：如何评价被告人于某龙、黄某、刘某、赖某会、杨某峰的行为？

【案例 14-11 分析】

本案中，被告人黄某、刘某以非法占有为目的，指使被告人赖某会、于某龙、杨某峰故意制造车辆追尾事故，以虚假的交通事故骗取保险金，数额较大，其行为均已构成保险诈骗罪。被告人已经着手实施犯罪，根据《刑法》有关规定，由于其意志以外的原因而未得逞，系犯罪未遂。

【相关法条】

《刑法》

第一百九十八条【保险诈骗罪】有下列情形之一，进行保险诈骗活动，数额较大的，

---

① 参见《山东省威海市中级人民法院〔2019〕鲁 10 刑再 3 号再审刑事判决书》。

处五年以下有期徒刑或者拘役，并处一万元以上十万元以下罚金；数额巨大或者有其他严重情节的，处五年以上十年以下有期徒刑，并处二万元以上二十万元以下罚金；数额特别巨大或者有其他特别严重情节的，处十年以上有期徒刑，并处二万元以上二十万元以下罚金或者没收财产：

（一）投保人故意虚构保险标的，骗取保险金的；

（二）投保人、被保险人或者受益人对发生的保险事故编造虚假的原因或者夸大损失的程度，骗取保险金的；

（三）投保人、被保险人或者受益人编造未曾发生的保险事故，骗取保险金的；

（四）投保人、被保险人故意造成财产损失的保险事故，骗取保险金的；

（五）投保人、受益人故意造成被保险人死亡、伤残或者疾病，骗取保险金的。

有前款第四项、第五项所列行为，同时构成其他犯罪的，依照数罪并罚的规定处罚。单位犯第一款罪的，对单位判处罚金，并对其直接负责的主管人员和其他直接责任人员，处五年以下有期徒刑或者拘役；数额巨大或者有其他严重情节的，处五年以上十年以下有期徒刑；数额特别巨大或者有其他特别严重情节的，处十年以上有期徒刑。保险事故的鉴定人、证明人、财产评估人故意提供虚假的证明文件，为他人诈骗提供条件的，以保险诈骗的共犯论处。

第十二节 逃 税 罪

逃税罪是指纳税人采取欺骗、隐瞒手段进行虚拟的纳税申报或者不申报，逃避缴纳税款数额较大并且占应缴纳税 10% 以上或者扣缴义务人采取欺骗、隐瞒手段，不缴或少缴已扣、已收税款，数额较大的行为。

【案例 14-12】

金某虚假开票案

2005 年 1 月 20 日，被告人金某注册成立长沙飞腾运输有限责任公司（以下简称飞腾公司），注册资本 50 万元，道路货物运输车辆 5 台。2005 年 7 月，飞腾公司取得自开"运输业统一发票"资格。被告人袁某受聘担任该公司开票员，被告人袁某芝受聘担任会计。被告人金某本人或指使袁某、袁某芝以飞腾公司的名义按 4.5%～6% 收取开票费，为从事运输业务的姚某林、李某发、陈某龙、袁某军等人代开《公路、内河货物运输业统一发票》（以下简称运输发票）445 份，分别提供给长沙天力罐车制造有限公司（以下简称天力公司）、长沙市环卫机械厂（以下简称环卫厂）、湖南杨子冶金重型装备制造有限公司（以下简称杨子公司）、湖南祥龙贸易有限公司（以下简称祥龙公司）、湖南鑫峰工贸有限公司（以下简称鑫峰公司）等单位，代开运输发票的金额总计 8 761 189.86 元，上述单位已申报抵扣税款 613 281.12 元。其中，被告人袁某芝参与向鑫峰公司（鑫峰公司的运输业务由个体司机承担，需要运输发票登记做账）代开运输发票 4 份，金额共计 33.24 万元，鑫峰公司已申报抵扣税款 23 268 元。金某、袁某、袁某芝为他人代开发票后，以飞腾公司名义按规定缴纳了 3.3% 的营业税及附加。实际运输者由于未在税务机关开票，偷逃了 3.3% 的所得税。金某本人或指使袁某、袁某芝开票致使他人偷逃应纳所得税 289 118.23 元。占姚某林、李某发、陈某龙、袁某军等人应缴税款的 50%。①

【案例 14-12 分析】

被告人金某本人或指使被告人袁某、袁某芝利用飞腾公司的开票资格，在没有提供运输劳务的情况下，以飞腾公司名义为其他提供了运输劳务的从业者或发生了实际运输业务的单位代开运输发票，致使其他运输从业者逃避纳税义务，偷逃税款 289 118.23 元，且占应纳税额的 50%，被告人金某、袁某、袁某芝的行为均已构成逃税罪。公诉机关指控被告人金某、袁某、袁某芝的行为构成虚开用于抵扣税款发票罪的罪名不当。因为构成虚开用于抵扣税款发票罪，不但要有虚开的行为，还需要有骗取税款的目的。被告人金某、袁某、袁某芝为他人代开运输发票的行为属于虚开行为，但是，根据本案的证据，所能认定的事实是三被告人在其他运输从业人员向有关单位提供了运输服务之后，为这些运输从业人员代开运输发票，并将 3.3% 的营业税、城市维护建设税以及教育费附加均已缴纳，其行为导致的后果是其他运输从业人员偷逃了 3.3% 的个人所得税，受票单位凭运输发票抵扣符合法律规定。因此，三被告人并无骗取税款的目的，故对被告人金某等人应以逃税罪定罪处罚。

【相关法条】

《刑法》

第二百零一条【逃税罪】纳税人采取欺骗、隐瞒手段进行虚假纳税申报或者不申报，逃避缴纳税款数额较大并且占应纳税额百分之十以上的，处三年以下有期徒刑或者拘役，并处罚金；数额巨大并且占应纳税额百分之三十以上的，处三年以上七年以下有期徒刑，并处罚金。

扣缴义务人采取前款所列手段，不缴或者少缴已扣、已收税款，数额较大的，依照前款的规定处罚。

对多次实施前两款行为，未经处理的，按照累计数额计算。

有第一款行为，经税务机关依法下达追缴通知后，补缴应纳税款，缴纳滞纳金，已受行政处罚的，不予追究刑事责任；但是，五年内因逃避缴纳税款受过刑事处罚或者被税务机关给予二次以上行政处罚的除外。

---

① 参见《湖南省长沙市中级人民法院〔2012〕长中刑二重初字第 0056 号刑事判决书》。

第十三节　假冒注册商标罪

随着人们对商标价值的认同与企业品牌意识的增强，强大的经济利益驱动下的假冒他人商标的"搭便车"行为也相伴而生，而且，这种行为日益增多并出现了一些新形式。面对日益严重化、复杂化的假冒注册商标行为，刑法作为商标保护法律的重要组成部分，在对此类行为的打击上却相当有限，这对于保护商标专用权，维护消费者合法权益，维持正常的市场经济秩序极为不利。假冒注册商标罪，是指违反国家商标管理法规，未经注册商标所有人许可，在同一种商品上使用与其注册商标相同的商标，情节严重的行为。

【案例 14-13】

翟某娟假冒案

2012 年 10 月，被告人翟某娟在西安市长安区石匣村经营秦丰防水材料厂，该厂属无照经营，翟某娟系该厂主要负责人。其间，在未经西安雨中情防水材料有限责任公司、陕西晴空防水材料工程有限公司、西安市禹宏防水材料有限责任公司和陕西航建防水工程有限公司等注册商标所有人许可的情况下，该厂非法生产假冒"雨水情"牌、"晴空"牌、"西北禹洪"牌、"航建"牌防水材料对外销售。案发后，在其厂内查获假冒"雨水情"牌防水材料 159 卷、"晴空"牌防水材料 59 卷、"西北禹洪"牌防水材料 16 卷、"航建"牌防水材料 7 卷，因西安市禹宏防水材料有限公司办公、营销地址变迁，无法确定"西北禹洪"牌防水材料的价值，上述假冒防水材料价值人民币 62 790 元。①

◎ 问题：如何评价被告人翟某娟的行为？

【案例 14-13 分析】

本案中，被告人翟某娟未经注册商标所有权人的许可，在其自身生产的同种商品上使用与其注册商标所有权人相同的商标，情节严重，其行为已构成假冒注册商标罪。

【相关法条】

《刑法》

第二百一十三条【假冒注册商标罪】② 未经注册商标所有人许可，在同一种商品、

---

① 参见《陕西省高级人民法院〔2016〕陕刑终 180 号刑事判决书》。
② 根据《中华人民共和国刑法修正案（十一）》修订。

服务上使用与其注册商标相同的商标，情节严重的，处三年以下有期徒刑，并处或者单处罚金；情节特别严重的，处三年以上十年以下有期徒刑，并处罚金。

【知识要点】

实践中假冒注册商标但不构成假冒注册商标罪的情形：

（1）擅自在类似商品上使用与他人注册商标相同或者相似的商标的，以及在同一种商品上使用与他人注册商标相似的商标的行为，不构成假冒注册商标罪。

（2）假冒他人没有注册的商标的，不构成假冒注册商标罪。

（3）擅自使用知名商品特有的名称、包装、装潢，或者使用与知名商品近似的名称、包装、装潢，造成和他人的知名商品相混淆，使购买者误认为是该知名商品的；擅自使用他人的企业名称或者姓名，使人误认为是他人的商品的；在商品上伪造或者冒用认证标志、名优标志等质量标志，伪造产地，对商品质量作引人误解的虚假表示的，虽然都是不正当竞争行为，但不是假冒注册商标的行为，不构成假冒注册商标罪。

以假冒注册商标方式生产、销售伪劣商品的行为，属于想象竞合犯，从一重罪论处。

第十四节　侵犯著作权罪

侵犯著作权罪，是指以营利为目的，侵犯他人著作权，违法所得数额较大或者有其他严重情节的行为。本罪的构成要件如下：

1. 客体要件

本罪侵犯的客体是著作权人的著作权和国家关于著作权的管理制度。

2. 客观要件

本罪的客观方面表现为侵犯著作权的违法所得数额较大或者有其他严重情节的行为。

（1）未经著作权人许可，复制发行其文字作品、音乐、电影、电视、录像作品、计算机软件及其他作品的；未经著作权人许可是指没有得到著作权人授权或者伪造、涂改著作权人授权许可文件或者超出授权许可范围的情形。复制发行行为是指以印刷、复印、临摹、拓印、录音、录像、翻拍方式将作品制作成一份或多份，向社会公众进行出售、出租的行为。通过信息网络向公众传播他人文字作品、音乐、电影、电视、录像作品、计算机软件及其他作品的行为，应当视为复制发行。复制发行包括复制、发行或者既复制又发行。发行包括总发行、批发零售、通过信息网络传播以及出租、展销等活动。

（2）出版他人享有专有出版权的图书的。

（3）未经录音录像制作者许可，复制发行其制作的录音录像的。

（4）制作、出售假冒他人署名的美术作品的。

3. 主体要件

本罪的主体是个人和单位。

4. 主观要件

本罪在主观方面是故意，并且具有营利目的。以刊登收费广告等方式直接或间接收取费用的情形，属于《刑法》第二百一十七条规定的以营利为目的。

【案例 14-14】

燕某航修改源代码案

　　广东深圳第七大道科技有限公司开发了"弹弹堂"网络游戏，该公司向法院提交其在国家版权登记中心登记的"弹弹堂"游戏软件之著作权证书，以证明其是该游戏软件的著作权人。2011 年 10 月至 2012 年 1 月，被告人燕某航经朋友介绍在互联网上发现并下载了"弹弹堂"游戏软件的源代码，并对该游戏软件的源代码进行修改，以调整该款游戏的难度并降低游戏道具的价格，进而分别在域名为"www.52175.info""www.87ddt.com""www.11ddt.com"网站的服务器上，以"52弹弹堂""霸气弹弹堂""11弹弹堂"为游戏名进行运营，获利人民币146 401.96元。经鉴定，从被告人燕某航电脑中提取的"弹弹堂"游戏服务器端中的 Bussiness.dll、Game.Base.dll、Game.Logic.dll、Game.Server.dll、Road.Service.exe 程序之源代码，与深圳第七大道科技有限公司的"弹弹堂"游戏软件之相应程序的源代码，具有同源性，相似率在99%以上。①

【案例 14-14 分析】

　　网络游戏私服的目的在于通过"私服"的运行，取代游戏运营商的地位，分流其用户，最终牟取经济利益。私服打破了网络游戏世界的平衡，损害了游戏软件著作权人和游戏运营商的利益；同时，私服的非法性和不稳定性亦导致私服玩家的投入也得不到较好保护。从著作权法（民事法律）的角度看，如果私服提供者未经许可复制、修改、翻译或通过信息网络传播游戏的服务器端程序，该行为属于侵犯软件著作权人的复制权、修改权、翻译权和信息网络传播权的行为。从刑事法律的角度看，我国刑法将未经著作权人许可，复制发行其计算机软件，违法所得数额较大或有其他严重情节的行为，定性为侵犯著作权罪。就本案来说，被告人燕某航在互联网上下载了"弹弹堂"游戏软件的源代码，并对该游戏软件的源代码进行修改，以调整游戏的难度并降低游戏道具的价格，该行为侵犯了软件著作权人的复制权和修改权。同时，由于被告人燕某航通过私服非法获利146 401.96元，属违法所得数额较大。因此，人民法院依法认定被告人燕某航犯侵犯著作权罪，并给予相应的刑罚处罚。

【相关法条】

《刑法》

　　第二百一十七条 【侵犯著作权罪】② 以营利为目的，有下列侵犯著作权或者与著作权有关的权利的情形之一，违法所得数额较大或者有其他严重情节的，处三年以下有期徒刑，并处或者单处罚金；违法所得数额巨大或者有其他特别严重情节的，处三年以上十年

---

①　参见《广东省深圳市中级人民院〔2012〕深中法知刑终字第 35 号刑事裁定书》。
②　根据《中华人民共和国刑法修正案（十一）》修订。

以下有期徒刑，并处罚金：

（一）未经著作权人许可，复制发行、通过信息网络向公众传播其文字作品、音乐、美术、视听作品、计算机软件及法律、行政法规规定的其他作品的；

（二）出版他人享有专有出版权的图书的；

（三）未经录音录像制作者许可，复制发行、通过信息网络向公众传播其制作的录音录像的；

（四）未经表演者许可，复制发行录有其表演的录音录像制品，或者通过信息网络向公众传播其表演的；

（五）制作、出售假冒他人署名的美术作品的；

（六）未经著作权人或者与著作权有关的权利人许可，故意避开或者破坏权利人为其作品、录音录像制品等采取的保护著作权或者与著作权有关的权利的技术措施的。

第十五节　侵犯商业秘密罪

侵犯商业秘密罪，是指以盗窃、利诱、胁迫或者其他不正当手段获取权利人的商业秘密，或者非法披露、使用或者允许他人使用其所掌握的或获取的商业秘密，给商业秘密的权利人造成重大损失的行为。侵犯商业秘密罪侵犯的客体既包括国家对商业秘密的管理制度，又包括商业秘密的权利人享有的合法权利。犯罪主体是一般主体，既包括自然人，也包括单位。其中关于"商业秘密"范围：第一，商业秘密是一种技术信息与经营信息。技术信息与经营信息，既可能以文字、图像为载体，也可能以实物为载体，还可能存在于人的大脑或操作方式中。第二，商业秘密是不为公众所知悉的事项，即必须是仅限于一定范围内的人知悉的事项。第三，商业秘密能为权利人带来经济利益。权利人，是指商业秘密的所有人和经商业秘密所有人许可的商业秘密使用人。经济利益，仅限于积极的经济利益，即能使权利人增加财产或者财产上的利益。第四，商业秘密具有实用性，即具有直接的、现实的使用价值，权利人能够将商业秘密直接运用于生产、经营活动。第五，商业秘密经权利人采取了保密措施。此外，商业秘密还具有使用权可以转让、没有固定的保护期限、内容广泛等特点。

【案例 14-15】

覃某林窃取秘密案

康某公司于 2007 年注册成立，是从事玉米新品种生产、加工、销售的现代种业企业，其玉米亲本及杂交技术为康某公司的核心商业秘密，康某公司对此采取了保密措施，建立了仓储管理和员工保密制度。2012 年、2013 年，该公司玉米品种康某 20 和高某 909 分别获得品种审定证书。2013 年，农业部植物新品种办公室受理了康某公司对玉米亲本 FL218 的植物新品种权保护申请，并于 2018 年 1 月授予 FL218 植物新品种权。被告人覃某林担任康某公司生产部经理期间，参与玉米种子繁育并逐步掌握了康某公司的玉米制种技术。2015 年 10 月，覃某林利用工作便利窃取了康某公司十几个玉米亲本，并于 2016 年 2 月从康某公司辞职。2016 年 9 月，覃某林与四川田某农业科技发展有限公司（以下简称田某公司）副总经理赵某飞相识，并达成合作制种协议，由覃某林提供玉米亲本和技术指导，田某公司负责联系制种基地和回收玉米种子。同时，覃某林将窃取的玉米亲本交给赵某飞繁育。2017 年，田某公司在内蒙古自治区某地组织当地农户种植由覃某林提供亲本繁育出的玉米杂交种，其中村民张某等 40 户农户，种植了两个玉米品种约 400 亩，产量为 78 500 公斤。其间，覃某林受田某公司指派多次到该地进行技术指导。上述两个玉米品种收获后，全部由田某公司回收并出售。2017 年 10 月 18 日，内蒙古自治区杭锦后旗公证处从李某（张某之妻）家中提取了两个品种的玉米杂交种样品。经北京玉米种子检测中心鉴定，两个样品分别与康某公司玉米品种康某 20 和高某 909 极为近似或相同，其中一个样品与康某公司 FL218 玉米亲本具有亲子关系。经湖北诚信会计师事务有限公司鉴定，已生产出的 78 500 公斤玉米杂交种子预期收益619 467元。[1]

◎ 问题：如何评价被告人覃某林的行为？

【案例 14-15 分析】

本案中，侵犯商业秘密罪的一个重要客观要件是"给商业秘密的权利人造成重大损失"。本案被告人覃某林援引 2000 年 12 月 19 日实施的《最高人民法院关于刑事附带民事诉讼范围问题的规定》第二条规定提出，被害人因犯罪行为遭受的物质损失是指已经遭受的实际损失和必然遭受的损失，而预期收益系间接损失，因此以湖北诚信会计师事务有限公司评估报告作为被害人遭受的损失不符合法律规定。但是，侵犯商业秘密罪在犯罪形态上属结果犯，重大损失是构成该罪的必要结果要件。根据 2015 年 1 月 19 日起施行的《最高人民法院关于废止部分司法解释和司法解释性质文件（第十一批）的决定》已将《最高人民法院关于刑事附带民事诉讼范围问题的规定》废止。植物新品种蕴含的商业秘密就其形成过程而言，必然具备高投入性、高风险性，故对侵犯相关商业秘密的犯罪行为所造成的损失范围应作出有利于权利人的理解，既包括直接损失，又包括间接损失，既包括有形损失，也包括无形损失。因此，被告人覃某林为了牟取非法利益，利用工作之便，秘密窃取康某公司玉米种子繁育的核心玉米亲本产品和核心杂交技术，提供给他人，并亲自指导他人秘密生产康某公司受保护的玉米新品种，创造预期利润 619 467 元，以换取高额的报酬，给商业秘密的权利人康某公司造成重大损失，其行为构成侵犯商业秘密罪。

【相关法条】

《刑法》

第二百一十九条【侵犯商业秘密罪】[2]有下列侵犯商业秘密行为之一，情节严重的，

---

[1] 参见《湖北省宜昌市中级人民法院〔2019〕鄂 05 知刑初 2 号刑事判决书》。
[2] 根据《中华人民共和国刑法修正案（十一）》修订。

处三年以下有期徒刑，并处或者单处罚金；情节特别严重的，处三年以上十年以下有期徒刑，并处罚金：

（一）以盗窃、贿赂、欺诈、胁迫、电子侵入或者其他不正当手段获取权利人的商业秘密的；

（二）披露、使用或者允许他人使用以前项手段获取的权利人的商业秘密的；

（三）违反保密义务或者违反权利人有关保守商业秘密的要求，披露、使用或者允许他人使用其所掌握的商业秘密的。

明知前款所列行为，获取、披露、使用或者允许他人使用该商业秘密的，以侵犯商业秘密论。

本条所称权利人，是指商业秘密的所有人和经商业秘密所有人许可的商业秘密使用人。

第十六节　合同诈骗罪

合同诈骗罪，是指以非法占有为目的，在签订、履行合同过程中，骗取对方当事人财物，数额较大的行为。

1. 客体要件

本罪侵犯的客体是国家对合同的管理制度、诚实信用的市场经济秩序和合同当事人的财产所有权。

2. 客观要件

本罪在客观方面表现为在签订、履行合同的过程中，骗取合同一方当事人的财物，数额较大的行为：

（1）以虚构的单位或者冒用他人名义签订合同的；

（2）以伪造、变造、作废的票据或者其他虚假的产权证明作担保的；

（3）没有实际履行能力，以先履行小额合同或者部分履行合同的方法，诱骗对方当事人继续签订和履行合同的；

（4）收受对方当事人给付的货物、货款、预付款或者担保财产后逃匿的；

（5）以其他方法骗取对方当事人财物的。

3. 主体要件

本罪的犯罪主体为个人和单位。

4. 主观要件

本罪在主观方面是故意，并且具有非法占有合同当事人财物的目的。

【案例 14-16】

武某远、李某柱虚构交易案

被告人武某远、李某柱于 2013 年 7 月 25 日成立中科万利公司，并商议招聘话务员采用向网络关键词客户实施电话推荐、内部员工之间互相打配合冒充买家等系列推销方式，骗取客户在该公司包装关键词，购买付费业务。2013 年 9 月至 2014 年 3 月

7日，二被告人通过招聘被告人施某腾、黄某龙、张某、唐某强、武某康、武某爽（另案处理）等人，在签订、履行关键词网络服务合同过程中，以虚构买家，维护、优化或转卖关键词、域名等方式，共骗取被害人康某、史某某、邹某某、肖某某、张某某、蒋某某、雷某、王某某、魏某某、孟某某、赵某、史某某钱款 1 315 520 元，其中，被告人武某远、李某柱的诈骗金额为 1 315 520 元，被告人施某腾的诈骗金额为 356 800 元，被告人黄某龙的诈骗金额为 343 000 元，被告人张某的诈骗金额为 283 900 元，被告人唐某强的诈骗金额为 217 230 元，被告人武某康的诈骗金额为 50 000元。

2014 年 3 月 7 日，七被告人在中科万利公司办公地点北京市昌平区立汤路 186 号某 4 号楼被当场抓获。同年 3 月 26 日，公安机关冻结武某远及中科万利公司在银行内存款共计 1 158 309. 13 元。①

【案例 14-16 分析】

武某远、李某柱、施某腾、黄某龙、张某、唐某强、武某康以非法占有为目的，在签订、履行合同过程中，虚构事实，骗取他人财物，侵犯他人财产权利的同时扰乱了市场经济秩序。其中，被告人武某远、李某柱诈骗数额特别巨大，被告人施某腾、黄某龙、张某、唐某强诈骗数额巨大，被告人武某康诈骗数额较大；七被告人的行为均已构成合同诈骗罪，依法应予惩处。武某远、李某柱作为公司法定代表人、经理，负责公司运营及人员管理等整体工作，在共同犯罪中起主要作用，系主犯；被告人施某腾、黄某龙、张某、唐某强、武某康作为一线业务员，负责联系具体客户，在共同犯罪中起次要作用，系从犯。

【相关法条】

《刑法》

第二百二十四条【合同诈骗罪】有下列情形之一，以非法占有为目的，在签订、履行合同过程中，骗取对方当事人财物，数额较大的，处三年以下有期徒刑或者拘役，并处或者单处罚金；数额巨大或者有其他严重情节的，处三年以上十年以下有期徒刑，并处罚金；数额特别巨大或者有其他特别严重情节的，处十年以上有期徒刑或者无期徒刑，并处罚金或者没收财产：

（一）以虚构的单位或者冒用他人名义签订合同的；

（二）以伪造、变造、作废的票据或者其他虚假的产权证明作担保的；

（三）没有实际履行能力，以先履行小额合同或者部分履行合同的方法，诱骗对方当事人继续签订和履行合同的；

（四）收受对方当事人给付的货物、货款、预付款或者担保财产后逃匿的；

（五）以其他方法骗取对方当事人财物的。

---

① 参见《北京市第一中级人民法院〔2015〕一中刑终字第 1525 号刑事裁定书》。

第十七节　组织、领导传销活动罪

组织、领导传销活动罪，是指以推销商品或提供服务等经营活动为名，要求参加者以缴纳费用或者购买商品、服务等方式获得加入资格。而且并按照一定顺序组成层级，直接或者间接以发展人员的数量作为计酬或者返利依据，引诱、胁迫参加者继续发展他人参加，骗取财物，扰乱经济社会秩序的传销活动。本罪侵犯的客体为复杂客体，既侵犯了公民的财产所有权，又侵犯了市场经济秩序和社会管理秩序。本罪的犯罪对象是公民个人财产，通常是货币。传销常伴随偷税漏税、哄抬物价等现象，侵犯多个社会关系和法律客体。

【案例 14-17】

贾某娥传销案

2011 年 8 月至 2013 年 8 月，贾某娥通过他人介绍，在绵阳市涪城区加入以"互动式民间金融运作"为名的传销组织。该组织以所谓"五级三阶"制、"民间资本运作倍增"的模式开展非法活动，加入人员需交纳 33 500 元入股钱，并通过发展下线（包括直接下线和间接下线）和按照自己与下线交纳入股份钱的多少分别晋级和获取非法利润。贾某娥按照该传销组织的经营模式发展杨某超为下线，杨某超又发展杨某强为下线，杨某强下线又分别发展各自的下线。截至案发时，贾某娥的下线已达 30 人以上，且层级达到三级以上。在此期间，贾某娥按照该组织内部管理模式对其下线进行协调、管理。①

◎ **问题**：如何评价被告人贾某娥的行为？

【案例 14-17 分析】

本案中，被告人贾某娥的下线达到 30 人以上，层级达到三级以上，符合《最高人民法院、最高人民检察院、公安部关于办理组织领导传销活动刑事案件适用法律若干问题的意见》关于传销人员追究范围"其组织内部参与传销活动人员在三十人以上，层级在三级以上的，应当对组织者、领导者追究刑事责任"的规定，因此，被告人贾某娥违反国家规定，组织、领导传销活动，扰乱市场秩序，其行为构成组织、领导传销活动罪。

【相关法条】

《刑法》

第二百二十四条之一　【组织、领导传销活动罪】组织、领导以推销商品、提供服务等

---

① 参见《四川省高级人民法院〔2018〕川刑再 7 号再审刑事判决书》。

经营活动为名，要求参加者以缴纳费用或者购买商品、服务等方式获得加入资格，并按照一定顺序组成层级，直接或者间接以发展人员的数量作为计酬或者返利依据，引诱、胁迫参加者继续发展他人参加，骗取财物，扰乱经济社会秩序的传销活动的，处五年以下有期徒刑或者拘役，并处罚金；情节严重的，处五年以上有期徒刑，并处罚金。

【知识要点】

1. 关于组织、领导传销行为主体的界定

（1）在传销启动时，实施了确定传销形式、采购商品、制定规则、发展下线和组织分工等宣传行为的；在传销实施中，积极参与传销各方面的管理工作，例如讲课、鼓动、威逼利诱、胁迫他人加入等，均属于组织、领导者。

（2）对"组织"行为应当作限制解释，即指该组织具有自己的产品或服务，有独立的组织体系，有独立的成本核算。因此，在一个传销组织中，所谓组织者只包括合伙人或公司股东，除此之外的人不应当作为组织者加以处理。

（3）领导者是指在组织中实施策划、指挥、布置、协调传销组织行为的人。不仅限定于最初的发起人，在传销组织中起骨干作用的高级管理人员也应当认定为领导者，对领导者身份的认定，应从负责管理的范围、在营销网络中的层级、涉案金额等三个方面进行考虑。

2. 关于组织、领导传销活动行为人的刑事责任区分

根据有关司法解释，组织、领导以推销商品、提供服务等经营活动为名，要求参加者以缴纳费用或者购买商品、服务等方式获得加入资格，并按照一定顺序组成层级，直接或者间接以发展人员的数量作为计酬或者返利依据，引诱、胁迫参加者继续发展他人参加，骗取财物，扰乱经济社会秩序的传销活动，组织、领导的传销活动人员在30人以上且层级在三级以上的，对组织者、领导者，应予立案追诉。

第十八节　非法经营罪

非法经营罪，是指违反国家规定，非法经营，扰乱市场秩序，情节严重的行为。

【案例 14-18】

董某、陈某使用游戏外挂案

董某、陈某在玩网络游戏过程中，了解到利用非法外挂程序可以替游戏玩家代练升级并可从中牟利，遂购买了数十台电脑，申请了QQ号、银行账号、客服电话和电信宽带，向他人购买外挂经营代练升级。2006年9月至2007年春节，董某、陈某雇用人员在其居住的南京市江宁区某小区内，通过使用向他人购得的名为"小金鱼"的外挂，帮助热血传奇游戏玩家升级并牟利。2007年3月，董某、陈某又通过互联网向他人购得名为"冰点传奇"的外挂程序，以"土人部落工作室"的名义，雇用员工在上海盛大网络发展有限公司经营的热血传奇游戏中以每周80元、每月300元

的价格帮助玩家使用"冰点管家"外挂程序代练升级，先后替 1 万多个热血传奇游戏账户代练升级。自 2007 年 3 月至 2007 年 12 月 7 日，董某、陈某接受来自全国各地游戏玩家汇入的资金共计人民币 1 989 308.6 元。

因被告人董某、陈某所使用的"冰点传奇"外挂程序绕过了正常的游戏客服端与服务器端之间的通信协议，使上海盛大网络发展有限公司计算机系统中的客户认证功能丧失，从而干扰了热血传奇游戏的正常运行。同时，又因破坏了网络游戏规则的均衡和公平，引起了众多游戏玩家的不满和投诉，严重影响了上海盛大网络发展有限公司的生产经营秩序。①

【案例 14-18 分析】

董某、陈某以牟取利益为目的，违反国家规定，未经国家主管部门批准，也未获得上海盛大网络发展有限公司的许可和授权，将明知是破坏他人享有著作权的互联网游戏作品技术保护措施并修改他人游戏作品数据的非法互联网出版物"外挂软件"使用到上海盛大网络发展有限公司享有著作权的游戏程序上，进行有偿代练经营活动，牟取了巨额非法利益，侵害了上海盛大网络发展有限公司的合法权益，属于出版非法互联网出版物的行为，具有严重的社会危害性，构成非法经营罪。

上海盛大网络发展有限公司是经中国新闻出版总署许可的经营游戏作品互联网出版业务的公司，其所经营的热血传奇游戏是经过中国国家版权局合法登记的游戏软件，受国家著作权法的保护，而本案中二被告人购买、使用的"冰点传奇"外挂程序软件在出版程序上没有经过主管部门的审批，违反了《出版管理条例》的规定，在内容上也破坏了热血传奇游戏的使用用户在服务器上的内容，不仅违反了《信息网络传播权保护条例》的相关规定，而且侵犯了著作权人的合法权益，被《出版管理条例》《互联网出版管理暂行规定》所禁止，属于《最高人民法院关于审理非法出版物刑事案件具体应用法律若干问题的解释》第十一条所规定的严重危害社会秩序和扰乱市场秩序的非法出版物。本案中二被告人购买了电脑，聘用了工作人员，先后替 1 万多名不特定人使用非法外挂程序进行代练，并收取费用，客观上是对该非法外挂程序的发行、传播，属于出版非法互联网出版物的行为，根据《最高人民法院关于审理非法出版物刑事案件具体应用法律若干问题的解释》第十一条的规定，应当以非法经营罪定罪处罚。

【相关法条】

《刑法》

第二百二十五条【非法经营罪】违反国家规定，有下列非法经营行为之一，扰乱市场秩序，情节严重的，处五年以下有期徒刑或者拘役，并处或者单处违法所得一倍以上五倍以下罚金；情节特别严重的，处五年以上有期徒刑，并处违法所得一倍以上五倍以下罚

---

① 参见《最高人民检察院公报》2011 年第 5 号（总第 124 号）。

金或者没收财产：

（一）未经许可经营法律、行政法规规定的专营、专卖物品或者其他限制买卖的物品的；

（二）买卖进出口许可证、进出口原产地证明以及其他法律、行政法规规定的经营许可证或者批准文件的；

（三）未经国家有关主管部门批准非法经营证券、期货、保险业务的，或者非法从事资金支付结算业务的；

（四）其他严重扰乱市场秩序的非法经营行为。

【知识要点】

非法经营罪与非罪行为的界限。

一般的扰乱市场秩序行为，情节未达严重程度，按一般违法行为，由工商行政管理部门或其他行政机构处理。要划清非法经营罪与非法经营同类营业罪的界限。非法经营同类营业罪，虽在行为上有非法经营的特点，但是该罪限定为国有公司、企业的董事、经理利用职务之便采取为自己或他人经营与自己所任职公司、企业同类的营业这一经营方式，侵害的是国家对公司、企业的管理制度。

第十九节　损害商业信誉罪

损害商业信誉、商品信誉罪是指捏造并散布虚伪事实，损害他人的商业信誉、商品信誉，给他人造成重大损失或者有其他严重情节的，处二年以下有期徒刑或者拘役，并处或者单处罚金。该罪名同时也成立单位犯罪。

本罪在客观方面表现为捏造并散布虚伪事实，损害他人的商业信誉，给他人造成重大损失或者有其他严重情节的行为。

所谓捏造，是指无中生有、凭空编造与真实情况不符、对竞争对手不利的事实。所谓散布，是指以各种可以使众人知道的方法扩散其所捏造的虚伪事实。散布的方式基本上有两种：一种是言语，即故意捏造事实，散布足以损害竞争对手商业信誉的言论，既可以通过宣传媒体，又可以出现在产品发布会上；一种是文字，即用大字报、图画、报刊、书信等方法，故意捏造事实并散布足以损害竞争对手商业信誉的行为。散布既可以在公众场合为之，又可以向某些与竞争对手有特定业务关系的经营者传播。需要注意的是，《刑法》第二百二十一条对本罪行为特征的表述是捏造并散布，必须同时具备两行为才可能构成本罪。

至于其方式是多种多样的，既可以是口头的，也可以是书面的；既可以当众散布，又可以不当其面散布。归纳起来，则主要包括：

（1）在公开场合，如订货会、交易会、产品新闻发布会上公开宣扬所捏造的事实；

（2）利用公开信、传单、对比性广告、声明性公告等诋毁他人及产品；

（3）在经营活动中利用销售、业务洽谈向业务客户及消费者尤其是被损害人的固定客户贬抑对方；

（4）在商品包装或者说明书上散布虚构的事实；

（5）以顾客、消费者的名义向有关监督部门如消费者协会、工商行政管理部门等作虚假投诉，损害其商业信誉；

（6）在社会公众中造谣并加以传播，等等。

诽谤行为需给他人造成重大损失或者有其他严重情节，才能构成犯罪。所谓重大损失，主要是指由于商业诽谤行为而导致失去消费者的信赖，商品滞销，经营陷入困境，甚至导致他人濒临破产等。所谓情节严重，是指多次实施损害他人商誉的行为，损害多人的商誉的行为等。

【案例 14-19】

陈某洲虚假报道案

2012 年 9 月至 2013 年 5 月，被告人陈某洲在其供职的广东新快报社发行的《新快报》上署名发表了《中联重科大施财技 半年利润"虚增"逾 7 亿》《子公司成立未满月即遭"打折"甩卖 中联重科被指利益输送》《一年花掉 5.13 亿元广告费 中联重科畸形营销高烧不退》《中联重科再遭举报财务造假 记者暗访证实华中大区涉嫌虚假销售》等多篇针对中联重科的不实报道，其中《中联重科再遭举报财务造假 记者暗访证实华中大区涉嫌虚假销售》由被告人陈某洲、卓某强共同撰写初稿，捏造中联重科"大施财技、虚增利润""打折甩卖中联环卫、搞利益输送""畸形营销""华中区存在虚假销售、财务造假"等虚假事实。上述不实报道经《新快报》发表后，被多家网站转载；其中，《中联重科再遭举报财务造假 记者暗访证实华中大区涉嫌虚假销售》一文于 2013 年 5 月 27 日发表后，中联重科被迫于当日、次日对 A股及债券、H 股申请停牌并发布公告澄清，至同年 5 月 29 日方复牌，严重损害了中联重科的商业信誉。[①]

【案例 14-19 分析】

只根据股价下跌判断中联重科因报道造成的损失不妥，因为影响股价的因素很复杂，它是个动态的预期的市场。基本面和技术面对股价都有影响，市场也有"利空出尽变利好"和"利好"兑现后股价反而下跌的情况。技术面包括流通盘的大小、绝对股价的高低、股性的活跃、一个阶段的热点板块、资金趋向等。股价还可能受股市系统性风险和投资者的主观判断影响。所以，将媒体的负面报道与股价下跌直接挂钩，量化损失，不够严谨准确。认定损害商业信誉罪的损害后果，首先必须明确受损人实际所受损失与损害行为之间的因果关系，其次要准确界定损失范围。2013 年 5 月 27 日，陈某洲无视两家正规会计师事务所对外公布的审计报告，在《新快报》发表《中联重科再遭举报财务造假 记者暗访证实华中大区涉嫌虚假销售》的报道，称中联重科华中区涉嫌虚假销售和财务造假。该报道给中联重科造成恶劣影响，A 股被迫停牌两天，引起监管机构、股东、社会知名人

[①] 参见《湖南省长沙市岳麓区人民法院〔2014〕岳刑初字第 255 号刑事判决书》。

士、广大股民对公司财务、管理、销售的广泛质疑和批评，公司不得不发布公告澄清。司法鉴定结果表明，公司 A 股、H 股在 5 月 29 日超过行业平均跌幅而减少的股价市值为 13.69 亿余元人民币，广大股民损失惨重。被告人陈某洲捏造并散布虚伪事实，损害中联重科的商业信誉，情节严重，其行为已构成损害商业信誉罪。

【相关法条】

《刑法》

第二百二十一条【损害商业信誉、商品声誉罪】捏造并散布虚伪事实，损害他人的商业信誉、商品声誉，给他人造成重大损失或者有其他严重情节的，处二年以下有期徒刑或者拘役，并处或者单处罚金。

【知识要点】

1. 合法行为与损害商誉行为的界限

认定合法行为与损害商誉行为的界限，应当区分损害商誉行为与新闻监督行为、合法投诉行为。对于新闻机构经过正常采访，公开披露、曝光、批评商誉不好的经营者和消费者通过正常渠道（包括在报纸上刊登文章）反映经营者产品有掺假、低劣现象的行为应予法律保护和支持。这些行为都是合法行为。其法律依据是《最高人民法院关于审理名誉案件若干问题的解释》（1998 年 3 月 18 日）所作规定："消费者对经营者产品质量进行批评、评论，不应当认定为侵害他人的名誉权。但借机诽谤、诋毁、损害其名誉的，应当认定为侵害名誉权。新闻单位对经营者、销售者的产品质量或者服务质量进行批评、评论，内容基本属实，没有侮辱内容的，不应当认定为侵害其名誉权；主要内容失实，损害其名誉的，应当认定为损害名誉权。"例如，中央电视台每周制作播出的质量报告栏目，对伪劣产品及生产企业予以曝光。这些新闻媒体行为从表面上看有损于企业的商誉，但真实的披露有利于公众对企业及其产品的正确评价，有利于维护消费者的合法权益，这不仅不是损害他人商誉的违法行为，而且还是对社会有益的行为。

2. 商业信誉与商品声誉的区分

所谓商业信誉，是指商誉主体因其从事商业活动，参与市场竞争，而在社会上所获得的肯定性的评价和赞誉，如信守合同、诚信经营，遵守法律法规和商业道德，资金雄厚，技术过硬，生产能力强等。所谓商品声誉，是指商品因其质量、价格、性能、效用等的可信赖程度，在社会上尤其是消费者中所获得的肯定性的评价和赞誉。如商品的生产者、经营者在其商品上标识质量认证标志、专利标志、三包标志、产品的选材用料等，帮助社会公众了解自己的产品，树立商品声誉。商业信誉、商品声誉合称商誉，它是社会公众对生产者、经营者及其商品的认识和评价，是商誉主体的无形财产。商誉不是自封的，而是商誉主体在长期参与市场竞争过程中，通过自己的商业行为而逐步建立起来的商业形象。在存在竞争的前提下，商誉有好坏、优劣程度之分，其根本在于不同商誉主体的社会认可程度有差别。商品声誉从本质上讲应属于商业信誉的范畴，二者具有交叉竞合关系，但二者也有明显的区别。刑法将商业信誉与商品声誉并列规定，也表明二者是相互独立的。商品声誉具有商业信誉所不能涵盖的特殊性内容。

3. 损害商品声誉罪与一般诋毁商誉行为的界限

损害商品声誉罪与不正当竞争中的诋毁他人商誉行为都是对从事市场交易的经营者商品声誉的侵害，具体表现形式相似，但二者存在本质区别：

其一，行为主体。损害商业信誉、商品声誉罪的行为主体是一般主体，既可以是从事市场交易的商品生产者、经营者，也可以是普通的消费者；而不正当竞争中的诋毁商誉的行为主体限于参与市场竞争的商品生产者、经营者。诋毁商誉行为的主体较为确定，《反不正当竞争法》第二条第二款规定，不正当竞争是指经营者违反本法规定，损害其他经营者的合法权益，扰乱社会经济秩序的行为。第三款对经营者的解释为从事商品经营或者营利性服务（以下所称商品包括服务）的法人、其他经济组织和个人。因此，诋毁商誉行为的主体是参与市场竞争、从事相关市场交易活动的行为人，包括法人、其他经济组织和个人。损害商品声誉罪的主体相比较而言更为宽泛，不仅包括经营者还包括出于其他目的的非市场竞争的行为主体。

其二，主观方面。损害商品声誉罪主观方面表现为行为人是出于故意，其目的是损害商品声誉。其动机多样，既可以是打击竞争对手实力，也可以是报复泄愤、贪图利益等。诋毁商誉行为的主观方面既可以是故意，也可以是过失，行为人一般是出于竞争的动机。

其三，行为性质与法律后果。损害商品声誉罪是对商品生产者、经营者商品声誉造成侵害的犯罪行为，要求行为必须给他人带来重大损害或者造成严重后果，行为人应承担相应的刑事责任；诋毁商誉行为属于经济违法行为，只要一经实施，即构成违法，行为人应承担相应的民事和行政责任。

探讨案例与知识点巩固

【探讨案例 14-1】

国有独资企业东方公司出资 10 万美元设立金龙公司，委派苏某明担任金龙公司董事长。后来，苏某明退休，但通过与东方公司订立的承包协议，仍负责金龙公司的经营。经多次承包及股权转让变更，苏某明和东方公司最终约定：金龙公司 30% 股份由东方公司持有，70% 股份由苏某明和赵某（另案处理）实际享有；东方公司每年向金龙公司收取 2 万美元定额利润，不负责公司具体经营管理，剩余利润也由金龙公司自行分配。在此后的经营过程中，金龙公司按照订单面额向国外代理商国际骑具（远东）公司（以下简称国际骑具公司）支付佣金。国际骑具公司负责人弗利德向苏某明、赵某返还一定比例的佣金。截至案发，苏某明和赵某共计收到佣金返还款约 50 万美元。①

◎ 问题：

1. 苏某明是否属于国家工作人员？

---

① 参见《最高人民法院〔2018〕最高法刑申 911 号刑事再审裁定书》。

2. 如何认定苏某明的行为性质?

【探讨案例 14-2】

2001 年 11 月起,被告人徐某进伙同袁敏等人,先后以国泰君安福山路营业部和上海方洋实业发展有限公司(以下简称方洋公司)等名义,以委托理财、国债投资、保证金存款为名,采取支付高于银行同期利率,达到 8%~10.5% 的年固定回报,对外非法吸收资金。徐某进负责联系存款单位,确定存款规模、利率,袁某负责具体经办吸入资金、还本付息资金、拆借资金的调配、划拨等。截至 2005 年 6 月,被告人徐某进等人先后非法吸收了上海明诚投资有限公司、上海中诚物业有限公司等 48 家单位及季某兵、许某等 106 名个人的资金,金额共计 42.7 亿余元人民币。截至案发,造成 5.18 亿余元人民币本金未偿还。上述非法吸收的公众存款,除直接被用于还本付息外,陆续被徐某进、袁某用于拆借给杨某坤、陈某等个人及方洋公司、上海华屋经济发展有限公司、东方物产(集团)有限公司等用于炒股、收购公司股权和投资房产项目等。①

◎ **问题:**徐某进与袁某是否构成非法吸收公众存款罪?为什么?

【探讨案例 14-3】

2013 年 5 月 2 日至 12 月 10 日,被告人高某浜为偿还他人货款,虚构其能在河南省正常经销电动工具的事实,并隐瞒其低于进货价进行销售的真相,取得电动工具厂商和供货商的信任,先后骗取被害人张某、潘某、郁某、杜某菊、潘某华、施某愉等供货商货值人民币 2 659 509 元的电动工具,在河南郑州、洛阳等地低于进货价销售套现。其间,被告人高某浜先后支付部分货款及退还部分货物,价值共计人民币 1 389 994 元,实际骗得货值人民币 1 269 515 元的电动工具。被告人高某浜套现后,部分用于偿还以前拖欠其他供货商的货款,部分用于其个人购买黄金首饰等消费。2013 年 12 月 10 日,被告人高某浜逃离郑州并更换联系方式。②

◎ **问题:**

1. 高某浜在"高买低卖"的行为中是否具有非法占有的主观目的?

2. 高某浜的行为是否构成合同诈骗罪?

【探讨案例 14-4】

2017 年 6 月始,被告人龙某卫受雇于他人(另案处理),在未经著作权人广州多益网络股份有限公司许可的情况下,到泰国协助他人架设、运营私服游戏《歪歪神

---

① 参见《上海市浦东新区人民法院〔2006〕浦刑初字第 1387 号刑事判决书》。

② 参见《江苏省启东市人民法院〔2014〕启刑二初字第 0212 号刑事判决书》。

武》。2017 年 9 月，被告人李某加入《歪歪神武》的运营。其间，二人负责通过 QQ 与玩家沟通，进行游戏推广，并联系游戏充值平台管理员将玩家充值金额转至指定银行账户。2017 年 9 月始，被告单位机械牛网络科技（苏州）有限公司和被告人程某，在明知《歪歪神武》运营方利用互联网运营私服游戏的情况下，仍通过"派爱支付"平台与《歪歪神武》私服网站进行连接，为《歪歪神武》提供玩家充值通道和支付结算，并按比例收取手续费。经鉴定，《歪歪神武》游戏程序对著作权人自主研发的《神武》游戏程序进行了非法复制。经核算，2017 年 9 月 28 日至 2018 年 1 月 23 日，被告单位机械牛网络科技（苏州）有限公司为《歪歪神武》支付结算玩家充值金额共计 362 万余元。①

◎ **问题：** 试分析龙某卫的行为。

【探讨案例 14-5】

易·卢卡斯在天津市工作期间，于 2007 年 2 月 5 日在中国建设银行天津市分行申领了信用卡一张（双币种威士卡，金卡），透支限额为人民币 1 万元，担保人为杨某静。2007 年 4 月杨某静停止担保，中国建设银行天津市分行将该信用卡冻结，并通知了易·卢卡斯。

2008 年 5 月 3 日至同年 9 月 12 日，易·卢卡斯明知该信用卡已被冻结，采用持卡签单的方式，在法国多次进行透支消费，透支金额远超该信用卡的透支限额，共计 36 775.54 美元（合计人民币 251 816.83 元）。2008 年 9 月中旬，易·卢卡斯再次来到中国，并未主动与中国建设银行联系偿还事项。后中国建银行工作人员多处寻访，2009 年 10 月 13 日得知易·卢卡斯可能在湖南省信息职业学院工作，即前往催收，因其离职未果。后于 2009 年 10 月 15 日在山东省枣庄市枣庄学院找到易·卢卡斯，经商谈，易·卢卡斯承诺于 2009 年 12 月 31 日前归还所欠透支款及利息，并在还款通知书上签字。翌日，中国建设银行工作人员再次前往催收，与易·卢卡斯重新达成还款协议，易·卢卡斯承诺于 2009 年 10 月 31 日前归还人民币 10 万元，同年 11 月 30 日前归还人民币 10 万元，同年 12 月 15 日前归还人民币 68 632 元，并在还款计划书上签字确认。但易·卢卡斯并未履行其在还款计划书中的承诺按期还款，中国建设银行工作人员遂于 2009 年 11 月 2 日再次前往山东省枣庄市枣庄学院进行催收，发现易·卢卡斯已逃匿。②

◎ **问题：** 试分析易·卢卡斯的行为。

---

① 参见《广东省广州市黄埔区人民法院〔2018〕粤 0112 刑初 1410 号刑事判决书》。
② 参见陈灿平：《天津法律案例（2015—2017）精选丛书：法官卷》，法律出版社 2018 年版，第 88 页。

【探讨案例 14-6】

中燃湛江公司原总经理陈某寿等人为给单位牟取暴利，利用其单位可销售保税油的便利条件，勾结海关有关工作人员，假以供船的名义，凭伪造的保税油供油凭证提取保税油，把本应给国际航线的船舶免税供应的保税油非法在国内销售，从 1997 年 1 月至 1998 年 9 月搞假核销保税油共 312 船次，11.9 万吨，总价额人民币 14 450 万元，偷逃税款人民币 4 905.49 万元，非法获利人民币 1 000 多万元。①

◎ **问题：**公司的法人代表为给单位牟取暴利，利用单位的便利条件，勾结海关工作人员，非法走私偷逃税额巨大的，应作为单位犯罪还是自然人犯罪论处？

【探讨案例 14-7】

被告人邹某波于 2017 年开设了位于安康市汉滨区××路××号的"渝都印象"火锅店。2017 年 3 月至 4 月 16 日，被告人马某海参与该火锅店管理；2017 年 3 月至 7 月，被告人张某应聘为该火锅店厨师长；被告人刘某、陈某强分别于 2017 年 3 月至 7 月、3 月至 5 月应聘为该火锅店员工。经被告人邹某波与被告人马某海、张某商议决定，将客人用过的油加工后重新端上餐桌给顾客食用。被告人张某在该火锅店任厨师长期间，安排员工即被告人刘某、陈某强等人每日从火锅店顾客食用过的火锅汤锅中过滤分离火锅残渣，并将泔水分离冷却后提取"老油"，经加工再次使用重新销售给顾客食用，自 2017 年 3 月 6 日至 7 月 31 日期间，"渝都印象"火锅店营业实收总额数为 963 457 元，其中实收菜品金额 687 819 元、酒水金额 60 097 元、锅底金额 215 541 元。被告人张某、刘某、陈某强在"渝都印象"火锅店期间，分别领取工资 30 427 元、10 328 元、5 415 元。②

◎ **问题：**如何认定本案中的被告人邹某波的行为？

【探讨案例 14-8】

2011 年 3 月至 2012 年 9 月，被告人张某敏假借在山东省青岛市等地开发房地产及投资做生意之名，以月息 3 分至 5 分不等利息为诱饵，通过支付少量利息的方式，向刘某、李某某、姜某某、马某某、侯某某、陈某某、李某甲等社会不特定公众非法集资约 700 万元，后通过改变通信方式、冒用他人身份证等方式潜逃，实际骗得他人资金 600 余万元，归案后拒不交代资金去向。③

◎ **问题：**如何认定本案中的被告人张某敏的行为？

---

① 参见《中国船舶燃料供应湛江公司、陈某寿走私普通货物案》，载北大法宝，【法宝引证码】CLI. C. 67491。

② 参见《陕西省安康市中级人民法院〔2019〕陕 09 刑终 54 号刑事判决书》。

③ 参见《江苏省泗洪县人民法院〔2013〕洪刑初字第 0453 号刑事判决书》。

【探讨案例 14-9】

2011 年 9 月，郭某稳冒用郭某田的身份向中国邮政储蓄银行陇南市分行申请办理用途为收购花椒的贷款 50 000 元，期限为一年。同月，邮政银行工作人员前往申请贷款的农户家进行贷款前考察，郭某稳编造谎话让郭某卯冒充郭某田接受银行工作人员的考察。2011 年 9 月 27 日，被告人郭某稳冒用郭某田的名义在银行开立了接受贷款的账户，让郭某卯再次冒充郭某田与银行签订贷款合同。2011 年 10 月 2 日，邮政银行向郭某田账户发放贷款 50 000 元，该款项被郭某稳用于偿还个人欠款及挥霍。①

◎ 问题：如何认定本案中的被告人郭某稳的行为？

【探讨案例 14-10】

2014 年 6 月至 7 月间，被告人贾某伙同他人经事先预谋，先后在本市丰台区东铁营、大红门、公益桥北等地，分别使用车牌号为×××奔驰轿车、×××马自达轿车、×××宝马轿车故意制造保险事故，以此骗取中国人民财产保险公司北京分公司保险金共计人民币 44 501 元。2014 年 8 月至 9 月，被告人贾某为减免其购买并投保的奥迪轿车（车牌号为×××）车辆维修费用，伙同他人在本市丰台区马家堡使用该车故意制造保险事故，以此骗取中国人民财产保险公司北京分公司保险金共计人民币 10 496 元。被告人贾某于 2015 年 5 月 9 日被北京市公安局丰台分局四合庄派出所民警抓获。涉案赃款已退还被害单位。②

◎ 问题：如何认定本案中的被告人贾某的行为？

【探讨案例 14-11】

被告人郭某龙在北京市大兴区西红门镇×冷库内，在未经商标权人许可的情况下，包装"农夫山泉"17.5°橙，2015 年 2 月 4 日被民警查获，当场查扣"农夫山泉"17.5°橙（15kg/箱）266 箱、"农夫山泉"17.5°橙（10kg/箱）823 箱，以及包装箱、标签、封口机等物品，经商标权人鉴定，带有"农夫山泉"注册商标的物品均系侵权产品，扣押的橙子价值 183 300 元。③

◎ 问题：如何认定本案中的被告人郭某龙的行为？

---

① 参见《甘肃省陇南市武都区人民法院〔2016〕甘 1202 刑初 451 号刑事判决书》。
② 参见《北京市丰台区人民法院〔2016〕京 0106 刑初 1030 号刑事判决书》。
③ 参见《北京市大兴区人民法院〔2016〕京 0115 刑初 878 号刑事判决书》。

【探讨案例 14-12】

被告人张某东于 2009 年入职山西吉呈生物技术有限公司（以下简称"吉呈公司"），历任该公司副总经理、生产部经理及工艺总工等职务，掌握公司专利产品羟丙甲纤维素空心硬壳胶囊（简称"植物胶囊"）的详细生产工艺流程及参数等技术秘密。其间，吉呈公司为防止技术秘密外泄，曾多次与被告人张某东签订《保密协议》。2013 年，被告人张某东从吉呈公司辞职后，为牟取经济利益，化名"李银龙"受雇于山东赫尔希胶囊有限公司（简称"赫尔希公司"），使用吉呈公司的技术秘密，指导赫尔希公司生产出和吉呈公司成分同一的植物胶囊，给吉呈公司造成了约 402.63 万元损失（吉呈公司从 2012 年到 2015 年的产品研发费用）。①

◎ **问题**：如何认定本案中的被告人张某东的行为？

【探讨案例 14-13】

2013 年 3 月以来，被告人朱某霖到北京市平谷区参加以推销××化妆品有限公司的化妆品为名的传销活动，并发展下线，2015 年年底晋升为经理级别。该组织以每套 2 900 元的价格推销化妆品，并以参加者交纳费用购买该产品的方式获得加入资格为名，按照一定顺序组成层级，以发展人员的数量作为返利依据，引诱人员加入以骗取钱财。至案发时，该传销组织已发展成员达 30 人以上且层级在三级以上。②

◎ **问题**：如何认定本案中的被告人朱某霖的行为？

---

① 参见《山西省应县人民法院〔2017〕晋 0622 刑初 71 号刑事判决书》。
② 参见《北京市平谷区人民法院〔2016〕京 0117 刑初 224 号刑事判决书》。

第十五章　妨碍社会管理秩序罪

第一节　妨害公务罪

　　妨害公务罪是指以暴力、威胁方法阻碍国家机关工作人员、人大代表依法执行职务，或者在自然灾害中和突发事件中，使用暴力、威胁方法阻碍红十字会工作人员依法履行职责，或故意阻碍国家安全机关、公安机关依法执行国家安全工作任务，虽未使用暴力，但造成严重后果的行为。本罪主观上限于故意，即行为人必须明知上述人员正在依法执行公务而加以阻碍，才能构成本罪。犯本罪处三年以下有期徒刑、拘役、管制或者罚金。

　　1. 客体要件

　　本罪侵犯的是复杂客体，其中，国家的正常管理活动是其主要且必要客体，国家机关工作人员、红十字会工作人员的人身权利是其随附客体。妨害公务罪侵犯了国家的正常管理活动。妨害国家机关工作人员和红十字会依法执行公务的犯罪行为，必然是对国家正常管理活动的干扰和破坏。这是本罪社会危害性的重心所在，也是本罪区别于单纯侵害公务人员人身、财产的犯罪行为的关键所在。

　　2. 客观要件

　　（1）以暴力或者威胁的方法阻碍国家机关工作人员依法执行职务的行为；

　　（2）以暴力、威胁方法阻碍各级人民代表大会代表执行代表职务；

　　（3）在自然灾害和突发事件中，以暴力、威胁方法阻碍红十字会工作人员依法履行职责；

　　（4）故意阻碍国家安全机关、公安机关依法执行国家安全工作任务，未使用暴力、威胁方法，但造成严重后果的。

　　3. 主体要件

　　本罪的主体为一般主体，凡达到刑事责任年龄且具备刑事责任能力的自然人均能构成本罪。

　　4. 主观要件

　　本罪在主观方面表现为故意，即明知对方是正依法执行职务的国家机关工作人员、人大代表、红十字会工作人员，而故意对其实施暴力或者威胁，使其不能执行职务。行为人的动机，往往多种多样，动机的特殊性可作为情节在量刑时考虑。但是，如果行为人不知对方是正在依法执行职务的国家机关工作人员、人大代表、红十字会工作人员，而加以阻挠的，不构成犯罪，由此可知该罪的"故意"特性极为明显。

【案例 15-1】

江某田等人群殴"打假队"案

1999 年 11 月间，被告人江某田与张某露（在逃）等人合伙购买了 YJ14 型卷烟机和 YZ23 型接嘴机各 1 台用于制售假烟。同年 12 月 9 日，张某露得知诏安县打假队将要查处的风声，即告知江某田。江某田于当晚组织被告人黄某栈和江某阳（在逃）等人将上述 2 台机器搬到 2 辆农用车上，转移到诏安县岭下溪二级电站暂放。同月 10 日上午，云南省公安厅、诏安县政法委、县检察院、县工商局、县技术监督局、县烟草局等单位组成的联合打假车队，在诏安县岭下溪二级水电站查获了 3 辆农用车装载的 2 台制假烟机及 1 台接嘴机。张某露与被告人江某田得知后，即以每人 50 元报酬聚集数百名不明真相的群众，在诏安县霞葛镇庄溪桥头拦截、围攻打假车队，将查扣的载有制假烟机器的农用车上的执法人员董某坤等人拉出驾驶室进行殴打。被告人黄某栈与江某阳等人乘机开走 3 部农用车。随后，张某露与被告人江某田又聚集鼓动黄某栈、黄某兵等一群人，四处寻找打假队的摄像机、照相资料，欲毁灭证据。后在诏安县烟草局闽 E×××××号工具车发现 TRV-240 摄像机、奥林巴斯牌照相机时，张某露带头用石头砸破车门玻璃，抢走并砸坏摄像机和照相机，执法人员进行制止时，遭到被告人黄某兵等人殴打，直至公安人员赶到现场时才逃离。被劫走的 3 辆装有制假烟机器的农用车于同年 12 月 14 日被追回。经法医鉴定，执法人员董某坤等人的伤情为轻微伤。[①]

【案例 15-1 分析】

诏安县打假队查处制售行为，属于"依法执行职务"的行为。国家机关工作人员依照法律、法规规定所进行的职务活动属于"公务活动"。只有国家机关工作人员依法执行职务时对其实施暴力或威胁阻碍的，才可能存在妨害公务问题，也才有可能构成妨害公务罪。所谓"执行职务时"，包括从开始实际执行职务至职务执行完毕的全过程。本案中，被告人江某田等以暴力手段抢回依法被查扣的制假设备如何定罪为本案的争议焦点。张某露与被告人聚集鼓动黄某栈、黄某兵等一群人，四处寻找打假队的摄像机、照相资料，欲毁灭证据。张某露带头用石头砸破车门玻璃，抢走并砸坏摄像机和照相机，执法人员进行制止时，遭到被告人黄某兵等人殴打，直至公安人员赶到现场时被告人才逃离。

实践中，执行职务行为通常表现为一个连续性的过程，判断一个职务行为的执行开始和执行完毕，必须根据职务行为执行的具体情况而论。就本案而言，由多个国家机关工作人员组成的联合打假队，从查扣被告人的制假设备到案发时的返回途中，均应视为在执行职务的过程中，而非执行职务完毕。本案被告人以对抗执法的故意和目的，聚众以暴力在中途拦截执法车辆，公然夺回被依法查扣的制假设备，符合妨害公务罪的构成特征，应以妨害公务罪定罪处罚。通过案件分析可知，被告人江某田等主观存在对抗执法的故意和目的，通过聚集群众暴力拦截抗法车辆，公然夺回被依法查扣的制假设备，对公务人员正常

---

① 参见《刑事审判参考》指导案例第 205 号。

执法造成严重阻碍，该行为是以阻碍公务人员执法打假为目的，达成相应目的所实施的哄抢和抢劫行为为手段方式，不可普通定性为聚众哄抢罪或抢劫罪。

【相关法条】

《刑法》

第二百七十七条**【妨害公务罪】**①以暴力、威胁方法阻碍国家机关工作人员依法执行职务的，处三年以下有期徒刑、拘役、管制或者罚金。

以暴力、威胁方法阻碍全国人民代表大会和地方各级人民代表大会代表依法执行代表职务的，依照前款的规定处罚。

在自然灾害和突发事件中，以暴力、威胁方法阻碍红十字会工作人员依法履行职责的，依照第一款的规定处罚。

故意阻碍国家安全机关、公安机关依法执行国家安全工作任务，未使用暴力、威胁方法，造成严重后果的，依照第一款的规定处罚。

【袭警罪】暴力袭击正在依法执行职务的人民警察的，处三年以下有期徒刑、拘役或者管制；使用枪支、管制刀具，或者以驾驶机动车撞击等手段，严重危及其人身安全的，处三年以上七年以下有期徒刑。

【知识要点】

（1）关于妨害公务罪中"公务"的认定。妨害公务罪中的侵害对象具体包括依法正在执行职务或者履行职务的国家机关工作人员、人大代表及红十字会工作人员。要注意认定所阻碍的是否为依法执行且正在执行中的职务。"依法执行职务"，指的是国家机关工作人员依照法律、法规规定所进行的职务活动。根据《最高人民检察院关于以暴力威胁方法阻碍事业编制人员依法执行行政执法职务是否可对侵害人以妨害公务罪论处的批复》规定，对于以暴力、威胁方法阻碍国有事业单位人员依照法律、行政法规的规定执行行政执法职务的，或者以暴力、威胁方法阻碍国家机关中受委托从事行政执法活动的事业编制人员执行行政执法职务的，可以对侵害人以妨害公务罪追究刑事责任。所谓依法执行职务，是指国家机关工作人员在国家规定的范围内，运用其合法职权从事公务活动。这种公务活动，不仅包括国家机关工作人员在工作时间或工作单位中所进行的公务活动，而且还包括国家工作人员根据有关规定或命令在其他时间或场所内的公务活动。例如，公安人员在任何时间或地点，都有权抓捕正在进行犯罪活动的犯罪嫌疑人，对其以暴力或威胁方法进行阻碍，就构成犯罪。

（2）关于暴力程度的认定。妨害过程不包括轻微暴力，即如果对执行人员有轻微暴力，实务中不以犯罪论处，对于阻碍国家机关工作人员依法执行职务情节较轻，尚未构成犯罪的，根据《治安管理处罚法》第五十条规定，应当依法给予行政处罚。

（3）关于妨害公务罪的罪数认定。在罪数认定原则上，实施一罪同时实施妨害公务

---

①　根据《中华人民共和国刑法修正案（十一）》修订。

罪的，应当以数罪并罚认定。但刑法有特别规定的，依照刑法的特别规定处理，实施"组织、运送他人偷越国（边）境罪"或"走私、贩卖、运输、制造毒品犯罪"，同时实施妨害公务罪的，将实施妨害公务罪作为前两罪的法定升格条件。

（4）故意阻碍国家安全机关、公安机关工作人员依法执行国家安全工作任务的，只需造成严重的后果即可成立本罪，不以采取暴力、威胁的方法为要件；阻碍红十字会工作人员依法履行职责的，必须发生在自然灾害或突发事件中，否则不成立本罪。

（5）使用暴力手段犯本罪的，暴力手段不包括故意致人重伤或者杀害的行为，如果直接以重伤或杀害的方法阻碍执行职务的，属于牵连犯，应以重罪即故意伤害罪或故意杀人罪论处。

第二节　非法侵入计算机信息系统罪

非法侵入计算机信息系统罪（《刑法》第二百八十五条），是指违反国家规定，侵入国家事务、国防建设、尖端科学技术领域的计算机信息系统的行为。根据 2000 年 12 月 28 日第九届全国人民代表大会常务委员会第十九次会议通过的《关于维护互联网安全的决定》第一条第（二）、（三）项，故意制作、传播计算机病毒等破坏性程序，攻击计算机系统及通信网络遭受损害，以及违反国家规定，擅自中断计算机网络或者服务，造成计算机网络或者通信系统不能正常运行的，依照刑法的有关规定追究刑事责任。

1. 客体要件

本罪侵犯的客体具有特殊性，是国家重要计算机信息系统安全，为当前国际网络环境下国家安全极为重要的保护对象。计算机信息系统是指由计算机及其相关的和配套的设备、设施（含网络）构成的，按照一定的应用目标和规则对信息进行采集、加工、存储、传输、检索等处理的人机系统。

2. 客观要件

本罪在客观要件上表现为行为人实施了违反国家安全规定及国家规定禁止侵入国家重要计算机信息系统的行为。

3. 主体要件

本罪的主体为一般主体，对于犯罪主体的身份并未进行限定，凡达到刑事责任年龄且具备刑事责任能力的自然人均能构成本罪。虽然对于主体身份没有特殊限定，但本罪的主体往往具有相当高的计算机专业知识和娴熟的计算机操作技能，既有计算机程序设计人员，又有计算机管理、操作、维护保养人员。当然，该罪的犯罪主体也不排斥其他普通网络用户。

4. 主观要件

本罪在主观要件上是故意。即行为人明知自己的行为违反国家规定会产生非法侵入国家重要计算机信息系统的危害结果，而希望这种结果发生，即说明该行为本身具有目的性。过失或意外进入国家重要的计算机信息系统的，不具有有目地侵入国家重要的计算机信息系统的，则不构成本罪。

【案例 15-2 】

钱某、孙某勤等 6 人不诚实使用电脑案

2018 年 3—4 月，被告人钱某通过技术 QQ 群，获取范某军（阜阳）、焦某平（池州）等人的登录账号和密码，前述登录账号和密码可以进入安徽省住房和城乡建设厅所属的安徽省工程建设监管和信用管理平台的审批登录网址（该平台服务器位于合肥市包河区紫云路安徽省住房和城乡建设信息中心）。后钱某伙同被告人孙某勤通过前述账号多次非法进入安徽省工程建设监管和信用管理平台企业端以及建委审批人员的账号内，为孙某勤代理的建筑资质申报中介公司申报的资质，违法进行异地审批，并从中获取报酬。2018 年 8 月间，被告人许某从陈某婷（另案处理）处购买到桐城市建委人员汪某怀的登录账号和密码，后其多次使用汪某怀的账号非法登录安徽省工程建设监管和信用管理平台，并查询系统内的建造师等相关信息。2018 年 10 月23 日，被告人周某利从许某处获取桐城市建委人员汪某怀的登录账号和密码后，其伙同被告人王某新多次使用该账号非法登录安徽省工程建设监管和信用管理平台，并查询系统内的建造师等相关信息。2018 年 10 月 26 日，被告人许某通过微信，从被告人王某新处以 4 800 元的价格购买到桐城市建委审批人员汪某怀的账号，后其多次使用该账号非法登录安徽省工程建设监管和信用管理平台进行相关审批，并从中牟利。①

【案例 15-2 分析】

本案中，被告人钱某、孙某勤、许某、周某利、王某新等单独或者伙同他人，违反国家规定非法侵入国家事务的计算机信息系统，其行为均已构成非法侵入计算机信息系统罪。本案对于行为人行为的认定，可以直接对照该罪名四要件的构成要素，一一对应，即可分析得出该行为属于非法侵入计算机信息系统行为，而主观上更是有非法侵入计算机信息系统的意愿，因而在此情况下认定该行为构成非法侵入计算机信息系统罪是较为恰当的。同时，由于该犯罪行为由多人参与并形成犯罪链条协助，因而在认定该行为的犯罪构成时，应当对行为人逐一分析，对每一行为人在共同犯罪过程中所扮演的角色及行为提供的犯罪贡献进行逐个认定。在共同犯罪认定上，要把握好哪些犯罪行为人是全程参与，而哪些行为人又是中途加入，中途加入的行为人是否能认定为具有参与前犯罪行为的犯罪故意，犯罪人又是否全程参与直至犯罪既遂。因而在对共同犯罪案件的分析中一定要认清犯罪行为人的参与意识与参与行为。

【相关法条】

1. 《刑法》

第二百八十五条【非法侵入计算机信息系统罪】违反国家规定，侵入国家事务、国防

---

① 参见《安徽省合肥市包河区人民法院〔2020〕皖 0111 刑初 17 号刑事判决书》。

建设、尖端科学技术领域的计算机信息系统的，处三年以下有期徒刑或者拘役。

【非法获取计算机信息系统数据、非法控制计算机信息系统罪】违反国家规定，侵入前款规定以外的计算机信息系统或者采用其他技术手段，获取该计算机信息系统中存储、处理或者传输的数据，或者对该计算机信息系统实施非法控制，情节严重的，处三年以下有期徒刑或者拘役，并处或者单处罚金；情节特别严重的，处三年以上七年以下有期徒刑，并处罚金。

【提供侵入、非法控制计算机信息系统程序、工具罪】提供专门用于侵入、非法控制计算机信息系统的程序、工具，或者明知他人实施侵入、非法控制计算机信息系统的违法犯罪行为而为其提供程序、工具，情节严重的，依照前款的规定处罚。

单位犯前三款罪的，对单位判处罚金，并对其直接负责的主管人员和其他直接责任人员，依照各该款的规定处罚。

2.《最高人民法院、最高人民检察院关于办理危害计算机信息系统安全刑事案件应用法律若干问题的解释》（以下简称《危害计算机信息系统安全犯罪解释》）

第十一条　本解释所称"计算机信息系统"和"计算机系统"，是指具备自动处理数据功能的系统，包括计算机、网络设备、通信设备、自动化控制设备等。

3.《计算机信息系统安全保护条例》

第二条　本条例所称的计算机信息系统，是指由计算机及其相关的和配套的设备、设施（含网络）构成的，按照一定的应用目标和规则对信息进行采集、加工、存储、传输、检索等处理的人机系统。

【知识要点】

本罪与他罪的关系。

本罪仅规定了针对"三大领域计算机信息系统"的单纯的侵入行为，而且最高刑仅为三年。单纯地侵入"三大领域计算机信息系统"，一般具有其他非法目的，比如，侵入政府网站后对数据进行了删除、篡改，则有可能同时涉嫌本罪和破坏计算机信息系统罪，那么应当择一重罪处罚；破坏计算机信息系统罪的量刑较重，应当定此罪。侵入国家事务、国防建设、尖端科学技术领域的计算机信息系统窃取国家秘密或者构成其他犯罪的，按照刑法的有关规定定罪处罚。

第三节　聚众扰乱社会秩序罪

聚众扰乱社会秩序罪，是指聚众扰乱社会秩序，情节严重，致工作、生产、营业和教学、科研无法进行，造成严重损失的行为。

1. 客体要件

本罪侵犯的客体是社会秩序。这里所说的社会秩序不是广义的一般的社会秩序，而是指特定范围内的社会秩序，具体是指国家机关与人民团体的生活与工作秩序、企业单位的生产与营业秩序、事业单位的教学与科研秩序等。侵犯的对象包括国家机关、企事业单位和人民团体或个人的工作秩序。

2. 客观要件

本罪的客观方面表现为以聚众的方式扰乱企事业单位、社会团体的正常活动，致使其工作、生产、营业和教学、科研、医疗无法进行，造成严重损失。行为人在实施本罪中，殴打工作人员，毁损公私财物构成犯罪的，应实行数罪并罚。只要行为人聚众扰乱社会秩序的行为情节严重，致使企事业单位、社会团体的工作、生产、营业和教学、科研无法进行，造成严重损失的，就构成本罪。

3. 主体要件

本罪的主体为一般主体，对于犯罪主体的身份并未进行限定，凡达到刑事责任年龄且具备刑事责任能力的自然人均能构成本罪。并非一切聚众扰乱社会秩序的人都能构成本罪，构成本罪的只能是扰乱社会秩序的首要分子和其他积极参加者。

4. 主观要件

本罪在主观方面只能是故意。行为人往往企图通过这种扰乱活动，制造事端，给机关、单位与团体施加压力，以实现自己的某种无理要求或者借机发泄不满情绪。由于本罪是聚众性犯罪，因而进行扰乱活动必须基于众多行为人的共同故意。

【案例 15-3】

吴某阳、杨某良扰乱秩序案

2018 年 1 月 18 日 20 时许，被告人吴某阳、杨某良与张某（另案处理）在吴某阳家提及在镇宁自治县××乡××村开设的朝路砂石有限责任公司未向村里交纳管理费一事，吴某阳、杨某良遂邀约十多名村民到吴某阳家商议此事。次日 9 时许，吴某阳、杨某良又通过村广播召集村民开会，经过商议后吴某阳、杨某良与张某等 60 多名村民到镇宁自治县××乡朝路砂石有限责任公司，阻止现场工人正常作业，并堵住砂厂通行路。当日下午，朝路砂石有限责任公司与被告人吴某阳、杨某良及村民代表协商管理费问题，吴某阳、杨某良要求公司按每年 5 万元或每生产一立方米砂石提取 3 元钱方式支付管理费，遭到该公司拒绝，协商未果，村民继续堵路。后村民提议用村民杨某（另案处理）的一辆车牌号为贵 G×××× 东风牌货车堵路，每天支付给杨某人民币 500 元，吴某阳向杨某提议，杨某同意后将货车开在砂厂路上堵路，其间吴某阳驾驶自己的一辆车牌号为贵 G×××× 的橘红色凯瑞 K60 商务车更换杨某的货车堵路。直至 2018 年 1 月 24 日，公安机关将吴某阳、杨某良、张某抓获后，杨某才将堵路的货车开走。后经镇宁自治县价格认证中心认定，朝路砂石有限责任公司因被堵路造成工资、租金损失共计人民币 56 913.66 元。①

———————

① 参见《贵州省安顺市中级人民法院〔2019〕黔 04 刑终 188 号刑事判决书》。

【案例 15-3 分析】

要构成聚众扰乱社会秩序罪必须同时符合两点：其一，要有扰乱社会秩序的行为，即干扰和破坏党政机关、企事业单位或人民团体正常的工作、生产、营业和教学、科研秩序；其二，扰乱社会秩序的行为必须是以聚众的方式实施的，即纠集三人以上有组织、有计划地进行扰乱。至于扰乱过程中是否使用暴力，不影响本罪的成立。本案中，被告人吴某阳、杨某良为了收取开设在镇宁自治县××乡××村开设的朝路砂石有限责任公司的管理费，纠集 60 多名村民前往该公司，以"人墙"和货车堵路的形式阻止该公司的正常生产经营作业，致使该砂石公司停工，连续 6 天不能正常生产经营，严重扰乱了社会秩序，造成严重损失，情节严重，其行为已构成聚众扰乱社会秩序罪。吴某阳、杨某良组织数十名村民使用开车堵路的方式对砂石公司阻工较长时间，属于"扰乱正常秩序的时间长，纠集的人数多，造成的影响恶劣"的情形，故可以认定吴某阳、杨某良组织村民堵路给砂石公司造成了严重损失。在共同犯罪活动中，吴某阳、杨某良是聚众扰乱社会秩序的首要分子，系主犯，应当依法判处。

【相关法条】

《刑法》

第二百九十条 **【聚众扰乱社会秩序罪】**聚众扰乱社会秩序，情节严重，致使工作、生产、营业和教学、科研、医疗无法进行，造成严重损失的，对首要分子，处三年以上七年以下有期徒刑；对其他积极参加的，处三年以下有期徒刑、拘役、管制或者剥夺政治权利。

【聚众冲击国家机关罪】聚众冲击国家机关，致使国家机关工作无法进行，造成严重损失的，对首要分子，处五年以上十年以下有期徒刑；对其他积极参加的，处五年以下有期徒刑、拘役、管制或者剥夺政治权利。

【扰乱国家机关工作秩序罪】多次扰乱国家机关工作秩序，经行政处罚后仍不改正，造成严重后果的，处三年以下有期徒刑、拘役或者管制。多次组织、资助他人非法聚集，扰乱社会秩序，情节严重的，依照前款的规定处罚。

【知识要点】

1. 本罪与违反治安管理行为的界限

两者在表现形式上是相同的，都是扰乱了国家机关、团体、事业单位的秩序，致使工作、生产、营业、教学、科研不能正常进行。两者的主要区别是情节是否严重，是否使国家和社会遭受了严重损失。如尚未造成严重损失的，是一般的违反治安管理行为，应给予治安管理处罚。

2. 本罪同妨害公务罪的界限

（1）前者侵害的对象是国家机关、企事业单位和人民团体；后者侵害的对象是特定的国家工作人员。

（2）前者是聚众进行；后者可以是单个人进行。

（3）前者不限于采用暴力、威胁的方法；后者采用暴力、威胁的方法。

3. 对"聚众"的认定

所谓聚众是指纠集多人实施犯罪行为,一般应当是纠集 3 人以上,有起组织、策划、指挥作用的首要分子,有积极实施犯罪活动的积极参加者;在犯罪分子实施犯罪过程中,有时还会有受蒙蔽的群众,被威胁的一般违法者、围观者、起哄者。纠集 3 人以上是指包括聚首和积极参加者在内 3 人以上。如果是一人或二人闹事引得众人围观起哄的,不构成本罪。首要分子聚集众人的手段多种多样,可以是煽动、收买、挑拨、教唆等;首要分子可以是躲在幕后唆使、策划而不亲自实施具体扰乱行为。

第四节 聚众斗殴罪

聚众斗殴罪是指为了报复他人、争霸一方或者其他不正当目的,纠集众人成帮结伙地互相进行殴斗,破坏公共秩序的行为。

1. 客体要件

本罪侵犯的客体是公共秩序,属于该系列罪名的顶层性客体。所谓公共秩序,不应简单地理解为公共场所的秩序,而是指在社会公共生活中应当遵守的各项共同生活的规则、秩序。根据司法实践及通说阐述,在实际生活中,聚众斗殴犯罪可以是在公共场所,也可以是发生在较僻静的私人场所。无论是在何种场所进行聚众斗殴犯罪活动,均应视为侵犯了公共秩序。

2. 客观要件

本罪的犯罪行为多表现为纠集众人结伙殴斗的行为。聚众斗殴的动机主要是指出于私仇、争霸或者其他不正当目的而成伙结帮地殴斗。聚众,根据通说观点,一般是指人数众多,人数上至少不得少于 3 人;斗殴,主要是指采用暴力相互搏斗,但使用暴力的方式各有所别。

3. 主体要件

凡年满 16 周岁且具备刑事责任能力的自然人均能构成本罪。但并非所有参加聚众斗殴者均构成本罪,只有聚众斗殴的首要分子和其他积极参加者,才能构成本罪主体。所谓首要分子,是指在聚众斗殴中起组织、策划、指挥作用的犯罪分子;所谓其他积极参加者,是指除首要分子以外的在聚众斗殴中起重要作用的犯罪分子。对于一般参加者,只能依《治安管理处罚条例》追究行政责任,不能成为本罪主体。

4. 主观要件

本罪的主观方面是故意实施该犯罪行为。犯罪的动机,一般不是完全为了某种个人的利害冲突,也不是单纯为了取得某种物质利益,而是公然藐视国家的法律和社会公德。

【案例 15-4】

施某某等人群体互殴案

福建省石狮市永宁镇西岑村与子英村相邻,原本关系友好。近年来,两村因土地及排水问题发生纠纷。永宁镇政府为解决两村之间的纠纷,曾组织人员对发生土地及排水问题的地界进行现场施工，但被多次阻挠未果。2008 年 12 月 17 日上午 8 时许，该镇组织镇干部与施工队再次进行施工。上午 9 时许，犯罪嫌疑人施某等 9 人以及数十名西岑村村民头戴安全帽，身背装有石头的袋子，手持木棍、铁锹等器械到达两村交界处的施工地界，犯罪嫌疑人李某等 8 人以及数十名子英村村民随后也到达施工地界，手持木棍、铁锹等器械与西岑村村民对峙，双方互相谩骂、互扔石头。出警到达现场的石狮市公安局工作人员把双方村民隔开并劝说离去，但仍有村民不听劝说，继续叫骂并扔掷石头，致使两辆警车被砸损（经鉴定损失价值人民币 761 元），三名民警手部被打伤（经鉴定均未达到轻微伤）。①

【案例 15-4 分析】

对于人数的界定与聚众斗殴主观目的的判定，是能否认定该行为为法律规定的聚众斗殴行为，进而判定为聚众斗殴罪的关键。聚众斗殴罪是指拉帮结伙，人数一般达三人以上，有聚众斗殴故意的互相殴斗的行为。对于案件的分析，要严格掌握聚众斗殴行为的定罪标准，防止将一些情节显著轻微危害不大的行为以犯罪论处。在分析聚众斗殴案件中，要与客观方面表现为肆意挑衅、无事生非的寻衅滋事罪区别开来。对于因民事纠纷引发的互相斗殴甚至结伙械斗，规模不大，危害不严重的，不宜以聚众斗殴罪处理，构成其他罪的以其他罪处理。本案件中，犯罪嫌疑人所实施的犯罪行为侵犯的犯罪客体为社会公共秩序，首要分子施某通过聚集众多的人实施斗殴行为。本案中，人数超过 3 名，满足刑法对于聚众斗殴罪中多人参与的人数要求。聚众斗殴是指以聚众的形式相互斗殴，双方都出于侵害对方的意图进行相互攻击，同时默示承诺对方对自己的侵害。由于相互斗殴过程中，双方互相默示承诺，因此在此基础上构成的故意伤害致人轻伤不构成故意伤害罪。

【相关法条】

《刑法》

第二百九十二条 【聚众斗殴罪】聚众斗殴的，对首要分子和其他积极参加的，处三年以下有期徒刑、拘役或者管制；有下列情形之一的，对首要分子和其他积极参加的，处三年以上十年以下有期徒刑：

（一）多次聚众斗殴的；

（二）聚众斗殴人数多，规模大，社会影响恶劣的；

（三）在公共场所或者交通要道聚众斗殴，造成社会秩序严重混乱的；

（四）持械聚众斗殴的。

聚众斗殴，致人重伤、死亡的，依照本法第二百三十四条、第二百三十二条的规定定罪处罚。

---

① 参见《最高人民检察院关于印发最高人民检察院第一批指导性案例——检例第 1 号》。

【知识要点】

聚众斗殴要求多人参与，但不要求双方都必须在 3 人以上，只需单方有聚众斗殴的故意就可以构成聚众斗殴罪。在斗殴过程中，只要双方或者一方采用暴力方式进行殴斗，无论采用何种暴力方式都是结伙殴斗行为。

在聚众斗殴致人伤害的案件中，首要分子对全部犯罪事实负责，即使其并未参与此次实施行为，也应负责。

行为内容：多人参与，不要求斗殴双方 3 人以上；分为"聚众斗"与"聚众殴"（多人殴打一人造成伤害的，为故意伤害罪）；有（不要求双方都有）首要分子。

"在公共场所或者交通要道聚众斗殴，造成社会秩序严重混乱的"，构成本罪的加重情形，不成立聚众扰乱公共场所秩序、交通秩序罪。

"聚众斗殴，致人重伤、死亡的"，以故意伤害罪、故意杀人罪定罪处罚。该规定是法律拟制，即使没有伤害、杀人故意，也应认定为故意伤害罪、故意杀人罪。

聚众斗殴犯罪往往同时会造成公民的人身权利和公私财产权利受到侵害的结果。但是，其所侵犯的主要不是特定的个人或者特定的公私财物，而是用聚众斗殴行为向整个社会挑战，从而形成对整个社会秩序的严重威胁。因此，公然藐视法纪和社会公德，破坏公共秩序，就是聚众斗殴罪的本质特征。

第五节　寻衅滋事罪

寻衅滋事罪，是指肆意挑衅，随意殴打、骚扰他人或任意损毁、占用公私财物，或者在公共场所起哄闹事，严重破坏社会秩序的行为。

1. 客体要件

本罪侵犯的客体是公共秩序。所谓公共秩序包括公共场所秩序和生活中人们应当遵守的共同准则。寻衅滋事犯罪多发生在公共场所（也有一些发生在偏僻隐蔽的地方），常常给公民的人身、人格或公私财产造成损害，但是寻衅滋事罪一般侵犯的并不是特定的人身、人格或公私财产，而主要是指向公共秩序，向整个社会挑战，蔑视社会道德和法制。

2. 客观要件

本罪在客观方面表现为无事生非，起哄捣乱，无理取闹，伤害无辜，肆意挑衅，横行霸道，破坏公共秩序的行为。

3. 主体要件

本罪的主体为一般主体，凡年满 16 周岁且具备刑事责任能力的自然人均能构成本罪。

4. 主观要件

本罪在主观上只能由故意构成。即公然藐视国家法律和社会公德。其动机一般是通过寻衅滋事活动，追求精神刺激，填补精神上的空虚。

【案例 15-5】

韦某东聚众打架案

2017 年 12 月 15 日 23 时许，王某静（另案处理）、黄某 2（已判决）等人在乐清市北白象镇金某 KTV 洗手间通道因搭讪陆某、肖某，与陆某男朋友张某等人发生冲突打架，同一包厢的王某 3（另案处理）、黄某 5、王某 4、王某 1、蒙某、黄某 3、韦某 1、王某 2、韦某 2、黄某 4、杨某 2、罗某、韦某荣、韦某林、黄某 7（均已判决）等人得知后，先后冲过去参与打架，被告人韦某东随上述人员一起从包厢冲到通道时，打架双方已经被 KTV 工作人员劝开。之后，被告人韦某东伙同上述人员持啤酒瓶、木棍等在金某 KTV 楼下继续寻找张某等人打架，因认为被害人安某系张某一方的人而进行追打，致安某头部、手指等部位受伤。接着，上述人员又回到 KTV 电梯口对被害人陆某、杨某 1 进行殴打，致使陆某手臂受伤，杨某 1 头部、背部受伤，其中王某 3 持刀。经鉴定，杨某 1 损伤程度为轻伤二级，陆某损伤程度为轻伤二级，安某损伤程度为轻微伤。①

【案例 15-5 分析】

认定寻衅滋事罪，一方面可以参照寻衅滋事罪四要件的构成内容进行逐一对照，也可以直接套用刑法对该行为的列举式举例进行对比适用。通过刑法条文可知，寻衅滋事罪是指肆意挑衅，随意殴打、骚扰他人或任意损毁、占用公私财物，或者在公共场所起哄闹事，严重破坏社会秩序的行为。刑法将寻衅滋事罪的客观表现形式规定为四种：（1）随意殴打他人，情节恶劣的；（2）追逐、拦截、辱骂、恐吓他人，情节恶劣的；（3）强拿硬要或者任意损毁、占用公私财物，情节严重的；（4）在公共场所起哄闹事，造成公共场所秩序严重混乱的。在审判实践中，行为人往往既"强拿硬要"，又"随意殴打他人"，或者先"追逐、拦截、辱骂他人"，后"任意损毁、占用公私财物"。行为人为满足其寻求精神刺激、开心取乐的流氓动机一般会实施多个行为，这时只以本罪一罪认定。本案中，被告人韦某东在 KTV 与他人起争执，伙同其他人对被害人杨某 1、陆某 1 和安某进行攻击，致使 3 人构成轻伤，被告人韦某东这种破坏社会秩序，伙同他人随意殴打他人的行为，构成寻衅滋事罪。因为聚集多人打架，同时也符合聚众斗殴罪的规定，属于想象竞合犯，应选择较重的寻衅滋事罪处罚。

【相关法条】

《刑法》

第二百九十三条　【寻衅滋事罪】有下列寻衅滋事行为之一，破坏社会秩序的，处五年以下有期徒刑、拘役或者管制：（一）随意殴打他人，情节恶劣的；（二）追逐、拦截、辱骂、恐吓他人，情节恶劣的；（三）强拿硬要或者任意损毁、占用公私财物，情节严重的；（四）在公共场所起哄闹事，造成公共场所秩序严重混乱的。纠集他人多次实施前款行为，严重破坏社会秩序的，处五年以上十年以下有期徒刑，可以并处罚金。

---

① 参见《浙江省乐清市人民法院〔2019〕浙 0382 刑初 1586 号刑事判决书》。

第六节　组织、领导、参加黑社会性质组织罪

组织、领导、参加黑社会性质组织罪的客体是所侵害的社会关系，即社会治安管理秩序。本罪主体为一般主体，即达到刑事责任年龄具有刑事责任能力的自然人，也可以包括单位。

1. 客体要件

本罪的客体为社会管理秩序。黑社会性质组织，它的产生和存在对社会秩序和公众安全构成极大威胁。黑社会性质组织犯罪的形式多种多样，如贩卖毒品、走私武器、暴力杀人、组织卖淫、腐蚀官员等，使城乡失去安全，引起社会情况恶化、社会秩序的扰乱行为。

2. 客观要件

本罪在客观方面表现为行为人组织、领导和积极参加以暴力威胁或者其他手段，有组织地进行违法犯罪活动，称霸一方，为非作恶，欺压、残害群众，严重破坏经济、社会生活秩序的黑社会性质的组织的行为。

3. 主体要件

本罪主体为一般主体，即达到刑事责任年龄具有刑事责任能力的自然人，也可以包括单位。

4. 主观要件

本罪在主观方面必须有明确的故意，即明知是黑社会性质的组织而积极参加；明知是黑社会性质的组织而组织、领导；如果不了解情况，参加了黑社会性质的组织，事后退出的，可能构成别的罪，而不按本罪追究刑事责任。当然，如果参加时不明知，加入后明知了仍不退出，则应按本罪追究刑事责任。

【案例 15-6】

刘某等人组织团体犯罪案

2015 年 3 月，被告人刘某发现长江武汉二七长江大桥至天兴洲长江大桥段水域长达十余公里的江面上有船只在非法采砂，利润巨大。该段流域江面辽阔，公安机关查处难度大。刘某的"发小"黄某宇有个拆迁公司，手下养了一帮人。刘某遂找到黄某宇，合谋商定采取控制长江武汉二七长江大桥至天兴洲长江大桥段水域非法采砂作业的手段从中牟利，每条船采砂收 2 000 元。黄某宇安排人到江上去查船，查船的人负责报船号给刘某，刘某告诉他们哪些船已交保护费可以采砂，哪些船要交保护费，不交则要采取打砸等方式驱赶。每天收回来的钱交给黄某宇，由他负责开支查船费用，利润由刘某和黄某宇平分。为了达到犯罪目的，刘某、黄某宇以原有人员为基础，并招募人员加入，逐步形成了分工明确的非法组织。该组织以刘某、黄某宇为首，以张某等为骨干成员，利用夜晚和长江江面水域广阔之机，流窜作案，通过实施有组织的寻衅滋事、敲诈勒索等违法犯罪活动，称霸一方，对长江武汉段水域非法采

砂活动予以控制。为了便于作案和控制组织成员，刘某和黄某宇多次向组织成员灌输"不准吸毒赌博，不准接私活，不该问的不问、不该讲的不讲"等组织纪律，并向组织成员按月发放工资，由组织集中供应伙食和香烟，同时采取逢年过节发放慰问品和慰问金，行动中成员受伤医治由组织报销医药费等手段对该组织成员实施管理和控制。①

【案例 15-6 分析】

本案件中，以被告人刘某为首的犯罪团体形成了稳定的犯罪组织，人数较多，有明确且固定的组织者、领导者、骨干成员。该犯罪团体通过实施有组织的寻衅滋事、敲诈勒索等违法犯罪活动，称霸一方。侵害的犯罪客体为社会的正常管理秩序。在本罪犯罪主体的认定上，涵盖范围较广，包括黑社会性质组织的组织者、领导者和积极参加者、其他参加者，涉及对象几乎包括所有与犯罪团体的犯罪行为有关的人，本案中无论是被告人，如作为组织者、领导者的刘某和黄某宇，还是各名骨干成员，都属于本罪的犯罪主体，都应受到相应的刑事惩罚。

该罪在刑法条文中已经明确规定，本罪是指组织、领导和参加以暴力、威胁或者其他手段，有组织地进行违法犯罪活动，称霸一方，为非作恶，欺压、残害群众，严重破坏经济、社会生活秩序的黑社会性质的组织的行为。因此，在进行涉及本罪名的案例分析中，要深刻理解黑社会性质组织本身组织内涵的特殊性，并且对于犯罪行为人实施的犯罪行为是否与该组织有隶属关系进行对照链接，进而分析该行为是否能归于该黑社会性质组织的集体行为，而对于组织者、参与者的认定，就可根据其参与者的角色进行推断判定。

【相关法条】

《刑法》

第二百九十四条【组织、领导、参加黑社会性质组织罪】组织、领导黑社会性质的组织的，处七年以上有期徒刑，并处没收财产；积极参加的，处三年以上七年以下有期徒刑，可以并处罚金或者没收财产；其他参加的，处三年以下有期徒刑、拘役、管制或者剥夺政治权利，可以并处罚金。

【入境发展黑社会组织罪】境外的黑社会组织的人员到中华人民共和国境内发展组织成员的，处三年以上十年以下有期徒刑。

【包庇、纵容黑社会性质组织罪】国家机关工作人员包庇黑社会性质的组织，或者纵容黑社会性质的组织进行违法犯罪活动的，处五年以下有期徒刑；情节严重的，处五年以上有期徒刑。

犯前三款罪又有其他犯罪行为的，依照数罪并罚的规定处罚。

黑社会性质的组织应当同时具备以下特征：

① 参见《检察机关服务保障长江经济带发展典型案例之二》，载中华人民共和国最高人民检察院网：https://www.spp.gov.cn/xwfbh/wsfbt/201911/t20191121_438798.shtml#1。

（一）形成较稳定的犯罪组织，人数较多，有明确的组织者、领导者，骨干成员基本固定；

（二）有组织地通过违法犯罪活动或者其他手段获取经济利益，具有一定的经济实力，以支持该组织的活动；

（三）以暴力、威胁或者其他手段，有组织地多次进行违法犯罪活动，为非作恶，欺压、残害群众；

（四）通过实施违法犯罪活动，或者利用国家工作人员的包庇或者纵容，称霸一方，在一定区域或者行业内，形成非法控制或者重大影响，严重破坏经济、社会生活秩序。

【知识要点】

本罪的主体仅限于领导者、组织者、积极参加者、其他参加者，并且要求主体在主观上明知是黑社会性质组织。因此，如果行为人因上当、受骗加入了黑社会性质组织，知道真相后立即退出，不以犯罪论处。

组织、领导、参加黑社会性质的组织本身就成立犯罪（属于实行犯），如果又实施其他犯罪的（例如故意伤害、贩卖毒品、强迫卖淫的等），数罪并罚。

对于参加黑社会性质的组织，没有实施其他违法犯罪活动的，或者受蒙蔽、胁迫参加黑社会性质的组织，情节轻微的，可以不作为犯罪处理。

第七节　赌　博　罪

赌博罪是指以营利为目的，聚众赌博或者以赌博为业的行为。

【案例 15-7】

周某权等人组织购买"六合彩"案

2008 年 2 月，被告人周某权、吴某富经共谋，组织他人对香港"六合彩"摇出的特别号码进行竞猜赌博。此后，二人在各自联系购买"六合彩"人员的同时，先后雇用王某广、许某清等人为其联系购买"六合彩"的人员，约定按购买人员投注金额的 12%或 13%的比例向王、许支付报酬，并按 1∶40 的比例对投注人员进行赔付。其间，周某权负责对当期账目进行登记核算，朱某菊帮助吴某富核对购买"六合彩"的单据。至 2008 年 5 月 24 日晚三被告人被当场抓获时，周某权、吴某富组织"六合彩"竞猜赌博共 33 期，涉赌金额人民币（以下币种均为人民币）68 万余元，获利 55 929 元。案发后，镇雄县公安局没收周某权赌资 26 717.24 元。①

【案例 15-7 分析】

本案中，被告人周某权等人以营利为目的，通过利用香港"六合彩"开奖信息，组

---

① 参见《刑事审判参考》指导案例第 752 号。

织他人进行购买，进行赌博，涉嫌金额高达 68 万元，侵害社会管理秩序和良好的社会风尚，符合聚众赌博或以赌博为业的犯罪构成，满足刑法关于赌博罪的犯罪构成要件。在共同犯罪中，周某权提出犯意，积极组织多人赌博，涉案金额巨大，与吴某富起主要作用，系主犯。而被告人朱某菊起次要作用，系从犯，依法应从轻处罚。

对赌博罪的认定必须正确区分罪与非罪、此罪与彼罪的界限，其中尤其要关注犯罪特殊形态问题，从而更有利于准确有力地打击赌博犯罪、维护社会治安。对于赌博罪的案例分析，要从赌博罪的犯罪构成要件入手，其中对客观方面的判定十分重要，要能明确该行为是否赌博行为，而又是否构成法律规定的赌博罪的犯罪入罪要求。

【相关法条】

《刑法》

第三百零三条 【赌博罪】以营利为目的，聚众赌博或者以赌博为业的，处三年以下有期徒刑、拘役或者管制，并处罚金。

【知识要点】

设置圈套诱骗他人获取数额较大的钱财，成立诈骗罪。如果该行为人的其他赌博行为已构成赌博罪，则应将赌博罪与诈骗罪实行并罚。

本罪的从重处罚情节有：（1）具有国家工作人员身份的；（2）组织国家工作人员赴境外赌博的；（3）组织未成年人参与赌博，或者开设赌场吸引未成年人参与赌博的。

明知他人实施赌博犯罪活动，而为其提供资金、计算机网络通信、费用结算等直接帮助的，以赌博罪的共犯论处。

第八节 伪 证 罪

伪证罪是指在刑事诉讼中，证人、鉴定人、记录人和翻译人对与案件有重要关系的情节，故意作虚假证明、鉴定、记录、翻译，意图陷害他人或者隐匿罪证的行为。

1. 客体要件

本罪侵犯的客体是公民的人身权利与司法机关的正常活动，是复杂客体。本罪侵犯的对象，可以是有罪的人，也可以是被怀疑有罪而实际上是无罪的人。

2. 客观要件

伪证罪在客观方面表现为在刑事侦查、起诉、审判中，对与案件有重要关系的情节，作虚假的证明、鉴定、记录、翻译的行为，或者隐匿罪证的行为。

3. 主体要件

伪证罪的主体是特殊主体，即只能是在刑事诉讼中的证人、鉴定人、记录人和翻译人。

4. 主观要件

本罪在主观方面必须出自直接故意，即行为人明知其虚假陈述是与案件有重要关系的情节，但为了陷害他人或者隐匿罪证而为之。

【案例 15-8】

刘某等伪造证据案

2012 年 2 月 24 日，对刘某贪污、挪用公款一案，承德市双桥人民检察院立案侦查。在承德市双桥区人民检察院对刘某贪污、挪用公款一案侦查期间，2012 年 3 月 5 日，被告人刘某甲为帮助刘某开脱罪责，找到同村村民被告人刘某乙，要求被告人刘某乙出具一张虚假的收条，被告人刘某乙同意后，于当日为被告人刘某甲出具了一张由刘某丙书写，刘某乙签字并捺手印的收条一张，内容为"今收到刘某给采石场石料款壹拾陆万元整"，落款时间为"2011 年 9 月 7 日"。被告人刘某甲收到此收条复印后将复印件交至承德市双桥区人民检察院。①

【案例 15-8 分析】

2012 年 3 月 5 日，在承德市双桥区人民检察院立案侦查刘某贪污一案期间，被告人刘某甲为使其丈夫刘某不受追究，找到被告人刘某乙，要求刘某乙为其提供虚假的收到刘某交给的 160 000 元石料款的收款条，刘某乙同意后在收款条上签字并捺手印，后刘某甲向双桥区人民检察院提交了此收款条。被告人刘某甲为使刘某不受刑事追究，让被告人刘某乙作伪证，被告人刘某乙为被告人刘某甲提供伪证，其行为符合我国《刑法》关于伪证罪的构成要件。

分析涉及伪证罪的案件时，要把握好伪证罪犯罪主体的身份特殊性，伪证罪的主体是特殊主体，即只能是在刑事诉讼中的证人、鉴定人、记录人和翻译人。同时，要关注伪证行为实施的目的和动机，即为掩盖事实真相进而影响案件判定的公正性。

【相关法条】

《刑法》

第三百零五条　【伪证罪】 在刑事诉讼中，证人、鉴定人、记录人、翻译人对与案件有重要关系的情节，故意作虚假证明、鉴定、记录、翻译，意图陷害他人或者隐匿罪证的，处三年以下有期徒刑或者拘役；情节严重的，处三年以上七年以下有期徒刑。

【知识要点】

1. 行为内容：作虚假的证明、鉴定、记录、翻译

（1）陈述内容如果违反证人的记忆与实际体验，但符合客观事实，不可能妨害司法活动，不成立伪证罪。

（2）陈述内容如果符合证人的记忆与实际体验，但与客观事实不相符合，由于行为人没有伪证罪的故意，不成立伪证罪。同理，鉴定人因技术不高做了错误鉴定、记录人因

---

① 参见《河北省承德市双桥区人民法院〔2014〕双桥刑初字第 145 号刑事判决书》。

粗心大意错记漏记、翻译人因水平较低而错译漏译的，均不成立本罪。

（3）必须在刑事诉讼中作虚假的证明、鉴定、记录、翻译，即在立案侦查后、审判终结前的过程中作伪证。在诉讼前作假证明包庇犯罪人的，成立包庇罪；在诉讼前作虚假告发，意图使他人受到刑事追究的，成立诬告陷害罪。

2. 行为主体

行为主体包括证人（广义的证人，包括被害人）、鉴定人、记录人、翻译人。犯罪嫌疑人、被告人教唆证人等为自己作伪证的，不认定为伪证罪的共犯，属于没有期待可能性的行为。

第九节　窝藏、包庇罪

窝藏、包庇罪是指明知是犯罪的人而为其提供隐藏处所、财物，帮助其逃匿或者作假证明包庇的行为。

1. 客体要件

本罪的特征在于本罪的客体，是司法机关的刑事追诉和刑罚执行活动的正常进行。刑法明文规定，本罪的对象是"犯罪的人"。

2. 客观要件

本罪客观方面表现为实施窝藏或包庇犯罪人的行为。窝藏，是指为犯罪的人提供隐藏处所、财物，帮助其逃匿的行为。包庇，应限于向司法机关提供虚假证明掩盖犯罪人。

3. 主体要件

本罪主体为一般主体，即达到刑事责任年龄、具有刑事责任能力的自然人。

4. 主观要件

本罪主观上必须出于故意，即明知是犯罪的人而实施窝藏、包庇行为。明知，是指认识到自己窝藏、包庇的是犯罪的人。在开始实施窝藏、包庇行为时明知是犯罪人的，当然成立本罪；在开始实施窝藏、包庇行为时不明知是犯罪人，但发现对方是犯罪人后仍然继续实施窝藏、包庇行为的，也成立本罪。

【案例 15-9】

俞某"顶包"案

2009 年 10 月 3 日晚，被告人俞某在无机动车驾驶证的情况下，驾驶黑色丰田轿车，沿武义县高速公路互通连接线从牛背金驶往武义。当日 20 时许，行经武义县高速公路互通连接线白溪路口时，与横过公路的邱某旺驾驶的三轮黄包车相撞，造成车辆损坏、邱某旺受伤及三轮车上的乘客缪某花经抢救无效于当日死亡。事故发生后，俞某及该轿车上的乘客周某、蒋某火等人逃离了现场。经交通事故认定书认定：俞某负事故主要责任，邱某旺负事故次要责任。

事发当晚，被告人俞某因无证驾驶害怕承担法律责任，要求雷某庆为其顶罪，如雷某庆判刑坐牢，再支付 10 万元。商议妥当后，雷某庆叫来其妻徐某琴，从俞某处拿到现金 10 万余元和 20 万元的欠条各一张，并由徐某琴带回家中，雷某庆便前往武义县交警队投案并冒充交通事故的肇事者。第二天，俞某又唆使蒋某火到武义县交警大队作伪证，并将金某新从丽水叫到武义。周某、蒋某火、徐某琴、金某新等人商议后，周某、蒋某火、金某新三人便一同前往武义县交警队，作了事发当时轿车的驾驶员是雷某庆的伪证。事后，徐某琴陆续从俞某处拿到财物共计 36 万余元。徐某琴还到武义县交警大队作了雷某庆发生交通事故的虚假证言。①

【案例 15-9 分析】

本案中，被告人俞某在违反交通运输管理法律且为无机动车驾驶证的情况下，驾驶机动车辆，以致发生交通事故，造成一人死亡，在肇事后逃逸，侵害交通运输安全的犯罪客体，即因发生重大事故致人死亡的行为，因此被告人俞某应对事故负主要责任，其行为构成交通肇事罪。被告人俞某在事故发生以后以贿买方式指使他人顶罪、作伪证的行为，扰乱司法秩序，不应以作为交通肇事罪的量刑情节处理，而应构成妨害作证罪。被告人雷某庆、徐某琴、金某新在明知他人犯交通肇事罪的情况下，共同作假证明包庇，侵害司法机关追诉、制裁犯罪分子的正常活动，三被告人的行为均构成包庇罪。被告人周某、蒋某火作为证人，为刑事诉讼中的特殊主体，在刑事诉讼中，对与案件有重要关系的情节故意作虚假证明，具有隐匿罪证的目的，两被告人的行为均构成伪证罪。

【相关法条】

《刑法》

第三百一十条【窝藏、包庇罪】明知是犯罪的人而为其提供隐藏处所、财物，帮助其逃匿或者作假证明包庇的，处三年以下有期徒刑、拘役或者管制；情节严重的，处三年以上十年以下有期徒刑。

犯前款罪，事前通谋的，以共同犯罪论处。

【知识要点】

窝藏、包庇罪涉及人物包括：

（1）行为对象："犯罪的人"，是指一般意义上的犯罪人。

（2）犯罪嫌疑人、被告人：已被公安、司法机关依法作为犯罪嫌疑人、被告人而成为侦查、起诉对象的人，即使事后被法院认定无罪的，属于"犯罪的人"。

（3）实际犯罪人：暂时没有被司法机关作为犯罪嫌疑人，但实施了犯罪行为，将被公安、司法机关作为犯罪嫌疑人、被告人而成为侦查、起诉对象的人，属于"犯罪的人"。

（4）不法行为人：实施了符合客观构成要件的违法行为但没有达到法定年龄、不具有责任能力的人，属于"犯罪的人"。但如果行为人确定、案件事实清楚，公安、司法机

① 参见《刑事审判参考》指导案例第 681 号。

关不可能介入刑事司法活动，对这类"犯罪的人"实施所谓窝藏、包庇的行为，不成立犯罪。

第十节　掩饰、隐瞒犯罪所得、犯罪所得收益罪

掩饰、隐瞒犯罪所得、犯罪所得收益罪指的是明知是犯罪所得及其产生的收益而予以窝藏、转移、收购、代为销售或者以其他方法掩饰、隐瞒的。

1. 客体要件

本罪的客体应为司法机关在正常查明犯罪过程中，追缴犯罪所得及收益的活动。犯罪所得及犯罪所得收益是案件的重要物证，能够证明案件的事实及赃物去向，并印证犯罪分子的犯罪动机等，对于查明案件事实，证明犯罪存在有着重要作用。本罪行为在客观上给司法机关追缴犯罪所得及收益的活动造成了妨害，影响了正常司法活动的进行。

2. 客观要件

本罪客观方面包括几大具体行为，其中以"窝藏、转移、收购、代为销售或者以其他方法掩饰、隐瞒"等行为最为典型。

3. 主体要件

本罪的主体是一般主体，即年满 16 周岁、具有刑事责任能力的自然人。

4. 主观要件

要求必须为明知其为犯罪所得及收益。在掩饰、隐瞒犯罪所得、犯罪所得收益犯罪中，犯罪嫌疑人是否"明知"是区分罪与非罪的前提条件。

【案例 15-10】

金某等收购被盗原油案

徐某等人于 2008 年 12 月某日，窜至停泊在长江青山水域王家屋锚的驳船，持刀将该轮船员控制后，徐某联系被告人杨某、马某、李某前往收购原油。次日 2 时许，被告人金某受杨玉某邀约，随被告人杨某等人驾驶油船，从天兴洲水域出发抵达上述地点，停靠在驳船的左舷。被告人金某明知该油品是犯罪所得，仍随同杨某从驳船抽走价值人民币 10 万余元的 30 余吨阿根廷艾斯克兰特原油。后杨某支付给徐某 5 万元。并将上述原油销售给颜某。2009 年 8 月，杨某、马某、李某、金某被公安机关抓获归案。①

【案例 15-10 分析】

对于本案来说，几名被告人是存在明知该物品是犯罪所得和犯罪所得收益，并且知道是他人的犯罪所得或犯罪所得收益。在本案件中，杨某、马某、李某、金某明知是犯罪所得的赃物而予以收购，侵害司法机关追究刑事犯罪的正常活动。其中，杨某、马某、李某

---

① 参见黄尔梅：《量刑规范化案例指导》，法律出版社 2012 年版，第 49 号案件。

为徐某主动联系前往收购原油，而金某是受杨某的邀约后期才加入，应认定为从犯。

对于该罪的认定，要把握好案件中的"明知"情形。一是明知的内容。应该是明知该物品可能是犯罪所得和犯罪所得收益，只要行为人知道该物品可能是犯罪所得时，就应当认定其主观上是明知。二是明知的程度。行为人明知的程度必须达到知道是他人的犯罪所得或犯罪所得收益，而不能是一般违法所得。

【相关法条】

《刑法》

第三百一十二条【掩饰、隐瞒犯罪所得、犯罪所得收益罪】明知是犯罪所得及其产生的收益而予以窝藏、转移、收购、代为销售或者以其他方法掩饰、隐瞒的，处三年以下有期徒刑、拘役或者管制，并处或者单处罚金；情节严重的，处三年以上七年以下有期徒刑，并处罚金。

单位犯前款罪的，对单位判处罚金，并对其直接负责的主管人员和其他直接责任人员，依照前款的规定处罚。

【知识要点】

1. 行为对象：他人犯罪所得及其产生的收益

（1）"犯罪所得"：犯罪所得的赃物（狭义的赃物），即通过犯罪行为所获得的财物，犯罪工具不是赃物。其中的"犯罪"是指可能获取财物的犯罪，但伪造的货币、制造的毒品等，不属于本罪的赃物（持有者可能成立持有假币罪、非法持有毒品罪）。

（2）犯罪所得产生的收益：利用犯罪所得的赃物获得的利益（广义的赃物），如将贿赂得来的钱款存入银行后所获得的利息，利用走私犯罪所得投资房地产所获取的利润。

（3）犯罪所得及其产生的收益，应限于财物与财产性利益。窝藏被拐卖的妇女、儿童的，不属于窝藏犯罪所得。窝藏盗窃得来的尸体的，属于窝藏赃物。

2. 行为内容：窝藏、转移、收购、代为销售等掩饰、隐瞒赃物的行为

采用任何方法，使司法机关难以发现赃物或者难以分辨赃物性质的，均有可能构成本罪。

3. 主观认知：故意

行为人不知是赃物而保管的，不成立犯罪；但知道真相后继续保管的，成立本罪。如果行为人事前与本犯通谋，就事后窝藏、转移、收购、代为销售、掩饰、隐瞒犯罪赃物达成合意的，则以共同犯罪论处。

4. 掩饰、隐瞒犯罪所得、犯罪所得收益罪与洗钱罪的区别

洗钱罪只限于掩饰、隐瞒毒品犯罪、黑社会性质的组织犯罪、恐怖活动犯罪、走私犯罪、贪污贿赂犯罪、破坏金融管理秩序犯罪、金融诈骗犯罪的所得及其产生的收益的来源和性质行为。掩饰、隐瞒犯罪所得、犯罪所得收益罪包括对其他犯罪所得及其产生收益的掩饰与隐瞒。洗钱罪包括各种掩饰、隐瞒犯罪所得及其收益的来源和性质的行为，而掩饰、隐瞒犯罪所得、犯罪所得收益罪是对犯罪所得及其产生的收益本身的掩饰与隐瞒。在

一个行为同时触犯本罪与洗钱罪的情况下，应以重罪洗钱罪论处。

第十一节　脱　逃　罪

脱逃罪，是指依法被关押的罪犯、被告人、犯罪嫌疑人，从羁押和改造场所逃走的行为。

1. 客体要件

本罪所侵犯的客体是司法机关的正常管理秩序，对犯罪嫌疑人、被告人、罪犯进行拘留、逮捕、羁押、监管是司法机关依照法定条件和程序施加于犯罪嫌疑人、被告人、罪犯的法律强制措施。

2. 客观要件

逃离羁押、改造场所。羁押场所主要是指看守所。改造场所主要指监狱、劳动改造管教队、少年犯管教所等。另外，在押解犯罪分子的路途中，也应视为在监管场所范围。

3. 主体要件

本罪犯罪主体具有身份特殊性，包括依法被关押（包括押解途中）的罪犯（已决犯）、被告人与犯罪嫌疑人。

4. 主观要件

本罪在主观方面表现为直接故意。行为人脱逃的目的是逃避羁押与刑罚的处罚。

【案例 15-11】

李某元逃狱案

被告人李某元因犯盗窃罪于 1981 年 10 月 16 日被江西省南昌县人民法院判处有期徒刑七年，1981 年 12 月 9 日投入原江西省第一劳改支队（现饶州监狱）服刑改造。被告人李某元在原江西省第一劳改支队十大队二中队服刑期间，认为自己刑期较长，且服刑条件艰苦，再加上胃出血，在劳改队实在待不下去了，于是产生了脱逃的想法。后被告人李某元利用自己所从事工种的便利，在工地劳动时趁机脱逃。李某元脱逃后，化名李某某，先后在江西进贤县、南昌县、南昌市以给他人用祖传中医治病谋生，并与曾某结婚，生有两个儿子。2014 年公安系统组织清网行动，追逃民警通过各种方法联系上被告人李某元的妻子曾某，曾某在接到公安追逃民警的电话后，陪同李某元一起到达追逃民警指定的南昌站前路便衣大队。追逃民警在得知李某元身患重症的情况下，经请示领导，决定暂不收监，并让曾某保证李某元能随传随到。2017 年 10 月 24 日，江西省鄱阳县公安局乐丰派出所民警在南昌公安局东湖分局刑侦支队民警的配合下，在南昌市南昌大学第一附属医院将被告人李某元抓获归案。①

---

① 参见《江西省上饶市中级人民法院〔2018〕赣 11 刑终 120 号刑事裁定书》。

【案例 15-11 分析】

被告人李某元在服刑改造期间，趁在工地劳动时借机逃离监管场所，且脱逃时间长达 33 年之久，被告人从羁押场所脱逃的行为，严重侵害了国家监管机关的正常监督秩序，其行为已触犯刑法关于脱逃罪的规定。被告人李某元的脱逃犯罪行为发生在 1997 年《中华人民共和国刑法》实施以前，依照从旧兼从轻原则，对被告人李某元的犯罪行为应适用 1979 年《中华人民共和国刑法》追究刑事责任。2014 年被告人李某元在妻子曾某的陪同下主动到达公安追逃民警指定的地点，应视为自动投案，公安追逃民警考虑被告人李某元身患重病决定暂不收监的行为不影响对被告人李某元成立自首的认定，被告人李某元构成自首，依法可从轻处罚。

【相关法条】

《刑法》

第三百一十六条 **【脱逃罪】** 依法被关押的罪犯、被告人、犯罪嫌疑人脱逃的，处五年以下有期徒刑或者拘役。

【知识要点】

真正的身份犯：依法被关押的罪犯（已决犯）、被告人与犯罪嫌疑人（未决犯）；未被关押的罪犯、被告人与犯罪嫌疑人，不是本罪主体。未被关押的人可以成立本罪的共犯（教唆犯或者帮助犯）。确实无罪的人单纯脱逃的，不认定为脱逃罪，但采用暴力等方式脱逃构成犯罪的，也应从轻处罚。

使用暴力手段脱逃的，如果造成监管人员重伤、死亡的，符合牵连犯的特征，应择一重罪，即以故意杀人罪、故意伤害罪论处。

第十二节　妨害传染病防治罪

妨害传染病防治罪指违反《传染病防治法》的规定，引起甲类传染病传播或者有传播严重危险的行为。

【案例 15-12】

"新冠肺炎"传播案

2020 年 1 月 15 日，被告人季某菊从武汉返回青田。1 月 19 日，被告人季某菊等二三十人参加了由被告人章某斌在青田县组织的聚会活动。国家卫生健康委员会于 2020 年 1 月 20 日将新型冠状病毒感染的肺炎（下称"新冠肺炎"）纳入《中华人民共和国传染病防治法》规定的乙类传染病，并采取甲类传染病的预防、控制措施。1 月 23 日，被告人季某菊因发热、咳嗽等症状去青田人民医院就诊时被留院医学观察，1月25日被确诊为新冠肺炎病例。1月23日至2月7日，青田县疾病预防控制中心的工作人员根据疫情防控措施多次对被告人季某菊进行流行病学调查时，被告人季某菊均隐瞒了1月19日参加聚会活动的事实。2020年1月24日至2月4日期间，被告人章某斌因发热、咳嗽等症状多次去青田人民医院、中医院就诊，在就诊期间，其明知季某菊被确诊为新冠肺炎患者而向医护人员隐瞒其与季某菊于1月19日聚会的事实。同时在2月4日晚开始隔离治疗至2月7日确诊，青田县疾病预防控制中心的工作人员多次对章某斌进行流行病学调查时，其仍然隐瞒聚会的事实。因被告人季某菊、章某斌隐瞒聚会的事实，致使聚会的情况未被及时发现，导致季某菊、章某斌的密切接触者及密切接触者的密切接触者500余人（其中医务人员30余人）未被及时隔离医学观察，二被告人的行为严重影响了疫情的防治工作，造成社会恐慌。[1]

【案例15-12分析】

本案中，被告人季某菊、章某斌在新冠肺炎疫情肆虐期间，在国家卫生健康委员会宣布对新冠肺炎采取甲类传染病预防、控制措施后，不配合疫情防控措施，其中季某菊在被确诊为新冠肺炎病例后隐瞒与章某斌等人的密切接触史，章某斌明知季某菊已确诊为新冠肺炎病例而隐瞒与其的密切接触史且被确诊为新冠肺炎病例，致大量人员未被及时隔离，又造成包括医务人员在内的多人被集中隔离，引起新型冠状病毒传播的严重危险，二被告人的行为均已构成妨害传染病防治罪。

【相关法条】

《刑法》

第三百三十条【妨害传染病防治罪】[2]违反传染病防治法的规定，有下列情形之一，引起甲类传染病以及依法确定采取甲类传染病预防、控制措施的传染病传播或者有传播严重危险的，处三年以下有期徒刑或者拘役；后果特别严重的，处三年以上七年以下有期徒刑：

（一）供水单位供应的饮用水不符合国家规定的卫生标准的；

（二）拒绝按照疾病预防控制机构提出的卫生要求，对传染病病原体污染的污水、污物、场所和物品进行消毒处理的；

（三）准许或者纵容传染病病人、病原携带者和疑似传染病病人从事国务院卫生行政部门规定禁止从事的易使该传染病扩散的工作的；

（四）出售、运输疫区中被传染病病原体污染或者可能被传染病病原体污染的物品，未进行消毒处理的；

（五）拒绝执行县级以上人民政府、疾病预防控制机构依照传染病防治法提出的预防、控制措施的。

单位犯前款罪的，对单位判处罚金，并对其直接负责的主管人员和其他直接责任人

---

[1]　参见《浙江省青田县人民法院〔2020〕浙1121刑初44号刑事判决书》。

[2]　根据《中华人民共和国刑法修正案（十一）》修订。

员，依照前款的规定处罚。

甲类传染病的范围，依照《中华人民共和国传染病防治法》和国务院有关规定确定。

【知识要点】

1. 本罪属危险犯

本罪必须以发生法定的危害危险，即引起甲类传染病传播或者有传播严重危险的为必备构成要件。甲类传染病，包括鼠疫和霍乱两种。引起甲类传染病传播和引起甲类传染病传播的严重危险是本罪危害结果的选择性构成要件。其中引起甲类传染病传播属刑法理论中的实害结果，其对应的犯罪形态是实害犯；引起甲类传染病传播的严重危险属刑法理论中的危险结果（具体危险结果），其对应的犯罪形态是危险犯（具体危险犯）。在司法实践中，具备上述两种危害结果之一种，并同时符合本罪的其他构成特征，即可构成本罪。

2. 本罪与非罪的界限

行为人要构成本罪，必须是引起甲类传染病传播或者有传播的严重危险的行为。因此，认定本罪应当与一般违法行为区别开来。一般违法行为没有造成甲类传染病传播的结果，也不可能有甲类传染病传播的严重危险。对有违反传染病防治规定的一般行为，应由县级以上政府卫生行政部门责令限期改正，可以处以罚款；有造成传染病流行危险的，由卫生行政部门报请同级政府采取强制措施。

3. 本罪侵害的客体是我国卫生行政部门对传染病特别是甲类传染病的防治和管理秩序

客观方面表现为具有违反我国传染病防治的行为，并且由此引起甲类传染病的传播或者具有传播的严重危险。主观方面是故意，即明知是违反《传染病防治法》的行为，而以作为或不作为的方式有意实施该类行为。但对于引起甲类传染病传播或具有传播的严重危险这一后果，行为人主观上可能是过失。主体除一般主体外，还包括单位。

4. 本罪原是依照《传染病防治法》而设立的罪名

本罪原是比照 1979 年《刑法》第一百八十七条违反国境卫生检疫规定罪处罚。新《刑法》单独规定了罪名和法定刑，并增设了单位犯罪。

第十三节 医疗事故罪

医疗事故罪是指医务人员由于严重不负责任，造成就诊人死亡或者严重损害就诊人身体健康的行为。

【案例 15-13】

李某旺行医致人死亡案

被告人李某旺仅取得执业助理医师资格，自 2011 年 12 月以来，超出注册的执业地点（十堰市郧阳区茶店中心卫生院），在十堰市东风老年公寓诊所（实际经营地址为十堰市张湾区汉江街办金狮路×号），没有执业医师的指导独立从事医疗活动。2015 年 12 月 3 日被害人王某（殁年 29 岁）因腹痛伴恶心、呕吐来到十堰市东风老年公寓诊所看病，被告人李某旺诊断其患胆囊炎，于 12 月 3 日、4 日连续两天在诊所对王某进行静脉输液治疗。12 月 5 日上午李某旺到王某家中（十堰市张湾区汉江街道办事处四海新村××栋××室）为其进行静脉输液治疗。当日下午 15 时许，家人发现王某发烧，遂打电话给李某旺，李某旺赶到王某家，再次对王某进行静脉输液治疗，在王某出现输液异常反应后，未观察病情变化和履行监视等义务，擅自离开现场。当日 17 时许，王某出现大汗、"心里难受"等不适，家人随即呼叫 120 急救，同日 20 时许王某经十堰市人民医院抢救无效死亡。2016 年 1 月 5 日，经湖北医药学院法医司法鉴定所鉴定，王某系在输液过程中冠心病急性发作致呼吸、循环衰竭而猝死。2016 年 3 月 3 日，经十堰市医学会鉴定，王某死亡医疗事件属于一级甲等医疗事故，医方承担主要责任。[1]

◎ 问题：如何评价被告人李某旺的行为？

【案例 15-13 分析】

本案中，被告人李某旺仅取得了执业助理医师资格，超出注册的执业地点在没有执业医师的指导下独立从事医疗活动，违反了《执业医师法》有关医师按照注册的执业地点从事相应的医疗业务、执业助理医师应当在执业医师的指导下按照其执业类别执业、在乡、镇的医疗机构中工作的执业助理医师可以独立从事一般执业活动的规定，存在违法行为。被告人李某旺在诊疗过程中，对患者的病情缺乏正确判断与把握，明知自身执业资格受限和诊所医疗条件有限不能接诊，仍对患者进行了连续三天四次的治疗，而没有转诊；在治疗过程中，明知患者出现了输液异常反应，未观察病情变化，擅自离开患者，违反了静脉治疗护理技术操作规范以及有关输液过程中应定时巡视、观察患者有无输液反应、应密切观察病情变化并记录的相关规定。存在擅离职守，严重违反国家明确规定的诊疗技术规范和常规的行为，属于严重不负责任。被告人李某旺的违法行为和违反诊疗技术规范的行为，与患者的死亡存在一定的因果关系。经十堰市医学会鉴定结论认定涉案医疗事件属于一级甲等医疗事故，医方承担主要责任。因此，被告人李某旺身为医务人员，其对患者王某的诊疗行为违反了执业医师法的规定，且在诊疗过程中，疏忽大意，擅离职守，严重不负责任，造成就诊人死亡，与其诊疗行为之间存在刑法上的因果关系，其行为构成医疗事故罪。

【相关法条】

《刑法》

第三百三十五条 【医疗事故罪】 医务人员由于严重不负责任，造成就诊人死亡或者严

---

[1]　参见《湖北省十堰市中级人民法院〔2018〕鄂 03 刑终 71 号刑事判决书》。

重损害就诊人身体健康的，处三年以下有期徒刑或者拘役。

【知识要点】

"医务人员"，是指直接从事诊疗护理事务的人员，包括国家、集体医疗单位的医生、护士、药剂人员，以及经主管部门批准开业的个体行医人员，还包括从事医疗管理、后勤服务等人员。

"严重不负责任"，是指医务人员在诊疗护理过程中，违反医疗卫生管理法律、行政法规、部门规章和诊疗护理规范，不履行或者不正确履行诊疗护理职责，粗心大意，马虎草率。行为方式可以是作为，也可以是不作为。要求"严重不负责任"的行为与"就诊人死亡或者严重损害就诊人身体健康"的危害结果之间存在因果关系。

主观上只能出于过失。故意造成患者人身伤亡的，按照具体行为性质认定为故意伤害、故意杀人等罪。

正确区分医疗事故与其他行为：

（1）医疗技术事故，是指医务人员因技术水平不高、缺乏临床经验等技术上的失误所导致的事故。医疗技术事故不成立医疗事故罪。

（2）医疗意外事故，是指由于医务人员不能预见或者不可抗拒的原因而导致就诊人死亡或者严重损害就诊人身体健康的事故。医疗意外事故不成立医疗事故罪。

（3）就诊人或其亲属造成的事故，是指就诊人或者其亲属不配合治疗或者擅自采用其他药物等造成的事故；如果医务人员采取了有效的防范，则不成立医疗事故罪。

（4）一般医疗事故，是指医务人员虽然有不负责任的行为，也造成了一定的危害结果，但没有造成刑法所规定的致人死亡或严重损害人身健康的情况。一般医疗事故不成立医疗事故罪。

（5）要区分直接责任人员与间接责任人员，要分清主要责任人员和次要责任人员，要区分具体实施人员的直接责任与指导人员的直接责任，要分清职责范围与直接责任的关系。另外，在非职责范围和职责岗位，无偿为人民群众进行诊疗护理活动，或于紧急情况下抢救危重病员而发生失误造成不良后果的，一般不应追究责任。

第十四节　污染环境罪

污染环境罪是指违反防治环境污染的法律规定，造成严重的环境污染，依照法律应受到刑事处罚的行为。

【案例 15-14】

吴某偷排工业废水案

2014 年 1 月中旬至同年 6 月 19 日，被告人吴某未经环保部门允许，在未取得环境影响评价批准文件和无污水处理设备的情况下，私自在宁波市鄞州区某地开办个体发黑加工点，雇佣工人从事五金件发黑加工，将未经环保处理的废水直接排放至外部环境。经监测，该加工点排放的废水中 pH 值大于 12，总镉含量为 0.08mg/l，总铬含量为 17.8mg/l，其中重金属总铬含量超过《污水综合排放标准》（GB8978-1996）中一级标准的 3 倍以上，已严重污染了周边环境。①

【案件 15-14 分析】

根据法律相关规定，本罪属结果犯，行为人非法排放、倾倒、处置危险废物的行为是否构成犯罪，应对其行为所造成的后果加以认定，如该行为造成严重后果，则以本罪论。因此，在对于该罪的认定时，自然需要鉴定考察该行为所造成的不良结果是否达到需要惩罚的"严重后果"程度，否则不能以犯罪论处。本案中，重金属总铬含量超过《污水综合排放标准》（GB8978-1996）中一级标准的 3 倍以上，已严重污染周边环境，因而已达到应当以污染环境罪论处的程度。根据该罪的犯罪构成要件与犯罪行为人的行为对照，可以分析出，吴某违反国家规定，在未取得环境影响评价批准文件和无污水处理设备的情况下，私自非法排放有毒物质，造成严重污染环境的后果，其行为已构成污染环境罪。

【相关法条】

《刑法》

第三百三十八条【污染环境罪】② 违反国家规定，排放、倾倒或者处置有放射性的废物、含传染病病原体的废物、有毒物质或者其他有害物质，严重污染环境的，处三年以下有期徒刑或者拘役，并处或者单处罚金；情节严重的，处三年以上七年以下有期徒刑，并处罚金；有下列情形之一的，处七年以上有期徒刑，并处罚金：

（一）在饮用水水源保护区、自然保护地核心保护区等依法确定的重点保护区域排放、倾倒、处置有放射性的废物、含传染病病原体的废物、有毒物质，情节特别严重的；

（二）向国家确定的重要江河、湖泊水域排放、倾倒、处置有放射性的废物、含传染病病原体的废物、有毒物质，情节特别严重的；

（三）致使大量永久基本农田基本功能丧失或者遭受永久性破坏的；

（四）致使多人重伤、严重疾病，或者致人严重残疾、死亡的。

有前款行为，同时构成其他犯罪的，依照处罚较重的规定定罪处罚。

【知识要点】

1. 区分环境污染罪与环境监管失职罪

两罪同属结果犯的范畴，都是由于其行为造成了重大环境污染事故，致使严重后果的发生，且主观上都含有过失的罪过形式，个别情况下也存在着故意形态，但主要是间接故意。两罪的主要区别如下：

（1）客体不同。本罪客体是国家环境保护和环境污染防治的管理制度，属于破坏环

---

① 参见《浙江省宁波市勤州区人民法院〔2014〕甬鄞刑初字第 01408 号刑事判决书》。

② 根据《中华人民共和国刑法修正案（十一）》修订。

境资料的犯罪。而后罪侵犯的客体则为国家对环境保护工作的正常管理活动，属于渎职犯罪。

（2）客观方面不同。本罪表现为违反国家规定，向土地、水体、大气排放、倾倒或者处置有放射性的废物、含传染病病原体的废物、有毒物质或其他危险废物，造成重大环境污染事故，致使公私财产遭受重大损失或者人身伤亡的严重后果的行为。而环境监管失职罪表现为环境保护部门的国家机关工作人员的严重不负责任，从而造成重大环境污染事故，这种严重不负责任主要体现为滥用职权和玩忽职守，不尽职责的行为。

（3）主体不同。本罪的主体既可以是自然人，也可以是单位，对自然人作为本罪的主体没有限制条件，而后罪的主体是特殊主体，即负责环境保护监管职责的国家机关工作人员，单位不构成该罪主体。

第十五节　毒品犯罪

走私、贩卖、运输、制造毒品罪是指明知是毒品而故意实施走私、贩卖、运输、制造的行为。走私、贩卖、运输、制造毒品罪是选择罪名，只要实施了走私、贩卖、运输、制造毒品行为之一的，即以该行为确定罪名。

【案例 15-15】

高某等涉毒案

2008 年年底某日，被告人高某在一宾馆房间内，以人民币（以下币种同）6 000元的价格向王某贩卖甲基苯丙胺 11.9 克。2010 年 1 月，高某又先后 2 次以 3 000 元和 6 500 元的价格向王某贩卖甲基苯丙胺 5.95 克和 11.9 克。2010 年 3 月初的某天，被告人高某指使被告人宋某携带 5 500 元毒资到某加油站，向高某事先联系的毒贩购买甲基苯丙胺 11.9 克，宋某将购买的毒品送至高某居住的小区交给高某。2010 年 3 月底的某天，高某指使宋某携带 5 500 元毒资到某酒店，向高某事先联系的毒贩购买甲基苯丙胺 11.9 克，宋某将购买的毒品送到高某居住的小区交给高某时被当场抓获。①

【案例 15-15 分析】

本案件中，在明知其持有的为毒品的前提下，被告人高某将毒品贩卖给他人，侵害国家对毒品的管理制度和公民的身心健康，符合刑法对贩卖毒品罪的犯罪构成要件，因此应认定为贩卖毒品罪。被告人宋某不以牟利为目的，为他人代购数量较大且用于吸毒的毒品，并在同城内运送给他人，距离相对较短，不符合运输毒品罪的构成要件。被告人宋某的行为应认定为明知是毒品而非法持有，构成非法持有毒品罪。

---

① 参见人民法院刑事审判一至五庭：《刑事审判参考》（总 91 集）指导案例第 853 号，法律出版社，2014 年 1 月 1 日。

【相关法条】

《刑法》

第三百四十七条【走私、贩卖、运输、制造毒品罪】 走私、贩卖、运输、制造毒品，无论数量多少，都应当追究刑事责任，予以刑事处罚。

走私、贩卖、运输、制造毒品，有下列情形之一的，处十五年有期徒刑、无期徒刑或者死刑，并处没收财产：

（一）走私、贩卖、运输、制造鸦片一千克以上、海洛因或者甲基苯丙胺五十克以上或者其他毒品数量大的；

（二）走私、贩卖、运输、制造毒品集团的首要分子；

（三）武装掩护走私、贩卖、运输、制造毒品的；

（四）以暴力抗拒检查、拘留、逮捕，情节严重的；

（五）参与有组织的国际贩毒活动的。

走私、贩卖、运输、制造鸦片二百克以上不满一千克、海洛因或者甲基苯丙胺十克以上不满五十克或者其他毒品数量较大的，处七年以上有期徒刑，并处罚金。

走私、贩卖、运输、制造鸦片不满二百克、海洛因或者甲基苯丙胺不满十克或者其他少量毒品的，处三年以下有期徒刑、拘役或者管制，并处罚金；情节严重的，处三年以上七年以下有期徒刑，并处罚金。

单位犯第二款、第三款、第四款罪的，对单位判处罚金，并对其直接负责的主管人员和其他直接责任人员，依照各该款的规定处罚。

利用、教唆未成年人走私、贩卖、运输、制造毒品，或者向未成年人出售毒品的，从重处罚。

对多次走私、贩卖、运输、制造毒品，未经处理的，毒品数量累计计算。

第三百四十八条【非法持有毒品罪】 非法持有鸦片一千克以上、海洛因或者甲基苯丙胺五十克以上或者其他毒品数量大的，处七年以上有期徒刑或者无期徒刑，并处罚金；非法持有鸦片二百克以上不满一千克、海洛因或者甲基苯丙胺十克以上不满五十克或者其他毒品数量较大的，处三年以下有期徒刑、拘役或者管制，并处罚金；情节严重的，处三年以上七年以下有期徒刑，并处罚金。

【知识要点】

1. 本罪与其他犯罪的界限

（1）对于走私其他货物、物品的，以实际走私的货物、物品的性质认定犯罪，不能认定为走私毒品罪。

（2）行为人在一次走私活动中，既走私毒品又走私其他货物、物品的，应按走私毒品罪和构成的其他走私罪，实行数罪并罚。

（3）行为人故意以非毒品冒充真毒品或者明知是假毒品而贩卖牟利的，应认定为诈骗罪，而非贩卖毒品罪。甲明知是面粉，对乙谎称是海洛因，交付乙贩卖的，甲构成诈骗罪（间接正犯），乙无罪。

（4）行为人在生产、销售的食品中掺入微量毒品的，应认定为生产、销售有毒、有害食品罪或欺骗他人吸毒罪，不认定为贩卖毒品罪。

（5）有证据证明行为人不以牟利为目的，为他人代购仅用于吸食的毒品，毒品数量超过《刑法》第三百四十八条规定的最低数量标准的，对托购者、代购者应以非法持有毒品罪定罪。代购者从中牟利，变相加价贩卖毒品的，对代购者应以贩卖毒品罪定罪。明知他人实施毒品犯罪而为其居间介绍、代购代卖的，无论是否牟利，都应以相关毒品犯罪的共犯论处。

（6）盗窃、抢夺、抢劫毒品的，应当分别以盗窃罪、抢夺罪或者抢劫罪定罪，但不计犯罪数额，根据情节轻重予以定罪量刑。盗窃、抢夺、抢劫毒品后又实施其他毒品犯罪的，对盗窃罪、抢夺罪、抢劫罪和所犯的具体毒品犯罪分别定罪，依法数罪并罚。

2. 非法持有毒品罪

（1）吸毒者非法持毒，或托购、代购毒品，数量达到相关标准的，认定为非法持有毒品罪。

（2）行为人利用自己的身体、衣服等将毒品从甲地运往乙地的，只有与走私、贩卖、制造有关联的行为，才认定为运输毒品罪。

（3）持有毒品，是指行为人对毒品的事实上的支配。

①持有具体表现为直接占有、携有、藏有或者以其他方法支配毒品。

②持有不要求物理上的握有，只要行为人认识到它的存在，能够对之进行管理或者支配，就是持有。

③持有时并不要求行为人是毒品的"所有者""占有者"，只要事实上置于行为人支配之下时，行为人即持有毒品。

④持有并不要求直接持有，还包括间接持有，例如，行为人将毒品委托给第三者保管时，行为人与第三者均持有该毒品。

⑤持有不要求单独持有，二人以上共同持有毒品的，也成立本罪。

⑥持有是一种持续行为，只有当毒品在一定时间内由行为人支配时，才构成持有。

第十六节　传播淫秽物品罪

传播淫秽物品罪，是指不以牟利为目的，在社会上传播淫秽的书刊、影片、录像带、录音带、图片或者其他淫秽物品，情节严重的行为。

【案例 15-16】

贝某等人在 QQ 群分享淫秽视频案

2014 年，被告人贝某利用其 QQ 号码（昵称"捂着心脏说爱你"）在互联网创建了名为"三灶狼群①"QQ 群，该群共有成员 413 名。被告人贝某作为群主，在创建 QQ 群时向 QQ 群相册上传了淫秽图片。并先后根据被告人林某、被告人胡某、被告人黄某的申请，同意该三人成为该 QQ 群的管理员，享有同意他人入群、踢人出群、管理群相册等权限。四名被告人共同管理该 QQ 群，其间群里成员不定期上传淫秽图片及涉嫖信息等。经鉴定，该 QQ 群案发时有 1011 张图片、88 个 MP4 视频属于淫秽物品。①

【案例 15-16 分析】

本案中，被告人贝某、林某、胡某、黄某利用互联网建立或者管理主要用于传播淫秽电子信息的群组，群里成员不定期上传淫秽图片及涉嫖信息等。同时，经鉴定，该 QQ 群案发时有 1011 张图片、88 个 MP4 视频属于淫秽物品，涉案物品之多属于情节严重情形，其共同行为构成传播淫秽物品罪。

根据对于刑法条文的理解，所谓以传播为目的，是指行为人走私淫秽物品不仅是为了个人观赏和使用，而是意图在社会上展示、赠送、播放、散布或流传等。行为人牟利或者传播的目的是否实现，不影响本罪的成立。对于传播淫秽物品罪的认定，应该根据其是否进行"传播"进而予以定罪判断，另外，对于"传播"对象的群体人数与对象环境都要加以考虑，作为犯罪情节予以考察。

【相关法条】

1.《刑法》

第三百六十四条第一款、第四款【传播淫秽物品罪】传播淫秽的书刊、影片、音像、图片或者其他淫秽物品，情节严重的，处二年以下有期徒刑、拘役或者管制。向不满十八周岁的未成年人传播淫秽物品的，从重处罚。

第三百六十六条　单位犯本节第三百六十三条、第三百六十四条、第三百六十五条规定之罪的，对单位判处罚金，并对其直接负责的主管人员和其他直接责任人员，依照各该条的规定处罚。

2.《最高人民法院、最高人民检察院关于办理利用互联网、移动通讯终端、声讯台制作、复制、出版、贩卖、传播淫秽电子信息刑事案件具体应用法律若干问题的解释》

第十七节　组织卖淫罪与强迫卖淫罪

组织卖淫罪，是指以招募、雇佣、强迫、引诱、容留等手段，控制他人从事卖淫活动的行为。构成要件的内容为组织他人卖淫。组织，是指以招募、雇佣、强迫、引诱、容留等手段，控制他人从事卖淫活动的行为。

强迫卖淫罪，是指使用暴力、威胁、虐待等强制方法迫使他人卖淫的行为。

① 参见《广东省珠海市金湾区人民法院〔2015〕珠金法刑初字第 99 号刑事判决书》。

【案例 15-17】

尼某君组织卖淫案

2010 年 7 月至 2011 年 9 月，被告人尼某君、孟某甲与他人合谋，在本市海淀区、朝阳区等地组织卖淫活动，二被告人按照分工，组织陈某、于某伟等人在本市海淀区各大饭店等地散发大量招嫖卡片，数次与嫖客约定卖淫时间、地点、价格、对妓女的要求等信息，并将该信息提供给卖淫人员的直接管理者小军，由其派出卖淫人员。二被告人事后从卖淫所得中获得对半分成。[①]

【案例 15-17 分析】

本案中，被告人尼某君、孟某甲作为卖淫活动的组织者，以营利为目的，分工安排进行卖淫活动，按照约定的分工和提成方式，通过控制、管理数人发放招嫖卡片获取大量嫖客信息提供给他人，在卖淫活动中起到关键作用，二被告人这种提供大量嫖客信息的行为属于组织卖淫行为的表现形式之一，严重侵害了社会道德风尚和社会治安管理秩序，二被告人的行为完全符合组织卖淫罪的构成要件。组织卖淫罪的主体为组织者，本案中，被告人尼某君、孟某甲为组织者，陈某、于某伟等人仅为卖淫活动开展的参与者，即不被认定为组织卖淫罪的犯罪主体。

【相关法条】

《刑法》

第三百五十八条 【组织卖淫罪】【强迫卖淫罪】 组织、强迫他人卖淫的，处五年以上十年以下有期徒刑，并处罚金；情节严重的，处十年以上有期徒刑或者无期徒刑，并处罚金或者没收财产。

组织、强迫未成年人卖淫的，依照前款的规定从重处罚。

犯前两款罪，并有杀害、伤害、强奸、绑架等犯罪行为的，依照数罪并罚的规定处罚。

【知识要点】

组织卖淫与强迫卖淫、引诱、容留、强迫卖淫的关系：对象同一的，吸收为组织卖淫罪；对象不同一的，数罪并罚。

行为人强迫妇女仅与自己发生性交，并支付性行为对价的，应认定为强奸罪，不得认定为强迫卖淫罪。如果行为人强迫他人从事卖淫，并在他人卖淫的过程中，与其发生性交或者实施其他猥亵行为的，或者为了迫使妇女卖淫而强奸妇女的，则应认定为强迫卖淫罪。

"强奸后迫使卖淫"，是指将强奸行为作为强迫他人卖淫的手段，强奸妇女或者奸淫幼女后，迫使其卖淫。如果强奸妇女或者奸淫幼女时并无迫使其卖淫的故意，后来产生强

---

① 参见《北京市海淀区人民法院〔2012〕海刑初字第 2394 号刑事判决书》。

迫其卖淫的故意，进而迫使其卖淫的，则应实行数罪并罚。

旅馆业、饮食服务业、文化娱乐业、出租汽车业等单位的主要负责人，利用本单位的条件组织、强迫他人卖淫的，从重处罚。

为组织卖淫的人招募、运送人员或者有其他协助组织他人卖淫行为，成立协助组织卖淫罪，而不是本罪。

先强迫其卖淫，然后又对其实施强奸行为的，或为了让被强迫者丧失羞耻心，采用强奸的手段强迫其卖淫，均以强迫卖淫罪、强奸罪实行并罚。

探讨案例与知识点巩固

【探讨案例 15-1】

被告人周某通过他人介绍，于 1999 年 9 月 9 日到峨山县飞马山庄，与山庄经理马某联系，在其山庄内的保龄球馆开设"百家乐"赌场，双方商定由周某每天付给马某场地租金 6 000 元，并提供赌具、场地、赌桌，场所安全及赌场服务人员由马某提供。13 日夜晚，马某将赶做好的三张赌桌及原山庄的一张赌桌共四张以及已装修好的赌场提供给周某；14 日凌晨，赌场正式营业，即日凌晨 1 时许周某将三天的租金共计 18 000 元让马某之女婿梁某祥转交给马某。14 日中午，周某离开飞马山庄。16 日凌晨 2 时许，赌场被峨山公安局查封，当场抓获赌场工作人员张某来、杨某志（二人另案处理）及参赌人员 107 人，并在飞马山庄 302 房、208 房、202 房、305 房查获装有人民币 283 700.00 元及赌局记录和各种赌具的密码箱七只、纸箱二只，旅行包一个，同时查封扣押了设在飞马山庄保龄球馆二楼的"百家乐"赌场及其中的赌桌赌具。16 日下午，被告人周某到峨山县公安局投案自首。[①]

◎ 问题：如何认定本案中周某的行为？

【探讨案例 15-2】

被告人李某于 2003 年 1 月至 8 月，以营利为目的，先后伙同刘某、冷某宝等人预谋，采取张贴广告、登报的方式招聘"公关先生"，规定应聘者交押金 300 元，每月交管理费 200 元。"公关先生"专为同性提供性服务，如果拒绝，押金、管理费等不能收回，李某还制定了严格的管理制度，"公关先生""服务"一次，可收取"服务费"200 元。但必须向其交纳出台费。李某还指使刘某、冷某宝对"公关先生"进行管理，在其经营的"金麒麟""廊桥""正麒"酒吧内将"公关先生"介绍给同性嫖客，由同性嫖客带至某市"新富城"大酒店等处从事同性卖淫活动。[②]

◎ 问题：如何认定本案中李某的行为？

---

① 参见《云南省玉溪市峨山县人民检察院峨检刑诉字〔1999〕第 112 号起诉书》。

② 参见《江苏省南京市中级人民法院〔2004〕宁刑终字第 122 号刑事裁定书》。

【探讨案例 15-3】

　　为了让因涉嫌贩卖毒品被羁押在看守所里的弟弟立功，浙江省苍南县的陈某旗竟与他人一同导演了一起假贩卖毒品案，但是机关算尽，结果却是害人又害己。2004年2月，因涉嫌贩卖毒品罪被羁押在看守所里的陈某安为了立功，向公安机关检举何某丰贩卖毒品，并要求哥哥陈某旗配合公安机关破案，但陈某旗通过高某杰了解到何某丰并无毒品出售。为了帮助弟弟立功，陈某旗决定与高某杰合谋设计圈套，诱使何某丰贩卖毒品，然后向公安机关举报。同年4月，陈某旗出资人民币6.8万元，由高某杰经手购得202.2克海洛因，同时，高某杰以1万元"好处费"作为诱饵，指使何某丰充当卖主与陈某旗交易海洛因，随后向苍南县公安局禁毒大队"检举"何某丰出售毒品，当何某丰携带海洛因与陈某旗"交易"时，被公安机关当场抓获。①

◎ **问题：**如何认定本案中陈某旗的行为？

【探讨案例 15-4】

　　2010年9月以来，被告人陈某发私自开办诊所，非法行医。2012年12月24日，陈某发在其诊所对被害人陈某霖进行针灸治疗过程中，被害人支气管哮喘病发作，由于陈某发对陈某霖的病情评估不足，未及时转诊，且抢救措施不完善，导致陈某霖在患冠心病基础上，因支气管哮喘病发作后致急性呼吸循环功能衰竭而死亡。②

◎ **问题：**如何认定本案中陈某发的行为？

【探讨案例 15-5】

　　2009年以来，被告人任某积极参加以刘某为组织者、领导者的黑社会性质组织，该组织骨干成员王某维认其为干儿子。被告人任某在该组织内影响较大，组织成员称其为"毛哥"，组织内的积极参加者王某及其手下均受任某领导。任某在刘某等人的组织领导下，多次进行违法活动。2010年8月，任某参与某公司为他人索要债务，以暴力手段插手民事纠纷。2010年3月，参与殴打女人城经营权所有者张某辉。2011年4月，参与强拆申某乙广告牌，故意毁坏他人财物，数额较大事件；2010年，协助王某维收取新世纪女人城摊位费、停车费等。③

◎ **问题：**如何认定本案中任某的行为？

---

① 参见《为弟立功导演贩毒案 触犯刑律被判刑》，载中国法院网：https://www.chinacourt.org/article/detail/2005/04/id/160433.shtml。

② 参见《最高检公布9起精品刑事抗诉案件之九：陈某发非法行医案》，载北大法宝，【法宝引证码】CLI.C.8333541。

③ 参见《组织、领导、参加黑社会性质组织罪一审法律文书》，载天眼查：https://susong.tianyancha.com/31d0ab3211964c35af1fa08ee510c976。

【探讨案例 15-6】

2015 年 11 月开始，被告人郑某明在丽水市莲都区碧湖镇白口村临时棚经营废塑料加工点，将收购的废旧塑料制品粉碎成塑料颗粒，并用清水清洗后进行出售，加工和清洗过程中产生的污水则直接排放在旁边的渗坑里自然渗漏到地下。其间，被告人郑某明还从浙江豪登合成革有限公司等处收购了十多吨皮革色浆桶、油漆桶、胶水桶等危险废物，利用上述方式加工成塑料颗粒。

2016 年 3 月 30 日，丽水市环境保护局莲都区分局对该塑料加工点进行检查时，当场查扣已经加工好的塑料颗粒 6560 千克，皮革色浆桶、白色油漆桶共计 4451 千克。经丽水市固体废物管理中心鉴定，该塑料加工点废塑料桶（皮革色浆桶、白色油漆桶、大型胶水桶）属于危险废物。①

◎ 问题：如何认定本案中郑某明的行为？

【探讨案例 15-7】

2016 年 11 月至 12 月，经营男性保健品的被告人魏某为了留住更多的群内粉丝，利用昵称为"繁华落尽"的微信号，以"卖蜂蜜的猪八戒"为群昵称，在名为"视频共享群"的微信群里发送淫秽视频及含有淫秽视频的二维码和链接，供微信群中人员观看。经查实，被告人魏某在该微信群里传播淫秽物品 58 部。案发后，被告人魏某主动到公安机关投案。②

◎ 问题：如何认定本案中魏某的行为？

【探讨案例 15-8】

自 2018 年 11 月，被告人潘某峰、欧阳某波等人在菲律宾马尼拉地区帕西格市一家专门针对中国人经营的"万国彩票"赌博网站公司从事技术工作，即由欧阳某波负责建设新网站，"小方"负责新网站的域名管理，潘某峰负责关键词的修改、分析。其中，潘某峰编写用于将万国彩票网址链接植入网站名为"yizer"的后门程序。2019 年 1 月，潘某峰、欧阳某波在批量入侵网站时侵入属国家事务平台的南阳市人大计算机信息系统。截至案发，潘某峰非法所得人民币 60 000 元。2020 年 1 月 19 日，被告人欧阳某波主动上交非法所得人民币 70 000 元。③

◎ 问题：如何认定本案中潘某峰、欧阳某波的行为？

---

① 参见《浙江省丽水市莲都区人民法院〔2017〕浙 1102 刑初 110 号刑事判决书》。
② 参见《浙江省丽水市中级人民法院〔2017〕浙 11 刑终 123 号刑事判决书》。
③ 参见《河南省南阳市宛城区人民法院〔2020〕豫 1302 刑初 125 号刑事判决书》。

【探讨案例 15-9】

2016 年 10 月 24 日，儋州市国土环境资源局、住房和城乡建设局、白马井镇人民政府联合拆除了被告人钟某同在白马井镇禾囊村纬四路旁的违建房屋等建筑物。钟某同不满，事先找人制作了多件印有"还我血汗，还我生存""坚决控诉地方黑势力""反对政权私有，反对打击报复""还我住屋，还我猪场"等口号的白色短袖 T 恤。2016 年 10 月 31 日上午 9 时许，钟某同和钟某良（已判刑）组织钟某 1、钟某 2、叶某、钟某 3、陈某平、郑某姣、郑某 1、郑某 2 等二十多人到白马井镇政府办公楼大门前，钟某同将上述印有口号的 T 恤分发给钟某良等参与人员穿上。在钟某同与钟某良的带领下，上述参与人纷纷高呼 T 恤上所印口号，引发现场一片喧闹、混乱，经镇政府工作人员极力劝阻后仍拒不停止，并欲强行冲进大楼内。直至当天上午 10 时 30 分许，儋州市白马井派出所民警接到报警后赶到现场才得以制止，造成白马井镇政府各部门行政、经济工作全部被中断，特别是征地、扶贫等紧要工作无法开展，群众无法到政府办事。①

◎ 问题：如何认定本案中钟某同的行为？

【探讨案例 15-10】

被告人谢某于 2016 年 3 月 22 日 21 时许，在北京市密云区十里堡镇某厅一层大厅内，酒后无故持香炉对歌厅工作人员孙某行殴打，后又伙同陈某、宋某等人将歌厅内的茶几损坏，持茶几面、茶几腿等物对歌厅工作人员进行殴打。经鉴定，歌厅工作人员孙某损伤程度为轻伤二级，其余工作人员损伤程度均属轻微伤，被损坏物品价值人民币 285 元。②

◎ 问题：如何认定本案中谢某的行为？

【探讨案例 15-11】

被告人冯某长期在武汉居住，因夫侄结婚，与其丈夫二人于 2020 年 1 月 22 日返回宁陵县孔集乡宋胡同东村居住于其侄子家，次日参加婚礼，这期间接触多人。1 月 25 日，当地村委通知所有武汉返乡人员居家隔离，同日，被告人冯某感觉身体不适，与其侄媳妇一同自驾前往孔集乡卫生院就诊，医务人员根据开展疫情防控工作的要求明确询问冯某是否系武汉返乡人员，被告人冯某担心说明真实情况后医生不给其诊治，向医生隐瞒了其武汉返乡人员的身份。1 月 28 日、1 月 29 日，被告人冯某因体温升高，两次违反隔离规定随其侄子自驾到孔集乡卫生院就诊，并在医务人员明确询问时继续隐瞒其武汉返乡人员身份，后被发现后强制留院观察，因体温正常被准予回家自行隔离。1 月 30 日，被告人冯某体温异常升高，被送至宁陵县人民医院治疗，

---

① 参见《海南省第二中级人民法院〔2020〕琼 97 刑终 91 号刑事判决书》。
② 参见《北京市密云区人民法院〔2016〕京 0118 刑初 156 号刑事判决书》。

次日被确诊为新型冠状病毒性肺炎。被告人冯某因违反卫生防疫机构依照《传染病防治法》提出的防控措施并隐瞒事实就医，致使孔集乡卫生院 8 名医务人员被隔离，1 名密切接触者被感染，及该名密切接触者所居住的王桥村被实施隔离封村措施。①

◎ 问题：如何认定本案中冯某的行为？

【探讨案例 15-12】

2012 年 12 月 26 日 7 时许，农安县某创业村卫生所打电话称其儿子肖某乙有病，请求医生到其家中为肖某乙诊疗治病，该卫生所医生陈某在未对肖某乙进行常规诊治、检查的情况下，便开具了药物处方，并让其妻子被告人洛某艳到肖某甲家为肖某乙输液，被告人洛某艳来到肖某甲家，在未询问肖某乙的过敏史、未进行试敏的情况下，按照医生陈某开具的处方，为肖某乙静点过敏药物清开灵，后离开肖某甲家，肖某乙在静点过程中出现过敏反应，被告人洛某艳未在现场给予及时抢救，致使肖某乙在被送往医院途中死亡。②

◎ 问题：该如何认定本案中陈某的行为？

【探讨案例 15-13】

自 2015 年 9 月开始，被告人彭某彪伙同李某诗、罗某银（均另案处理）等人在花都区炭步镇民主村四角围收费站侧广州市美凌环保科技有限公司内，在没有取得危险废物经营许可的情况下，由被告人彭某彪主要提供场地设备，李某、罗某主要提供资金和技术，通过非法途径从广州惠华化工科技有限公司等处购买含三氯化铁、氯化亚铁等物质的废酸（工业生产产生的废盐酸、废硫酸）作为原料，生产净水剂，再销售到清远市恒丰泰染整企业有限公司等处，以谋取利益，被告人任某钊负责上述废酸和净水剂的运输。2016 年 6 月 14 日，广州市花都区环境保护局执法监察大队经现场监察，责令美凌环保科技有限公司在未完成环评变更手续前，立即停止生产。被告人彭某彪、任某钊等人并未停止经营行为。2018 年 6 月 18 日，广州市花都区环境保护局及公安机关查获上址，依法扣押广州市美凌环保科技有限公司 5 个污水池、2 个排污井及赣C××××槽罐车内的废酸液。经检测，上述 7 个液体池以及槽罐车内的废酸液属于危险废物。经监测，上述液体池中的废酸液存在一定程度泄漏，土壤及地下水均已受到污染。2018 年 7 月 21 日，惠州东江威立雅环境有限公司对上述危险废物分批进行无害化清运工作，共计清运废物 430 余吨。③

◎ 问题：如何认定本案中彭某彪、任某钊的行为？

---

① 参见《河南省宁陵县人民法院〔2020〕豫 1423 刑初 37 号刑事判决书》。
② 参见《吉林省长春市中级人民法院〔2014〕长刑终字第 00190 号刑事裁定书》。
③ 参见《广东省广州市中级人民法院〔2020〕粤 01 刑终 364 号刑事判决书》。

【探讨案例 15-14】

　　被告人郭某琼为自己在微信上经营的男性保健品引留客户，自 2017 年 3 月 5 日起至 2017 年 3 月 12 日止，以群主的身份用郭某熙的微信名向某微信群里（群成员 83 人）先后发送淫秽视频 244 段和淫秽视频链接 53 条。

◎ **问题：** 如何认定本案中郭某琼的行为？

第十六章　贪污贿赂罪与渎职罪

贪污贿赂罪，是指国家工作人员或国有单位实施的贪污、受贿等侵犯国家廉政建设制度，以及其他人员或单位实施的与受贿具有对向性或撮合性的情节严重的行为。

所谓国家工作人员，根据《刑法》第九十三条规定，国家工作人员，是指国家机关中从事公务的人员。国有公司、企业、事业单位、人民团体中从事公务的人员和国家机关、国有公司、企业、事业单位委派到非国有公司、企业、事业单位、社会团体从事公务的人员，以及其他依照法律从事公务的人员。

关于"其他依照法律从事公务的人员"应当具有两个特征：一是在特定条件下行使国家管理职能；二是依照法律规定从事公务。具体包括：（1）依法履行职责的各级人民代表大会代表；（2）依法履行审判职责的人民陪审员；（3）协助乡镇人民政府、街道办事处从事行政管理工作的村民委员会、居民委员会等农村和城市基层组织人员；（4）其他由法律授权从事公务的人员。

根据2000年4月29日全国人民代表大会常务委员会关于《中华人民共和国刑法》第九十三条第二款的解释，村民委员会等村基层组织人员协助人民政府从事下列行政管理工作，属于刑法第九十三条第二款规定的"其他依照法律从事公务的人员"：（1）救灾、抢险、防汛、优抚、扶贫、移民、救济款物的管理；（2）社会捐助公益事业款物的管理；（3）国有土地的经营和管理；（4）土地征用补偿费用的管理；（5）代征、代缴税款；（6）有关计划生育、户籍、征兵工作；（7）协助人民政府从事的其他行政管理工作。村民委员会等村基层组织人员从事上述公务，利用职务上的便利，非法占有公共财物挪用公款、索取他人财物或者非法收受他人财物，构成犯罪的，适用《刑法》第三百八十二条和第三百八十三条贪污罪、第三百八十四条挪用公款罪、第三百八十五条和第三百八十六条受贿罪的规定。

第一节　贪　污　罪

贪污罪，是指国家工作人员利用职务上的便利，侵吞、窃取、骗取或者以其他手段非法占有公共财物的行为。另外，根据《刑法》第三百八十二条第二款规定，受国家机关、国有公司、企业、事业单位、人民团体委托管理、经营国有财产的人员，利用职务上的便利，侵吞、窃取、骗取或者以其他手段非法占有国有财物的，以贪污论。本罪的构成要件如下：

1. 客体要件

贪污罪侵犯的客体既包括国家工作人员的职务廉洁性，也包括公共财产的所有权。其中，国家工作人员的职务廉洁性是主要客体，公共财物的所有权是次要客体。

从我国刑法的规定来看，由于行为人的主体身份不同，贪污罪的犯罪对象并不必然是公共财产；在个别情况下，非公共财产也能成为贪污罪的犯罪对象。例如，《刑法》第二百七十一条第二款规定，国有公司、企业或者其他国有单位委派到非国有公司、企业以及其他单位从事公务的人员利用职务上的便利，将本单位财物非法占为己有的，应当以贪污罪定罪处罚。犯罪对象即为非国有公司、企业以及其他单位的财物，这些财物既可能包含国有财产，也可能包含集体财产，还可能包含私人财产或者外资财产。

2. 客观要件

贪污罪的客观方面表现为利用职务上的便利，侵吞、窃取、骗取或者以其他手段非法占有公共财物的行为。构成本罪必须满足利用职务上的便利和非法占有公共财物两个条件。所谓利用职务上的便利，是指利用职务权力和地位所形成的主管、管理、经营、经手公共财物的便利条件。

3. 主体要件

贪污罪的犯罪主体是特殊主体，即国家工作人员。

4. 主观要件

贪污罪的主观方面表现为故意，即要求行为人具有非法占有公共财物的目的。

【案例 16-1】

杨某虎骗取国有土地使用权案

2002 年，杨某虎得知义乌市稠城街道共和村将被列入拆迁和旧村改造范围后，决定在该村购买旧房，利用其职务便利，在拆迁安置时骗取非法利益。杨某虎遂与王某芳、郑某潮共谋后，由王、郑二人出面，通过共和村王某某，以王某芳的名义在该村购买赵某某的 3 间旧房。按当地拆迁和旧村改造政策，赵某某有无该旧房，其所得安置土地面积均相同，事实上赵某某也按无房户得到了土地安置。2003 年 3、4 月，为使 3 间旧房所占土地确权到王某芳名下，在杨某虎指使和安排下，郑某潮再次通过共和村王某某，让该村村民委员会及其成员出具了该 3 间旧房系王某芳 1983 年所建的虚假证明。杨某虎利用职务便利，要求兼任国际商贸城建设指挥部分管土地确权工作的副总指挥、义乌市国土资源局副局长吴某某和指挥部确权报批科人员，对王某芳拆迁安置、土地确权予以关照。国际商贸城建设指挥部遂将王某芳所购房屋作为有村证明但无产权证的旧房进行确权审核，上报义乌市国土资源局确权，并按丈量结果认定其占地面积 64.7 平方米。

此后，被告人杨某虎与郑某潮、王某芳等人共谋，在其岳父王某祥在共和村拆迁中可得 25.5 平方米土地确权的基础上，于 2005 年 1 月编造了由王某芳等人签名的申请报告，谎称"王某祥与王某芳共有三间半房屋，占地 90.2 平方米，二人在 1986 年分家，王某祥分得 36.1 平方米，王某芳分得 54.1 平方米，有关部门确认王某祥房屋 25.5 平方米、王某芳房屋 64 平方米有误"，要求义乌市国土资源局更正。随后，杨某虎利用职务便利，指使国际商贸城建设指挥部工作人员以该部名义对该申请报告盖章确认，并使该申请报告得到义乌市国土资源局和义乌市政府认可，从而让王某芳、王某祥分别获得 72 平方米和 54 平方米（共 126 平方米）的建设用地审批。①

【案例 16-1 分析】

杨某虎作为国家工作人员，明知王某芳不符合拆迁安置条件，却利用职务便利，通过将王某芳所购房屋谎报为其祖传旧房、虚构王某芳与王某祥分家事实，骗得旧房拆迁安置资格，骗取国有土地确权。同时，杨某虎、王某芳等人弄虚作假，既使王某芳所购旧房的房主赵某某按无房户得到了土地安置补偿，又使本来不应获得土地安置补偿的王某芳获得了土地安置补偿。三人以虚构事实的手段，骗取国有土地使用权，非法占有公共财物，其行为均已构成贪污罪。

【相关法条】

《刑法》

第三百八十二条【贪污罪】国家工作人员利用职务上的便利，侵吞、窃取、骗取或者以其他手段非法占有公共财物的，是贪污罪。

受国家机关、国有公司、企业、事业单位、人民团体委托管理、经营国有财产的人员，利用职务上的便利，侵吞、窃取、骗取或者以其他手段非法占有国有财物的，以贪污论。

与前两款所列人员勾结，伙同贪污的，以共犯论处。

第三百八十三条【对犯贪污罪的处罚规定】对犯贪污罪的，根据情节轻重，分别依照下列规定处罚：

（一）贪污数额较大或者有其他较重情节的，处三年以下有期徒刑或者拘役，并处罚金。

（二）贪污数额巨大或者有其他严重情节的，处三年以上十年以下有期徒刑，并处罚金或者没收财产。

（三）贪污数额特别巨大或者有其他特别严重情节的，处十年以上有期徒刑或者无期徒刑，并处罚金或者没收财产；数额特别巨大，并使国家和人民利益遭受特别重大损失的，处无期徒刑或者死刑，并处没收财产。对多次贪污未经处理的，按照累计贪污数额处罚。

犯第一款罪，在提起公诉前如实供述自己罪行、真诚悔罪、积极退赃，避免、减少损害结果的发生，有第一项规定情形的，可以从轻、减轻或者免除处罚；有第二项、第三项规定情形的，可以从轻处罚。犯第一款罪，有第三项规定情形被判处死刑缓期执行的，人民法院根据犯罪情节等情况可以同时决定在其死刑缓期执行二年期满依法减为无期徒刑后，终身监禁，不得减刑、假释。

第三百九十四条【贪污罪】国家工作人员在国内公务活动或者对外交往中接受礼物，

---

① 参见《浙江省高级人民法院〔2009〕浙刑二终字第 34 号刑事裁定书》。

依照国家规定应当交公而不交公，数额较大的，依照本法第三百八十二条、第三百八十三条的规定定罪处罚。

【知识要点】

1. 几种特殊形式的贪污罪的认定

（1）根据《刑法》第一百八十三条第二款的规定，国有保险公司工作人员和国有保险公司委派到非国有保险公司从事公务的人员利用职务上的便利，故意编造未曾发生过的保险事故进行虚假理赔，骗取保险金归自己所有的，以贪污论。

（2）根据《刑法》第二百七十一条第二款的规定，国有公司、企业或者其他国有单位中从事公务的人员和国有公司、企业或者其他国有单位委派到非国有公司、企业以及其他单位从事公务的人员，利用职务上的便利，将本单位财物非法占为己有，数额较大的，以贪污罪定罪处罚。

（3）根据《刑法》第三百八十二条第二款的规定，受国家机关、国有公司、企业、事业单位、人民团体委托管理、经营国有财产的人员，利用职务上的便利，侵吞、窃取、骗取或者以其他手段非法占有国有财物的，以贪污论。

（4）根据《刑法》第三百九十四条的规定，国家工作人员在国内公务活动或者对外交往中接受礼物，依照国家规定应当交公而不交公，数额较大的，以贪污罪定罪处罚。

（5）1998年4月29日最高人民法院公布的《关于审理挪用公款案件具体应用法律若干问题的解释》第六条规定，携带挪用的公款潜逃的，以贪污罪定罪处罚。

2. 贪污罪的认定

（1）贪污罪与非罪的界限

根据《刑法》第三百八十三条第一款的规定，贪污数额较大或者有其他较重情节的，处三年以下有期徒刑或者拘役，并处罚金。可以推出贪污罪与非罪的区分有两个标准：一是犯罪情节的严重程度，二是贪污数额达到较大标准。这表明数额并非贪污罪唯一的入罪标准。根据1999年9月16日《最高人民检察院关于人民检察院直接受理立案侦查案件立案标准的规定（试行）》的规定，贪污涉嫌下列情形之一的，应予立案：个人贪污数额在5 000元以上的；个人贪污数额不满5 000元，但具有贪污救灾、抢险、防汛、防疫、优抚、扶贫、移民、救济款物及募捐款物、赃款赃物、罚没款物、暂扣款物，以及贪污手段恶劣、毁灭证据、转移赃物等情节的。

（2）贪污罪既遂与未遂的认定

根据《全国法院审理经济犯罪案件工作座谈会纪要》的规定，贪污罪是一种以非法占有为目的的财产性职务犯罪，与盗窃、诈骗、抢夺等侵犯财产罪一样，应当以行为人是否实际控制财物作为区分贪污罪既遂与未遂的标准。

（3）贪污罪与有关犯罪的界限

①贪污罪与盗窃罪、诈骗罪、侵占罪的界限。贪污罪中的窃取、骗取和侵吞公共财物的行为与盗窃罪、诈骗罪和侵占罪的行为是法条竞合的特别与一般的关系。但贪污罪中的窃取、骗取和侵吞行为具有特殊性，其与盗窃罪、诈骗罪和侵占罪的区别在于：第一，犯罪客体不同，贪污罪的客体是国家工作人员的职务廉洁性和公共财产所有权，而盗窃罪、

诈骗罪和侵占罪的客体只是公司财产所有权。第二，犯罪对象不同，贪污罪中的窃取、骗取、侵吞行为的对象仅限于公共财物，而不包括私人财物。第三，犯罪主体不同于贪污罪的主体仅限于国家工作人员。第四，犯罪客观方面不尽相同，贪污罪中的窃取、骗取、侵吞行为要求必须利用职务上的便利。

②贪污罪与职务侵占罪的界限。贪污罪与职务侵占罪在主观方面和客观方面的表现基本相同。其区别在于：第一，犯罪主体不同。贪污罪的主体是国家工作人员和受国家机关、国有公司、企业、事业单位、人民团体委托管理、经营国有财产的人员，而职务侵占罪的主体则是公司、企业或者其他单位中不具有国家工作人员身份的工作人员。第二，犯罪对象不同。贪污罪的犯罪对象是公共财物；而职务侵占罪的对象只能是本单位财物，其既可能是公共财物，也可能是单位私有财务。第三，情节要求不同。贪污罪并非以数额为唯一入罪标准，也可以视情节的严重性而定，而职务侵占罪要求必须达到数额较大的标准。

第二节　挪用公款罪

挪用公款罪，是指国家工作人员利用职务上的便利，挪用公款归个人使用，进行非法活动的，或者挪用公款数额较大、进行营利活动的，或者挪用公款数额较大、超过3个月未还的行为。本罪的构成要件如下：

1. 客体要件

挪用公款罪侵犯的客体是复杂客体，既包括国家工作人员的职务廉洁性，也包括公共财产的占有、使用、收益权。本罪的犯罪对象是公款，根据《刑法》第三百八十四条第二款的规定，挪用用于救灾、抢险、防汛、优抚、扶贫、救济款物归个人使用的，从重处罚。按此规定，挪用公款的犯罪对象并不限于公款，还包括上述几类特定物，但除上述列举的几类特定物外，其他一般公物则不属于挪用公款罪的犯罪对象。

2. 客观要件

挪用公款罪的客观方面表现为国家工作人员利用职务上的便利，挪用公款归个人使用，进行非法活动的，或者挪用公款数额较大、进行营利活动的，或者挪用公款数额较大、超过三个月未还的行为。

（1）挪用公款归个人使用，进行非法活动的。所谓归个人使用，根据2002年4月28日《全国人大常委会关于〈中华人民共和国刑法〉第三百八十四条第一款的解释》，有下列情形之一，即属于挪用公款中的"归个人使用"：一是将公款供本人、亲友或者其他自然人使用的；二是以个人名义将公款供其他单位使用的；三是个人决定以单位名义将公款供其他单位使用，谋取个人利益的。所谓非法活动，是指国家法律、法规所禁止的活动，既包括犯罪活动，也包括其他违法活动。

（2）挪用公款归个人使用，数额较大，进行营利活动的。挪用公款数额较大，归个人进行营利活动的，构成挪用公款罪，不受挪用时间和是否归还的限制。挪用公款归个人使用，"数额较大、进行营利活动的"，以挪用公款1万元至3万元为数额较大的起点。

（3）挪用公款归个人使用，数额较大，超过三个月未还的。即挪用公款进行营利活动、非法活动以外的活动，数额较大，挪用时间超过了三个月。挪用公款归个人使用，"数额较大、进行营利活动的"，以挪用公款 1 万元至 3 万元为数额较大的起点。

3. 主体要件

挪用公款罪的犯罪主体是特殊主体，即国家工作人员。

4. 主观要件

挪用公款罪的主观方面表现为故意，即行为人明知是公款而故意违反有关规定进行挪用。但需要注意的是，行为人的犯罪故意只是将公款挪作他用而并非非法占有。

【案例 16-2】

余某挪用本单位资金以收取费用案

2005 年 6 月下旬，中国人寿保险股份有限公司全南县支公司（以下简称"保险公司"）经理黄某等人找到时任大吉山矿区管理委员会兼江西大吉山资产经营有限公司（以下简称"经营公司"）财务科科长被告人余某，请求余某从其经营的账户上转出部分资金给保险公司使用以完成保险任务，并承诺给予一定的手续费。余某利用职务之便，私自将经营公司的资金共计 254 万元挪用给保险公司超过三个月，案发前已全部归还。被告人余某从中收受保险公司"手续费"5.21 万元。[1]

【案例 16-2 分析】

余某身为国有企业工作人员，利用职务上的便利，个人擅自决定以经营公司的名义将公款提供给保险公司使用，并收受保险公司所谓的"手续费"5.21 万元，谋取个人利益，数额巨大，超过三个月未还，其行为构成挪用公款罪。被告人余某擅自决定将公款供其他单位使用的行为和收受他人财物的行为，均是挪用公款罪的构成要件，两个行为之间不能割裂开来进行定罪量刑。因此，被告人余某收受财物的行为不构成受贿罪。

【相关法条】

《刑法》

第三百八十四条【挪用公款罪】　国家工作人员利用职务上的便利，挪用公款归个人使用，进行非法活动的，或者挪用公款数额较大、进行营利活动的，或者挪用公款数额较大、超过三个月未还的，是挪用公款罪，处五年以下有期徒刑或者拘役；情节严重的，处五年以上有期徒刑。挪用公款数额巨大不退还的，处十年以上有期徒刑或者无期徒刑。

挪用用于救灾、抢险、防汛、优抚、扶贫、移民、救济款物归个人使用的，从重处罚。

---

① 参见《江西省赣州市中级人民法院〔2007〕赣中刑二终字第 56 号刑事裁定书》。

【知识要点】

1. 几种特殊形式的挪用公款罪的认定

（1）根据《刑法》第一百八十五条第二款的规定，国有商业银行、证券交易所、期货交易所、证券公司、期货经纪公司、保险公司或者其他国有金融机构的工作人员，国有商业银行、证券交易所、期货交易所、证券公司、期货经纪公司、保险公司或者其他国有金融机构委派到非国有商业银行、证券交易所、期货交易所、证券公司、期货经纪公司、保险公司以及其他金融机构从事公务的人员，利用职务上的便利，挪用本单位或者客户资金的，以挪用公款罪定罪处罚。

（2）根据《刑法》第二百七十二条第二款的规定，国有公司、企业或者其他国有单位中从事公务的人员和国有公司、企业或者其他国有单位委派到非国有公司、企业以及其他单位从事公务的人员，利用职务上的便利，挪用本单位资金归个人使用或者借贷给他人，数额较大、超过三个月未还的，或者虽未超过三个月，但数额较大、进行营利活动的，或者进行非法活动的，以挪用公款罪定罪处罚。

（3）根据《刑法》第三百八十四条第二款的规定，挪用用于救灾、抢险、防汛、优抚、扶贫移民、救济款物归个人使用的，以挪用公款罪定罪处罚。需要指出的是，如果行为人挪用上述特定公物以外的其他公物，则不构成挪用公款罪。

2. 挪用公款罪的认定

（1）挪用公款罪与非罪的界限

区分挪用公款罪与非罪需要考虑两点：一是挪用公款的数额，虽然挪用公款罪几种行为类型的标准有所不同，但都有数额起点。二是挪用公款的用途和时间，若用来进行非法活动，就没有挪用时间的限制，且数额起点较低；若用来进行营利活动，也没有挪用时间的限制，但数额起点较高；若用来进行合法的生活消费和其他非营利性活动，则要求达到超过三个月未还和数额较大两个标准。

（2）挪用公款罪与有关犯罪的界限

①挪用公款罪与贪污罪的界限。挪用公款罪与贪污罪均为侵犯财产的职务犯罪，主观方面均为故意，但其区别亦很明显：第一，两罪对公共财产权利的侵害程度不同，挪用公款罪侵犯的是公款的占有、使用、收益权，贪污罪则是侵犯了公共财物的所有权。第二，犯罪对象不同，挪用公款罪的对象除了用于救灾、抢险、防汛、优抚、扶贫、移民、救济的特定款物外，均为公款；贪污罪的对象既包括公款，也包括其他公共财物。第三，客观方面的行为方式不同，挪用公款罪的行为性质是挪用，即暂时性地对公款的占有、使用、收益的行为；贪污罪的行为性质是侵占所有，即永远地非法占有公款。第四，主体范围不同。挪用公款罪的主体限于国家工作人员；贪污罪的主体除了国家工作人员外，还包括受国有单位委托管理、经营国有财产的人员。第五，主观目的不同。挪用公款罪以非法取得公款的使用权为目的；贪污罪则以非法占有公共财物为目的。

②挪用公款罪与挪用特定款物罪的界限。挪用公款中包括挪用用于救灾、抢险、防汛、优抚、扶贫、移民、救济等特定款物的行为，此时行为对象与挪用特定款物罪的行为对象相同。其区别在于：第一，挪用的用途不同。前者是将特定款物挪给本人或者其他个人使用，在本质上属于"公款私用"；后者是将特定款物挪归单位的其他事项使用，没有

做到专款专用，但在本质上属于"公款公用"。第二，犯罪主体不同。两罪的主体虽然都是特殊主体，但是前者为国家工作人员；后者是对保管、管理和使用特定款物直接负责的主管人员和其他直接责任人员。第三，犯罪的成立要件不同。前者达到规定的数额标准和时间要求即构成犯罪；后者必须情节严重，给国家和人民群众利益造成重大损失的，才构成犯罪。

③挪用公款罪与挪用资金罪的界限。两罪在主观方面和客观方面基本相同，区别主要有：第一，犯罪对象不同。挪用公款罪的犯罪对象原则上限于公款，法定的例外情形下包括特定的公物；挪用资金罪的犯罪对象是非国有单位的资金。第二，犯罪主体不同。挪用公款罪的主体是国家工作人员，而挪用资金罪的主体则是公司、企业或者其他单位的工作人员。

3. 挪用公款罪的数罪并罚

1998 年 4 月 29 日最高人民法院公布的《关于审理挪用公款案件具体应用法律若干问题的解释》规定，国家工作人员因挪用公款索取、收受贿赂构成犯罪的，或者挪用公款进行非法活动构成其他犯罪的，依照数罪并罚的规定处罚。但从理论上来讲，挪用公款行为与索取、收受贿赂或者进行非法活动之间是一种牵连关系，并且在这种情况下挪用公款行为本身就是受贿罪中为他人谋取利益的构成要件的行为，进行非法活动本身就是非法活动型挪用公款罪的构成要件行为，数罪并罚有违一行为不得重复评价的原则，应当适用从一重罪处断的原则。

第三节　受　贿　罪

受贿罪是指国家工作人员利用职务上的便利，索取他人财物的，或者非法收受他人财物，为他人谋取利益的行为。本罪的构成要件如下：

1. 客体要件

受贿罪侵犯的客体是国家工作人员职务行为的廉洁性。犯罪对象是贿赂。我国刑法将贿赂表述为财物。

2. 客观要件

受贿罪的客观方面表现为国家工作人员利用职务上的便利，索取他人财物的，或者非法收受他人财物，为他人谋取利益的行为。具体来讲，本罪有两种行为方式：

（1）利用职务之便，索取他人财物，简称索取贿赂。其基本特征是受贿人索要财物的主动性和他人交付财物的被动性。成立该种形式的受贿罪，不要求"为他人谋取利益"。

（2）利用职务之便，非法收受他人财物，为他人谋取利益，简称收受贿赂。其基本特征是行贿人给付财物的主动性和受贿人接受财物的被动性。

3. 主体要件

受贿罪的主体是特殊主体，即国家工作人员。根据《刑法》第九十三条的规定，国家工作人员限于在职的国家工作人员。但国家工作人员利用职务上的便利为请托人谋取利益，并与请托人事先约定，在其离退休后收受请托人财物，构成犯罪的，以受贿罪定罪处罚。

4. 主观要件

受贿罪的主观方面表现为故意，即行为人明知其是利用职务上的便利，并借此进行权钱交易，索取他人财物或者非法收受他人财物为他人谋取利益，还对该受贿行为的危害后果持希望或者放任的态度。

【案例 16-3】

丁某康提供本医疗机构信息以收受费用案

丁某康在担任上海市嘉定区马陆镇社区卫生服务中心办公室信息管理员期间，利用其负责构建、维护计算机网络及日常信息统计工作等职务便利，于 2006 年至 2011 年，分别收受许某、张某球、吴某兵等人给予的好处费共计人民币 4.9 万余元，向其提供本医疗机构药品使用情况统计数据等信息。具体如下：1. 2006 年至 2011 年，陆续收受非洛地平片、伤湿止痛膏等医药销售代表许某给予的好处费共计 27 600 元；2. 2007 年下半年至 2011 年的 3—4 月，陆续收受浙江海力生公司医药销售代表张某球给予的好处费共计 20 000 元左右；3. 2008 年至 2010 年，先后 3 次收受电脑设备供应商上海银兵贸易有限公司负责人吴某兵给予的礼券、消费卡，价值共计 2 000 元。[①]

【案例 16-3 分析】

国有医疗机构属于国有事业单位，其事业编制人员如果从事的是公务性质工作，就属于国家工作人员。国有医疗机构中从事医疗信息管理工作的事业编制人员，其工作实际是在履行公共事务管理、监督职责，具备公务性质，应属于国家工作人员；为他人获得本医疗机构信息提供便利，属于利用职务便利，符合受贿罪的构成要件。因此，国有医疗机构中从事医疗信息管理工作的事业编制人员，非法收取他人财物，为其获得本医疗机构信息提供便利的，应构成受贿罪。

【相关法条】

《刑法》

第三百八十五条 【受贿罪】国家工作人员利用职务上的便利，索取他人财物的，或者非法收受他人财物，为他人谋取利益的，是受贿罪。

国家工作人员在经济往来中，违反国家规定，收受各种名义的回扣、手续费，归个人所有的，以受贿论处。

第三百八十六条 【对犯受贿罪的处罚规定】对犯受贿罪的，根据受贿所得数额及情

---

① 参见《上海市嘉定区人民法院〔2012〕嘉刑初字第 1117 号刑事判决书》《上海市第二中级人民法院〔2013〕沪二中刑终字第 116 号刑事裁定书》。

节，依照本法第三百八十三条的规定处罚。索贿的从重处罚。

第三百八十八条 【受贿罪】 国家工作人员利用本人职权或者地位形成的便利条件，通过其他国家工作人员职务上的行为，为请托人谋取不正当利益，索取请托人财物或者收受请托人财物的，以受贿论处。

【知识要点】

1. 几种特殊形式的受贿罪的认定

（1）根据《刑法》第一百六十三条第三款的规定，国有公司、企业中从事公务的人员和国有公司、企业委派到非国有公司、企业从事公务的人员利用职务上的便利，索取他人财物或者非法收受他人财物，为他人谋取利益，数额较大的，或者在经济往来中，违反国家规定，收受各种名义的回扣、手续费，归个人所有的，以受贿罪定罪处罚。

（2）根据《刑法》第一百八十四条第二款的规定，国有金融机构工作人员和国有金融机构委派到非国有金融机构从事公务的人员在金融业务活动中索取他人财物或者非法收受他人财物，为他人谋取利益的，或者违反国家规定，收受各种名义的回扣、手续费归个人所有的，以受贿罪定罪处罚。

（3）根据《刑法》第三百八十五条第二款的规定，国家工作人员在经济往来中，违反国家规定，收受各种名义的回扣、手续费，归个人所有的，以受贿罪定罪处罚。

（4）根据《刑法》第三百八十八条的规定，国家工作人员利用本人职权或者地位形成的便利条件，通过其他国家工作人员职务上的行为，为请托人谋取不正当利益，索取请托人财物或者收受请托人财物的，以受贿罪定罪处罚，理论界称之为斡旋受贿。所谓利用本人职权或者地位形成的便利条件，是指行为人与被其利用的国家工作人员之间在职务上虽然没有隶属、制约关系，但是行为人利用了本人职权或者地位产生的影响和一定的工作联系，如单位内不同部门的国家工作人员之间，上下级单位没有职务上隶属、制约关系的国家工作人员之间，有工作联系的不同单位的国家工作人员之间等。如果国家工作人员利用自己与其他国家工作人员的亲友关系，为请托人谋取不正当利益，索取或者收受请托人财物的，不能认定为斡旋受贿。

2. 受贿罪的界限认定

（1）受贿罪与非罪的界限。①受贿罪与接受亲友馈赠的界限。亲朋好友之间礼尚往来，有时伴有财物馈赠，这是联络感情的正当行为。受贿罪中的非法收受他人财物与接受亲友馈赠有时候在表面上颇为相似，划清二者之间的界限，要综合考虑以下因素：行为人接受亲友财物前后是否利用职务上的便利为亲友谋取利益，双方之间亲友情谊的发展程度，收受财物的数额是否正常，接受财物的目的、方式等。

（2）受贿罪与取得合法报酬的界限。在法律、政策允许的范围内，利用自己的知识、技术和劳动，为其他单位或个人承揽业务、提供咨询或者进行其他服务，从中获得劳动报酬的，是合法收入，不属于受贿。但在司法实践中，有些贿赂是以辛苦费、酬谢费、劳务费的名义出现的。划清受贿罪与取得合法报酬的界限，关键是要看行为人是否利用职务上的便利为他人谋取利益。

第四节　利用影响力受贿罪

从 2009 年 10 月 16 日开始，国家工作人员的近亲属以及其他与其关系密切的人，利用国家工作人员职权或者地位形成的便利条件受贿，司法机关将以利用影响力受贿罪定罪处罚。《最高人民法院、最高人民检察院关于执行〈中华人民共和国刑法〉确定罪名的补充规定（四）》规定，根据《中华人民共和国刑法修正案（七）》的规定，确定了组织、领导传销活动罪，出售、非法提供公民个人信息罪，利用影响力受贿罪等新罪名。中国已经加入的《联合国反腐败公约》中规定了"影响力交易"犯罪，即对非国家工作人员利用国家工作人员的职权、地位或者其他影响，通过其他国家工作人员之职权行为，收取或者索取财物，为他人谋取不正当利益的行为。《刑法修正案（七）》第十三条所规定的犯罪行为与《联合国反腐败公约》中的影响力交易罪有很多相似之处，因而在罪名上也应该与《联合国反腐败公约》基本上保持一致。但也不宜完全照搬《联合国反腐败公约》所确定的罪名，原因在于：一是《联合国反腐败公约》的"影响力交易"犯罪的范围广于修正案（七）所新增的该种犯罪，二是"交易"一词在中文语境中通常是指商业上的买卖活动，而非指权力、影响力与财物或者不正当好处的交换。

【案例 16-4】

解某阳"收钱"案

2013 年初至 2015 年 7 月，被告人解某阳作为北京市国有文化资产监督管理办公室（以下简称市文资办）副主任张某（已判刑）的外甥，接受华盛建安科技（北京）有限责任公司（以下简称华盛建安公司）负责人王某（另案处理）的请托，通过张某职务上的行为，为华盛建安公司承揽市文资办"北京文化惠民卡"项目（以下简称文惠卡项目）提供帮助。2013 年 5 月至 2015 年 9 月，解某阳先后多次收受王某给予的人民币 276 万余元、收受王某为其购买路虎揽胜汽车 1 辆和保时捷帕纳美拉汽车 1 辆支付的购车款等相关费用人民币 223 万余元，共计人民币 499 万余元（以下币种均为人民币）。2015 年 10 月 9 日，被告人解某阳到北京市纪委接受谈话。同年 12 月 26 日，解某阳被刑事拘留。侦查机关依法扣押了解某阳名下的路虎牌汽车和白某名下的保时捷牌汽车各 1 辆。[①]

◎ **问题**：如何评价被告人解某阳的行为？

【案例 16-4 分析】

本案中，被告人解某阳作为北京市国有文化资产监督管理办公室副主任张某的外甥，利用"大姨"其职务上、地位上形成的便利条件，为华盛建安科技（北京）有限责任公

---

① 参见《北京市高级人民法院〔2017〕京刑终 160 号刑事裁定书》。

司负责人王某提供便利，通过张某的职务上的便利条件，为王某控股的公司在承办市文资办"北京文化惠民卡"项目提供帮助，谋取不正当利益，并收受请托人财物的行为，符合利用影响力受贿罪的构成要件。

【相关法条】

《刑法》

第三百八十八条之一【利用影响力受贿罪】 国家工作人员的近亲属或者其他与该国家工作人员关系密切的人，通过该国家工作人员职务上的行为，或者利用该国家工作人员职权或者地位形成的便利条件，通过其他国家工作人员职务上的行为，为请托人谋取不正当利益，索取请托人财物或者收受请托人财物，数额较大或者有其他较重情节的，处三年以下有期徒刑或者拘役，并处罚金；数额巨大或者有其他严重情节的，处三年以上七年以下有期徒刑，并处罚金；数额特别巨大或者有其他特别严重情节的，处七年以上有期徒刑，并处罚金或者没收财产。

离职的国家工作人员或者其近亲属以及其他与其关系密切的人，利用该离职的国家工作人员原职权或者地位形成的便利条件实施前款行为的，依照前款的规定定罪处罚。

第五节　行　贿　罪

行贿罪是指行为人为谋取不正当利益，给予国家工作人员以财物的行为。本罪的构成要件如下：

1. 客体要件

行贿罪侵犯的客体是国家工作人职务行为的廉洁性。行贿的对象限于国家工作人员。

2. 客观要件

行贿罪的客观方面表现为行为人为谋取不正当利益，给予国家工作人员以财物的行为。但因被勒索给予国家工作人员以财物，没有获得不正当利益的，不是行贿。所谓"谋取不正当利益"，是指行贿人谋取的利益违反法律、法规、规章、政策、行业规范的规定，为自己提供帮助或者方便条件。违背公平、公正原则，在经济、组织人事管理等活动中，谋取竞争优势的，应当认定为"谋取不正当利益"。

3. 主体要件

行贿罪的主体是一般主体。凡是年满 16 周岁、具有刑事责任能力的自然人均可成为本罪的主体。

4. 主观要件

行贿罪的主观方面表现为故意，要求行为人具有谋取不正当利益的目的。

【案例 16-5】

李某某违章加盖向他人行贿案

2004 年 5 月至 8 月，被告人李某某为将其母亲与他人共有的北京市崇文区果子胡同 27、29 号房屋上违章加盖的二层木板结构房屋计入房产证面积，通过北京市崇文区公证处工作人员李某（另案处理）的介绍认识了北京市崇文区房地产发证事务所工作人员吴某（另案处理）。李某某请求吴某帮忙，并答应给予好处费。后吴某利用其负责受理房屋产权变更登记及发证的职务之便，违法将上述违章建筑面积计入新的房产证。其间，被告人李某某分 3 次给予吴某和李某贿赂款共计人民币 12 万元。①

【案例 16-5 分析】

本案中，李某某为谋取其家违章建筑计入房产证的不正当利益，给予北京市崇文区房地产发证事务所工作人员吴某财物 12 万元，使吴某利用其负责受理房屋产权变更登记及发证的职务之便，违法将上述违章建筑面积计入新的房产证。其行为已构成行贿罪。

【相关法条】

《刑法》

第三百八十九条【行贿罪】 为谋取不正当利益，给予国家工作人员以财物的，是行贿罪。

在经济往来中，违反国家规定，给予国家工作人员以财物，数额较大的，或者违反国家规定，给予国家工作人员以各种名义的回扣、手续费的，以行贿论处。

因被勒索给予国家工作人员以财物，没有获得不正当利益的，不是行贿。

第三百九十条【对犯行贿罪的处罚；关联行贿罪】 对犯行贿罪的，处五年以下有期徒刑或者拘役，并处罚金；因行贿谋取不正当利益，情节严重的，或者使国家利益遭受重大损失的，处五年以上十年以下有期徒刑，并处罚金；情节特别严重的，或者使国家利益遭受特别重大损失的，处十年以上有期徒刑或者无期徒刑，并处罚金或者没收财产。

行贿人在被追诉前主动交待行贿行为的，可以从轻或者减轻处罚。其中，犯罪较轻的，对侦破重大案件起关键作用的，或者有重大立功表现的，可以减轻或者免除处罚。

【知识要点】

行贿罪的认定

1. 行贿罪与赠与的界限

赠与是一种正当、合法的民事行为，与行贿具有截然不同的性质，区分的关键在于行为人的主观目的不同。行贿是行为人为了使对方利用职务之便给自己谋取不正当利益，具有钱权交易的性质；赠与则是当事人为了增加亲友情谊，具有礼尚往来的性质。司法实践中，要划清二者的界限，应当综合考虑双方感情交往的程度、给付财物是否附带条件、给付财物的数额、给付财物是否公开、给付财物是否纯粹出于自愿等。

2. 行贿罪与单位行贿罪的界限

单位行贿罪，是指公司、企业、事业单位、机关、团体为谋取不正当利益而行贿，或

---

① 参见《北京市第二中级人民法院〔2007〕二中刑终字第 01613 号刑事裁定书》。

者违反国家规定，给予国家工作人员以回扣、手续费，情节严重的行为。行贿罪与单位行贿罪的行贿对象均为国家工作人员，主要区别是行贿罪的主体是自然人是为个人谋取不正当利益；单位行贿罪的主体是单位，是为了单位谋取不正当利益而行贿。

第六节 巨额财产来源不明罪

巨额财产来源不明罪是指国家工作人员的财产、支出明显超出合法收入，差额巨大，而本人又不能说明其来源合法的行为。本罪的构成要件如下：

1. 客体要件

巨额财产来源不明罪侵犯的客体是国家工作人员职务行为的廉洁性。国家工作人员职务行为的廉洁性要求行为人说明其明显超出合法收入的巨额财产的真实来源，若其不能说明来源合法，便侵犯了国家工作人员职务行为的廉洁性。

2. 客观要件

巨额财产来源不明罪的客观方面表现为国家工作人员的财产、支出明显超出合法收入，差额巨大，而本人又不能说明其来源合法的行为。关于本罪的客观方面，有几点问题需要注意：

（1）国家工作人员的财产、支出明显超出合法收入，且差额巨大。关于"差额巨大"数额的认定，根据有关司法解释规定数额在 30 万元以上的，应予立案。

（2）行为人对于其巨额财产不能说明其来源合法的认定。所谓"不能说明"，包括以下几种情况：一是行为人拒不说明财产来源；二是行为人无法说明财产的具体来源；三是行为人所说的财产来源经司法机关查证并不属实；四是行为人所说的财产来源因线索不具体等原因，司法机关无法查实，但能排除存在合法的可能性和合理性的。

（3）构成巨额财产来源不明罪要求司法机关无法查明差额巨大的财产的真实来源。如果司法机关经过调查查明了差额巨大的部分财产的真实来源，就不存在巨额财产来源不明罪的问题，若行为人构成其他犯罪，则直接就其他犯罪对行为人定罪处罚。

3. 主体要件

巨额财产来源不明罪的主体是特殊主体，即国家工作人员。

4. 主观要件

巨额财产来源不明罪的主观方面表现为故意。

【案例 16-6】

曾某春受贿、巨额财产来源不明案

1997 年下半年至 2006 年 9 月，被告人曾某春利用上述职务之便，在有关矿产承包及纠纷处理、干部选拔任用、工程承揽及招投标、税费的减免、违纪违法案件的查办及诉讼案件的处理等方面，为他人谋取利益，单独或伙同其妻唐某菊、其子曾某、其女曾某悉、其情妇卜某英（均另案处理）等收受或者索取首某文、曹某源、黄某福、黄某文、周某元等 40 余人贿赂计人民币 3 065.4 万元、美元 3.25 万元、港币 6

万元、价值 25.6 万元的戒指一对，折合人民币共计 3 123.82 万元，其中索贿数额计人民币 329 万元。

被告人曾某春个人及家庭现拥有财产折合人民币共计 5 919.26 万元，个人及家庭支出折合人民币共计 797.29 万元，曾某春个人及家庭拥有的财产和支出折合人民币共计 6 716.55 万元。曾某春及其妻子唐某菊等相关人员对其财产和支出能说明来源的折合人民币共计 5 763.83 万元。曾某春尚有折合人民币共计 952.72 万元的财产不能说明来源。①

【案例 16-6 分析】

被告人曾某春身为国家工作人员，利用职务上的便利，非法收受他人贿赂，为他人谋取利益，其行为已构成受贿罪；被告人曾某春的财产明显超过合法收入，差额巨大，不能说明合法来源，其行为已构成巨额财产来源不明罪。对于被告人曾某春所犯受贿罪、巨额财产来源不明罪，依法应当实行数罪并罚。

【相关法条】

《刑法》

第三百九十五条第一款【巨额财产来源不明罪】国家工作人员的财产、支出明显超过合法收入，差额巨大的，可以责令该国家工作人员说明来源，不能说明来源的，差额部分以非法所得论，处五年以下有期徒刑或者拘役；差额特别巨大的，处五年以上十年以下有期徒刑。财产的差额部分予以追缴。

【知识要点】

巨额财产来源不明罪与隐瞒境外存款罪的界限。

隐瞒境外存款罪，是指国家工作人员对于个人在境外的存款，依照国家规定应当申报而隐瞒不报，数额较大的行为。两罪在犯罪主体方面均由国家工作人员构成，并且均侵犯了国家工作人员职务行为的廉洁性，两罪的主要区别为：第一，犯罪对象不同。巨额财产来源不明罪的犯罪对象是国家工作人员超过来源明确收入的巨额财产，既包括行为人在境内的财产，也包括行为人在境外的财产。这里的财产，既可以是货币，也可以是各种物品，包括动产和不动产；隐瞒境外存款罪的犯罪对象是国家工作人员在境外的存款，可以是行为人的合法收入，也可以是其违法违纪甚至贪污、受贿等犯罪所得。第二，犯罪的客观方面不同。巨额财产来源不明罪的客观方面表现为行为人拥有来源不明的巨额财产；隐瞒境外存款罪的客观方面表现为行为人故意隐瞒其在境外的存款，不予申报的行为。在司法实践中，如果行为人隐瞒不报的境外存款超过其合法收入和其他来源明确的收入，差额巨大的，可以责令行为人说明来源，行为人如果不能说明该存款的真实来源，则行为人的行为同时构成巨额财产来源不明罪和隐瞒境外存款罪。对于这种情况，有的学者认为应实

---

① 参见《最高人民法院〔2009〕刑二复 93201816 号死刑复核裁定书》。

行数罪并罚。我们认为，虽然行为人的行为触犯了两个罪名，但是犯罪对象毕竟指向的是同一笔财产，数罪并罚会导致重复评价，应当以一重罪即巨额财产来源不明罪追究行为人的刑事责任。

第七节　私分国有资产罪

改革开放以后，中国的经济飞速发展，国有企业改革的步伐不断加快，但是国有企业、公司中的一些单位主管人员损公肥私、集体私分国有资产的现象比较严重，且有的国家机关、国有事业单位、人民团体也以各种名义私分经手、管理、使用的国有资产，造成国有资产的大量流失。

【案例 16-7】

吴某"私分"案

2010 年至 2012 年，吴某 1（已另案判决）以虚假劳务用工费、材料打印费、咨询费等项目经被告人吴某签字同意后，从德江县水务局账户中套取国有资金以单位名义集体私分给个人，私分款项共计人民币 383 100 元。吴某共计得款人民币 24 000 元。2010 年 9 月，吴某 1 经水务局局长吴某同意，以虚假劳务用工费、资料打印费虚报账目套取资金，以"2009 年度烟水配套工程加班补助费"的名义发放给清单中所列人员共计 57 500 元，吴某得款 5 000 元。2011 年 1—2 月，吴某 1 经吴某同意，以虚假咨询费、复印费等名义在局财务中套取资金，以"德江县'十二五'规划报告涉及咨询"的名义发放给清单所列人员共计 46 300 元，吴某得款 1 500 元。2011 年 1—4 月，吴某 1 经吴某同意，同覃某签订虚假劳动用工合同，从局财务上套取现金，以发放"中小河流治理项目外业补助"的名义发放给清单所列人员共计 20 500 元。2011 年上半年，吴某 1 经吴某同意，同吴某 2 签订虚假劳动合同，虚开发票，从水务局财务上套取现金，以"2009 年度烟水配套工程设计费"的名义发放给清单所列人员共计 75 000 元，吴某得款 6 500 元。2011 年 11 月至 2012 年 1 月，吴某 1 经吴某同意，以虚假咨询费、资料费、劳务用工合同等项目从局财务中套取款项，以"2011 年度德江县煎茶镇基地单元烟水配套工程（12 个）设计费"的名义发放给清单所列人员共计 126 000 元，吴某得款 10 000 元。2011 年 11 月，吴某 1 经吴某同意，以虚假打字费、复印费、虚开服务咨询费等项目在局财务中套取资金，其中，以"2006—2009 年度石某化综合治理监测加班费"的名义共计发放该清单所列人员共计 8 600 元；以发放"2009 年补助清单"的名义发放该清单所列人员共计 20 000 元；通过德江县共和乡板桥中小河流治理项目套取款项后，以"中小河流初步设计野外及加班补助"的名义发放该清单所列人员共计 15 600 元；以"德江县县级农田水利建设规划夜班加班补助"的名义发放该清单所列人员共计 10 000 元；以发放"贵州江河监理有限公司铜仁分公司德江县监理站站长津贴"的名义发放 3 600 元。共计发放 57 800 元, 吴某得款 1 000 元。①

◎ 问题: 如何评价被告人吴某的行为?

【案例 16-7 分析】

本案中, 被告人吴某利用担任德江县水务局局长的职务便利, 安排由吴某 1 于 2015 年 9 月退还徐某 30 000 元; 2010 年至 2012 年, 吴某 1 以虚假劳务用工费、材料打印费、咨询费等项目经吴某签字同意后从德江县水务局账户中套取国有资金进行私分, 私分款项共计人民币 383 100 元。被告人吴某违反国家规定, 以单位名义将国有资产人民币 383 100 元集体私分给个人, 其行为构成私分国有资产罪。

【相关法条】

《刑法》

第三百九十六条 【私分国有资产罪】 国家机关、国有公司、企业、事业单位、人民团体, 违反国家规定, 以单位名义将国有资产集体私分给个人, 数额较大的, 对其直接负责的主管人员和其他直接责任人员, 处三年以下有期徒刑或者拘役, 并处或者单处罚金; 数额巨大的, 处三年以上七年以下有期徒刑, 并处罚金。

司法机关、行政执法机关违反国家规定, 将应当上缴国家的罚没财物, 以单位名义集体私分给个人的, 依照前款的规定处罚。

【知识要点】

1. "集体私分给个人"的含义

这是指经集体研究决定将国有资产分配给单位的所有成员。如果将国有资产私自分给单位少数成员的, 应认定为共同贪污。

2. 私分国有资产与共同贪污的界定问题

贪污罪与私分国有资产罪有许多相同或相近之处, 两罪同时被规定在《刑法》分则第八章贪污贿赂罪之中。由于私分国有资产罪在主体上肯定不是一人而是数人所为, 此特点往往与数个国家工作人员构成的共同贪污难以区分。

要准确辨明私分国有资产罪与因共同贪污而构成贪污罪两罪的界限, 应当从两罪的犯罪构成要件上来考察:

(1) 主体不同。私分国有资产的主体只是部分国家工作人员, 即国家机关、国有公司、企业、事业单位、人民团体及其直接负责的主管人员和其他责任人员。而共同贪污的主体是国家工作人员, 并且还可以是受国家机关、国有公司、企业、事业单位、人民团体委托管理、经营国有财产的人员。

(2) 主观方面不同。共同贪污的主观意志是几个贪污人的个体犯罪意志, 具有将公

---

① 参见《贵州省高级人民法院〔2017〕黔刑终 38 号刑事判决书》。

共财产非法据为己有的目的。而私分国有资产主观意志则是个体犯罪意志的集合，表现为一种群体犯罪意志，且具有非法将国有资产私分为单位谋利的目的。

（3）客观要件不同。私分国有资产表现为违反国家规定，以单位名义而为单位全体成员谋利，将国有资产私分给单位所有成员，也就是人人有份，并且在私分时大家都知情。共同贪污在客观上则表现为利用职务上的便利，以侵吞、窃取、骗取等手段，非法将公共财物占为己有。共同贪污不是为了单位全体成员的利益，而是为了个人中饱私囊，共同贪污的公共财物是归几个共同贪污人。

（4）犯罪对象不同。私分国有资产罪的犯罪对象是国有资产，侵犯国有资产所有权。而贪污罪的犯罪对象是公共财物，侵犯公共财产所有权。由于国有资产与公共财物两者的交叉关系，就使得私分国有资产罪与贪污罪两罪也存在交叉关系，即在国有单位中起决定作用或具有主管职能的直接责任人员私分国有资产总额在 10 万元以上，并且自己所得数额达到 5 000 元以上的，此时可谓是一行为同时触犯私分国有资产罪与贪污罪两罪的想象竞合犯，可定为私分国有资产罪，也可定为贪污罪；但如果私分的不是"国有资产"，而是属于公共财产的"混合性资产"，则不能定为私分国有资产罪，而只能定为贪污罪。

第八节　渎职犯罪概述

渎职犯罪是指国家机关工作人员在履行职责或者行使职权过程中，滥用职权、玩忽职守、徇私舞弊，妨害国家机关的正常活动，致使公共财产、国家和人民利益遭受重大损失的行为。① 其构成要件如下：

1. 客体要件

渎职犯罪侵犯的客体是国家机关的正常管理活动。

2. 客观要件

渎职犯罪的客观方面表现为国家机关工作人员在履行职责或者行使职权过程中，滥用职权、玩忽职守、徇私舞弊，妨害国家机关的正常活动，致使公共财产、国家和人民利益遭受重大损失的行为。具体表现为两个方面：一是国家机关工作人员在进行职务、公务活动时，滥用职权、玩忽职守、徇私舞弊，妨害国家机关正常活动的行为；二是国家机关工作人员的渎职行为严重损害了国家和人民的利益，即要求有严重情节或造成严重后果。在表现形式上，渎职罪既可以是作为，也可以是不作为。

3. 主体要件

渎职犯罪的主体是特殊主体，即国家机关工作人员。但故意泄露国家秘密罪、过失泄露国家秘密罪和枉法仲裁罪，也可以由非国家机关工作人员构成。所谓"国家机关工作人员"，是指在国家机关从事公务的人员，包括在各级国家权力机关、行政机关、审判机关、监察机关、军事机关中从事公务的人员，不包括在国家机关中从事劳务的人员。

① 参见高铭暄、马克昌主编，《刑法学》（第六版），北京大学出版社、高等教育出版社 2014 年版，第 639 页。

4. 主观要件

渎职犯罪的主观方面既可能表现为滥用职权类型的故意，也可以表现为玩忽职守类型的过失。

第九节　滥用职权罪

滥用职权罪是指国家机关工作人员超过职权，违法决定、处理其无权决定、处理的事项，或者违反规定处理公务，致使公共财产、国家和人民利益遭受重大损失的行为。所谓"滥用职权"，具体有两种表现方式：一是超过职权，违法决定、处理其无权决定、处理的事项；二是违反规定处理公务，即行为虽未逾越行为人的职权范围，但行为人以不正当目的或非法的方法行使自己的职权，对有关事项作出不符合法律、法规规定的处理或决定。

【案例 16-8】

占某平火车站弃置杨某富案

2000 年 1 月，被告人占某平（襄樊铁路公安处谷城火车站派出所民警）受单位指派，去处理杨某富（有精神病分裂症病史）在铁路道岔上放置障碍物一事。经调查了解，杨某富举止怪异，占某平无法确认其身份和住址，怀疑杨某富可能是精神病人，决定将他送上火车，使其远离该车站管辖区。火车到站后，占某平雇用三个农民工用绳子将杨某富捆住，强行将杨某富弄上火车带走，后其亲属在外地将其找回，杨某富的双足已经冻伤坏死并染上气性坏疽，导致其双小腿被截肢三分之一。经法医鉴定，杨某富损伤程度构成重伤，属伤残 3 级。占某平所在公安机关因此向杨某富一次性赔偿各种费用 30 余万元。①

【案例 16-8 分析】

本案中，被告人占某平身为国家机关工作人员，在执行职务期间不能正确履行职权，对身份不明、举止怪异的嫌疑人杨某富，擅自决定采取违法捆绑的方法将其强行送上火车带走，造成杨某富在外被冻伤致残，襄樊公安处为此向被害人杨某富赔偿 30 多万元，使国家财产和人民利益遭受重大损失，其行为已构成滥用职权罪。

【相关法条】

《刑法》

第三百九十七条【滥用职权罪、玩忽职守罪】国家机关工作人员滥用职权或者玩忽职守，致使公共财产、国家和人民利益遭受重大损失的，处三年以下有期徒刑或者拘役；情节特别严重的，处三年以上七年以下有期徒刑。本法另有规定的，依照规定。

---

① 参见《湖北省襄樊铁路运输法院〔2000〕襄刑初字第 49 号刑事判决书》。

国家机关工作人员徇私舞弊，犯前款罪的，处五年以下有期徒刑或者拘役；情节特别严重的，处五年以上十年以下有期徒刑。本法另有规定的，依照规定。

【知识要点】

1. 滥用职权罪与非罪的界限

首先要看行为人是否有滥用职权的行为，如果行为人没有滥用职权的行为，即使其行为客观上造成了公共财产、国家和人民利益的重大损失，也不构成滥用职权罪。其次要看行为人滥用职权的行为是否致使公共财产、国家和人民利益遭受重大损失，如果公共财产、国家和人民利益没有遭受重大损失，即使行为人有滥用职权的行为，也不构成滥用职权罪，仅属于一般的滥用职权行为。

2. 滥用职权罪与刑法规定的其他滥用职权犯罪的界限

刑法在规定滥用职权罪的同时，还规定了其他滥用职权的犯罪，如徇私枉法罪，民事、行政枉法裁判罪，私放在押人员罪，徇私舞弊减刑、假释、暂予监外执行罪，徇私舞弊不移交刑事案件罪，滥用管理公司证券职权罪，徇私舞弊不征、少征税款罪，放纵走私罪，放行偷越国（边）境人员罪，帮助犯罪分子逃避处罚罪，等等。滥用职权罪与这些犯罪是普通法与特别法的关系，在司法实践中，如果国家机关工作人员实施滥用职权犯罪行为，触犯《刑法》分则第九章第三百九十八条至第四百一十九条的规定，依照该规定定罪处罚。如果国家机关工作人员滥用职权，因不具备徇私舞弊等情形，不符合《刑法》分则第九章第三百九十八条至第四百一十九条的规定，但依法构成第三百九十七条规定的犯罪的，以滥用职权罪定罪处罚。

第十节　玩忽职守罪

玩忽职守罪是指国家机关工作人员严重不负责任，不履行或不正确地履行职责，致使公共财产、国家和人民利益遭受重大损失的行为。本罪的构成要件如下：

玩忽职守罪的客观方面表现为国家机关工作人员严重不负责任，不履行或不正确地履行职责，致使公共财产、国家和人民利益遭受重大损失的行为。首先，行为人实施玩忽职守的行为，即严重不负责任，不履行或不正确履行职责。本罪可以是作为，也可以是不作为。其次，行为人玩忽职守的行为致使公共财产、国家和人民利益造成重大损失。

【案例 16-9】

田某、刘某弃置妇女案

2005 年 7 月 4 日，被告人田某作为带班领导，被告人刘某作为值班民警在北京市公安局通州分局永乐店派出所值班。当日 10 时许，永乐店派出所接分局指挥中心报警称永乐店镇政府东侧公路上躺着一个人。接警后，被告人田某即带领被告人刘某驾驶编号为 049 的警车前往现场，发现一妇女倒卧在路旁不能正常回答询问。被告人田某、刘某遂回所带上 3 名协警再返回现场，田某指挥协警将人抬上车，指使刘某将车开至漷县镇觅子店村西大梁沟桥南 150 米小树林处，令协警将该妇女抬下车弃置在小树林内，致使该妇女因疾病未能得到及时救治于 2005 年 7 月 6 日 0 时 15 分死亡。①

【案例 16-9 分析】

本案中，被告人田某、刘某身为人民警察，在出警时遇到公民处于危难情形需要救助时，不履行法定救助义务，致使患疾妇女因得不到救助而死亡。这是一种典型的不作为犯罪，在案中事实无法证明其希望或放任患病妇女死亡的情况下，可以认定其行为成立玩忽职守罪。

【相关法条】

1.《刑法》

第三百九十七条【滥用职权罪、玩忽职守罪】 国家机关工作人员滥用职权或者玩忽职守，致使公共财产、国家和人民利益遭受重大损失的，处三年以下有期徒刑或者拘役；情节特别严重的，处三年以上七年以下有期徒刑。本法另有规定的，依照规定。

国家机关工作人员徇私舞弊，犯前款罪的，处五年以下有期徒刑或者拘役；情节特别严重的，处五年以上十年以下有期徒刑。本法另有规定的，依照规定。

2.《全国人大常委会关于惩治骗购外汇、逃汇和非法买卖外汇犯罪的决定》

六、海关、外汇管理部门的工作人员严重不负责任，造成大量外汇被骗购或者逃汇，致使国家利益遭受重大损失的，依照刑法第三百九十七条的规定定罪处罚。

【知识要点】

1. 玩忽职守罪与非罪的界限

首先要看行为人是否有玩忽职守的行为，如果行为人没有玩忽职守的行为，即使其行为客观上造成了公共财产、国家和人民利益的重大损失，也不构成玩忽职守罪。其次要看行为人玩忽职守的行为是否致使公共财产国家和人民利益遭受重大损失，如果公共财产、国家和人民利益没有遭受重大损失，即使行为人有玩忽职守的行为，也不构成玩忽职守罪，仅属于一般的玩忽职守行为。

2. 玩忽职守罪与刑法规定的其他玩忽职守犯罪的界限

刑法在规定玩忽职守罪的同时，还规定了其他玩忽职守的犯罪，如过失泄露国家秘密罪，国家机关工作人员签订、履行合同失职被骗罪，失职造成珍贵文物损毁、流失罪，执行判决、裁定失职罪，失职致使在押人员脱逃罪，环境监管失职罪，传染病防治失职罪，商检失职罪，动植物检疫失职罪，等等。玩忽职守罪与这些犯罪是普通法与特别法的关系，在司法实践中，如果国家机关工作人员实施玩忽职守犯罪行为，触犯《刑法》分则

---

① 参见《北京市通州区人民法院〔2006〕通刑初字第 00646 号刑事判决书》。

第九章第三百九十八条至第四百一十九条规定的，依照该规定定罪处罚。如果国家机关工作人员玩忽职守，因不具备徇私舞弊等情形，不符合《刑法》分则第九章第三百九十八条至第四百一十九条的规定，但依法构成第三百九十七条规定的犯罪的，以玩忽职守罪定罪处罚。

第十一节　故意泄露国家秘密罪

本罪在客观方面，行为人必须具有违反《保守国家保密法》的规定，故意泄露国家秘密，情节严重的行为，2006 年 7 月 26 日，最高人民检察院公布了《关于渎职侵权犯罪案件立案标准的规定》（高检发释字〔2006〕2 号），各个有关的国家机关，依据我国《保守国家保密法》所规定的保密范围、保密制度和职责、要求结合本部门、本单位的实际情况所作的具体保密规定，都是我国《保守国家秘密法》的具体实施规定，违反了这些具体实施规定的，必然违反保密法规，所以在审判实践中都认为属于违反我国《保守国家秘密法》的行为。所谓泄露，就是行为人把自己掌管的或者知道的国家秘密让不应该知道的人知道。泄露行为的方式可以是多种多样的，可以是口头泄露，也可以是书面泄露；可以是用交实物的方法泄露，也可以是用密写、影印、拍摄、复制等方法泄露，泄露的不同方式，不影响泄露国家秘密罪的成立。但是，如果是敌人或他人以盗窃、侦察、破译、遥测等方式获取了秘密，因而造成的泄露，而本人没有违反保密法规定，不属于泄露国家秘密罪的行为，不能据此而追究主管、经管该项秘密的人员或其他有关人员的泄密责任。

【案例 16-10】

朱某、潘某协助"作弊"案

2012 年 9 月，被告人朱某为提高其公司员工全国一级建造师执业资格考试通过率，指使公司员工被告人潘某在网上购买该年度考试试题、答案及传送设备，并安排潘某、陈某某等人传送。后潘某通过网络联系了章某某（另案处理）等卖家。同年 9 月 22 日，2012 年度全国一级建造师执业资格考试开考 40 分钟左右，潘某将从章某某（另案处理）处购买的当日两个科目的考试试题及答案在笔记本电脑上通过"QQ"发送给蒋某某、陈某某（另案处理）等人，蒋某某、陈某某等人收到后再通过无线电设备将上述试题及答案报送给朱某、施某某等考生。2012 年 9 月 23、24 日，被告人朱某、潘某先后主动向公安机关投案。①

◎ 问题：如何评价被告人朱某、潘某的行为？

---

① 参见《上海市第一中级人民法院〔2014〕沪一中刑终字第 223 号刑事判决书》。

【案例 16-10 分析】

根据我国《刑法》的规定，故意泄露国家秘密罪的犯罪主体一般是国家机关工作人员，因职务原因接触国家秘密并负有保密义务的非国家工作人员也可以构成本罪。本案中，被告人朱某、潘某以在网上收买的方法，非法获取属国家秘密的全国一级建造师考试试题，其行为已构成非法获取国家秘密罪。

【相关法条】

《刑法》

第三百九十八条【故意泄露国家秘密罪】 国家机关工作人员违反保守国家秘密法的规定，故意或者过失泄露国家秘密，情节严重的，处三年以下有期徒刑或者拘役；情节特别严重的，处三年以上七年以下有期徒刑。

非国家机关工作人员犯前款罪的，依照前款的规定酌情处罚。

【知识要点】

1. 故意泄露国家秘密罪与为境外窃取、刺探、收买、非法提供国家秘密、情报罪的区别

行为人将国家秘密泄露给境外的机构、组织、人员的，应认定为为境外非法提供国家秘密罪。

2. 故意泄露国家秘密罪与非法获取国家秘密罪的区别

非法获取国家秘密的人又故意泄露该国家秘密的，虽然也符合故意泄露国家秘密罪的构成要件，但从一重罪论处。

第十二节　徇私枉法罪

徇私枉法罪是指司法工作人员徇私枉法、徇情枉法，对明知是无罪的人而使他受追诉，对明知是有罪的人而故意包庇不使他受追诉，或者在刑事审判活动中故意违背事实和法律作枉法裁判的行为。所谓"徇私枉法"，是指为了个人利益而枉法，比较常见的如为了钱财而枉法。所谓"徇情枉法"，是指为了私情而枉法，比较常见的如为了照顾私人关系或感情、袒护亲友或者泄愤报复而枉法。本罪的构成要件如下：

1. 客体要件

徇私枉法罪侵犯的客体是国家司法机关的正常活动及司法机关严格执法的威信。此外，还包括对无罪之人非法追究而侵犯的公民的人身权利。

2. 客观要件

徇私枉法罪的客观方面表现为司法工作人员徇私枉法、徇情枉法，对明知是无罪的人而使他受追诉，对明知是有罪的人而故意包庇不使他受追诉，或者在刑事审判活动中故意违背事实和法律作枉法裁判的行为。一般有三种表现形式：一是对明知是无罪的人而使他受追诉。所谓"受追诉"，是指对无罪的人进行立案侦查，采取强制措施，提起公诉，进

行审判等；二是对明知是有罪的人而故意包庇不使他受追诉；三是在刑事审判活动中故意违背事实和法律作枉法裁判。

3. 主体要件

徇私枉法罪的主体为特殊主体，即司法工作人员。所谓"司法工作人员"，是指具有侦讯、检察、审判、监管人犯职务的人员。

4. 主观要件

徇私枉法罪在主观方面表现为故意。

【案例 16-11】

张某观等纵容他人盗窃案

2000 年 9 月至 2005 年 1 月，被告人程某、冯某、接某锦、张某观经共同或分别与智某、林某、朱某、王某、张某、陶某（均另案处理）等人共谋，在成都火车站候车厅值勤期间，明知王某、赖某成、欧某等人系盗窃犯罪人员，多次将王某、赖某成、欧某等人放入火车站候车厅盗窃旅客财物不查处，并以"班费"或"烤火费"名义收取盗窃犯罪人员现金人民币共计 96 300 元。所得赃款由参与作案的警察私分，被告人程某分得 19 300 元，被告人冯某分得 12 000 元，被告人接某锦分得 20 000 元，被告人张某观分得 45 000 元。

2000 年 11 月左右，被告人接某锦明知所辖的王某警组、张某观警组、朱某警组放盗窃犯罪人员进入火车站候车厅盗窃旅客财物不查处，并收取盗窃犯罪人员的现金，对此放纵不管，且分别向王某、张某观、朱某三个警组索要现金共计人民币 7 000 元。[①]

【案例 16-11 分析】

本案中，各被告人均为铁路公安机关民警，本应认真履行其查禁违法犯罪职责，但各被告人贪图私利，置自己职责于不顾，放纵多名扒窃人员长期、多次在其警务辖区内进行盗窃犯罪活动，致使旅客财产受到严重损害，同时极大败坏了铁路公安机关声誉，应当成立徇私枉法罪。

【相关法条】

《刑法》

第三百九十九条第一款【徇私枉法罪】司法工作人员徇私枉法、徇情枉法，对明知是无罪的人而使他受追诉、对明知是有罪的人而故意包庇不使他受追诉，或者在刑事审判活动中故意违背事实和法律作枉法裁判的，处五年以下有期徒刑或者拘役；情节严重的，处五年以上十年以下有期徒刑；情节特别严重的，处十年以上有期徒刑。

---

① 参见《四川省成都铁路运输中级法院〔2006〕成铁中刑终字第 4 号刑事裁定书》。

第三百九十九条第四款　司法工作人员收受贿赂，有前三款行为的，同时又构成本法第三百八十五条规定之罪的，依照处罚较重的规定定罪处罚。

【知识要点】

1. 徇私枉法罪与非罪的界限

第一，看行为人是否出于故意而徇私枉法或徇情枉法。如果行为人因为法律水平低下等原因，而造成了应当受追诉的没有受追诉或者造成了案件的错判、误判的，就不能构成本罪。但如果因为行为人严重不负责任而造成这种结果的，符合玩忽职守罪要件的，可按玩忽职守罪处理。第二，看行为是否属于情节显著轻微、危害不大的情况。行为人虽然实行了徇私枉法的行为，但情节显著轻微、危害不大的，根据《刑法》第十三条"但书"的规定，不认为是犯罪。

2. 徇私枉法罪与有关犯罪的界限

（1）徇私枉法罪与伪证罪，妨害作证罪，帮助毁灭、伪造证据罪，包庇罪的界限

上述各罪之间主要有以下区别：第一，侵犯的客体不同。徇私枉法罪侵犯的客体是司法活动的公正性和司法机关的威信，其他犯罪侵犯的客体是社会管理秩序中的司法秩序。第二，客观方面的表现不同。徇私枉法罪是司法工作人员利用职权实施的渎职犯罪，其他犯罪并不是渎职犯罪，如果司法工作人员虽然实施了伪证或包庇等妨害司法的行为，但并没有利用自己的职权，则不能认定为徇私枉法罪。第三，主体不同。徇私枉法罪的主体为特殊主体，即司法工作人员，其他罪的主体不要求是司法工作人员。

（2）徇私枉法罪与受贿罪的界限

如果司法工作人员收受贿赂徇私枉法，同时构成受贿罪和徇私枉法罪的，属于牵连犯，根据《刑法》第三百九十九条第四款的规定，依照处罚较重的规定定罪处罚。

第十三节　食品、药品监管渎职罪

食品监管渎职罪是指负有食品安全监督管理职责的国家机关工作人员，滥用职权或者玩忽职守，导致发生重大食品安全事故或者造成其他严重后果的行为。本罪的构成要件如下：

1. 客体要件

食品监管渎职罪侵犯的客体是国家正常的食品安全监督管理制度。

2. 客观要件

食品监管渎职罪的客观方面表现为负有食品安全监督管理职责的国家机关工作人员，滥用职权或者玩忽职守，导致发生重大食品安全事故或者造成其他严重后果的行为。所谓"重大食品安全事故"，是指食物中毒、食源性疾患、食品污染等源于食品、对人体健康有危害或者可能有危害的重大事故。所谓"造成其他严重后果"，是指虽未发生重大食品安全事故，但由于食品安全监督管理方面的问题，造成其他严重后果的情形。

3. 主体要件

食品监管渎职罪的主体是特殊主体，即负有食品安全监督管理职责的国家机关工作人员。

4. 主观要件

食品监管渎职罪的主观方面表现为故意，也可以表现为过失。

【案例 16-12】

朱某某、肖某某、杨某某、张某食品监管失职案

2010 年 12 月 19 日，被告人朱某某被中共黑龙江省农垦总局九三分局委员会组织部任命为分局动物卫生监督所副所长，动物卫生监督所内部分工朱某某负责驻黑龙江省九三农垦管理局畜禽定点屠宰厂动物屠宰检疫和管理工作，对检疫员有领导、监督、管理的职责，同时负责监管奶牛冷冻精和液氮的发放与管理，日常驻黑龙江省九三农垦管理局畜禽定点屠宰厂即大洲屠宰厂办公。

2005 年 6 月，被告人张某、杨某某被黑龙江省九三管理局动物卫生监督所派驻大洲屠宰厂任专职检疫员，2009 年 7 月，被告人肖某某被黑龙江省九三管理局动物卫生监督所派驻大洲屠宰厂任专职检疫员，四被告人均有检疫资格证和行政执法证，上述人员负责大洲屠宰厂进出厂畜禽屠宰检疫工作。

2011 年 12 月至 2013 年 5 月，焦某柱、李某武将收购的病死牛拉入大洲屠宰厂进行屠宰分割，大洲屠宰厂按每头牛收取 30 元钱，其中 24 元是大洲屠宰厂收取的场地占用费，6 元是大洲屠宰厂代替黑龙江省九三管理局动物卫生监督所收取的检疫费，由大洲屠宰厂每天将代收的检疫费交给检疫员，检疫员再交给九三动物卫生监督所财务，被告人肖某某、张某、杨某某在大洲屠宰厂负责进出厂畜禽屠宰检疫工作，轮流值班，被告人肖某某、张某、杨某某通过大洲屠宰厂收取了检疫费，但未对病死牛入大洲屠宰厂进行屠宰分割进行制止及作无害化处理，也未出具检疫合格证及办理其他检疫手续，导致 45 头病死牛在大洲屠宰厂分割后，牛产品流入市场，被他人作为食品销售。被告人朱某某知道有病死牛入厂，应履行监督、检查驻厂检疫员工作的职责，制止病死牛进厂及对病死牛进行无害化处理，但其没有认真履行职责，致使该情况发生。

2011 年 12 月至 2013 年 5 月，被告人肖某某值班期间，有 12 头病死牛进入大洲屠宰厂分割，牛产品流入市场，被他人作为食品销售；被告人张某值班期间，有 11 头病死牛进入大洲屠宰厂分割，牛产品流入市场，被他人作为食品销售；被告人杨某某值班期间，有 15 头病死牛进入大洲屠宰厂分割，牛产品流入市场，被他人作为食品销售；另有 7 头病死牛进入大洲屠宰厂分割，无法确定检疫值班人员，牛产品流入市场，被他人作为食品销售。[①]

【案例 16-12 分析】

本案中，朱某某、肖某某、杨某某、张某四被告人均有检疫资格证和行政执法证，上述人员负责大洲屠宰厂进出厂畜禽屠宰检疫工作。上述负有食品安全监督管理职责的国家

---

① 参见《黑龙江省九三农垦法院〔2015〕九刑再初字第 1 号刑事判决书》。

机关工作人员中，肖某某、张某、杨某某负责进出厂畜禽屠宰检疫工作，通过大洲屠宰厂收取了检疫费，但未对病死牛入大洲屠宰厂进行屠宰分割进行制止及作无害化处理，也未出具检疫合格证及办理其他检疫手续，导致病死牛被分割后，牛产品流入市场，被他人作为食品销售。被告人朱某某知道有病死牛入厂，应履行监督、检查驻厂检疫员工作的职责，制止病死牛进厂及对病死牛进行无害化处理，但其没有认真履行职责，造成大量病死牛产品流入市场，影响恶劣，应构成食品监管渎职罪。

【相关法条】

《刑法》

第四百零八条之一【食品、药品监管渎职罪】①负有食品药品安全监督管理职责的国家机关工作人员，滥用职权或者玩忽职守，有下列情形之一，造成严重后果或者有其他严重情节的，处五年以下有期徒刑或者拘役；造成特别严重后果或者有其他特别严重情节的，处五年以上十年以下有期徒刑：

（一）瞒报、谎报食品安全事故、药品安全事件的；

（二）对发现的严重食品药品安全违法行为未按规定查处的；

（三）在药品和特殊食品审批审评过程中，对不符合条件的申请准予许可的；

（四）依法应当移交司法机关追究刑事责任不移交的；

（五）有其他滥用职权或者玩忽职守行为的。

徇私舞弊犯前款罪的，从重处罚。

【知识要点】

根据《最高人民法院、最高人民检察院关于办理危害食品安全刑事案件适用法律若干问题的解释》第二十条的规定，负有食品安全监督管理职责的国家机关工作人员，滥用职权或玩忽职守，导致发生重大食品安全事故或造成其他严重后果，同时构成食品监管渎职罪和徇私舞弊不移交刑事案件罪、商检徇私舞弊罪、动植物检疫徇私舞弊罪、放纵制售伪劣商品犯罪行为罪等其他渎职犯罪的，依照处罚较重的规定定罪处罚。负有食品安全监督管理职责的国家机关工作人员滥用职权或玩忽职守，不构成食品监管渎职罪，但构成前述其他渎职犯罪的，依照该其他犯罪定罪处罚。负有食品安全监督管理职责的国家机关工作人员与他人共谋，利用其职务行为帮助他人实施危害食品安全犯罪行为，同时构成渎职犯罪和危害食品安全犯罪共犯的，依照处罚较重的规定定罪处罚。

第十四节　放纵走私罪

放纵走私罪是指海关工作人员徇私舞弊，放纵走私，情节严重的行为。本罪的构成要

---

① 根据《中华人民共和国刑法修正案（十一）》修订。

件如下：

1. 客体要件

放纵走私罪侵犯的客体是国家海关的正常管理活动。

2. 客观要件

放纵走私罪在客观方面表现为海关工作人员徇私舞弊，放纵走私，情节严重的行为。所谓"放纵走私"，是指故意不履行或不认真履行监管、查验进出境货物、物品、人员的职责，使走私行为得逞的。关于"情节严重"的认定，根据有关规定，包括以下几种情况：一是放纵走私犯罪的；二是因放纵走私致使国家应收税额损失累计达 10 万元以上的；三是放纵走私行为 3 次以上的；四是放纵走私行为，具有索取或者收受贿赂情节的；五是其他情节严重的情形。

3. 主体要件

放纵走私罪的主体是特殊主体，即海关工作人员。

4. 主观要件

放纵走私罪的主观方面表现为故意，即行为人明知是走私行为而故意放纵，动机是徇私情、私利。

【案例 16-13】

殷某俊收受贿赂、空审化工原料案

被告人殷某俊于 1998 年 4 月至 8 月，利用其担任上海吴淞海关出口科负责审单工作的职务便利，先后 4 次收受李某给予的贿金共计人民币 70 000 元。殷某俊为使李某谋取利益，在明知李某、张某（均另案处理）利用来料加工贸易方式搞假出口进行走私时，仍对李某所提供的出口货物报关单证所列明的来料加工化工产品不予抽查，即在出口货物报关单上加盖其本人的工号章，在登记手册上加盖"沪关保险讫"章，全部予以空审通过。殷某俊为李某等人空审登记手册 18 本、41 票，致使李某等人利用假出口走私化工原料 3 000 余吨，偷逃关税、增值税合计人民币 1 200 余万元。[①]

【案例 16-13 分析】

本案中，被告人殷某俊身为海关工作人员，在明知他人走私的情况下，徇私舞弊，放纵走私，收受贿赂，其行为构成放纵走私罪和受贿罪。被告人殷某俊主观上既有放纵走私的故意，客观上有利用职权对报关单空审放纵走私的行为，又有从走私分子处获得贿赂款的行为，两行为之间实际上是一种牵连关系，应从一重罪定罪处罚。

---

①　参见《上海市第二中级人民法院〔2001〕沪二中刑终字第 191 号刑事判决书》。

【相关法条】

《刑法》

第四百一十一条【放纵走私罪】海关工作人员徇私舞弊，放纵走私，情节严重的，处五年以下有期徒刑或者拘役；情节特别严重的，处五年以上有期徒刑。

【知识要点】

1. 放纵走私罪与走私罪共犯的界限

如果海关工作人员事前与走私犯罪分子共谋走私，在海关监管工作中放纵该走私行为的，对其应按照走私罪共犯定罪处罚；如果海关工作人员与走私犯罪分子没有共同走私的犯罪故意，只是利用职权放纵走私的，对其应按照放纵走私罪定罪处罚。

2. 放纵走私罪与徇私舞弊不移交刑事案件罪的界限

二者的主观方面均为故意，动机均为徇私舞弊，海关工作人员也可以成为徇私舞弊不移交刑事案件罪的主体。司法实践中，如果海关工作人员明知有走私犯罪行为而放纵，不作任何处理的，应按照放纵走私罪定罪处罚；如果海关工作人员明知有走私犯罪行为而不移交司法机关追究刑事责任，自行依照海关法作行政处理的，应按照徇私舞弊不移交刑事案件罪定罪处罚。

探讨案例与知识点巩固

【探讨案例 16-1】

张某于 1990 年 3 月起受聘于上海市某国有事业单位任出纳员。1996 年下半年至 1998 年 1 月，张某利用其管理、经手公款的便利，先后多次挪用公款总计人民币 102 869.46 元，借给陈某进行营利活动。被告人张某因无法追回借款，遂于 1998 年 1 月 12 日下午制造被抢劫假象后，向公安机关谎称，其在为本单位去银行借款途中遭两名歹徒暴力抢劫，被劫公款计人民币 10.3 万元。公安机关在接报侦查过程中，发现被告人张某有报假案和自己犯罪的嫌疑，经对其审讯后，张某交代了自己挪用公款的犯罪事实。

◎ 问题：具体分析以上案例。

【探讨案例 16-2】

1995 年 5 月 22 日至 7 月 17 日，被告人陈某利用担任中国工商银行重庆市九龙坡区支行杨家坪分理处（以下简称杨家坪分理处）票据交换会计，直接处理客户各种往来票据，管理 284 科目资金的职务便利，采用扣押客户往来进账单，以自制的虚假进账单予以替换的手段，先后 16 次挪用客户资金人民币 100 万余元进入由其控制的重庆新元物资公司（以下简称新元公司）账户，将其中 99.7 万元划入其在申银万国证券公司重庆营业部开立的账户，用于炒股牟利。同年 7 月，陈某两次从其股票账户上划款人民币 100 万余元，归还了挪用的公款。

1996 年 4 月至 2000 年 4 月，被告人陈某利用职务便利，采用上述手段，先后将 284 科目的客户资金人民币 743 万余元，挪入新元公司账户，而后又分别转入其在银河证券公司、光大证券公司大坪营业部、申银万国证券公司杨家坪营业部开立的股票资金账户，用于炒股牟利。1996 年 6 月至 1998 年 12 月，陈某先后四次从股票账户划款人民币 268 万余元归还了部分挪用的资金，尚有人民币 475 万余元不能归还。

2000 年 5 月 8 日、10 日，被告人陈某利用经管中国工商银行九龙坡支行解报资金的 921 科目的职务便利，在杨家坪分理处账上虚增解报资金人民币 475 万余元，填平了 284 科目上的资金缺口人民币 475 万余元。

2000 年 5 月 25 日、30 日，被告人陈某利用职务便利，在 921 科目正常解报单上二次虚增解报杨家坪分理处资金人民币 2 000 万元，尔后填制虚假进账单，分三次将 2 000 万元转入其在申银万国证券公司杨家坪营业部开设的股票资金账户（以下简称申银万国股票账户），用于炒股牟利。

2000 年 6 月 1 日至 9 月 19 日，被告人陈某利用职务便利，采用同样手段，四次虚增解报 921 科目资金人民币 1 524 万余元，转入重庆勇为商贸公司在杨家坪分理处的账户，从中提取现金 13 万元，用于给前妻购买商品房，其余 1 511 万元转入由其控制的重庆科源高科技开发公司交通银行大坪支行账户（以下简称科源公司账户）。尔后，将其中 800 万元转入其申银万国股票账户，用于炒股牟利。

2000 年 12 月，被告人陈某害怕罪行败露，准备逃跑。12 月 15 日，从科源公司账户上划款人民币 300 万元到其太平洋卡上；12 月 28 日，从其申银万国股票账户上转款人民币 300 万元到科源公司账户上。尔后，陆续从其太平洋卡上提取现金 199.8 万元，从科源公司账户上提取现金 150 万元，另从科源公司账户上开出二张总金额为人民币 400 万元的银行汇票，解汇期为 1 个月。2001 年 1 月 2 日，陈某得知杨家坪分理处已发现 921 科目上的 4 000 万元资金缺口，并开始调查，即携带现金 279.8 万元和 20 万元的银行存折、400 万元人民币的银行汇票及太平洋卡等逃往成都租房躲藏，后又潜回重庆取走了其所有的股市凭证、各公司账户凭证等资料。2001 年 2 月 22 日，陈某将已超过解汇期的 400 万元银行汇票，邮寄给重庆市九龙坡区检察院反贪局。2001 年 3 月 10 日，公安机关在成都深浪网吧将陈某抓获。案发后，追缴了剩余的赃款和大量股票，总价值人民币 35 182 871.1 元，尚有人民币 4 817 128.9 元未能追回。①

◎ **问题**：具体分析以上案例。

【探讨案例 16-3】

被告人王某某，女，55 岁，原系国家计划委员会生产调度局副局长。被告人王

---

① 参见《陈新贪污，挪用公款案》，载好律师网：https://www.haolvshi.com.cn/content/0ztwww170227/7739.html。

某某在担任国家经济委员会经济技术协作局总经济师期间，曾于 1988 年 4 月帮助某编织集团获得 750 万美元的外汇额度。同年 7 月初，王某某向北方塑料工业编织集团总经理商某提出，她的儿子准备去英国留学，需要 1.5 万美元的保证金，请商某帮忙解决，待儿子获得助学金后即归还。商某当即表示愿意帮忙。7 月中旬，商某将公款人民币 9 万元兑换成 1.5 万美元，并按王某某的要求，汇到英国其子留学的担保人处。王某某之子出国后，将 1.5 万美元全部支出使用。事后，商某多次找王某某问及其子的助学金一事，王某某只讲其子出国留学情况，避而不谈归还借款之事。1989 年秋，商某再次到王某某家，重提助学金问题，王某某交给商某一份由其子署名接受 1.5 万美元的证明书，其中表明，如果不能用资金偿还，就以回国后在商某处工作的智力投资偿还。第二天早上，王某某又给商某打电话将证明书要回。1990 年 11 月，商某因经济问题被检察机关审查，王某某的上述问题被发现，王某某将赃款折合人民币 9 万元连同利息共人民币 1.2 万元全部退还。①

◎ 问题：具体分析以上案例。

【探讨案例 16-4】

朱某全在担任皮鞋厂厂长期间，为获取银行贷款和有关单位的资金，于 1994 年下半年至 1996 年 6 月，以送礼、帮助解决差旅费等手段，先后向砖桥镇党委书记孙某明、财政所所长颜某瀛、工业联合公司经理杭某波、中国银行江都市支行行长蔡某琪、江都市物资局副局长兼江都市机电公司经理钱某虎、江都市沪江皮革手套厂厂长宗某喜、江都市外经委主任王某、副主任石某等人（均另案处理）行贿人民币计 30 万元②。

◎ 问题：具体分析以上案例。

【探讨案例 16-5】

2010 年 12 月至 2015 年 6 月，被告人刘某安先后在担任东安县原县委常委、政法委书记、常务副县长、国道 207 线公路建设东安协调指挥部指挥长、湖南东安农村商业银行股份有限公司筹建工作小组常务副组长期间，利用职务之便，授意司机文某华（另案处理）到长沙购买虚假发票，再安排文某华用虚假发票掺入真实公务开支发票中，到东安县所属的协税护税管理办公室、财政局、会计核算中心、城镇建设投资开发有限公司、人民政府办公室、国土资源局、人民检察院、房产局、交通局、信访局、编制委员会办公室及国道 207 线公路建设东安协调指挥部、湖南东安农村商业银行股份有限公司筹建工作小组办公室共计 13 个单位报账合计 483.957 6 万元，其中

① 参见《王某以借款为名索取财物案》，载百度文库：https://wenku.baidu.com/view/93051fd850e2524de5187e1b.html。

② 参见《江都市春风皮鞋厂、朱某全行贿案》，载北大法宝，【法宝引证码】CLI. C. 66841。

文某华为刘某安用虚假发票报账套取公款 300.519 8 万元，为刘某安用虚开发票报账套取公款 9.23 万元，并将所套取的公款总计 309.749 8 万元全部交给刘某安所有，刘某安将该款据为己有。文某华在帮助刘某安报账过程中，经刘某安同意，将自己的 9.697 万元个人开支发票也掺入真实公务开支发票中一并到东安县所属的协税护税管理办公室、财政局、人民政府办公室等 11 个单位报账，并将报账套取的公款 9.697 万元据为己有。刘某安利用担任双牌县人民政府原县委常委、常务副县长期间，以公务开支为名，将双牌县政府办公室、县委县政府接待科提供的资金 8 万元和价值 4.376 万元的烟酒非法据为己有，刘某安贪污金额共计 331.822 8 万元。

刘某安家庭总财产 2 291.08 万元，能够说明来源的资产共计 1 825.85 万元，尚有 465.22 万元财产无法说明来源。[①]

◎ 问题：具体分析以上案例。

【探讨案例 16-6】

被告人杨某明于 2009 年 8 月至 2012 年 8 月，作为北京市公安局公安交通管理局（以下简称北京市交管局）局长宋某的司机，利用宋某职权或者地位形成的便利条件，通过宋某或者北京市交管局其他主管领导职务上的行为，于 2009 年 8 月至 2012 年 8 月，作为北京市交管局局长宋某的司机，接受张某的请托，通过宋某审批，或者利用宋某职权或者地位形成的便利条件，通过北京市交管局其他主管领导审批，为张某及其亲友办理十余副"京 A"机动车号牌提供帮助。为此，杨某明先后多次收受张某给予的款项共计 38 万元。杨某明于 2010 年 3 月至 2011 年 11 月，接受李某的请托，利用宋某职权或者地位形成的便利条件，为李某甲亲属办理 3 副"京 A"机动车号牌提供帮助。为此，杨某明收受李某给予的款项 0.8 万元。杨某明于 2011 年 5 月至 2012 年 5 月，为北京高超汽车销售有限公司等单位和个人办理 5 副"京 A"机动车号牌及 1 副"京 C"机动车号牌提供帮助。为此，杨某明先后多次收受李某乙给予的款项共计 5 万元。[②]

◎ 问题：请具体分析被告人杨某明的行为。

【探讨案例 16-7】

被告人邵某在济南市历下区某局工作期间，利用负责全面工作的职务便利，在明知使用财政拨款给职工发放补贴违反规定的情况下，仍授意其下属刘某某（已判刑）等人，采用伪造参与体育活动者名单进行报销的手段，从济南市历下区某局财务部门套取国有资金，进行私分，累计私分金额达 397 970 元。[③]

---

① 参见《湖南省永州市零陵区人民法院〔2017〕湘 1102 刑初 346 号刑事判决书》。
② 参见《北京市高级人民法院〔2015〕高刑终字第 332 号刑事判决书》。
③ 参见《山东省济南市历下区人民法院〔2018〕鲁 0102 刑初 439 号刑事判决书》。

◎ 问题：请具体分析被告人邵某的行为。

【探讨案例 16-8】

2001 年 7 月 17 日凌晨 3 时许，南丹县龙泉矿冶总公司下属的拉甲坡发生特大透水事故，造成拉甲坡矿、龙山矿、田角锌矿井下 81 名矿工死亡。事发当日下午 5 时左右，龙泉矿冶总厂总经理黎某打电话将情况向被告人莫某（原广西南丹县县委副书记兼县矿业秩序治理整顿领导小组组长）做了报告。当晚 8 时许，黎某再次派公司副总经理王某到大厂宾馆将发生矿难并死亡多人的情况向莫某和韦某（原广西南丹县副县长兼安全生产委员会主任）做了汇报。当晚 9 时许，莫某打电话将此情况向被告人万某（原广西南丹县县委书记）做了汇报，并告知有 40 多人死亡。万某经与被告人唐某（原广西南丹县县长兼县矿业领导小组组长）商量，决定隐瞒"7·17"矿难的真相，并由唐某电话告诉莫某和韦某进一步了解事故的处理及事态发展情况。由于万某等人的行为，致使"7·17"特大矿井透水事故被淹的 81 名矿工因得不到及时救治而死亡。[①]

◎ 问题：请分析万某等人的行为成立何罪。

【探讨案例 16-9】

1989 年 8 月，时任重庆市副市长的秦某和市经委主任王某不采纳权威咨询公司的意见，也不向市委市政府汇报，擅自决定引进美国某公司的液晶显示器生产线。1990 年 12 月到 1993 年 4 月，他们 3 次到美国考察，在美国进行项目和设备考察过程中，敷衍了事，游山玩水。在发现美国公司没有按邀请时的承诺提供考察对象的情况下，也没有提出异议，致使考察团没有看到关键设备，而是看了一条没有运作的不完整的试运线就草率拍板，结果重庆华蜀集团购买的是一套不完整的生产线，致使引进的 LCD 项目失败，造成 385 万多元的借贷款利息损失。秦某和王某不正确履行或不履行应尽的职责、义务，导致华蜀集团引进 LCD 项目失败，致使国有财产遭受重大损失。[②]

◎ 问题：秦某与王某的行为成立何罪?

【探讨案例 16-10】

2008 年 8 月 12 日凌晨，江某、汪某、赵某等人在舞王俱乐部消费后乘坐电梯离开时与同时乘坐电梯的另外几名顾客发生口角，舞王俱乐部的保安员前来劝阻。在争

---

① 参见《记 2001 年广西南丹特大矿难：81 人丧生，瞒报官员被判死刑》，载腾讯网：https://new.qq.com/rain/a/20210818A01FV700。

② 参见《原重庆人大副主任和政协副主席因玩忽职守受审》，载中国新闻网：https://www.chinanews.com.cn/2000-12-27/26/63338.html。

执过程中，舞王俱乐部的保安员易某及员工罗某等五人与江某等人在舞王俱乐部一楼发生打斗，致江某受轻伤，汪某、赵某受轻微伤。同乐派出所杨某指示以涉嫌故意伤害对舞王俱乐部罗某、易某等五人立案侦查。次日，同乐派出所依法对涉案人员刑事拘留。案发后，舞王俱乐部负责人王某多次打电话给杨某，并通过杨某之妻何某帮忙请求调解，要求使其员工免受刑事处罚。王某并为此在龙岗中心城邮政局停车场处送给何某人民币 3 万元。何某收到钱后发短信告诉杨某。杨某明知该案不属于可以调解处理的案件，仍答应帮忙，并指派不是本案承办民警的刘某负责协调调解工作，于 2008 年 9 月 6 日促成双方以赔偿人民币 11 万元达成和解。杨某随即安排办案民警将案件作调解结案。舞王俱乐部有关人员于 9 月 7 日被解除刑事拘留，未被追究刑事责任。①

◎ **问题**：如何评价杨某的行为？

【探讨案例 16-11】

1996 年春，李某健为与济南亨得利钟表眼镜有限公司合作经营进口手表，找到被告人高某亭商量不报关直接从香港走私进口手表，高某亭表示同意。之后，李某健先后两次将 575 只瑞士产梅花、欧米茄、雷达牌手表从香港空运至济南入境。受高某亭的指使，身为监管科副科长的被告人刘某良明知该批货物未办理任何报关手续，却两次放行。经济南海关核定，该批手表价值人民币 1 774 746.24 元，偷逃关税 763 494.8 元。案发后，济南海关从济南亨得利钟表眼镜有限公司扣留了尚未售出的手表 272 只，价值人民币 962 903 元。

1996 年 8 月，被告人高某亭和李某健一起来到卡西欧浪潮通信电子有限公司。高某亭要求该公司与李某健合作进口传呼机散件，李某健则向该公司提出可将从日本进口到青岛再由青岛发往济南的传呼机散机改由从日本直发香港，由他负责将货物自香港进口到济南。该公司以这样做必将增加运费为由不同意，李某健便提议在报关时可将关税高的传呼机成套散件（税率 25%）伪报成关税低的集成电路（税率 6%），降低报关费用，用以弥补增加的运费。高某亭当即表示同意。同年 9 月 15 日至 12 月 6 日，李某健先后 12 次将 47 200 套传呼机成套散件伪报成集成电路入境。第一次进货时，高某亭还亲自到济南机场接货。被告人刘某良受高某亭的指使，也先后三次去接货，以使货物不受查验顺利通关。经济南海关核定，该批货物共价值人民币 19 867 110.3 元，偷逃关税 3 019 800.9 元。案发后，济南海关扣留了 5 000 套传呼机成套散件；对已进入生产销售环节无法扣留的 42 200 套，依法追缴了 3 060 875 元的货款。②

---

① 参见《最高人民检察院关于印发最高人民检察院第二批指导性案例——检例第 8 号》。
② 参见祝铭山：《走私罪（刑事类）（典型案例与法律适用 4）》，中国法制出版社 2004 年版，第 89 页。

◎ 问题：如何评价高某亭、刘某良的行为？

【探讨案例 16-12】

2014 年 1 月，刘某齐任邵东县范家山镇动物防疫检疫站站长并主持该站全面工作，在对邵东县华兴肉类加工厂经营的动物产品进行检疫以及检疫和防疫的日常监管过程中，对该厂贮藏的动物产品数量和动物检疫合格证明上所记载的动物产品的数量严重不一致、贮藏和运输的动物产品没有加施检疫标志的情况未及时发现，导致该厂贮藏大量病死猪肉；在对邵东县华兴肉类加工厂转运或者分销的动物产品进行检疫时，该厂提供的原始动物检疫合格证明填写不符合规范，且没有加施检疫标志，刘某齐在没有认真检疫的情况下，违反规定开具新的检疫合格证明，导致 101 吨病死猪肉流入张家界等地，并被大量游客购买扩散至全国各地。案发后，多家新闻媒体对此进行了报道，造成了恶劣社会影响。①

◎ 问题：对刘某齐的行为如何处理？

【探讨案例 16-13】

2012 年 4 月中旬，林某（已判刑）通过网络与被告人杜甲联系非法购买全国高等教育自学考试英语二试题及答案，并向杜甲支付人民币 800 元。同年 4 月 15 日零时 30 分许，杜甲通过网络将英语二科目部分试题内容及答案传送给林某，同时还传送给网名为"黄红文"（QQ 号码：43××47）、"小曾"（QQ 号码：76××32）二人。4 月 15 日凌晨 1 时许，林某将该部分试题内容及答案传送给龚某丹，被龚某丹用于在 4 月 15 日下午的该科目考试中作弊。经鉴定，被告人杜甲出售的英语二科目部分试题及答案在启用前为绝密级国家秘密②。

◎ 问题：对杜甲的行为如何处理？

---

① 参见《湖南病死猪肉制成腊肉，多家厂商线上线下均销售》，载澎湃新闻网：https://m. thepaper. cn/newsDetail_forward_1502803.

② 参见《江苏省南京市玄武区人民法院〔2013〕玄刑初字第 310 号刑事判决书》。